중국 고전희곡의 이해

中國古典戲曲의 理解

김광영 지음

신아사

머리말

중국의 고전희곡은 자체적 문학발전의 시기가 오래되고 연관되는 학문의 분야가 폭넓어 간단하게 이해하기가 쉽지 않다. 곧 중국의 고전희곡은 先秦 시기의 原始歌舞부터 태동되기 시작하여, 漢代에 이르러 희곡의 추형인 〈東海黃公〉과 같은 民間歌舞가 이루어지고, 이후 魏晉南北朝 시기에는 서역의 영향을 받아 여러 歌舞戱들이 형성되어 고전희곡의 추형적 모습은 이루어졌다. 또한 중국의 고전희곡은 종합예술적 성격을 지녀 음악과 무용 등 여러 분야와 함께 어우려져 발전하여 왔다.

본 책은 필자가 이러한 중국의 고전희곡에 대해 10여 년 동안 써왔던 논문들을 묶어 내놓은 것이다. 본 책은 편의상 4부로 나누어 놓았다. 먼저 1부에서는 중국의 고전희곡에 대해 역대의 여러 곡론가들이 품평한 것을 모은 것이다. 그 중 특히 呂天成의 ≪曲品≫과 祁彪佳의《遠山堂二品》을 중심으로 살펴본 것이다. 이들의 곡론은 당시 明代 곡론가들의 생각을 잘 보여주고 있으며, 그들은 각자의 곡론을 통하여 당시 곡론가들의 대표적 주장을 결합하여 더 나은 곡론을 추구하는 모습을 보여주는 것들이다.

2부에서는 중국 고전희곡의 추형적 모습을 간직하고 있는 가무희에 대한 논문을 모았다. 일반적으로 중국의 가무희는 고전희곡 발생의 전 단계로서 중국의 고전희곡 발전사에서 중요한 위치를 차지한다. 특히 이들 가무희는 위진남북조 시기에 주로 흥성하였는데, 이는 중국의 고전희곡이 문화교류의 영향을 크게 받고 있음을 보여주는 것이다. 왜냐하면 위진남북조 시기에는 서역에서 발전했던 많은 가무희들이 문화교류의 영향으로 중국에 많이 수입되었기 때문이다. 바로 이러한 점에서 중국 고전희곡의 발전은 일정한 정도에서 문화교류의 영향 아래 이루어진 것이다.

3부에서는 중국 고전희곡의 발전사에서 나타나는 것으로 중국 고전희곡의 외연을 넓혀주는 것들을 중심으로 엮어 보았다. 중국의 고전희곡은 그 발전의 과정에 있어서 오락적 기능 못지 않게 종교적 제사 기능을 중점적으로 보여주고 있는데, 여기에서 묶은 논문들은 바로 이와같은 것들을 보여주는 것이다. 곧 竹竿子는 고대의 희곡 공연에 있어서 竹竿을 들고 희곡 공연에 등장하는 인물로서, 일반적으로는 고대의 종교적 제사 기능을 보여주는 沿門逐疫(집집마다 대문을 따라 疫鬼를 쫓아내는 일)의 성격을 지니고 있는 것이다. 또 打夜胡는 疫鬼를 쫓아내는 鄕人儺의 원시형태에서 비롯된 것으로 이후 시대의 변화에 따라 각각의 모습으로 중국 희곡의 발전사에서 나타나며, 마지막으로는 地方戲의 발전에 까지 영향을 끼친 것이다. 秧歌는 중국 고대 농경문화의 산물로서 정월 대보름날 행하여지던 社火 활동의 일부분이다. 앙가의 공연에는 여러 공연자들이 각각의 각색으로 등장하였으며, 처음에는 비교적 간단하게 행하여졌으나 시대가 발전함에 따라서는 커다란 희곡활동을 그 핵심으로 보여주는 것이다. 그런데 이러한 앙가의 활동은 鄕人儺가 대규모의 희곡활동으로 발전하는 사이에 일정한 영향을 끼쳤던 것으로, 중국의 고전희곡 발전사에서 일정한 역할을 하였다. 그리고 이러한 앙가는 우리나라의 農樂과도 매우 유사한데, 여기에서는 이들의 기능과 기원을 함께 비교해 보았다.

10여 년 사이의 논문들을 묶어 책으로 내놓으려고 하니 막상 조잡한 것이 너무 많이 보인다. 다만 이러한 점을 명심하고 앞으로는 좀더 나은 논문을 쓸 것을 다짐해 본다.

2013년 6월

진월골에서

김광영

목차

1부 중국 고전 曲學家의 曲論

2부 중국 고전희곡의 雛形: 歌舞戲

3부 중국 고전희곡 발전상의 여러 양상

4부 중국 고전희곡의 성격

제 1부

중국 고전 曲學家의 曲論

呂天成의 ≪曲品≫

1. 呂天成 ≪曲品≫의 의미

呂天成(1580-1618)은[1] 明 神宗 萬曆년간 傳奇가 매우 흥성했을 때 王驥德과 함께 戲曲비평에서 중요한 역할을 하였던 인물이다. 그는 王驥德의 ≪曲律≫과 함께 당시의 戲曲비평을 대표하는 雙璧 중의 하나인 ≪曲品≫을 내놓아 戲曲비평사에서 일정한 지위를 차지하고 있고, 또한 비평가로서 뿐만 아니라 직접 傳奇와 잡극을 창작하기도 하였으나 대부분 일실되었다.

呂天成이 戲曲에 큰 관심을 가졌던 것은 그의 가정환경에서 기인하였다. 그의 부친 呂胤昌은 戲曲창작과 이론에 밝은 湯顯祖·孫如法과 1583년 進士에 합격하였으며, 戲曲에도 상당히 조예가 깊어 소위 文辭派로서 당시의 저명한 戲曲家인 張鳳翼·汪道昆·屠隆·梅鼎祚 등과 교유를 가졌었다. 그리하여 작가로서의 呂天成은 초기 작품이 綺麗的인 경향을 보이는 것으로 평가되는데,[2] 이것은 이러한 가정환경의 영향을 받은 것으로

1) 呂天成의 생졸연대에 관해서는 자료가 매우 적어서 분명하지 않다는 견해가 많았으나 여기서는 가장 정확한 ≪曲品校注≫를 낸 吳書蔭과 徐朔方의 주장을 따르기로 한다.

2) "(呂天成이) 지은 傳奇작품은 처음에는 綺麗함에 뛰어나 글재주가 훌륭하였는데, 나중에는 沈璟을 가장 따라 옛 모습을 버리고 沈璟을 좇았으며, 그리하여 조금 질박하고 평이함에 흘렀다." (所著傳奇, 始工綺麗, 才藻熚然, 後最服膺詞隱, 改轍從之, 稍流質易.) ≪中

보인다. 그러나 呂天成은 戱曲에 있어서 부친보다는 외조부인 孫鑛과 외삼촌인 孫如法의 영향을 더욱 강하게 받았다. 당시 孫鑛은 沈璟과 함께 유명했던 曲論家로서 沈璟이 음률의 平仄에 치우쳤다면 손광은 曲詞의 陰陽의 구분에 있어서 뛰어났으며, 孫如法 또한 曲論家로서 沈璟과 두터운 친분을 유지하였다. 그리고 이러한 가정환경 아래에서 呂天成은 자연 沈璟을 師事하게 되었다.

한편 명대 중기 이후 傳奇가 흥성함에 따라 같은 성향과 풍격을 지닌 작가들 끼리 자연 서로 교유하여 일정한 流派가 형성되었는데, 文彩의 綺麗함을 중시한 鄭若鏞·梁辰魚·張鳳翼·梅鼎祚·屠隆 등의 昆山派, 형식적 格律을 중시한 沈璟·葉憲祖·沈自晉 등의 吳江派, 자연스런 眞情의 묘사를 중시한 湯顯祖·孟稱舜 등의 臨川派는 대표적인 것이다. 그런데 이러한 유파의 성격을 근거로 할 때 呂天成의 창작과 비평이 과연 어디에 속하는가를 결정하는 것은 그리 간단하지 않다. 이것은 呂天成이 시기에 따라서 일정한 변화를 보여주기 때문이다. 그는 초기에는 문채의 綺麗함을 중시하여 昆山派적인 성격을 보여주지만, 이후 沈璟을 사사한 후로는 沈璟을 극도로 숭상하여 吳江派의 모습을 보여준다. 그러나 이후 그는 다시 그의 모습을 바꾸어버렸다. 그리고 여기에는 명대 곡단을 뜨겁게 달구었던 湯顯祖와 沈璟의 戱曲觀 논쟁인 소위 湯沈論爭이 자리잡고 있다.

그는 자신이 속한 吳江派와 상대편인 臨川派가 모두 결정적인 약점을 지니고 있다는 점을 깊이 인식하고 이를 해결할 수 있는 방법을 찾기 위해 많은 탐색을 하였다. 곧 吳江派는 舞臺性을 확실히 담보할 수 있지만 文學性에 있어서는 약점을 지니고, 반면에 臨川派는 뛰어난 文學性을 지녔지만 舞臺性에 있어서는 큰 약점을 지녔었다. 그는 戱曲예술의 특성상 文學性과 舞臺性을 모두 갖추어야 한다고 여기고 이를 위한 방법으로 소

國古典戱曲論著集成≫, 四卷, ≪曲律≫, 172쪽, 中國戱劇出版社, 1982

위 雙美論을 제기하며, 새로운 戱曲觀을 탐색하였다. 특히 자신보다 40여 살이나 연상이지만 20여년간 戱曲작가와 비평가로서 막역하게 지낸 王驥德과의 戱曲에 관한 많은 논의를 통하여[3] 呂天成은 이전의 생각을 바꾸었다. 그는 광의의 吳江派에 속하면서도 이전의 吳江派와는 궤를 달리하게 되었다. 곧 그는 吳江派와 臨川派의 대립·모순을 극복하여 새로움을 추구하려는 변증적 방식을 추구하였으며, 이러한 점은 그의 曲論의 핵심으로 작용한다. 본문의 초점도 바로 여기에 있다. 그가 湯沈論爭의 와중에서 탐색하고 추구한 것이 과연 새로운 질적 변화를 동반한 戱曲觀인지, 아니면 단순한 절충에 불과했는지를 살피는 것이 본문의 핵심이다.

呂天成의 ≪曲品≫에는 그의 戱曲觀을 보여주는 부분들이 비록 단편적이지만 다양하게 산견된다. 그리고 이러한 그의 논의는 王驥德의 ≪曲律≫처럼 정치하지는 않지만 戱曲창작과 공연상의 情節論·결구론·곡사론·곡조론·意境論 등을 포함하고 있다. 여기에서는 먼저 그의 戱曲觀을 대표적으로 보여주는 情節論과 雙美論을 중심으로 戱曲에 관한 그의 논의가 전체 戱曲비평사에서 어떠한 의미를 지니고, 또 자체적으로 어떠한 한계를 지니는지를 천착하고자 한다.

2. ≪曲品≫의 體例와 著作經過

呂天成의 ≪曲品≫은 戱曲사상 처음으로 戱曲작가와 작품의 등급을 전문적으로 품평한 책이다. 비록 王驥德이 ≪曲律≫의 雜論三十九 上下條에서 몇 명의 작가와 작품에 대해 평가를 하고 있지만, 이것은 전반적이

3) (呂天成은) 나와 글 친구로써 사귄지 20년이 되었으며, 매번 흉금을 털어놓고 戱曲을 논의하여 해가 기울어도 그치지 않았다.(與余稱文字交垂二十年, 每抵掌談詞, 日昃不休) 註 2冊, 172쪽.

지도 않고 또한 전문적이지도 않다. 이렇듯 戱曲品評에 관한 전례가 거의 없기 때문에 呂天成은 ≪曲品≫을 지으면서 시와 회화 및 서예 등에 대한 이전의 품평서를 참고하고 모방하였는데, 그는 자신의 曲品自敍에서 ≪曲品≫의 體例와 저작경과에 관해 다음과 같이 언급했다.[4]

> 나는 청소년시절에 戱曲을 애호했고 20세 무렵에 戱曲창작을 좋아하였다. 매번 시장에 가서 새로운 傳奇작품을 보게 되면 반드시 가지고 돌아왔으니 戱曲상자가 점점 가득해졌다. 그리하여 처음에는 戱曲창고를 만들어, 위로는 선배 才人들의 傳奇로부터 아래로는 엉터리 서생이나 늙은 배우들이 되는대로 쓴 작품을 모두 모아 성대한 모습으로 만들어볼까 하였다. 그러나 얼마뒤 너무 많아 간직할 수 없었고, 저 엉터리 작품들을 모으는 것이 나의 상자를 더럽힌다고 생각하여 많이 버렸고 또한 조금씩 산실되었다. 萬曆30년(1602) 일찍이 ≪曲品≫을 지었으나 각각의 傳奇작품에 가한 評語가 나의 뜻을 다 표현하지 못했고 또한 옳지 못한 것이 많아 얼마후 버렸다. 이후 10여년 동안 나는 이 戱曲 때문에 지장을 많이 받아 심히 후회하였고, 戱曲을 사절하여 다시는 손대지 않았다. 그러다 금년 봄 나는 내 친구 王驥德과 戱曲에 관해 흉금없이 논의하였는데, 戱曲의 이치가 매우 교묘하고 변화가 풍부하여 戱曲에 관한 나의 흥미가 다시 적지 않게 되었고, 마침내는 王驥德을 재촉하여 ≪曲律≫을 짓도록 하였다. 그리하여 ≪曲律≫이 완성되자 戱曲의 法令조목을 모두 갖추어, 진실로 八代의 쇠함을 일으킨 것이니 그 공로는 위대하도다! 이에 내가 王驥德에게 "어찌 오늘날과 이전의 傳奇작품을 들어서 등급을 매기지 않았읍니까?"라고 말하자 그는 이렇게 대답했다. "칭찬하면 내 사랑 내 보배라고 말하겠지만 폄하하면 반드시 여러 원망이 있을 것이오. 또 지금 습속에 좋아함과 싫어함이 같지 않아 품평이 부당하다는 이유로 전체적인 규율에 폐가 될까 두려워 지금 ≪曲律≫에서는 한 두 가지 예만을 간략히 들었을 뿐이오." 이에 내가 "傳奇가 매우 흥성하여 작가들이 기량을

4) ≪曲品≫의 판본으로는 1610년의 원고를 바탕으로 하는 ≪論著集成≫의 소위 通行本과 1613년의 修訂本을 근거로 한 清代 楊志鴻의 鈔本 ≪曲品≫의 두 가지가 대표적인데, 修訂本을 底本으로 한 ≪曲品≫이 더 정확하고 내용이 풍부하기 때문에 여기서는 이를 따른다.

> 다투고 있는데 이제껏 권위를 부려 천거하거나 물리친 사람이 없었습니다. 더구나 지금 曲學의 이치가 매우 분명한데도 아름다운 작품과 추한 작품이 함께 비추고 있는데, 뛰어난 작품과 엉터리 작품은 어지럽게 진열될 수 없으니, 〈陽春白雪〉처럼 고상한 작품과 〈下里巴人〉처럼 통속적인 작품을 어찌 함께 올릴 수 있겠습니까? 당신은 명예를 중히 여기시니 내가 잠시 엉터리 시험관과 비루한 훈장이 되어 曲場을 열고 曲榜을 펼쳐 내 기분을 즐겁게 해볼 것인데 어떻겠습니까?"라고 말하자 그는 웃으며 대답했다. "이번 시험장에서 당신이 주임시험관을 하시오" 이리하여 나는 집에 돌아와 옛 원고를 뒤져보니 아직 남아 있어서 마침내 다시 그것을 고쳤고, 鍾嶸의 ≪詩品≫·庾肩吾의 ≪書品≫·謝赫의 ≪畵品≫의 예를 모방하여 각기 평론을 지어냈다. 그리고는 上下 두 권으로 나누어 上卷은 舊傳奇의 작가와 新傳奇의 작가를 품평하였고, 下卷은 각 傳奇를 품평하였다. 또 작가를 알 수 없는 것은 傳奇 작품만을 부가하였고, 傳奇의 격에 맞지 못한 것은 내버리어 기록하지 않았다.[5]

먼저 體例에 있어서 呂天成은 ≪曲品≫을 위에서 언급한 것처럼 상권과 하권으로 나누었으며, 상권에서는 傳奇 작가들을 품평하였고 하권에서는 傳奇 작품들을 품평하였다. 그는 상권에서 傳奇 작가들을 舊傳奇와 新傳奇의 작가로 나누어 품평하였는데, 그 구별은 대략 1550년을 전후로

---

5) 予舞象時卽嗜曲, 弱冠好塡詞. 每入市, 見新傳奇, 必挾之歸, 笥漸滿. 初欲建一曲藏, 上自先輩才人之結撰, 下逮腐儒老憂之攢簇, 悉搜共貯, 作江海大觀. 旣而謂多不勝收, 彼攢簇者, 收之汚吾篋, 於是多删擲, 稍稍散失矣. 壬寅歲, 曾著≪曲品≫, 然惟於各傳奇下著評語, 意不盡, 亦多未當, 尋棄去. 十餘年來, 予頗爲此道所誤, 深悔之, 謝絶詞曲, 技不復癢. 今年春, 與吾友方諸生劇談詞學, 窮工劇變, 予興復不淺, 遂趣生撰≪曲律≫. 旣成, 功令條教, 臚列具備, 眞可謂起八代之衰, 厥功偉矣! 予謂生曰, "曷不擧今昔傳奇而甲乙焉?" 生曰, "褒之則吾愛吾寶, 貶之必府怨. 且時俗好憎難齊, 吾懼以不當之故而累全律, 故今≪曲律≫中略擧一二而已." 予曰, "傳奇侈盛, 作者爭衡, 從無操柄而進退之者. 矧今詞學大明, 姸媸畢照, 黃鐘瓦缶, 不容溷陳, ≪白雪≫≪巴人≫, 奈何並進? 子愼名器, 予且作糊塗試官, 冬烘頭腦, 開曲場, 張曲榜, 以快予意, 何如?" 生笑曰, "此段科場, 讓子作主司也." 予歸檢舊稿猶在, 遂更定之, 倣鍾嶸≪詩品≫·庾肩吾≪書品≫·謝赫≪畵品≫例, 各著論評, 析爲上下二卷, 上卷品作舊傳奇者及作新傳奇者, 下卷品各傳奇. 其未考姓氏者, 且以傳奇附, 其不入格者, 擯不錄. 吳書蔭 校注, ≪曲品校注≫, 1쪽, 中華書局, 1990

한다. 이것은 그가 李開先의 〈寶劍記〉를 舊傳奇에 수록하였는데, 〈寶劍記〉의 原刻本이 1547년에 나온 사실을 미루어보면 대략 추측할 수 있다.[6] 더구나 1560년을 전후하여 바로 魏良輔 등이 昆山腔을 개혁하는데 성공하여 점차 곤산강을 유행시켰던 사실을 상기한다면 呂天成이 말한 新傳奇는 바로 곤산강으로 연창했던 극본이라고 볼 수 있다. 그는 우선 舊傳奇의 작가들을 神·妙·能·具의 4품으로 등급을 구분하였다. 그리고는 高則成 혼자만을 神品에 넣고, 邵燦·王濟를 妙品에, 沈采·姚茂良을 能品에, 그리고 李開先·沈齡·邱濬을 具品에 넣었다.

한편 呂天成은 新傳奇의 작가들을 上上·上中·上下·中上·中中·中下·下上·下中·下下의 9품으로 등급을 구분하였다. 그리고는 沈璟과 湯顯祖를 上上品에, 陸采·張鳳翼·顧大典·梁辰魚·鄭若庸·梅鼎祚·卜世臣·葉憲祖·單本 9명을 上中品에, 그리고 屠隆·汪廷訥·馮夢龍·徐復祚 등 8명[7]을 上下品으로 평하였다. 또한 中上品에는 戴子魯 등 7명을, 中中品에는 沈鯨 등 12명을, 中下品에는 高濂 등 11명을, 下上品에는 湯家霖 등 14명을, 下中品에는 心一子 등 12인을, 그리고 下下品에는 汪宗姬 등 10인을 넣었다. 이상을 종합하고 간단히 분석해본다면 呂天成은 ≪曲品≫의 상권에서 8명의 舊傳奇 작가들과 85명의 新傳奇 작가들을 품평하여 등급을 메기었는데, 이것은 戲曲史에서 유명한 작가들을 거의 대부분 망라하고 있음을 알 수 있다. 그리고 이러한 사실은 呂天成이 戲曲작가 겸 평론가로서 당시 많은 극작가들과 교유가 넓었고, 또한 戲曲에 대한 견식이 많음을 보여준다. 또 呂天成이 여기서 舊傳奇를 네 등급으로 나눈데 비해 新傳奇를 아홉 등급으로 구분한 것은 아무래도 新傳奇의 작가들이 숫적인 면에서 열 배이상 많기 때문에 세분하여 품평한 것으로 보여진다.

6) 胡忌, 劉致中著, ≪昆劇發展史≫, 80쪽, 中國戲劇出版社, 1989

7) 呂天成은 爽鳩文孫과 陽初子를 각기 다른 작가로 여겨 아홉 사람으로 보았으나 사실은 徐復祚 한 사람으로, 이것은 徐復祚가 여러 개의 필명을 사용하여 생긴 오해이다.

작가에 대한 評語에서도 그는 舊傳奇 작가에 대해서는 一人一條로써 개별적인 평가를 한 반면, 新傳奇 작가에 대해서는 개별적인 평가를 하지 않고 한품에 해당되는 작가들을 묶어서 한꺼번에 평가를 진행하였다. 아마 呂天成이 이러한 평가방식을 사용한 것은 이 또한 新傳奇의 작가들이 인원수 면에서 많았기 때문이라고 여겨진다. 또 新傳奇에 대한 품평에서 전체적으로 볼 때 그는 상품에 19명, 중품에 30명, 하품에 36명을 넣었는데, 인원수의 안배라는 차원에서 보면 비교적 타당하다고 말할 수 있겠다. 다만 작가에 대한 구체적 품평에 있어서는 일반적인 평가와는 다른 모습을 여기에서 보여주기도 하는데, 이것은 그의 戲曲觀의 일단을 보여주는 것이라고 생각된다. 곧, 舊傳奇 작가에 대한 품평에서 呂天成은 〈香囊記〉를 지은 邵燦을 妙品에 넣은 반면, 〈寶劍記〉를 지은 李開先을 최하품인 具品에 넣었는데, 이것은 戲曲史에서의 일반적인 평가와는 거꾸로 된 것이다. 또 新傳奇 작가에 대한 품평에서 그는 上中品에 해당되는 작가로 아홉 명을 들었는데, 대부분이 소위 文詞派의 작가들이니, 이러한 점은 그가 작가에 대한 품평에서 문사에 대한 능력을 매우 중시하고 있음을 보여준다. 그리고 상권의 뒷 부분에 呂天成은 傳奇 작가가 아닌 南雜劇 작가로서 徐渭와 汪道昆 두 사람을, 그리고 散曲 작가로서 周憲王·王九思·康海·楊愼·馮惟敏·王世貞 등 25명을 덧붙여 품평하고 있는데, 이들 27인을 모두 上品에 넣었고 다만 下卷에서는 그들의 작품에 대해서는 품평하지 않았다.

≪曲品≫의 상권이 작가론인 반면 하권은 작품론으로서 실질적으로 ≪曲品≫의 핵심이다. 呂天成은 먼저 舊傳奇를 舊傳奇 작가와 같이 神品·妙品·能品·具品의 네 등급으로 나누었다. 그리고는 高則成의 〈琵琶記〉와 〈拜月亭〉을 神品에, 〈荊釵記〉·〈牧羊記〉·邵燦의 〈香囊記〉 및 〈孤兒記〉·〈金印記〉 그리고 王濟의 〈連環記〉·〈玉環記〉 일곱 작품을 妙品에, 〈白兎記〉·〈殺狗記〉·沈采의 〈四節記〉·姚茂良의 〈雙忠記〉 등 11작품

을 能品에, 그리고 마지막으로 李開先의 〈寶劍記〉·沈齡의 〈嬌紅記〉·邱濬의 〈五倫記〉 등 아홉 작품을 具品으로 품평하였다. 그런데 우리는 여기서 呂天成이 각 작품의 등급을 정할 때 작가의 등급과 일치시켜 획일적으로 품평하고 있음을 알 수 있다. 그리고 이러한 점은 그가 하권의 冒頭에서 한 말[8]과는 괴리를 보여주고 있음을 알 수 있고, 또한 祁彪佳가 ≪遠山堂曲品≫에서 한 작가의 작품이라도 작품의 실질적 수준에 따라 각기 등급을 따로 메긴 것과 비교하면[9] 품평의 타당성이라는 점에서 일정한 약점을 보인 것이다.

新傳奇에 대한 등급을 메기는 방식에 있어서도 呂天成은 舊傳奇와 똑같은 방식을 사용하였다. 그는 상권에서 메긴 新傳奇 작가의 등급과 그 순서대로 매 작품의 등급과 순서를 일률적으로 정하였다. 다만 한 작가의 작품이 많을 경우 그는 작품의 창작연대에 따라 여러 작품을 순서대로 배열하여 작품의 창작시기를 이해하는데 도움을 주고 있고, 작가론인 상권에서와는 달리 매 작품마다 품평을 하고 있다. 또한 뒷부분에는 작가를 알 수 없는 16개의 傳奇 작품을 각각 품평하고 있고, 마지막에는 葉憲祖의 〈雙修記〉 등 12작품을 補遺 형태로 품평하고 있다.

한편 呂天成은 ≪曲品≫의 저작경과에 관하여 위의 인용문에서 비교적 자세히 언급하고 있다. 위에 따른다면 그는 청소년시기부터 戱曲을 애호하여 20대에 이르러서는 직접 戱曲을 창작하였고, 시장에서 많은 戱曲 작품들을 사들여 戱曲창고를 만들 생각까지 하였다. 그리고 작품의 수량이 너무 많아지자 그는 문인들의 작품이 아닌 민간 戱曲작품을 대부분 버렸고, 1602년에는 ≪曲品≫의 초고를 완성하였다. 그러나 그는 자신의 품

8) 대개 모두 한 작가의 손에서 나왔더라도 때때로 뛰어남과 졸렬함이 있고, 한 작품을 전체적으로 보더라도 그 사이에는 잘된 것과 못된 것이 있다.(蓋總出一人之手, 時有工拙, 統觀一帙之中, 間有短長.)

9) 拙稿, 〈祁彪佳≪遠山堂二品≫考〉, ≪中國文學≫ 第36輯, 207쪽 참조.

평에 대해 만족하지 못해 초고를 버렸으며, 이후 10여년 동안은 戱曲 때문에 지장을 많이 받아 심히 후회하고 戱曲을 사절하였다고 한다. 그런데 이러한 사실은 呂天成의 戱曲활동을 살펴보면 그 내막을 쉽게 이해할 수 있다. 그의 창작활동은 통상 前期와 後期로 명백히 구분되는데, 前期는 〈神女記〉를 창작한 20세 이후부터 소위 通行本인 ≪曲品≫을 완성한 31세(1610년) 까지로, 그의 대부분의 작품이 이 시기에 이루어졌으며, 후기는 32세부터 39세로 ≪曲品≫의 增補版을 낸 것을 제외하고는 거의 활동이 없었다. 그는 戱曲을 너무 애호한 결과 과거에 여러 차례 떨어져 낙담하였으며, 그 결과 戱曲을 애호함에 대해 동요를 일으켰고, 심지어는 戱曲을 애호한 사실을 깊이 후회하였다고 한다.[10] 한편 1610년 봄 王驥德과 呂天成의 모임은 戱曲비평사에서 大事로까지 말해진다.[11] 이 모임의 결과 ≪曲律≫과 ≪曲品≫이 탄생하였기 때문이며, 거기에는 呂天成의 외삼촌인 孫如法 또한 참여하였다. 그들은 흉금을 털어놓고 曲學을 마음껏 논하였으며, 呂天成과 孫如法의 재촉으로 王驥德의 ≪曲律≫이 먼저 나오게 되었다. 그러나 ≪曲律≫은 戱曲의 창작론 등 원리에 대해서는 상세히 다루었으나 작가와 작품의 품평에 있어서는 매우 간략히 언급하였다. 그리하여 呂天成은 ≪曲律≫만으로는 불충분하다고 여기었는데, 王驥德 또한 그에게 ≪曲品≫을 써낼 것을 종용하자, 그는 1602년에 쓴 원고를 찾아 다시 정리하여 소위 통행본인 ≪曲品≫을 완성하였다. 그리고는 다시 3년 뒤 이 기초 위에서 그 사이에 나온 새로운 작품을 증보하고 이전의 내용을 수정하여 증보판 ≪曲品≫을 내었으니, 이것이 지금 내용상 가장 풍부하고 정확한 ≪曲品≫이다.

또한 呂天成은 위의 인용문에서 ≪曲品≫을 짓게 된 그 연원을 명백히 밝히고 있다. 곧 그는 南朝 梁의 鍾嶸이 122인의 詩人을 上·中·下의 3品

10) 주5 책, 428쪽.

11) 夏寫時, ≪論中國戱劇批評≫, 302쪽, 齊魯書社, 1988.

으로, 비슷한 시기 齊의 謝赫이 畫家를 6品으로, 그리고 梁의 庾肩吾가 書法家를 9品으로 나눈 예를 모방하여 자신의 ≪曲品≫을 이루었음을 밝히었다.

3. 雙美論

소위 雙美論은 呂天成의 戱曲觀을 보여주는 핵심이며, 아울러 명대 戱曲의 두 거두인 湯顯祖와 沈璟의 戱曲觀 논쟁인 소위 湯沈論爭에 대한 呂天成을 대표로 하는 당시 曲論家들의 고뇌의 결과물이기도 하다. 여기서는 먼저 이러한 雙美論이 나오게 된 내원과 배경을 간단히 살펴본 후, 呂天成이 湯顯祖와 沈璟을 ≪曲品≫에서 실제로 어떻게 품평했는지를 비교하여 살피기로 한다. 그리고는 이러한 바탕 위에서 呂天成이 어떠한 방법으로 湯顯祖와 沈璟의 戱曲觀을 통일시키고 넘어서려고 했는지, 또 雙美論에 보인 그의 방법이 王驥德 등 당시의 많은 曲論家들의 주장과는 어떠한 차이를 보이며, 전체적인 戱曲평론사에서 그의 雙美論이 어떠한 의미와 한계를 보이는지를 천착하고자 한다.

명대 萬曆年間에 雙美論이 탄생하게 된 직접적 배경은 湯沈論爭이지만 그 원천적 내원은 戱曲예술의 창작과 공연을 담당한 사대부와 배우라는 두 계층 간의 문화의식과 戱曲觀의 차이이며, 그 중에서도 특히 주도적인 지위를 차지한 사대부들의 문화의식과 戱曲觀에서 비롯된다고 볼 수 있다. 주지하다시피 戱曲예술은 민간에서부터 발전하여 宋元시기 戱曲예술의 창작과 공연은 분리되지 않았다. 일반적으로 창작을 담당한 사람들이 주로 하층문인이거나 배우 자신이어서 창작은 자연스럽게 공연을 전제로 한 것이었다. 그러나 明代에 들어와서는 상황이 바뀌었다. 창작자층과 감상자층에 사대부가 대거 유입되면서 이전과는 전혀 다르게 되었다. 사대부들은 戱曲의 창작과 감상에 있어서 자신들의 고상하고 높은 문화의식을 표현해줄 수 있는 뛰어난 문사를 사용한 작품을 좋아하였고, 반대로 戱曲의 공연에 필수적인 韻律 등의 末端 技藝에 대해서는 소홀히 하였다. 반면에 戱曲의 공연을 담당한 배우의 입장에서는 자신들의 문화수준과 의식의 한계 및 演唱上의 필요로 인하여 문사에 있어서 사대부들의 수준을 따라가지 못하고 왕왕 비속하게 되었다. 곧 많은 사대부들이 창작자층과 감상자층에 유입되어 주도적인 위치를 차지한 후, 그들은 공연물이 아닌 案頭用의 戱曲작품을 文學性이라는 관점에서 애호한 나머지 戱曲예술의 필수적 성격인 舞臺性을 상실하였다. 바로 文學性과 舞臺性의 부조화가 雙美論의 근본 바탕이 되었고, 또한 그 바탕 속에는 명대에 창작자층과 감상자층으로서 주도적인 위치를 차지한 사대부들의 문화의식과 戱曲觀이 큰 작용을 하였던 것이다.

雙美論의 탄생에 있어서 사대부들의 문화의식과 戱曲觀이 근원적 역할을 하였다면, 통시적이고 거시적인 문예사조의 관점에서 본다면 명대 중기 이후 復古主義와 反復古主義의 대립이 雙美論을 탄생시키는데 결정적인 역할을 하였다. 곧 범박하게 말하면 명대 중기 이후의 문예사조는 前後七子를 중심으로 한 복고주의와 徐渭·李贄·湯顯祖·袁宏道를 대표로 하는 반복고주의와의 대립과 투쟁의 역사인데, 이러한 복고와 반복고의 대립과 투쟁의 모습이 戱曲에 투영된 것으로 대표적인 것이 湯沈論爭이며, 이 湯沈論爭의 와중에서 탄생된 탐색의 결과가 바로 雙美論인 것이다. 이를 중국 戱曲평론사의 각도에서 좀더 자세히 보면, 元代의 周德淸에서 시작하여 朱權·何良俊·沈璟·臧懋循·徐復祚·呂天成은 관점상에서 서로 계승한 면이 상당히 많으며, 이중 명대 중기 이후의 何良俊·沈璟·臧懋循·徐復祚는 실제로는 이미 戱曲학파를 형성하였다.[12] 그들은

12) 주11 책, 309쪽 참조.

戲曲이론에 있어서 명백히 '曲必宋元'論의 복고적 색채를 지녔는데, 이것은 前後七子가 주장한 복고주의 문예사조가 戲曲영역에 투영된 것이다. 그리고 이들은 嘉靖 후기 이후 등장한 徐渭·李贄·湯顯祖 등의 반복고주의 세력과 대립·투쟁하며 자신들의 세력을 유지하여 갔는데, 이러한 복고와 반복고의 대립과 갈등의 와중에서 呂天成과 王驥德 등이 고뇌하고 탐색한 결과물이 바로 雙美論이며, 이러한 雙美論을 가장 먼저 제기한 曲論家가 呂天成인 것이다.

그러면 이상과 같은 雙美論의 배경을 바탕으로 ≪曲品≫에 나타난 呂天成의 雙美論의 구체적 내용을 살펴보자. 앞에서 언급한 바와 같이 雙美論은 湯沈論爭의 구체적 결과물로서 직접적으로는 湯顯祖의 才情과 沈璟의 音律, 곧 단순하게 표현하자면 湯顯祖의 文學性과 沈璟의 舞臺性을 어떻게 결합시키느냐에 그 초점이 있다. 그리고 이러한 文學性과 舞臺性의 결합이 단순한 절충적 방법이 아닌 변증적인 방법을 사용하여 질적 변화를 동반하고 있느냐의 여부가 雙美論의 성공여부를 결정하는 결정적 잣대라고 할 수 있다. 여기서는 이러한 점을 살피기 위해 먼저 ≪曲品≫ 중에서 呂天成이 湯顯祖와 沈璟을 어떻게 품평했는지를 살펴보자.

> 沈璟은 역대로 높은 가문의 후예로 장강 하류의 歌舞의 마을에서 성장하여 前朝인 元代의 음악서적에 심취하였다. 그리하여 音律을 매우 잘 이해하였고 집안의 형제자매들이 모두 분장을 하고 무대에 올랐으며, 詞章을 우아하게 좋아하여 때때로 스님과 기생들을 불러 술동무가 되었다. 이후 젊은 나이에 벼슬을 하면서 충실하고 강직했으며, 장년에 벼슬을 그만두고서는 고고하였다. 그리고는 할 일을 점치며 교외에 살았고, 이름을 숨기고 詞隱이라고 불렀다. 그는 戲曲이 격률을 넘어서는 것을 탄식하여, 音韻을 나타냄으로써 格律을 세우고 잘못된 것을 방지하였으며, 曲法이 황폐해진 것을 통탄하여 전 曲譜를 수정하여 새 길을 열었다. 紅牙館[13]에서 지은 散曲의 투수가 110章이고, 屬玉堂[14]에서 지

13) 紅牙는 박달나무로 만든 拍板으로 박자를 조절하며 곡을 짓는다. 紅牙館은 紅牙를 사

> 은 傳奇가 17종이다. ……그는 도끼를 휘둘러 바람을 일으킨 정도로 神妙했던 匠石과 같으니 樂府의 匠石이고, 칼을 힘들이지 않고 여유있고 神通하게 사용하며 소를 잡았던 庖丁과 같으니 戲曲계의 庖丁이다. 그리하여 戲曲의 道는 그에 의지해 중흥되었으니, 우리들은 제자로 되기를 달갑게 바란다.[15]

呂天成은 ≪曲品≫ 상권의 新傳奇 작가에 대한 품평에서 위에서와 같이 沈璟을 가장 먼저 평하였는데, 우리는 여기에서 呂天成이 沈璟을 극도로 칭송하고 있음을 쉽게 알 수 있다. 그런데, 이러한 사실은 어찌보면 당연하다. 呂天成은 沈璟을 스승으로 삼았고, 어디까지나 광의의 吳江派의 일원이기 때문이다. 그는 먼저 沈璟이 명문 가정 출신으로 가무가 흥성했던 吳江에서 성장하여 음률에 뛰어났음을 지적하였다. 그리고는 그의 가족들 또한 戲曲을 애호하여 손수 분장을 하고 무대에 등장했다고 말하고 있는데, 이러한 사실은 다른 문헌자료의 증거가 없기 때문에 확실하지는 않지만 그의 집안이 詞曲의 명문집안인 것은 확실하다고 여겨진다.[16] 沈璟은 이렇듯 음률에 밝았는데, 그렇다면 戲曲史에 있어서 沈璟의 가장 큰 공헌은 무엇인가? 呂天成은 여기서 沈璟의 공로를 명백히 밝히고 있는데, 곧 그는 沈璟이 이러한 음률에 대한 지식을 바탕으로 당시의 많은 戲曲이 案頭之曲으로 흘러 격률에 맞지 않는 것을 통탄하고, 이러한 현실을 방지하기 위해 새로운 곡보를 만들어냈음을 밝히고 있다. 곧 沈璟의

용하며 곡을 짓던 장소.

14) 그가 傳奇를 짓던 곳으로 그의 傳奇 17편을 총칭하여 ≪屬玉堂傳奇 ≫라고 부른다.

15) 沈光祿金張世裔, 王謝家風, 生長三吳之鄉, 沈酣勝國管絃之籍. 妙解音律, 兄妹每共登場, 雅好詞章, 僧妓時招佐酒. 束髮入朝而忠鯁, 壯年解組而孤高. 卜業郊居, 遯名詞隱. 嗟曲流之汎濫, 表音韻以立防, 痛詞法之蓁蕪, 訂全譜以闢路. 紅牙館內, 謄套數者百十章, 屬玉堂中, 演傳奇者十七種.……運近成風, 樂府之匠石, 游刃餘地, 詞部之庖丁. 此道賴以中興, 吾黨甘居北面. 注5冊, 30쪽.

16) 주5 책, 31쪽 참조.

가장 큰 공헌은 구체적으로 말하면 蔣孝의 ≪南九宮譜≫를 증정하여 ≪南九宮十三調曲譜≫, 즉 ≪南曲全譜≫를 만들어낸 점에 있다. 沈璟의 ≪南曲全譜≫는 곤산강의 傳奇를 위하여 비교적 완비된 격률체계를 세운 것이다. 沈璟은 이러한 곤산강의 격률체계를 정비하기 위하여 당시 유명한 음운학자들인 孫鑛과 孫如法 및 曲論家인 王驥德 등과 논의하였으며, 80여 편의 宋元과 明初南戲·당시의 文人傳奇 및 唐宋詞를 예로 삼아 宮調·曲牌·句式·音韻·聲律·板眼 등의 여러 방면에서 곤산강의 격률에 대해 엄격한 규정을 가하여 1606년에 출판하였던 것이다. 이 중에서도 聲律論은 沈璟의 곤산강 격률이론의 핵심이며, 音韻에 있어서도 沈璟은 元代 周德淸의 ≪中原音韻≫을 표준으로 해야지 〈琵琶記〉의 用韻方式을 사용해서는 안된다고 명백히 밝히었다.[17] 한편 呂天成은 ≪南曲全譜≫를 핵심으로 하는 沈璟의 커다란 공헌을 한 것을 지적한 후, 마지막으로 위에서 沈璟 작품의 전체적인 文學性을 ≪莊子≫의 고사성어를 인용하며 극도로 칭송하고 있다. 그에 의하면 沈璟은 套數를 110편, 傳奇를 17종 지었다고 하는데, 呂天成은 이것들이 '運斤成風' '游刃餘地'에 해당되는 최상의 문학적 기예를 보여주는 것들이라고 여겨, 그는 沈璟을 ≪莊子≫에서 神技의 경지에 이르렀던 '匠石'과 '庖丁'에 비유하였다. 그러나 이것은 어디까지나 지나친 과찬이다. 그가 지었다는 散曲 110편은 ≪詞隱新詞≫ 등 散曲集이 있었다고 하나 지금 전해지지 않아 그 면모를 알 수 없고,[18] 17편이나 되는 많은 傳奇를 모은 ≪屬玉堂傳奇≫는 전체적인 戲曲사에서 일반적으로 그리 높이 평가되지 않기 때문이다. 이렇듯이 呂天成은 吳江派의 일원으로서 沈璟을 극도로 칭송하여, 沈璟이 戲曲의 道를 중흥시킨 사람이라고 여겼으며, 결론적으로는 자신이 기꺼이 그의 제자가 되었음을 밝히었다. 그러면 다음으로 呂天成은 ≪曲品≫에서 沈璟의 상

17) 郭英德, ≪明淸傳奇史≫, 176-179쪽. 江蘇古籍出版社, 1999.

18) 주16책, 185쪽.

대편에 해당되는 湯顯祖를 어떻게 품평했는지를 살펴보자.

> 湯顯祖는 절세의 奇才이며 박학하기로 으뜸이다. 두루 여러 사람과 어지러히 어울렸으며 벼슬길은 평탄하지 못했다. 雷陽(지금의 廣東 徐聞縣)으로 좌천된 후 처음 臨川으로 돌아와 다시 도연명이 허리를 굽혔듯이 벼슬을 위해 遂昌의 知縣으로 출사하였다. 感情이 깊이 빠지면 한 가지에만 빠지니 진실로 천성에 속하고, 재기와 독특한 構想은 만 갈래이니 마치 靈氣를 지니는 듯하다. ≪八索≫[19]에서 기이함을 찾았으니 귀신을 울리는 문장의 글귀를 뽑아냈고, 六朝의 화려함을 따왔으니 빼어난 압운을 사용한 문장을 지어냈다. 紅泉館[20]에서 박달나무 박판을 치고 악기를 두드렸으며, 아름다운 옥명당에는 달밤 斑竹으로 엮은 발에 향기가 흘렀다. 그의 아름다운 문채는 교묘한 마음속 구상을 따라 깊은 곳에서 나오고, 마음속 깊은 감정은 붓을 따라 어지러이 날아다닌다. …… 그는 숙련되게 元劇을 운용하므로 곡사를 조탁한 아름다움이 마음을 기쁘게 하고, 멋진 표제를 잘 골라 경관을 묘사한 신기로움이 눈을 즐겁게 한다. 또 그는 行軍時 刁斗[21]를 사용하지 않고 자연스럽게 부하들을 다스렸던 李廣 장군처럼 격률의 속박을 받지 않고 곡을 지으며, 부처님의 說法에 여러 天神들이 감동받아 天界의 仙花를 하늘에 어지러히 흩날리듯, 晉代의 고승인 竺道生이 설법하자 돌멩이도 모두 감동되어 끄덕였듯, 매우 강한 감동력을 지녔다. 이러하니 그는 진실로 배움으로써 미칠 바가 못되며 마땅히 타고난 자질이 비범한 사람이라고 하겠다.[22]

여기에서 우리는 呂天成이 湯顯祖에 대한 평가에 있어서 沈璟에 못지

---

19) 上古의 八卦를 논한책.

20) 湯顯祖가 臨川에서 거주한 堂名.

21) 야전용 취사솥. 주간에는 취사용이고, 야간에는 경보나 시보용이다.

22) 湯奉常絶代奇才, 冠世博學. 周旋狂社, 坎坷宦途. 雷陽之謫初還, 彭澤之腰乍折. 情癡一種, 固屬天生, 才思萬端, 似挾靈氣. 搜奇≪八索≫, 字抽鬼泣之文, 摘艶六朝, 句疊花飜之韻. 紅泉秘館, 春風檀拔鼓金, 玉茗華堂, 夜月湘簾飄馥. 麗藻憑巧腸而濬發, 幽情逐彩筆而紛飛. ……熟拈元劇, 故琢調之妍俏賞心, 妙選佳題, 故賦景之神奇悅目. 不事刁斗, 飛將軍之用兵, 亂墜天花, 老生公之說法. 信非學力所及, 自是天資不凡. 注5冊, 34쪽.

않게 극도로 칭송하고 있음을 알 수 있다. 위의 인용문은 대강 다음과 같은 세 가지 사실을 지적하고 있다. 첫째, 呂天成은 먼저 湯顯祖의 비범한 재주를 언급하였다. 그는 湯顯祖가 박학한 絶世의 奇才로서 예술적 구상력인 '才思'를 풍부하게 지녀 마치 '靈氣'를 품은 것 같다고 극찬하였다. 그러면 이와같이 뛰어난 '才思'를 지닌 湯顯祖는 戲曲史에서 어떠한 공헌을 하고 있는가? 그는 두 번째로 戲曲史에서 湯顯祖의 공헌을 지적하고 있다. 곧 呂天成에 의하면 湯顯祖는 그의 뛰어난 재주를 바탕으로 아름다운 문채인 '麗藻'와 깊은 감정인 '幽情'의 묘사에 있어서 탁월하여, 귀신을 울리게 할 정도였다. 바꿔 말하면 呂天成은 湯顯祖의 文學性이 빼어남을 밝히고 있는 것이다. 그리고 呂天成은 여기에서 湯顯祖의 이러한 文學性이 元雜劇에 대한 湯顯祖의 원숙한 운용 및 훌륭한 표제의 선택을 통해서 더욱 크게 발휘되고 있음을 말하고 있다. 곧 呂天成은 湯顯祖가 원잡극의 곡사를 충분히 숙지하였기 때문에 이를 바탕으로 아름다운 문채를 이룰 수 있었고, 표제 선택에 있어서 뛰어나 新奇한 情景묘사를 이룰 수 있다고 보았다. 사실 湯顯祖는 원잡극에도 매우 밝아 그 중의 뛰어난 부분을 암송할 수 있었고, 臧懋循이 ≪元曲選≫을 엮으면서 劉延伯의 집에서 雜劇 鈔本 300여종을 얻어 100편으로 선택할 때 湯顯祖의 손을 거쳤다고 한다.[23] 세 번째로 呂天成은 흉노를 물리치는데 전설적인 공을 세웠던 飛將軍 李廣과 불경의 '天花亂墜' '生公說法'의 고사를 인용하며 湯顯祖의 戲曲이 격률의 속박을 받지 않고 자유스러우면서도 매우 강한 예술적 감동력을 지니고 있다고 극찬하였다.

이상의 沈璟과 湯顯祖에 대한 품평을 통하여 우리는 呂天成이 이 두 작가에 대해 비교적 정확한 인식을 하고 있음을 알 수 있다. 먼저 그는 두 작가의 특장을 분명히 구별하였다. 沈璟이 韻律에 뛰어나다면 湯顯祖는

23) 주5 책, 36쪽 참조.

'才思'에 뛰어났다. 그리고 이들은 이러한 자신의 특장을 바탕으로 戱曲史에 커다란 공헌을 각기 남겼으니, 沈璟은 ≪南曲全譜≫로써 戱曲의 연창성 곧 舞臺性을 확실히 담보하였으며, 湯顯祖는 '麗藻'와 '幽情' 곧 戱曲의 文學性을 높이는데 큰 공헌을 하였다. 그런데 작품의 평가에 있어서 呂天成은 두 사람을 모두 극찬하였지만 아무래도 沈璟에 대한 평가는 지나쳐 보이는데, 이것은 그가 沈璟을 스승으로 모신 吳江派의 일원이라는 사실에서 나온 것이라고 생각된다. 한편 呂天成은 이상과 같이 湯顯祖와 沈璟을 극도로 칭송했지만 그는 한편으로 이들 작품의 약점 또한 정확히 인식하고 있었다. 바로 呂天成의 雙美論은 이러한 정확한 인식의 기반 위에서 탄생하였던 것이다. 그러면 ≪曲品≫ 중에 雙美論이 직접 제기된 다음의 문장을 살펴보자.

> 이 두 사람은 一代의 詩豪가 되기를 원하지 않고 마침내는 천년의 詞匠이 되었으니, 대개 沈璟은 江蘇省의 太湖가 키운 걸출한 인재이고, 湯顯祖는 江西省의 鄱陽湖가 키운 뛰어난 인재이다. 내 친구 王驥德이 말하길, "沈璟은 曲法을 갖추었으나 곡사의 意態情趣 면에서는 부족하고, 湯顯祖는 曲情에 있어서는 뛰어나나 戱曲의 法式을 넘어섰다." 이는 훌륭한 말로서 품평을 확실히 한 것이라고 할 수 있다. 그런데 沈璟은 일찍이 말하길, "차라리 격률에 맞춰 문사가 아름답지 않아도 될 것이다. 읽어서 문장이 되지 않더라도 노래하여 비로소 격률에 맞으면 이것이 곡중에서 빼어난 것이다." 湯顯祖는 이 말을 듣고 沈璟을 비난하며 이렇게 말하였다:"그가 어찌 曲意를 알겠는가? 나의 曲意가 이르는 데에 있어서는 천하 사람들의 목을 구부려 꺽어도 무방하다." 여기에서 나는 두 분이 지향하는 것을 볼 수 있도다. 내 생각에 湯顯祖와 沈璟은 비유하자면 狂人과 狷人 같아서 천지간에는 응당 이러한 두 종류의 인물이 있어야 한다. 만일 沈璟이 없으면 (날카로운 칼과 같은) 곡사를 갈아내는 틀인 숫돌이 새롭지 못하고, 湯顯祖가 없으면 곡사의 정수를 누가 뽑아내겠는가? 만일 沈璟선생의 법식을 지키면서 湯顯祖 道人의 才情으로써 운용할 수 있다면 어찌 둘의 장점을 합하여 쌍미한 것이 되지 않겠는가?

> 나는 아직 그러한 사람을 보지 못했지만, 이곳 東南 지방에는 풍류스럽고 우아함이 성대하니 나는 조만간에 만나게 될 것이다. 또 내가 沈璟을 앞으로 하고 湯顯祖를 뒤로 한 것은 잘못된 작금의 곡단의 현실을 돌이키려는 생각이 바야흐로 급하고, 귀를 즐겁게 하는 가르침은 차라리 느긋하기 때문이다. 이들을 조금 앞뒤를 나누었지만 원래 高低로 평한 것이 아니며, 진실로 모두 上上品에 해당된다.[24]

戲曲史에서 雙美論은 呂天成이 제일 먼저 제기한 것으로 이야기되지만 사실 雙美論은 당시 呂天成 혼자만의 주장이나 견해가 아니었다. 呂天成은 자신보다 40여 살이나 많은[25] 王驥德과의 친밀한 우정을 바탕으로 당시의 곡단의 현실에 대해 고뇌하고 새로운 방법을 탐색하였으며, 다만 呂天成이 ≪曲品≫을 통하여 그러한 견해를 처음으로 제기하였을 뿐이다. 王驥德은 呂天成이 ≪曲品≫을 완성하기 이전에 이미 ≪曲律≫을 통하여 文學性과 舞臺性의 결합이라는 雙美論적인 관점에서 湯顯祖와 沈璟의 곡학성취와 부족함을 객관적으로 비교 분석하여 평가하였기 때문이다.[26] 이런 점에서 呂天成의 雙美論은 王驥德의 영향을 크게 받아 탄생한 것이라고 말할 수 있다. 呂天成은 위에서 크게 보아 세 가지를 언급하고 있다. 첫째, 그는 王驥德과 沈璟 및 湯顯祖 세 사람의 말을 인용하며 자신이 雙美論을 제기하게 된 직접적인 배경을 설명하고 있다. 우선 그는

24) 此二公者, 懶作一代之詩豪, 竟成千秋之詞匠, 蓋震澤所涵秀而彭蠡所毓精者也. 吾友方諸生曰, "松陵具詞法而讓詞致, 臨川妙詞情而越詞檢" 善夫, 可爲定品矣! 乃光祿嘗曰, "寧律協而詞不工, 讀之不成句, 而謳之始協, 是爲曲中之巧" 奉常聞而非之曰, "彼烏知曲意哉! 予意所至, 不妨拗折天下人嗓子" 此可以覩兩賢之志趣矣. 予謂二公譬如狂狷, 天壤間應有此兩項人物. 不有光祿, 詞硎弗新, 不有奉常, 詞髓孰抉? 儻能守詞隱先生之矩矱, 而運以淸遠道人之才情, 豈非合之雙美者乎? 而吾猶未見其人, 東南風雅蔚然, 予且旦暮遇之矣. 予之首沈而次湯者, 挽時之念方殷, 悅耳之敎寧緩也. 略具後先, 初無軒輊. 允爲上之上. 注5冊, 37쪽.

25) 王驥德(1542?-1623)의 출생연도가 명확하지 않지만 呂天成(1580-1618)과의 나이는 대략 40여살의 차이가 난다. ≪徐朔方集≫, 第3卷, 浙江古籍出版社. 1993

26) 注2冊, ≪曲律≫, 雜論下, 163-166 참조.

湯顯祖와 沈璟을 공정하게 평가한 王驥德의 말을 인용하였다. 곧, 王驥德은 "沈璟이 '詞法'에는 밝으나 '詞致'(곡사의 意態情趣)에 있어서 부족하며, 湯顯祖가 '詞情'에는 뛰어나나 '詞檢'(曲의 法式)을 넘어선다"라고 하였는데, 呂天成은 이러한 평가가 정확하다고 여겼다. 沈璟의 작품은 戲曲의 격률에 맞아 연창성 곧 舞臺性을 확실히 담보할 수 있지만 곡사의 내적인 정취 등이 부족하여 文學性에 있어서는 확실히 떨어진 반면, 湯顯祖의 작품은 才情이 풍부한 곡사로 인하여 뛰어난 文學性을 보여주지만, 戲曲의 연창 격률에서 어긋나 舞臺性에 있어서는 문제를 지니고 있기 때문이다. 당시의 대표적인 戲曲작가인 湯顯祖와 沈璟이 각각 文學性과 舞臺性에 있어서는 뛰어난 능력을 보여주었지만, 戲曲의 원천적인 성격이 文學性과 舞臺性의 결합을 통해서 드러난다는 사실을 명확히 인식한 呂天成은 이들 두 대표작가의 성취와 부족함을 지적한 王驥德의 말에 적극 찬성하였던 것이다. 사실 여기서 呂天成은 이러한 王驥德의 평가를 통하여 자신의 견해를 밝힌 것이라고 볼 수 있으며, 雙美論이 태동하게 된 근거를 王驥德이 제공했다고 말할 수도 있겠다. 그리고 이러한 점에서 呂天成의 雙美論은 혼자만의 주장이라기 보다는 王驥德과의 공동주장이라고도 볼 수 있다.

다음으로 呂天成은 湯顯祖와 沈璟의 논쟁인 湯沈論爭이 雙美論의 직접적 계기가 된 것을 여기서 밝히고 있다. 주지하다시피 湯沈論爭은 湯顯祖의 〈還魂記〉가 演唱格律에 맞지 않는다고 沈璟이 일부의 글을 임의대로 바꾼데서 비롯되었다. 본래 湯顯祖와 沈璟은 동 시대의 사람으로 모두 진사에 합격한 사람이지만 직접 대면하여 戲曲에 대해 논의한 적은 없고 湯沈論爭은 呂天成의 아버지인 呂允昌과 외삼촌인 孫如法의 중개를 통하여 이루어졌다. 呂允昌과 孫如法은 湯顯祖와 進士 동기로서 戲曲에 대한 조예가 깊었고 湯顯祖와 많은 교유를 가졌었다. 반면에 呂天成은 沈璟의 사숙제자이고 신봉자로 沈璟은 발표하지 않은 작품을 그에게 주어 보관하도록 하였었다. 그리고 呂天成과 湯顯祖 사이에는 직접적인 내왕이 없었고 呂允昌의 곡학 주장 또한 沈璟과 가까웠으며 湯顯祖와는 비교적 멀었다.[27] 바로 이와같이 뒤엉킨 관계 속에서 湯顯祖 〈還魂記〉의 일부분이 戲曲의 演唱格律에 맞지 않는다고 沈璟이 임의대로 고쳤다는 내용의 편지를 呂允昌이 湯顯祖에게 전달하면서 湯沈論爭이 전개되었으며, 이러한 내용은 王驥德의 ≪曲律≫에도 보인다.[28]

위의 인용문에서 呂天成은 湯沈論爭의 과정 중 戲曲史에서 유명한 湯顯祖와 沈璟의 말을 인용하여 자신의 雙美論의 근거로 삼고 있다. 먼저 그는 "차라리 격률에 맞혀 곡사가 아름답지 않아도 되며, 읽어서 문장이 되지 않더라도 노래하여 격률에 맞으면 이것이 곧 중에서 빼어난 것이다(寧協律而詞不工, 讀之不成句, 而謳之始協, 是爲曲中之巧)"라는 沈璟의 주장을 핵심적으로 보여주는 말을 인용하여 沈璟이 격률을 가장 중요한 것으로 여기고 예술성과 사상성을 그 다음으로 중요하게 여긴다는 점을 명백히 밝히었다. 다음으로 呂天成은 〈還魂記〉를 임의대로 고친 沈璟을 비난하며 "그가 어찌 曲意를 알겠는가? 나의 曲意가 이르는 데에 있어서는 천하 사람들의 목을 구부려 꺽어도 무방하다.(彼烏知曲意哉! 予意所至, 不妨拗折天下人嗓子)"라는 湯顯祖의 주장을 확실하게 보여주는 말을 인용하여 湯顯祖가 격률과 같은 戲曲의 형식보다는 '曲意' 곧 '意趣神色'이라는 내용을 더욱 중요시하고 있음을 분명히 하였다. 이와같이 呂天成은 당시 戲曲의 두 거두인 湯顯祖와 沈璟이 戲曲의 文學性과 舞臺性, 조금 도식적으로 표현하자면 戲曲의 내용과 형식의 한 면만을 지나치게 중요시하여 다른 한 면에서 부족함을 보인 점을 명확히 인식하였다.

두 번째로 呂天成은 위의 인용문에서 湯顯祖와 沈璟의 한계를 정확히 인식하고, 이를 극복하기 위해 戲曲작품의 文學性과 舞臺性, 정확한 대

---

27) 注25冊, 537쪽.

28) 注2冊, 165쪽.

응관계는 아니지만 넓은 의미에서의 내용과 형식을 결합해야 진정한 戲曲이 될 수 있다고 보면서 ≪論語≫에 나오는 狂人과 狷人[29]에 대한 공자의 말을 인용하며 雙美論을 제기하였다. 주지하다시피 공자가 狂人과 狷人에 대해 말한 것은 中庸의 道가 최상임을 강조하기 위한 것이다. 공자는 中庸의 道를 행하는 제자를 원했지만, 그렇지 못할 경우 狂人과 狷人도 각각의 장점을 지니기 때문에 괜찮다고 보았던 것이다. 그것은 狂人이 높은 뜻을 지녀 진취적이고, 狷人이 굳센 고집으로 '有所不爲'하기 때문이다. 呂天成은 여기서 湯顯祖와 沈璟의 戲曲 풍격이 이러한 공자의 말과 부합한다고 여겼다. 곧 湯顯祖는 才情이 풍부한 사람으로 '進取'的인 狂人의 풍격을 지니고 있고, 沈璟은 格式을 잘 지켜 '有所不爲'하는 狷人의 풍격을 지닌 사람이라는 뜻인데, 적절한 비유라고 생각되며, 呂天成의 이러한 비유는 이미 王驥德 또한 동의한 것으로 ≪曲律≫에도 보인다.[30] 그리하여 여기서 呂天成은 湯顯祖와 沈璟이 모두 곡단에서 필수적인 사람이니, 이것은 湯顯祖가 없으면 '詞髓', 곧 戲曲의 精髓인 높은 사상성과 예술성을 표현해낼 사람이 없고, 沈璟이 없으면 '詞硎', 곧 날카로운 칼을 갈아내는 틀인 숫돌과 같은 戲曲의 격식이 새롭게 되지 않기 때문이라고 보았다. 그러면서 呂天成은 결론적으로 마치 공자가 狂人과 狷人을 언급할 때 中庸을 추구했던 것처럼, 당시의 곡단에서 필요한 것은 일종의 中庸的 風格을 지닌 戲曲이라고 여겼으니, 이것이 곧 雙美論이다.

세 번째로 呂天成은 위의 인용문에서 자신이 沈璟과 湯顯祖를 품평하면서 비록 두 사람 모두 최상의 등급인 上上品에 넣었으나 沈璟을 앞에

29) 공자가 말하길, "중용의 길을 걷는 사람을 얻어 가르치지 못할 바에야, 반드시 뜻이 높은 자나 고집이 센자를 얻어 가르치겠다. 뜻이 높은 자는 진취적이며, 고집이 센 자는 행하지 않은 바가 있다.(子曰, 不得中行而與之, 必也狂狷乎. 狂者進取, 狷者有所不爲也." ≪論語≫ 子路篇.

30) 注2冊, ≪曲律≫, 165쪽. "呂天成이 말하길, 湯顯祖는 狂人에 가깝고, 沈璟은 狷人에 가깝다고 했는데, 진실로 그러하다!(鬱藍生謂, 臨川近狂, 而吳江近狷, 信然哉!)"

두고 湯顯祖를 뒤로한 사실에 대해 간단히 언급하고 있다. 그에 의하면 湯顯祖와 沈璟은 수준상 고저가 있지 않지만 자신이 湯顯祖보다 沈璟을 우선시하는 것은 당시의 극단 풍조와 연관이 있다. 곧 명대 중기 이후에는 傳奇가 매우 흥성하여 많은 문인 傳奇들이 탄생하였다. 그러나 당시의 많은 문인작가들은 이전의 宋元 대의 작가들과는 달리 공연을 전제로 한 작품을 쓰지 않고 단지 읽기 위한 案頭之曲을 지어 무대에서의 공연이 힘들었다. 바로 呂天成은 이와같은 잘못된 戱曲의 기풍을 바로잡기 위한 생각이 급하기 때문에, 이를 위해서는 演唱 등 戱曲의 격식을 제대로 갖추고 있는 沈璟을 어쩔 수 없이 우선시하게 되었다고 말하고 있다. 그러나 呂天成의 이러한 변명은 한편으로는 일리가 있지만 한편으로는 그의 雙美論의 일정한 한계를 보여주는 것이기도 하다. 왜냐하면 呂天成은 자신이 속했던 吳江派의 鼻祖인 沈璟의 울타리를 넘어 雙美論적인 견해로 당시의 湯沈論爭을 극복하는 관점을 세우고자 노력하였으나, 결국은 넓은 의미의 吳江派의 입장을 계승하고 있기 때문이다. 그리고 이러한 점은 그가 沈璟과 湯顯祖 등의 戱曲 작품을 구체적으로 품평할 때 명백히 드러난다.

한편 앞에서도 언급했지만 雙美論의 직접적인 배경이 湯沈論爭이며, 呂天成의 雙美論은 그 혼자만의 주장이라기 보다는 王驥德과의 토론과 고뇌의 결과이다. 그리고 이러한 雙美論은 명말 이후 曲論界의 대세로 굳어져 많은 曲論家와 작가들이 雙美論적인 관점을 유지하게 되었다. 이러한 점에서 볼 때 呂天成의 雙美論은 戱曲의 종합적인 성격을 명확히 인식시키고 제고시키는데 일정한 공헌을 하였다고 볼 수 있다. 그러나 당시의 많은 曲論家들이 呂天成의 견해에 완전히 동의한 것은 아니었다. 그들은 呂天成이 결국 격률을 중시하는 沈璟의 주장을 우선시하여 湯沈論爭을 극복하려 했던 것과는 달리, 대부분 구체적 방법 있어서는 문사를 중시하는 湯顯祖의 주장을 더욱 우선시 하였던 것이다. 呂天成과 그렇게 친밀함을 유지했던 王驥德은 대표적인 예이다. 그는 湯顯祖와 沈璟의 득실에 대해 깊이 인식하여, 자신이 비록 沈璟 및 그의 추종자들과 매우 크게 친분을 유지했지만, 吳江派의 편견을 버리고 吳江派와는 다른 생동적인 견해를 내놓았었다. 그의 이러한 견해는 ≪曲律≫에 명백히 보이며,[31] 당시의 孟稱舜·祁彪佳 등의 雙美論적인 주장[32]도 모두 王驥德과 궤를 같이 한다.

그러면 우리는 呂天成의 雙美論을 어떻게 평가해야 옳은가? 그의 雙美論은 湯顯祖와 沈璟의 주장을 단지 조화·절충시킨 바에 불과하는가? 아니면 변증적인 통일의 방법으로 새로운 질적인 변화를 보인 戲曲觀을 보여주고 있는가? 이에 대한 대답은 그렇게 간단하지 않은 것같다. 우선 ≪曲品≫에는 湯沈論爭을 단지 조화·절충하려는 생각을 넘어 변증적으로 통일시켜 극복하고자 하는 논리가 종종 보이는데, 그가 舊傳奇의 작가 중

31) 沈璟이 법식을 지킨 것은 배워서 알 수 있지만, 湯顯祖의 문사는 억지로 할 수 없다.(詞隱之持法也, 可學而知也, 臨川之修辭也, 不可勉而能也.) 注2冊, 166쪽.

本色一家에 있어서는 오직 湯顯祖 한 사람뿐이다. 그의 才情은 深淺·濃淡·雅俗之間에 있어 홀로 깊은 뜻을 얻었다.(於本色一家, 亦惟是奉常一人, 其才情於淺深·濃淡·雅俗之間, 爲獨得三昧.) 注2冊, 170쪽.

32) 근래에 戲曲작가들은 둘로 나뉘어, 沈璟은 격률에 어울리는 것만을 중시하고, 湯顯祖는 뛰어난 문사만을 중시하는데, 두 가지는 모두 잘못된 생각이다. 그러나 문사를 중시하는 것은 문인작가들의 뛰어남을 잃지 않은데 비해, 격률에 어울리는 것만을 중시하는 것은 배우나 戲曲교사가 무대에 등장하여 演唱하는 것과 무엇이 다르겠는가? 나는 여기 선발함에 있어 취사선택을 상당히 엄격히 하는데, 문사가 족히 감정표현에 이르는 것을 가장 우선시하고 격률에 맞는 것을 다음으로 한다.(邇來塡辭家更分爲二, 沈寧庵專尙諧律, 而湯義仍專尙工辭, 二者俱爲偏見. 然工辭者不失才人之勝, 而專尙諧律者則與伶人教師登場演唱者何異? 予此選去取頗嚴, 然以辭足達情者爲最, 以協律者次之.) 陳多, 葉長海選注, ≪中國歷代劇論選注≫, 235쪽, 孟稱舜著, ≪古今名劇合選序≫, 1987,湖南文藝出版社, 呂天成은 문사를 뒤로하고 음률을 더 중시하였으나, 나는 음률을 감상하면서도 아울러 문사 또한 중시하였다.(呂後詞華而先音律, 予則賞音律而兼收詞華.) 注2冊, 6卷, 祁彪佳, ≪遠山堂曲品序≫, 5쪽. 기표가가 사실은 문사를 더욱 중시했음은 拙稿 〈祁彪佳≪遠山堂二品≫考〉, ≪中國文學≫, 36輯 참조.

유일하게 神品으로 평가한 高則成에 대한 논의는[33] 대표적이라고 하겠다. 그렇다면 그의 雙美論은 새로운 질적인 변화를 동반한 戱曲관을 전반적으로 보여주고 있다고 볼 수 있는가? 이것은 작가와 작품에 대한 전체적인 그의 품평을 통해서 판단할 수 있지만 이 또한 쉽게 수긍하기 힘들 것 같다. 왜냐하면 그의 ≪曲品≫에는 전체적으로 보면 새로운 변증·통일의 질적인 변화를 보이는 雙美論的 논의가 제법 보이지만, 그렇다고 이러한 변증·통일의 논리로 충만되어 있다고 단언하기는 힘들기 때문이다. 이러한 점에서 呂天成의 雙美論은 새로운 탐색의 가능성과 성과 및 한계를 모두 지니고 있는 것이라고 볼 수 있으며, 구체적인 의미와 한계에 대해서는 그의 실제 품평을 통해서 천착하고자 한다.

이상에서 우리는 呂天成의 雙美論을 살펴보았다. 먼저 呂天成을 대표로 하는 명말의 雙美論은 직접적으로는 湯沈論爭을 배경으로 하였으나 그 원천적인 배경에는 戱曲예술의 창작과 공연을 담당한 사대부와 배우라는 두 계층 간의 문화의식과 戱曲관의 차이, 그 중에서도 특히 명대 戱曲에서 주도적인 위치를 차지한 사대부들의 문화의식과 戱曲관에서 비롯되었으며, 통시적인 문예사조의 관점에서는 명대 중기 이후 복고주의와 반복고주의와의 대립이 雙美論을 탄생시키는데 큰 역할을 하였다. 또 呂天成은 雙美論을 결정적으로 제기하게 만든 湯沈論爭의 두 당사자인 湯顯祖와 沈璟이 논쟁의 과정 중 그들의 주장을 핵심적으로 보여주는 말을 인용하면서 그들 戱曲의 장단점을 명확하게 인식하고 있음을 보여주었으며, 이러한 인식의 바탕 위에서 20년 戱曲 친구인 王驥德과의 많은 논의와 탐색 끝에 소위 雙美論을 공식적으로 처음 제기하였다. 그러면서 그는 ≪論語≫에 나오는 狂人과 狷人의 말을 인용하며 戱曲작품의 文學性과 舞臺性, 넓은 의미의 내용과 형식을 결합해야 진정한 의미

33) 자연스럽게 최상의 工巧로움을 이룬 이가 사물을 본뜸이 無心에서 나오고, 최상의 주물공이 철을 주조함에 격식이 있는 듯하다.(化工之肖物無心, 大冶之鑄金有式), 注5冊, 5쪽.

의 戱曲이 될 수 있다고 보았으며, 특히 沈璟의 격률을 더욱 중시하였다.

한편 呂天成이 雙美論을 제기한 후 명말 이후의 곡단에는 雙美論적인 견해가 대세가 되었으나, 그렇다고 曲論家들이 呂天成의 견해를 그대로 따르지는 않았다. 일례로 그와 그토록 절친했던 王驥德을 비롯해서 孟稱舜·祁彪佳 등도 모두 雙美論적인 견해를 지녔으나, 그 구체적 방법에 있어서는 달랐으니, 呂天成이 沈璟의 격률을 우선시하는 雙美論을 주장한 반면, 이들은 湯顯祖의 문사를 우선시하는 雙美論적 견해를 주장하였다. 그리고 이러한 呂天成의 雙美論은 전체적인 戱曲사에 있어서도 의미와 한계를 명확히 지녔다. 곧, 그의 雙美論은 戱曲예술의 종합적 성격을 확실히 인식시키고 제고시키는 역할을 하면서, 새로운 질적 변화를 동반한 戱曲관을 탐색하고 일정한 성과를 거둔 반면, 동시에 그 한계성을 명백히 보여주고 있다.

4. 情節論

呂天成은 ≪曲品≫의 상권에서 작가에 대한 품평을 하고 하권에서 작품에 대한 품평을 하였는데, 개별 작품에 대한 품평이 ≪曲品≫의 핵심이라고 하겠다. 그런데 개별 작가의 전체작품을 한 등급으로 정하는 것이 쉬운 일이 아니니, 이것은 한 작가의 작품이라도 작품에 따라 수준이 다를 수가 있고, 또 경우에 따라서는 한 작품이라도 부분에 있어서는 차이가 있을 수 있기 때문이다. 그렇기 때문에 개별 작품을 정확하게 품평하기 위해서는 일정한 기준이 있어야 하는데, 呂天成은 ≪曲品≫ 下卷의 冒頭에서 뛰어난 情節을 가장 중요한 첫 번째 요건이라고 주장한 그의 外祖父인 孫鑛의 소위 '南戱十要'를 기준으로 하고 있음을 다음과 같이 밝히고 있다.

> 傳奇작품을 품등을 정하는 데는 상당히 계획이 필요하며 매 작품마다 품평함에 있어서는 칭찬과 폄하가 없지 않다. 이것은 대개 모두 한 작가에서 나온 작품이라도 대때로 工拙이 있게 되며, 한 작품을 전체적으로 보더라도 그 사이에는 長短이 있기 때문이다. 그러므로 한 가지 기준만으로 틀을 정하면 버려진 것이 많게 되고, 여러 가지 기준으로 받아들이면 함부로 들어온 것이 잡다해지게 된다. 그리하여 진실로 어렵고 신중해야함은 이렇게 戲曲작품을 품평함에 있어서도 그러하도다. 그런데 나의 外祖父인 孫鑛은 나에게 이렇게 말하셨다. "무릇 傳奇에 있어서, 첫째 요건은 고사情節이 뛰어날 것, 둘째 요건은 關目이 좋을 것, 셋째 요건은 공연하기 좋을 것, 넷째 요건은 宮調와 음률에 맞을 것, 다섯째 요건은 관중이 쉽게 이해하도록 할 것, 여섯째 요건은 문채가 뛰어날 것, 일곱째 요건은 敷衍을 잘하여 고사의 전개속도가 너무 느슨하게 전개되고 있는 곳에서는 긴박하게 해주며 고사의 내용이 너무 한가로운 곳에는 시끌법쩍하게 해줄 것, 여덟째 요건은 각색들이 적절히 나뉠 것, 아홉째 요건은 상투적인 수법에서 벗어날 것, 열 번째 요건은 世情에 부합하고 風敎와 연관될 것이니, 이 열 가지 요건을 가지고 傳奇를 품평하면 마땅하지 않음이 없으리라."[34]

呂天成은 위에서 孫鑛의 소위 '十要'를 자신의 작품 품평 기준으로 삼아 戲曲에서 필요한 열 가지 기준을 제시하고 있다. 그리고 이 열 가지나 되는 너무나 많은 품평기준에는[35] 戲曲의 품평 기준으로 삼을만한 것이

---

34) 傳奇品定, 頗費籌量, 逐帙置評, 不無褒貶. 蓋總出一人之手, 時有工拙, 統觀一帙之中, 間有短長. 故律以一法, 則吐棄者多, 收以歧途, 則闌入者雜. 其難其愼, 此道亦然. 我舅祖孫司馬公謂予曰, "凡南戲, 第一要事佳, 第二要關目好, 第三要搬出來好, 第四要按宮調協音律, 第五要使人易曉, 第六要詞采, 第七要善敷衍, 淡處作得濃, 閑處作得熱鬧, 第八要各脚色分得勻妥, 第九要脫套, 第十要合世情, 關風化. 持此十要, 以衡傳奇, 靡不當矣." 注5冊, 160쪽.

35) 참고로 王驥德은 呂天成의 품평기준이 너무나 많다고 보아 품평기준으로 소위 '三要'를 제시하였다. "내 생각에 ≪曲品≫ 중에서는 단지 傳奇의 情節이 뛰어난 것, 다음으로 문사와 曲이 대체로 훌륭한 것, 공연하여 볼만한 것 세 가지만을 취해서 모두 上中下 삼등급으로 메겨야지 많은 품평기준을 세울 필요가 없다.(余謂品中止宜取傳奇之佳者, 次及詞曲略工, 搬演可觀者, 總以上中下三等第之, 不必多立名目.)" 注2冊, ≪曲律≫, 173쪽.

거의 모두 들어있어, 戲曲의 文學性과 舞臺性 등 戲曲의 종합적 성격을 대표하는 것들이 고루 포함되어 있다. 그런데 우리는 여기에서 그가 특히 고사情節의 중요성을 제일 강조하고 있음을 알 수 있으니, 이것은 그가 '事佳'를 첫 번째 품평기준으로 들고 있을 뿐만 아니라, 아홉째인 '脫套'와 열 번째인 '合世情, 關風化'의 조항도 실제로는 고사情節의 영역에 속한다고 볼 수 있기 때문이다. 그리고 이렇듯이 고사情節을 중요하게 여긴 呂天成의 주장은 실제로 그의 ≪曲品≫ 품평에서도 그대로 보여지고 있는데, 통계에 의하면 呂天成은 ≪曲品≫에서 情節과 문사를 품평기준으로 가장 많이 사용하였다.[36] 한편 戲曲의 作法學에 있어서도 일반적으로 情節論은 가장 핵심적이고 중요한 것으로 다루어지고, 그 구체적 내용에 있어서도 소위 奇眞論과 虛實論 등이 포함되는데,[37] 呂天成 또한 ≪曲品≫에서 情節論의 핵심으로 여겨지는 이러한 奇眞論과 虛實論에 관한 그의 견해를 보여주고 있다. 이에 여기서는 그의 情節論이 어떠한 의미와 성격 및 한계를 지니는지를 살피고자 하며, 아울러 風敎論 또한 情節論의 범위에 속한다고 여길 수 있으므로 함께 논의하기로 한다.

≪曲品≫에서 呂天成은 개별 작품의 情節에 대한 평가를 내릴 때 일반적으로 情節이 뛰어난 작품에 대해서는 '十要'에서의 말처럼 '事佳'라고 표현하며,[38] 情節이 좋지 못할 때는 '俚瑣'·'鄙俚'·'卑瑣' 등의 평어를 사용한다.[39] 또한 그는 이러한 '事佳'의 구체적 내용으로서 '奇' 와 '眞' 및 '新'을 들어 자신의 情節觀을 보여주며, 이들 사이의 상관관계를 보여주기도 하는데, 여기서는 구체적인 개별작품에 대한 그의 평가를 인용하며 살펴보

36) 趙山林著, ≪中國戲劇學通論≫, 812쪽, 安徽敎育出版社, 1995.

37) 前揭書, 360쪽.

38) 일례로 沈采의 〈千金記〉를 평하면서, "韓信의 고사가 빼어나다.(韓信事, 佳)" 注5冊, 183쪽.

39) 일례로 〈銀瓶記〉를 평하면서, "고사가 또한 천하고 자질구레하다.(事亦俚瑣)", 注5冊, 191쪽.

기로 한다.

〈墜釵記〉: 何興娘과 何慶娘의 고사로 매우 奇異하다.[40]

〈義乳記〉: 李善의 고사로 ≪後漢書≫에 나오며, 고사가 眞實되기 때문에 奇異하다.[41]

〈還魂記〉: 杜麗娘의 고사로 과연 奇異하다. 이성을 그리워하는 感情을 정성스레 발휘하여 심금을 울리게 만든다. 또 교묘하게 겹쳐지며 끊임없이 이어지면서도 새롭지 않은 境界가 없으니 진실로 千古에 전해질 만하다.[42]

〈結髮記〉: 情景이 曲折되어 곧 一新됨을 느낀다.[43]

〈蕉帕記〉: 龍驤이 여우 요정을 만난 고사를 전하고 있다. 이 작품은 지어낸 것으로, 情節과 구성이 능히 낡은 곳을 새롭게 만들어 내고 생기가 없는 곳을 살아있게 할 수 있으니, 진실로 교묘한 구상에 뛰어나 남의 이목을 새롭게 하는 것이다.[44]

〈墜釵記〉는 沈璟의 작품으로, 남자주인공 崔興哥와 姉妹之間인 何興娘과 何慶娘의 愛情故事를 묘사한 것이다. 극중에서 何興娘은 崔興哥와 어려서 약혼을 하였으나 빨리 죽게 되자, 그녀의 혼백이 동생인 何慶娘의 이름으로 등장하여 崔興哥와 결혼시킨다. 이것은 湯顯祖의 〈還魂記〉와 비슷한 고사로서, 결국은 자신이 이루지 못한 결혼을 동생을 통하여 이룬다는 내용이다. 呂天成은 여기에서 이 작품을 최상의 등급인 上上品으로 정하였는데, 이것은 작품의 情節이 매우 '奇'하기 때문이다. 그렇다면 情

40) 〈墜釵〉: 興娘·慶娘事, 甚奇. 注5冊, 216쪽.

41) 〈義乳〉: 李善事出≪後漢書≫, 事眞, 故奇. 注5冊, 235쪽.

42) 〈還魂〉: 杜麗娘事, 果奇. 而著意發揮懷春慕色之情, 警心動魄. 且巧妙疊出, 無境不新, 眞堪千古矣. 注5冊, 221쪽.

43) 〈結髮〉: 情景曲折, 便覺一新. 注5冊, 216쪽.

44) 〈蕉帕〉: 傳龍生遇狐事. 此係撰出, 而情節局段能於舊處翻新, 板處作活, 眞擅巧思而新人耳目者. 注5冊, 254쪽.

節이 '奇'하면 모두 빼어난 작품이라고 呂天成은 보았는가? 물론 그렇지 않다. '奇'한 情節은 어디까지나 생활진실의 기초 위에서 세워져야 하니, 만일 생활진실의 고유한 논리성을 벗어난다면 결국 황당함에 이르러 관중들이 받아들이기 힘들기 때문이다. 그는 이러한 점을 위에서 顧大典의 〈義乳記〉를 품평하며 분명히 하였다. 〈義乳記〉는 ≪後漢書·獨行傳≫에 나오는 李善의 고사을 근거로 하였다. 작품에서 주인공 李善은 본시 李元家의 奴僕이다. 작품은 주인집 식구들이 모두 전염병으로 죽고 단지 태어난지 얼마 안된 李續만이 살아남아, 여러 다른 奴僕들이 李續을 죽이고 재산을 탐내려고 하자, 李善이 몰래 李續을 다른 곳으로 데리고 가 손수 젖을 먹이며 키운다는 기이한 고사를 내용으로 한다. 그런데, 여기에서 呂天成은 〈義乳記〉가 '奇'한 것은 '眞'의 기초 위에서 세워졌음을 '事眞, 故奇'라고 분명히 하였다. 이러한 점에서 우리는 呂天成이 情節論 중 奇眞論에 있어서의 핵심인 '奇'와 '眞'의 상관관계를 분명하게 인식하고 있음을 알 수 있다.

한편 '奇'는 戲曲 情節論의 대표적인 審美原則으로 예술가의 내재적인 정감과 내재의지가 겉으로 표출된 외재형태이다. 그리하여 '奇'는 단순히 일종의 기교나 형식이 구축한 심미형상이 아니라, 강렬한 정감과 독특한 수법이 함께 융합된 심미형태이다. 이러한 점에서 '奇'는 또한 '情'을 기초로 하고 있음을 알 수 있으며, 湯顯祖의 〈還魂記〉는 대표적인 것인데, 위의 인용문에서 呂天成은 '奇'와 '情'의 이러한 관계를 분명히 인식하였다. 곧 그는 〈還魂記〉의 고사情節이 '奇'라는 심미형상을 얻어낸 것은 두 가지와 일정한 상관관계를 지니고 있음을 명백히 밝혔다. 그는 〈還魂記〉의 情節이 '奇'란 심미형상을 이룰 수 있었던 것은 첫째, 이성을 그리는 '情'을 작자가 정성스럽게 발휘하여 관중의 심금을 울렸고, 둘째로 거기에다가 교묘하고 새로운 '新' 境界를 완성해냈기 때문이라고 보았다. 이러한 점에서 우리는 呂天成이 추구하는 '奇'라는 심미형상이 앞에서 지적했던

'眞'뿐만 아니라 '情'을 기초로 하고 있고, 또한 '新'과도 일정한 상관관계를 지니고 있음을 알 수 있다. 그런데 여기에서 呂天成이 언급한 '新'이라는 심미원칙은 또한 '奇'와 함께 戱曲의 情節論에서 작품을 품평할 때 중요한 기준으로 역할을 하는 것임을 상기할 필요가 있다. 즉, 일반적으로 '奇'는 情節論의 발전에 있어서 '幻'으로 잘못 해석되어 황당한 고사만을 묘사하는 기풍을 일으켰다가, 이에 대한 반발로 '情'의 규범 속으로 들어와 수정을 거쳤으며, 다시 이러한 기초 위에서 발전하여 '新'으로 해석되었던 것이다.[45] 이러한 점에서 '新'은 情節論의 심미원칙 중 일정한 이론적 체계를 갖추고 비교적 발전된 심미원칙이라고 할 수 있는데, 呂天成은 여기서 이러한 '新'을 '奇'와 함께 情節論의 중요한 기준으로 삼아 〈結髮記〉와 〈蕉帕記〉를 품평하였던 것이다. 그는 沈璟의 〈結髮記〉와 單本의 〈蕉帕記〉를 각각 上上品과 上中品이라는 최고의 등급으로 정하였는데, 이러한 가장 큰 근거로 그는 이들 작품이 모두 '新'이라는 情節상의 심미원칙을 체현하고 있는 점을 위에서 들고 있다. 곧 〈結髮記〉는 지금 작품이 전하지 않아 내용을 알 수 없으나 呂天成에 의하면 情景이 曲折되어 '一新'함을 지니고 있다고 한다. 또 〈蕉帕記〉는 주인공인 龍驤이 여우 요정을 만나 그녀의 도움으로 자신이 사랑하는 사람과 결혼에 성공한다는 고사로서, 완전히 작자의 허구에 의한 창작이며, 후세에 제법 큰 영향을 끼쳐 청대에는 이를 근거로 한 소설인 〈蕉葉帕〉가 나왔으며, 昆劇과 川劇 등으로도 일부가 공연되었다고 한다.[46] 呂天成은 여기에서 이 작품을 매우 칭송하고 있는데, 모두 '新'의 관점에서 말하였다. 먼저 그는 이 작품이 일반적인 다른 작품과는 달리 작가의 완전한 '새로운' 창작임을 밝히었고, 특히 情節과 구성상에서 교묘한 구상을 통해 '새로움'을 만들어내 관중들의 이목을 '새롭게' 하는 것이라고 평하였던 것이다. 여기에서 우리는 呂天成

45) 譚帆, 陸煒著, ≪中國古典戱劇理論史≫, 184-188쪽 참조, 中國社會科學出版社, 1993.

46) 徐培均, 范民聲 主編, ≪中國古典名劇鑑賞辭典≫, 516쪽 참조, 上海古籍出版社, 1990.

이 情節을 품평할 때 '奇' 뿐만 아니라 '新'을 중요한 심미기준으로 삼고 있음을 분명히 알 수 있다. 또한 ≪曲品≫ 중의 품평기준으로 呂天成은 아홉째로 '脫套'를 들었는데, 이것은 실제로는 情節論 중 '新'의 또다른 설명이라고 할 수 있으므로 여기서 그 구체적 품평을 살피기로 한다.

> 〈金魚記〉: 이 작품은 韓翃과 柳姬의 고사로 〈玉合記〉로부터 나왔으며 여러 판본에도 자신들의 색채가 없다.[47]
>
> 〈練囊記〉: 역시 章臺柳인 柳姬의 고사를 쓴 것이다. 혹자는 張仲豫와 함께 완성했다고도 한다. 고사가 상투적인 면을 벗어나지 못했다.[48]
>
> 〈玉魚記〉: 이 작품은 정성을 들여 鋪敍하여 매우 길다. 다만 전반부가 〈琵琶記〉를 모방함이 상투적 수법에 가까우니 진저리가 난다.[49]
>
> 〈蜃蜃記〉: 敍事에 있어서는 상당히 통달했으나 다만 그 佛寺를 사용함이 상투적인 점을 불만스럽게 여길 뿐이다.[50]

〈金魚記〉와 〈練囊記〉는 모두 唐代 傳奇小說인 許堯佐의 〈章臺柳傳〉(곧 〈柳氏傳〉)을 근거로 한 것으로, 韓翃과 柳姬의 애정고사이다. 이 고사는 너무 유명하여 宋元 以後 무대에 여러 차례 공연되었고, 戱文과 元雜劇·明雜劇에도 이 고사를 내용으로 하는 작품이 있었으며,[51] 明 傳奇로는 梅鼎祚의 〈玉合記〉가 舞臺性의 치명적인 약점에도 불구하고 그 뛰어난 文學性으로 가장 유명하다. 그런데 呂天成이 보기에, 〈金魚記〉는 〈玉合記〉에서 나온 것인데 전혀 자신의 색채가 없고, 〈練囊記〉 또한 고사에 있어서 전혀 '脫套'하지 못했다. 곧, 呂天成은 두 작품이 고사情節에 있어서 '脫套'하지 못해 전혀 '新'이라는 심미의식의 기준을 갖추지 못했다고 비

47) 〈金魚〉: 此卽韓君平柳姬事. 自〈玉合〉出, 而諸本無色. 注5冊, 331쪽.

48) 〈練囊〉: 亦賦章臺柳也. 云與張仲豫共成之者. 事未脫套. 注5冊, 332쪽.

49) 此記著意鋪敍, 甚長. 但前半摹倣〈琵琶〉, 近套, 可厭. 注5冊, 324쪽.

50) 〈蜃蜃〉: 敍事頗達, 第嫌其用禪寺爲套耳. 注5冊, 329쪽.

51) 注46冊, 366쪽.

판하고는 모두 下上品에 넣었다. 앞에서와 같이 똑같은 제재를 바탕으로 한 작품에서의 '未脫套'를 비판한 呂天成은, 또한 제재가 다른 작품임에도 情節상에서 상투적인 수법을 사용함을 비판하였다. 위에 인용한 〈玉魚記〉와 〈扊扅記〉는 대표적인 예이다. 〈玉魚記〉는 傳本이 없으나 本 故事는 ≪唐書·郭子儀傳≫에 보이고, 郭子儀가 從軍 때문에 부인과 헤어지게 됐다가 玉魚를 증거로 다시 결합하게 되는 고사이며,[52] 〈扊扅記〉 또한 傳本이 없으나 秦나라의 재상이던 百里奚의 고사를 그 내용으로 한다.[53] 그런데 〈玉魚記〉는 전반부에서 〈琵琶記〉를 상투적으로 모방하였고, 〈扊扅記〉는 마치 〈琵琶記〉에서 蔡伯喈가 절에서 분향하다가 우연히 趙五娘이 남긴 자기 부모의 肖像을 습득하는 것처럼, 寺院을 빌어 情節을 전개하는 소위 '禪寺'의 상투적인 수법을 사용하였다. 呂天成은 바로 이러한 이유로 이들 작품이 '脫套'하지 못함을 비판하고 두 작품 모두 下上品이라고 품평하였다.

虛實論은 奇眞論과 함께 情節論의 핵심으로 역대로 많은 曲論家들의 의견이 분분한 것이다. 呂天成은 비록 王驥德이 ≪曲律≫에서 전반적이고 정치하게 虛實論을 전개한 것처럼 자신의 虛實論을 보여주지는 못했지만 ≪曲品≫에서 虛實論에 관한 자신의 일정한 견해를 보여준다. 여기서는 ≪曲品≫에서의 그의 품평을 중심으로 그의 虛實論의 의미와 성격 등을 살펴보기로 한다.

> 〈鸞筆記〉: 이것은 朱瀨濱이 吳中行을 위하여 지은 것이다. 작품은 張居正이 부친의 죽음에 奔喪하지 않고 조정에 남아 집무하자, 鄒元標와 趙用賢 등 여러 관리가 상소하였다가 조정에서 곤장을 맞은 時事를 기록한 것으로, 문사에는 확실히 믿을만한 것들이 많아 實錄이라고 부를

52) ≪中國曲學大辭典≫, 376쪽, 浙江教育出版社, 1997.

53) 전게서, 341쪽.

만하다.[54]

〈鳴鳳記〉: 時事를 기록함이 매우 상세하여 사람으로 하여금 맨손으로 도적같은 嚴嵩을 죽이게 할 생각을 지니게 만든다.[55]

〈雙環記〉: 이것은 木蘭이 從軍한 고사로, 여기에서는 목련의 아버지와 남편의 이야기를 더하였는데, 고사를 가지런히 엮어나가며 허구적 사실을 삽입한 점이 훌륭하며, 이것이 바로 傳奇의 방법이다.[56]

〈虎符記〉: 前半部는 사실이고 後半部는 허구인데, 부득이하게 된 것이다. 女俠이 이와 같은 것은 진실로 마땅히 전해야 한다.[57]

〈十孝記〉: 末段의 '徐庶見母'에서 徐庶가 漢으로 돌아오고 曹操가 잡히는 부분은 사람들의 마음을 통쾌하게 만든다.[58]

〈驚鴻記〉: 楊貴妃와 梅妃가 서로 질투하는 고사가 뛰어나고 문사 역시 훌륭하다. 다만 楊國忠이 재상이 된 이후에 楊玉環을 貴妃로 올렸다는 것은 역사적 사실과 뒤바뀐 것임을 느끼게 할 뿐이다.[59]

〈佩印記〉: 朱買臣 歷史傳記는 본시 매우 좋은 傳奇거리이다. 이 작품은 내용이 비속함에 가깝고, 또한 霍山을 중간에 삽입하였는데, 시대순서 역시 틀리었다.[60]

〈鸞筆記〉와 〈鳴鳳記〉는 모두 時事的 사건을 배경으로 한 작품이다. 일반적으로 戲曲情節의 발전사에 있어서 역사적 사실을 기록한 소위 실록체의 작품이 흥성한 것은 당시의 시대적 상황을 배경으로 한다. 이러한 의미에서 명대의 戲曲에서 실록정신이 강조된 것은 晩明시기에서 시작되었

54) 〈鸞筆〉: 此朱上舍爲吳復菴作也. 記江陵奪情, 鄒·趙諸公廷杖時事, 語多鑿鑿, 可稱實錄. 注5冊, 313쪽.

55) 〈鳴鳳〉: 記時事甚悉, 令人有手刃賊嵩之意. 注5冊, 369쪽.

56) 〈雙環〉: 此木蘭從軍事, 今增出婦翁及夫壻, 串插可觀. 此是傳奇法. 注5冊, 329쪽.

57) 〈虎符〉: 前半眞, 後半假, 不得不爾. 女俠如此, 固當傳. 注5冊, 230쪽.

58) 〈十孝〉: 末段徐庶返漢, 曹操被擒, 大快人意. 注5冊, 204쪽.

59) 〈驚鴻〉: 楊·梅二妃相妬事佳, 詞亦秀麗. 但以楊國忠相而後進太眞, 於事覺顚倒耳. 注5冊, 317쪽.

60) 〈佩印〉: 朱買臣史傳本是極好傳奇. 此作近俚, 且插入霍山, 時代亦舛謬. 注5冊, 340쪽.

으니, 이것은 당시 閹黨에 대한 東林黨과 復社의 정치투쟁이 갈수록 치열하여, 戱曲작가와 이론가들이 戱曲형식을 이용하여 선악과 시비를 분명히 할 필요를 느꼈기 때문이다.[61] 呂天成은 여기에서 이들 실록체의 작품에 대해 긍정적인 입장을 분명히 표명하였다. 〈鸞筆記〉는 傳本이 없지만 ≪明史·張居正傳≫을 근거로 한 실록체의 작품임을 알 수 있으며, 1577년 당시 재상이던 張居正이 자신의 아버지의 죽음에도 불구하고 奔喪하지 않고 여전히 조정에 남아 집무하자, 당시 吳中行·趙用賢 등이 彈劾을 上疏했다가 도리어 조정에서 곤장을 맞은 역사적 사실을 그 내용으로 한다. 呂天成은 위에서 〈鸞筆記〉의 시사적 가치를 역사적 실록과 같은 것이라고 높이 평가하였다. 명대 시사극의 대표로 嚴嵩父子와의 투쟁을 묘사한 〈鳴鳳記〉에 대한 위의 품평에서도 呂天成은 시사극의 의미를 높게 평가하였다. 물론 呂天成이 이들 시사극을 높이 평가한 것은 당시 명말의 어지러운 현실을 배경으로 전개되는 선악투쟁의 과정 중에서 戱曲의 사회적 가치를 충분히 인식하였기 때문에 가능하였다. 다만 虛實論적 관점에서 전체적으로 볼 때 呂天成은 역사적 진실보다는 예술적 진실을 더욱 중시하였다고 말할 수 있다. 이러한 점은 그가 ≪曲品·上卷≫의 冒頭에서 傳奇 작품은 "고의적으로 허구로써 꾸민 것이므로 사실과 부합할 필요가 없다.(有意架虛, 不必與實事合)"라고[62] 천명한 점과 위의 인용문에서도 분명히 알 수 있다. 먼저 〈雙環記〉에 대한 품평에서 그는 예술적 허구를 분명히 인정하였다. 〈雙環記〉는 아버지를 대신하여 딸인 木蘭이 從軍하는 고사로 北朝의 民歌인 〈木蘭辭〉를 근거로 하였다. 이렇듯 이 고사는 매우 기이하지만 情節이 비교적 간단하여 긴 情節이 특징인 傳奇로서는 부적합하므로 작자는 예술적 상상력을 발휘하여 새로운 허구적 내용을 추가하였는데, 呂天成은 위의 품평에서 이러한 허구적 내용을 삽입

61) 趙山林著, ≪中國戱劇學通論≫, 385쪽. 安徽教育出版社, 1995.

62) 注5冊, ≪曲品卷上≫, 1쪽.

한 점이 '可觀'이며, 이것이 바로 '傳奇法'이라고 하였다.

戱曲의 허구성을 중시한 呂天成은 〈虎符記〉에 대한 품평에서도 역사적 진실 못지 않게 예술적 진실이 필요함을 분명히 하였다. 〈虎符記〉는 ≪明史·花雲傳≫을 근거로 하였으나 후반부에서는 허구적 수법을 대대적으로 사용하였다. 곧 주인공 花雲將軍은 역사에서는 殉節하지만, 역사극의 작자로 유명한 張鳳翼은 傳奇의 대단원 체제에 부응하기 위하여 작품의 후반부에서 花雲의 妾인 孫氏가 '女俠'的인 행동으로 花雲의 아들을 구해내고, 결국에는 죽지 않은 花雲이 아들과 만나게 되는 등의 허구적 수법을 사용하였다. 그런데 呂天成은 〈虎符記〉에 대한 위의 품평에서 후반부의 허구적 수법을 부득이한 것이라고 긍정하였으며, 아울러 花雲의 妾인 孫氏의 '女俠'的인 모습은 마땅히 전해져야 한다고 여겼다. 여기에서 우리는 虛實論적 관점에서 볼 때 呂天成이 역사적 진실의 기초 위에서 허구라는 예술적 진실이 필요함을 정확히 인식하고 있음을 알 수 있다.

그렇다면 呂天成은 역사적 진실과 대립·모순관계인 허구적 수법을 항상 긍정하였는가? 물론 그렇지 않다. 그는 역사적 진실과 예술적 진실의 결합은 작자와 관중의 심미적·정감적 공감의 토대 위에서 통일되어야 한다고 보았다. 이러한 점은 〈十孝記〉와 〈驚鴻記〉 및 〈佩印記〉에 대한 위의 품평을 통하여 알 수 있다. 〈十孝記〉는 沈璟의 작품으로 지금 傳本이 없지만 역사상에 유명한 열 명의 효자에 대한 고사이다. 沈璟은 말단부인 "徐庶見母"의 고사에서 徐庶가 역사적 사실과는 다르게 漢나라로 돌아오고 曹操가 잡히는 情節을 추가하였다. 그런데 呂天成은 위의 품평에서 이러한 허구적 수법의 가치를 충분히 긍정하였다. 그렇다면 무엇에 근거하여 그는 〈十孝記〉의 허구성을 칭송하였는가? 바로 그는 여기에서 이 작품이 작자와 관중의 심미적·정감적 상호공감의 토대 위에서 허구적 수법을 사용함을 분명히 인식하였던 것이다.

반면에 이와는 달리 그는 〈驚鴻記〉와 〈佩印記〉의 허구적 수법을 비판하였다. 〈驚鴻記〉는 주인공인 梅妃의 楊貴妃와의 질투 및 그녀의 驚鴻舞를 중심고사로 한다. 그런데 작품에는 楊國忠이 재상이 된 이후에 楊玉環이 貴妃로 들어가는데, 이것은 사실과는 다른 허구적 수법이다. 또 〈佩印記〉는 傳本이 없으나 ≪漢書·朱梅臣傳≫에 근거한 고사로, 작품 중에는 漢宣帝 때의 霍山의 고사가 漢武帝 때의 朱買臣의 고사에 삽입되었는데, 이 또한 사실과는 다른 허구적 수법이다. 그러면 왜 呂天成은 이들 작품의 허구적 수법을 비판하였는가? 이는 〈十孝記〉에서 소위 '三國戲'인 '徐庶見母'의 情節과는 달리 이들 작품의 작자가 역사적 진실을 허구화시키는 데 있어서 작자와 관중의 심미적·정감적 상호공감을 토대로 하지 않고 있기 때문이다. 곧 이들 작품은 허구적 수법에 있어서 필요한 정감논리와 심미논리를 갖추고 있지 않은 것이다. 이런 점에서 볼 때 우리는 呂天成의 虛實論이 ≪曲律≫에 보인 王驥德의 虛實論처럼 전반적이고 분석적이며 체계적이지는 않지만 전체적인 관점에서 보면 분명한 인식과 논리를 지니고 있음을 알 수 있다. 곧 그는 실록체 작품의 현실 기능성을 충분히 인식하면서도 戲曲의 허구적 수법을 전반적으로 긍정하였고, 아울러 역사적 진실과 예술적 진실 사이의 모순·대립을 일정한 토대 위에서 통일시키고자 하였던 것이다.

한편 呂天成은 작품 품평의 기준인 소위 '十要' 중에서 '合世情, 關風化'를 맨뒤에 놓은 孫鑛의 기준을 그대로 따르고 있지만, 그렇다고 그는 戲曲情節의 교화적 기능을 소홀히 하지 않았다. 반대로 그는 戲曲의 도덕교화작용을 매우 중시하였다. 그러면 여기서는 작품과 작가에 대한 그의 구체적 품평을 통하여 그가 어떠한 風教論을 지니고 있는지 살펴보자.

> 〈三祝記〉: 范仲淹 父子에 관한 고사로 풍속을 가르칠 수 있다.[63]
> 〈蛟虎記〉; 周處가 세 가지 해로움을 없앤 고사로 매우 기이하며 풍속

63) 〈三祝〉: 范文正父子事, 可以訓俗. 注5冊, 263쪽.

의 본보기가 될 수 있다.[64]

〈龍泉記〉: 情節이 正大하나 구성이 긴박하지 못한데, 이는 道學先生의 말투이다.[65]

〈五倫記〉: 지체높고 나이드신 大作家의 작품인데, 조금 진부함에 가깝다.[66]

(〈琵琶記〉에는) 전하고자 하는 意境이 붓보다 앞에 있기 때문에 한 마디 말이 완연히 혀를 대신하고, 감정이 處地와 함께 바뀌기 때문에 한 단락이 진실로 애를 끊을 수 있다. 자연스럽게 최상의 공교로움을 이룬 이가 사물을 본뜬 것이 無心에서 나오고, 최상의 주물공이 철을 주조함에 格式이 있는 듯하다. 그러하니 風敎와 상관됨은 단지 그 粗略한 것일 뿐이니, 친구를 풍자한다는 것이 어찌 진실이겠는가?[67]

〈三祝記〉는 吳江派인 汪廷訥이 宋代 范仲淹 父子의 功績과 道德을 표현한 것으로, 勸善懲惡的인 倫理敎化色彩를 강하게 지닌다. 또 〈蛟虎記〉는 지금 傳本이 없으나 本事가 ≪晉書≫와 ≪世說新語≫에 보이며, 주인공인 周處가 자신의 힘을 믿고 이웃사람들을 괴롭혀 호랑이·蛟龍과 함께 마을의 '三害'로 불리다가, 후에 자신의 잘못을 알아 개과천선하고 호랑이와 蛟龍까지도 제거한 고사이다. 呂天成은 이들 작품에 대한 품평에서 이들 작품이 강한 風敎性을 지니고 있음을 매우 긍정하였다. 곧 그는 〈三祝記〉의 고사情節이 勸善懲惡的인 풍속을 가르칠 수 있고('訓俗'), 〈蛟虎記〉의 고사情節이 훌륭한 풍속의 본보기가 될 수 있다며('範俗'), 이들 작품의 風敎性을 높이 평가하였다. 그런데 봉건시대의 이러한 風敎性은 일반적으로 忠孝節義와 三綱五倫 등의 봉건 윤리도덕을 칭송

64) 〈蛟虎〉: 周孝侯除三害事, 甚奇, 可以範俗. 注5冊, 299쪽.

65) 〈龍泉〉; 情節正大, 而局不緊, 是道學先生口氣. 注5冊, 195쪽.

66) 〈五倫〉: 大老鉅筆, 稍近腐. 注5冊, 200쪽.

67) 意在筆先, 片語宛然代舌, 情同境轉, 一段眞堪斷腸. 化工之肖物無心, 大冶之鑄金有式. 關風教特其粗耳, 諷友人夫豈信然? 注5冊, 5쪽.

하였는데, 呂天成의 風敎性 또한 여기에서 벗어나지 못했다고 볼 수 있다. 왜냐하면 〈三祝記〉와 〈蛟虎記〉의 勸善懲惡的인 내용도 결국은 이러한 봉건 윤리도덕을 근간으로 하고 있기 때문이다. 다만 이렇듯 呂天成은 戲曲 情節의 윤리 교화작용을 매우 중시하였으나, 그는 명초의 도학가들처럼 戲曲을 윤리교화의 도구로 삼지 않았으며, 당시 성행했던 時文風과 道學風을 반대하였다. 〈龍泉記〉와 〈五倫記〉에 대한 그의 품평은 이러한 점을 잘 보여준다. 〈龍泉記〉는 沈齡의 작품으로 傳本이 없으나 忠孝節義의 고사이고, 〈五倫記〉는 명초의 대표적인 風敎劇이다. 呂天成은 위의 품평에서 이들 작품이 강한 風敎性을 지니고 있지만 이들 작품을 비판하여 舊傳奇 중 마지막 등급인 '具品'에 넣었다. 곧 그는 〈龍泉記〉가 道學先生의 말투로 가득차 있고, 〈五倫記〉가 三綱五倫의 내용을 陳腐하게 드러내는 것을 비판하여, 이들 작품들이 비록 倫理 敎化作用을 강하게 지니고 있지만 戲曲의 情節로서는 성공하지 못했다고 비판했던 것이다.

그렇다면 그는 戲曲情節의 이러한 風敎性이 어떻게 戲曲의 예술적 특성과 함께 결합되어야 한다고 보았는가? 그는 舊傳奇 작가 중 유일하게 '神品'으로 평가한 高明에 대한 위의 품평에서 이에 대한 자신의 견해를 보여준다. 주지하다시피 〈琵琶記〉에서 작자가 드러내고 싶은 표면상의 주제는 봉건윤리인 忠孝이다. 그러면 이러한 봉건윤리도덕은 작품 중에 어떻게 戲曲예술의 고유한 특성과 결합되었는가? 呂天成은 그 대답을 戲曲예술의 심미적·정감적 특성인 意境과 감정묘사에서 찾았다. 그는 여기에서 두 가지 점을 주목하였다. 첫째, 그는 〈琵琶記〉에서 작자가 창조한 意境이 작자가 강조하고 싶은 봉건 윤리보다 우선적이고, 등장인물들의 감정은 상황에 따라 자연스럽게 전환되고 있음을 간파하였다. 〈琵琶記〉에는 意境창조와 감정묘사가 主된 것이고, 봉건윤리의 설교는 從屬的이라는 것이다. 곧 呂天成이 보기에 〈琵琶記〉에서 작자가 강조하는 봉건윤리는 작자의 뛰어난 意境 창조를 통해서만 전달되었다. 둘째, 그는 이러한 意境창조와 감정묘사는 일정한 격식을 지니면서도 마치 化工이 '無心' 한 경지에서 '肖物'하듯이 자연스럽게 이루어져야 한다고 보았다. 곧 意境창조와 감정묘사는 '無心'과 '有式'의 辨證的 統一을 통하여 이루어져야 한다는 것이다. 그리하여 이러한 점에 근거하여 呂天成은 〈琵琶記〉에서 진정으로 감상할 精華 部分은 바로 意境창조와 감정묘사 부분이며, 봉건윤리도덕의 風教性은 이에 비하면 粗略한 부분에 불과하다고 보았다. 그는 〈琵琶記〉가 성공을 거둔 이유는 작자가 意境창조와 감정묘사에서 뛰어나, 이러한 戲曲예술의 고유한 특성을 봉건윤리도덕과 유기적으로 결합하였기 때문이라고 보았던 것이다. 여기에서 우리는 呂天成의 이러한 품평이 전체적인 戲曲평론사에서도 일정한 의미를 지니고 있다고 말할 수 있겠다.

이상에서 우리는 ≪曲品≫에 보인 呂天成의 情節觀을 奇眞論·虛實論·風教論을 중심으로 살펴보았다. 먼저 呂天成은 戲曲情節이 '奇'한 것을 매우 중시하였으나 이러한 '奇'는 생활진실의 논리성인 '眞'의 기초 위에서 이루어져야 함을 분명히 하였다. 그리고 '奇'는 단순히 일종의 기교나 형식이 구축한 심미형상이 아니라 강렬한 정감과 독특한 수법이 융합된 심미형태로서 '情'을 기초로 함을 분명히 인식하였고, 아울러 情節論의 심미원칙 중 비교적 발전된 심미원칙이라고 할 수 있는 '新'을 '奇'와 함께 情節論상의 중요한 품평기준으로 삼았는데, 소위 '十要' 중의 '脫套'도 실제로는 '新'을 강조하고 있었다.

虛實論에 있어서 呂天成은 實錄體의 작품의 현실사회적 가치를 중시하였으나 그는 戲曲예술의 허구성을 더욱 중시하였다. 특히 그는 역사적 진실의 기초 위에서 예술적 진실이 이루어져야 함을 정확히 인식하였고, 아울러 역사적 진실과 예술적 진실의 결합은 작가와 관중의 심미적·정감적 상호 공감의 토대 위에서 통일되어야 한다고 보았다. 風教論에 있어서 呂天成은 戲曲情節의 風教性을 높이 평가하였다. 그러나 그는 戲曲을 봉건 윤리도덕 설교의 도구로 여기는 것을 반대했으며, 작가의 風教性은 意境창조·감정묘사와 유기적으로 결합되어야 하며, 이러한 意境창조와 감정묘사는 '有式'과 '無心'의 辨證的 統一을 통하여 이루어져야 한다고 보았다. 이상을 전체적으로 보면 呂天成의 情節論은 王驥德이 ≪曲律≫에서 보인 것과는 분명히 차이가 난다. 그의 情節論은 비교적 단편적이고 덜 체계적이다. 그러나 그 중에는 高明에 대한 품평에서와 같이 戲曲평론사에서 주목할만한 것을 지니고 있음을 부인할 수 없다. 이런 점에서 그의 情節論은 한계와 의미를 분명히 함께 지닌다.

5. ≪曲品≫의 의의: 雙美論과 情節論 등에서

呂天成은 明代 萬曆年間 傳奇가 매우 성행했을 때 王驥德과 함께 戲曲의 창작과 비평을 함께 겸하였던 대표적 인물로, 戲曲史에서는 ≪曲品≫으로 인하여 일정한 지위를 차지하고 있다. 그의 ≪曲品≫은 湯顯祖와 沈璟의 논쟁인 소위 '湯沈論爭'의 결과물로서 戲曲의 文學性과 舞臺性을 함께 추구하려는 고뇌의 결과물이다. ≪曲品≫에는 그의 戲曲觀을 보여주는 부분들이 비록 단편적이지만 산견되며, 전체적으로 보아 戲曲史的 의미와 한계를 분명히 함께 지니고 있다.

體例에 있어서 ≪曲品≫의 상권은 작가론으로 呂天成은 舊傳奇의 작가를 네 등급으로 나누었고, 新傳奇의 작가들을 아홉 등급으로 나누어 품평하였다. 그리고 구체적인 품평에 있어서 舊傳奇의 작가에서는 高明만을 최고의 등급인 '神品'에 넣었고, 新傳奇의 작가에서는 자신이 속했던 吳江派의 대부인 沈璟과 臨川派의 湯顯祖를 上上品에 넣었다. 하권은 작품론으로 ≪曲品≫의 핵심이다. 呂天成은 작가론에서와 같이 舊傳奇의 작품에서는 〈琵琶記〉를 최고의 '神品'의 등급에 넣고, 沈璟과 湯顯

祖의 모든 작품을 '上上品'에 넣었다. 그런데, 이러한 점은 품평의 타당성을 어느 정도 잃어 ≪曲品≫의 약점이 되었다. 저작 동기에 있어서 ≪曲品≫은 그의 절친한 친우인 王驥德의 도움을 받아 이루어졌다. 그리고 呂天成은 자신의 ≪曲品自敍≫에서 鍾嶸의 ≪詩品≫과 謝赫의 ≪畵品≫ 및 庾肩吾의 ≪書品≫을 모방하여 ≪曲品≫을 쓰게 되었음을 밝히고 있다.

雙美論은 전체적인 의미에서 ≪曲品≫의 핵심이다. 구체적인 그의 雙美論은 곡사론과 곡조론에 대한 그의 품평을 통해서 밝혀질 것이나 전체적으로 보아 그의 雙美論은 戱曲사적 의미와 한계성을 분명히 공유하고 있다. 그의 雙美論은 당시의 湯沈論爭을 단지 조화·절충하려고 관점을 일정한 정도에서 넘어서고 있기 때문이다. 그렇다고 그의 雙美論이 전반적으로 새로운 질적 변화를 동반한 戱曲觀으로는 볼 수 없었다. 이러한 점에서 그의 雙美論은 완성되지 않은 새로운 고뇌의 결과물이다.

情節論에 있어서 ≪曲品≫에는 奇眞論과 虛實論 및 風教論에 관한 그의 논의가 보인다. 그 중에는 戱曲의 일반적인 창작법을 정확히 인식하고 있음을 보여주는 부분이 있을 뿐만 아니라, 곳에 따라서는 戱曲예술의 특성을 정확히 간파한 정치한 품평이 보인다. 奇眞論에 있어서 呂天成은 당시의 일반적인 曲論家와 마찬가지로 戱曲情節의 '奇'를 중시했으나, 이러한 '奇'가 생활진실의 논리성인 '眞'의 기초 위에서 이루어져야함을 분명히 밝혔다. 그리고 이러한 '奇'가 강렬한 정감과 戱曲의 독특한 수법이 결합된 심미형태로서 '情'을 기초로 하고 있음을 인식하였고, 아울러 情節論의 심미원칙 중 일반적으로 비교적 발전된 심미원칙이라고 평가되는 '新'을 '奇'와 함께 情節論상의 중요한 품평기준으로 삼았다.

虛實論에 있어서 呂天成은 기능적인 관점에서 실록체 작품을 중요시하였으나 아울러 戱曲예술의 허구성을 더욱 중시하였다. 특히 그는 예술적 진실이라는 허구적 수법이 역사적 진실의 기초 위에서 이루어져야 한다고 보았고, 이들 역사적 진실과 예술적 진실의 결합은 아무렇게나 결합되는 것이 아니라, 작가와 관중의 심미적·정감의 상호공감의 토대 위에서 유기적으로 통일되어야 한다고 여겼다.

風教論에 있어서 呂天成은 비록 孫鑛이 소위 '十要'에서 '合世情, 關風教'를 마지막에 둔 것을 그대로 따랐지만, 戲曲情節의 風教性을 매우 중요시하였다. 그렇지만 그는 당시의 道學家처럼 戲曲을 단지 봉건 윤리도덕의 도구로 여기는 것에 대해서는 반대했으며, 작가의 風教性은 意境創造·감정묘사를 통해서만 이루어지고, 또한 이러한 意境創造와 감정묘사는 '有式'과 '無心'의 변증적 통일을 통하여 이루어져야 한다고 보았다.

이상에서 우리는 呂天成의 ≪曲品≫이 戲曲비평사에서 일정한 의미와 한계성을 분명히 함께하고 있음을 쉽게 알 수 있다. 특히 그의 ≪曲品≫을 거의 똑같은 시기에 나온 王驥德의 ≪曲律≫과 비교한다면 우리는 그의 ≪曲品≫이 단편적이고 덜 체계적이다. 그렇다고 위에서 보인 ≪曲品≫의 여러 가치와 의미를 부인할 수 없겠다.

6. 結構論

結構論은 전체적인 戲曲 이론의 발전사에서 볼 때 비교적 늦게 발전하여, 명대 萬曆 이전에는 곡론가들이 단지 散曲과 戲曲의 曲文 結構만을 주의하였지 戲曲 극본의 예술 結構 문제에 대해서는 언급함이 드물었다. 그러다가 湯顯祖와 沈璟의 湯沈論爭 이후 곡론가들이 詩나 小說과는 다른 戲曲 예술의 고유한 특성을 철저히 인식하여, 戲曲 극본의 結構를 文學性과 舞臺性의 총체적인 관점에서 바라보았으니, 王驥德과 呂天成은 대표적인 인물이다. 그리하여 王驥德은《曲律》중의 '論章法'·'論劇戲'·'雜論下'條 等에서 戲曲의 結構에 대한 뛰어난 견해를 보여주었는데, 다만 이러한 그의 논의가 舞臺 공연의 실제적인 관점에서 戲曲의 結構를 논의했다고 말하기는 충분하지 못하다. 이에 비한다면 呂天成은《曲品》에서 戲曲의 結構 문제에 대해 王驥德처럼 전면적이고 체계적으로 논의하지는 못했지만, 舞臺 공연의 실제와 연계시켜 戲曲 작품의 結構 문제를 品評하고 있는데, 이는 戲曲史에서 큰 의미를 지니는 것이라고 하겠다. 더욱이 그는 戲曲을 品評하는 기준인 소위 '南戲十要'의 열 가지 기준에 있어서 '關目好'와 '搬出來好'를 두 번째와 세 번째의 중요한 品評 기준으로 보았다. 또 일곱 번째와 여덟 번째의 品評 기준인 '善敷衍, 淡處作得濃, 閑處作得熱鬧'와 '各脚色分得刁妥'도 사실은 舞臺性을 담보한 戲曲의 結構에 관한 요구라고 볼 수 있으므로, 우리는 呂天成이 舞臺性을 전제한 結構 관념을 명확히 지니고 있었고, 또한 매우 중시하고 있음을 알 수 있다. 그러면 구체적 작품에 대한 그의 品評을 통하여 呂天成의 結構觀을 살펴보자.

> 〈鸚鵡洲〉: 韋皐의 고사를 기록한 것으로 文詞에는 綺麗한 곳이 많다. 다만 結構가 매우 복잡하여 公演하면 느슨함을 깨닫게 된다.[68]
>
> 〈三祝記〉: 范仲淹 父子에 관한 고사로 風俗을 가르칠 수 있다. 이 작품은 고사를 모은 것이 매우 많고, 文詞가 매우 뛰어나다. 그러나 公演을 하려면 모름지기 조금 잘라 내야 한다.[69]
>
> 〈紫簫記〉: 結構가 너무 길게 늘어진 것을 느끼게 되니, 이 작품은 淸唱用의 작품으로나 남길 수 있을 뿐이다.[70]

〈鸚鵡洲〉는 韋皐와 玉簫의 기이한 兩世 因緣을 위주로 한 것으로, 呂天成이 보기에 文詞가 뛰어나다. 倫理的 색채를 강하게 지닌 汪廷訥의

68) 〈鸚鵡洲〉: 紀韋南康事, 詞多綺麗. 第局段甚雜, 演之覺懈. 吳書蔭校註,《曲品校註》, 304쪽, 中華書局, 1990

69) 〈三祝〉; 范文正父子事, 可以訓俗. 此記摭事甚侈, 而詞儘富足. 若演行亦須一删. 注2冊, 263쪽.

70) 〈紫簫〉: 覺太曼衍, 留此供淸唱可耳. 注2冊, 219쪽.

教化劇인 〈三祝記〉 또한 呂天成이 보기에는 情節과 文詞가 모두 빼어나다. 蔣防의 〈霍小玉傳〉을 개작한 湯顯祖의 처녀작인 〈紫簫記〉는 화려한 文詞로 유명하다. 呂天成은 여기에서 이들 세 작품이 情節과 文詞에서는 뛰어나지만 다만 結構에서는 모두 결함을 지니고 있음을 밝히고 있다. 그리고 그가 여기에서 말하는 結構는 단지 曲文上의 結構가 아니라 모두 公演上의 結構이다. 곧 〈鸚鵡洲〉에서 여주인공인 玉簫는 前生에 姜氏의 시종으로 등장하고 後生에 盧氏의 시종으로 등장하는 등 고사의 結構를 복잡하게 만든다. 그리하여 呂天成은 이 작품을 舞臺에 올리면 結構가 느슨하게 됨을 면치 못함을 지적하였다. 〈三祝記〉는 范仲淹과 두 아들의 많은 공덕을 모두 나타내고 있다. 그리하여 呂天成은 이 작품 또한 舞臺에 올리려면 반드시 많은 고사 중의 일부분을 없애야 함을 지적하고 있다. 湯顯祖의 〈紫簫記〉에 대한 평가에서 呂天成은 자신의 結構觀을 더욱 분명히 보여준다. 그는 위에서 〈紫簫記〉가 舞臺用의 '場上之曲'으로는 부적합하고 단지 '案頭之書'인 '淸唱'用의 작품에 불과함을 명백히 밝히고 있다. 물론 우리는 여기에서 呂天成이 舞臺性을 담보한 結構를 중시한 것은 그가 관중을 의식한 공연효과, 곧 한 마디로 말하면 희극성을 매우 중시하고 있음을 알 수 있다. 희극성을 상실한 戱曲, 관중을 감동시키는 모순충돌이 결핍된 戱曲 작품은 진정한 戱曲 작품이라고 볼 수 없기 때문이다. 이러한 점에서 우리는 呂天成의 結構論이 《曲律》에 나타난 王驥德의 結構論처럼 전반적이고 치밀하지는 못하지만 전체적인 戱曲 평론사에 있어서는 큰 의미를 지니는 것이라고 할 수 있다.

舞臺性을 담보한 戱曲의 結構를 중시한 呂天成은 그러면 結構의 구체적 내용으로 어떠한 점을 기준으로 하였는가? 그는 《曲品》에서 고사의 소위 '主腦'·曲折 및 繁簡·喧寂·苦樂 등의 節奏를 結構의 중요한 기준으로 삼았고, 이러한 기준에 따라 각각의 개별 작품에 대한 구체적 品評을 진행하고 있는데, 그의 이러한 結構上의 기준은 戱曲 평론상의 중요한 일반적인 結構 기준들과 대부분 부합된다. 이러한 점에서 그의 結構觀은 戲曲 結構論상의 보편성을 지니고 있다고 말할 수 있다. 그리고 이러한 보편성의 담보 위에 呂天成의 結構論은 전체적인 戲曲평론사에서 보자면 시기상에 있어서 확실히 선두에 있음을 알 수 있다. 왜냐하면 중국戲曲평론사에 있어서 結構 문제는 王驥德과 呂天成의 結構論의 바탕 위에서 淸代의 李漁에 이르러서야 비로소 집대성되었기 때문이다. 그러면 먼저 '主腦'와 曲折의 기준에 의거한 呂天成의 結構觀을 살펴보자.

> 〈紅拂記〉: 다만 紅拂이 李靖을 따라 도망가는 私奔處에 激昂됨이 보이지 않아 나의 친우인 葉憲祖가 북곡의 套數 한 곡을 보충하여 마침내 결함이 없어졌다.[71]
>
> 〈竊符記〉: 兵符를 훔친 부분은 전체 작품의 핵심인데 대강대강 했음이 느껴진다. 그리하여 葉憲祖가 南北曲 套數를 보충하니 意境과 情趣가 돌연히 풍부해졌다.[72]
>
> 〈禁煙記〉: 이 작품은 묘사가 모두 잘되었으나 다만 晉의 重耳에 관한 고사를 모은 것이 너무 상세하여, 손님에 해당되는 부분이 너무 성대하게 묘사됨이 불만스러울 뿐이다.[73]
>
> 〈符節記〉: 작품 중 汲黯의 人品은 훌륭하고 인용한 고사 또한 뛰어나다. 작품에서 田蚡과 竇嬰에 대한 炎凉의 고사가 曲折함을 다했으니 확실히 뛰어난 작품이다. 다만 손님에 해당되는 부분이 성대하게 묘사됨이 조금 느껴질 뿐이다.[74]
>
> 〈結髮記〉: 情景이 曲折되어 곧 一新됨을 느낀다.[75]

소위 '主腦'는 곡론가들이 지대한 관심을 지녔던 戲曲 結構의 핵심으

71) 〈紅拂〉: 第私奔處未見激昂, 吾友槲園生補北詞一套, 遂無憾. 注2冊, 227쪽.

72) 〈竊符〉: 竊符乃通本吃緊處, 覺草草. 槲園生補南北詞一大套, 意趣頓📇. 注2冊, 230쪽.

73) 〈禁煙〉: 此記摹寫俱備, 但摭晉重耳事甚詳, 嫌賓太盛耳. 注2冊, 322쪽.

74) 〈符節〉: 汲黯人品好, 使事亦佳. 描寫田竇炎凉事, 曲折畢盡, 的是名筆. 但稍覺客勝耳. 注2冊, 310쪽.

75) 〈結髮〉: 情景曲折, 便覺一新. 注2冊, 216쪽.

로, 작가가 자신의 창작 의도를 분명히 하기 위해 작품 중의 關鍵的인 情節에 대해 심혈을 쏟아 처리해야 할 부분이며, 呂天成은 위에서 '通本吃緊處'라고 표현하고 있다. 呂天成은 이러한 관점에서 위에 인용한 〈紅拂記〉·〈竊符記〉·〈禁煙記〉·〈符節記〉의 主腦가 잘못 처리되었음을 비판하고 있다. 역사극의 작자로 유명한 張鳳翼의 〈紅拂記〉는 李靖과 紅拂 및 虯髥客의 고사를 다룬 唐代 杜光庭의 전기인 〈虯髥客傳〉의 고사에다가 孟棨의《本事詩》에 나온 徐德言과 樂昌公主의 고사를 합한 애정고사이다. 〈竊符記〉는《史記·魏公子列傳》과《史記·廉頗藺相如列傳》을 근거하여 魏王의 총애를 받은 왕비인 如姬가 몰래 兵符를 훔쳐 趙나라를 구하는 고사를 그리고 있다. 이 두 작품은 모두 당시 舞臺에서 공연되었으며, 〈紅拂記〉의 주요情節은 紅拂이 李靖과 부부가 되기로 약속하며 몰래 도망가는 소위 '私奔處'이고, 〈竊符記〉의 주요情節은 寵妃인 如姬가 죽음을 무릅쓰고 兵符를 훔치는 부분이다. 呂天成은 여기에서 작자인 張鳳翼이 두 작품의 主腦 부분을 잘못 처리했음을 비판하고 있다. 곧 그는 〈紅拂記〉의 主腦인 '私奔處'에는 主腦의 기본 요건인 '激昻'됨이 없고, 〈竊符記〉에서 如姬가 竊符하는 곳이 '通本吃緊處' 곧 主腦임에도 불구하고 대강대강 묘사되고 있음을 지적하고 있다. 그런데 이 두 작품의 主腦 問題에 대해 王驥德도 자신의《曲律》에서 똑같은 견해를 보였는데,[76] 이는《曲律》이《曲品》보다 조금 빠르게 나온 것을 상기한다면, 呂天成이 王驥德의 견해에 동의하거나 또는 일정 부분 王驥德의 주장을 흡수했을 것이라고 추정할 수 있을 것같다.

한편 戲曲의 主腦는 작자의 주제사상을 돌출시키기 위하여 중점적으로

---

76) 작품 중의 주요 情節에 있어서는 마땅히 심혈을 쏟아 온 힘을 다해 충분히 발휘해야 한다. ……〈紅拂記〉에서 私奔하는 곳과 〈竊符記〉에서 如姬가 竊符하는 부분은 모두 본 작품의 主腦인데 어찌 대강대강 넘어갈 수가 있겠는가!(傳中緊要處, 須重著精神, 極力發揮使透. ……紅拂私奔, 如姬竊符, 皆本傳大頭腦, 如何草草放過!),《中國古典戲曲論著集成》, 6卷, 137쪽, 中國戲劇出版社, 1982.

묘사되어야 할 뿐만 아니라 一人一事를 위주로 해야 한다. 그렇지 않으면 작품이 지리멸렬하게 진행되 주제사상이 돌출되지 않고 소기의 공연효과를 거둘 수 없기 때문이다. 이러한 점에 근거하여 呂天成은 위에서〈禁煙記〉와〈符節記〉의 主腦가 잘못 처리되었음을 비판하고 있다.〈禁煙記〉는 지금 傳本이 없지만 유명한 介之推의 고사를 내용으로 하고,〈符節記〉 또한 지금 傳本이 없지만 本事가《史記·汲黯傳》에 보이는 것으로 漢武帝 때의 汲黯이 국가를 위해 공을 세우고 빈민을 구제한 것을 그 내용으로 한다. 그런데 지금은 확인할 수 없지만 呂天成에 의하면 두 작품의 主腦는 一人一事의 원칙에 위배되었다. 곧〈禁煙記〉는 마땅히 중심인물인 介之推를 위주로 해야 할 것인데, 도리어 부차적인 重耳의 고사가 너무 상세하여 主賓이 바뀌었으며,〈符節記〉 또한 汲黯이 주요인물이고 田蚡과 杜嬰은 부차인물인데도, 도리어 작품에는 부차인물의 묘사가 주요인물의 묘사보다 더욱 상세히 묘사되어 있다. 바로 呂天成은 여기에서 戱曲 結構의 핵심인 主腦 問題의 처리에 있어서, 주요인물과 부차인물인 主賓에 대한 묘사가 뒤바뀌지 않도록 一人一事의 원칙에 의거해야 함을 분명히 밝히고 있다.

또한 呂天成은 戱曲 고사의 서사성을 분명히 인식하여 작가가 전체 情節上의 변화에 따른 고사의 안배 곧, 曲折 문제에 유의해야 함을 지적하였다. 사실 結構上의 曲折 문제는 명대 전기의 체제상의 편폭과 직접 연관이 된 것이다. 편폭이 큰 전기에는 많은 등장인물이 등장하고 고사가 직선식으로 전개되지 않으며, 관중 또한 情節上의 변화를 필요로 하기 때문에 자연스럽게 結構上의 曲折이 요구되었다. 이러한 관점에 呂天成은 위의〈符節記〉와〈結髮記〉에 대한 品評에서 이들 작품이 曲折 문제의 처리에 있어서 뛰어나며 일정한 성과를 거두고 있음을 지적하였다. 곧 두 작품 모두 지금 傳本이 없어 구체적 실상은 알 수 없지만 呂天成에 의하면,〈符節記〉는 부차인물인 田蚡과 竇嬰에 대한 炎凉의 고사가 매우 曲折있게 묘사되어 확실한 '名筆'로 인정되고, 〈結髮記〉는 情景이 曲折있게 묘사되어 그 결과 '一新'한 맛을 가져온다고 한다. 물론 呂天成이 曲折 문제를 이들 작품에서만 제기한 것은 아니다. 그는 戲曲의 結構에서 曲折 문제가 중요한 것임을 위에서와 같이 정확히 인식하였던 것이다. 戲曲 情節 結構上의 이론에 있어서 主腦·曲折과 함께 節奏는 戲曲 情節 結構의 특성을 대표하는 것 중의 하나이다. 더욱이 전기는 방대한 체제라는 자신의 특성상 고사의 전개에 있어서 主腦와 曲折함을 지녔고, 이에 따라 자연스럽게 結構의 節奏性이 형성되고 요구되었으니, 節奏 문제는 또한 主腦 및 曲折 문제와도 서로 밀접히 연관되어 있음을 알 수 있다. 그리고 이러한 結構上의 節奏 문제를 역대로 많은 곡론가들이 매우 중시하였는데, 呂天成 또한《曲品》중 여러 작품에 대한 品評에서 戲曲 結構上의 繁簡·喧寂·苦樂 등의 節奏를 중요한 品評기준으로 삼았다. 그러면 먼저 節奏 중의 繁簡문제를 언급한 그의 구체적 品評을 중심으로 살펴보자.

> 〈鳴鳳記〉: 文詞와 曲調가 모두 빼어나 노래할 만하나 結構가 繁雜한 점이 조금 불만스럽다.[77]
>
> 〈曇花記〉: 그 文詞가 華美하고 순조로우며 世情을 말함이 극도로 또렷하다. 그러나 전기의 結構 규율에 의하자면 늘어지기만 하여 節奏가 부족할 따름이다.[78]
>
> 〈浣紗記〉: 고사를 모으고 나열함이 웅대하고 아름다우며, 규모가 매우 방대하다. 다만 결구에 있어 謹嚴하지 못한 것이 안타깝다. 고사의 事跡이 많아서 마땅히 일부를 잘라내야 한다.[79]
>
> 〈赤松記〉: 많은 고사들을 운용함에 있어서 繁雜하지 않아 또한 簡略히 구성하는 方法을 터득했다.[80]

---

77) 〈鳴鳳〉: 詞調儘㘏達可咏, 稍嫌繁. 注2冊, 369쪽.

78) 〈曇花〉: 其詞華美充暢說世情極醒, 但律以傳奇局則漫衍乏節奏耳. 注2冊, 255쪽.

79) 〈浣紗〉: 羅織富麗, 局面甚大, 第恨不能謹嚴. 事跡多, 必當一刪耳. 注2冊, 236쪽.

80) 〈赤松〉: 如許事而遣不繁, 亦得簡法. 注2冊, 374쪽.

戱曲 結構上의 繁簡문제는 節奏의 핵심으로, 작자는 자신의 창작 의도를 돋보이게 하기 위하여 중요 情節에 대해서는 세부묘사를 충실히 하고, 그렇지 않은 情節에 대해서는 간략히 묘사한다. 곧 작자는 각각 부분 情節의 중요도에 따라 結構의 繁簡을 節奏感있게 운용해야 하니, 繁簡 문제는 넓은 의미에서 主腦 문제를 포함하고 있다. 그리고 結構上의 曲折이 일반적으로 전체적인 情節의 結構 문제를 다룬 것이라면, 繁簡 문제는 전체 情節 중의 부분 情節의 묘사에 관한 문제라고 생각할 수도 있으니, 繁簡 문제는 結構上의 曲折과도 또한 일정한 연관을 지닌다고 볼 수 있다. 呂天成은 위에서 〈鳴鳳記〉와 〈曇花記〉 및 〈浣紗記〉 세 작품이 戱曲 結構 節奏上의 繁簡 문제에 있어서 실패하고 있음을 지적하고 있다. 곧 그는 유명한 시사극인 〈鳴鳳記〉가 뛰어난 文詞와 曲調에도 불구하고 結構上에서 너무 번잡한 결점을 지녔고, 梁辰漁의 유명한 〈浣紗記〉가 結構上에서 '謹嚴'하지 못해 일부의 情節을 없애야 한다고 보았다. 또한 그는 文詞派인 屠隆의 전형적인 神佛劇인 〈曇花記〉가 文詞와 情節에 있어서는 빼어나지만, 結構 문제에 있어서는 55齣이나 되는 '漫衍'한 모습을 보여주는 등 節奏가 부족함을 지적하고 있다. 그러나 이와는 달리 呂天成은 위에서 〈赤松記〉의 結構를 칭송하고 있다. 〈赤松記〉는《史記·留侯世家》에 나오는 일부 내용을 근거로 張良이 赤松子를 따라 노닐다 修道하고 登仙하는 고사이다. 呂天成은 〈赤松記〉가 結構의 운용에 있어 번잡함을 피하여 그의 표현에 의하자면 結構의 요체인 '簡法'을 터득했다고 보았다. 이상에 의하면 우리는 呂天成이 戱曲 結構上에 있어서 繁簡의 조화로운 節奏를 중요시하였지만, '繁'보다는 '簡'을 더욱 중요시했다고 볼 수 있겠다. 이것은 그가《曲品》중 繁簡의 節奏 문제에 대한 品評에서 전체적으로 당시 戱曲 작품들이 結構上에서 번잡했던 기풍을 중점적으로 비판하고 있기 때문이다. 그리고 呂天成의 이러한 지적은 아무래도 방대한 전기의 체제와 舞臺性보다는 文學性만을 추구했던 당시 작가들의 창

작태도와 일정한 연관을 맺고 있다고 볼 수 있으며, 아울러 呂天成이 여기에서 이렇게 '簡'을 중시한 점은 그가 戱曲의 文學性 못지 않게 舞臺性을 함께 중시했던 雙美主義者인 점과도 상관된다고 볼 수 있다. 왜냐하면 戱曲 작품이 舞臺 위에서 공연될 때 번잡한 結構는 당연히 공연효과를 감소시키기 때문이다.

한편 呂天成은 戱曲 結構의 節奏를 형성하는 중요한 수단인 喧寂과 苦樂의 문제에도 주의하였다. 물론 여기에서 말하는 喧寂은 일반적으로 '冷熱'을 가리키며, 통상적으로 戱曲 情節上의 '冷場'과 '熱場'을 의미한다. 戱曲의 작가들은 이러한 喧寂과 苦樂을 각각 교체하면서 자연스럽게 結構上의 節奏를 추구하였다. 그러면 여기서는 구체적 品評을 통하여 喧寂과 苦樂문제에 관한 그의 논의를 간단히 살펴보자.

> 烏鎭의 王濟는 ……結構를 精練시키는 법을 상당히 잘 알아 작품 중의 절반은 고요하고 절반은 시끄럽다.[81]
>
> 〈琵琶記〉: 고사를 엮어나가며 情節을 삽입하는 것이 전체적인 結構에 매우 부합하고, 극정의 괴로움과 즐거움을 교차되게 사용했으니, 전기의 체재를 충분히 알고 있다.[82]

王濟는 嘉靖 이전의 구전기 작가로서 역사극인 〈連環記〉 한 편 만을 남기고 있다. 그렇기 때문에 위의 인용문 중 王濟에 대한 品評은 곧 〈連環記〉를 대상으로 하고 있다고 볼 수 있다. 〈連環記〉는 東漢末 王允이 貂蟬을 이용한 連環計로써 董卓을 謀殺하는 고사이다. 呂天成은 위에서 〈連環記〉와 〈琵琶記〉가 結構上에서 성공하고 있음을 지적하고 있다. 〈連環記〉는 국가의 大事를 다룬 딱딱한 작품인데, 작가인 王濟는 작품의 結構上의 節奏를 조절하기 위해 남녀간의 애정고사를 삽입하여, 작품의 情

81) 烏鎭王雨舟……頗知鍊局之法, 半寂半喧. 注2冊, 9쪽.

82) 串插甚合局段, 苦樂相錯, 具見體裁. 注2冊, 163쪽.

節 안배에 있어서 '半寂半喧'하게 만들었다. 이러한 점에 의거하여 呂天成은 위에서 王濟가 작품 情節의 '冷熱', 곧 '喧寂'을 이용하여 結構上의 節奏를 조절시키는 방법, 곧 '鍊局之法'을 터득하고 있음을 칭송하였다. 〈連環記〉에 비한다면 〈琵琶記〉는 또다른 '鍊局之法', 곧 '苦樂相錯'의 방법으로써 情節 안배에 성공한 전형적인 작품이다. 곧 高明은 작품 중에 蔡씨네와 牛府의 '苦樂'의 대조적인 情節을 번갈아 교체시키면서 情節의 안배에 성공하였다. 바로 이러한 점에 의거하여 呂天成은 여기에서 〈琵琶記〉에 사용된 節奏 조절 방법인 '苦樂相錯'이 전기의 結構 체재의 특성을 보여주는 것임을 지적하고 있다.

이상에서 우리는《曲品》중의 品評에 나타난 呂天成의 結構觀을 살펴보았다. 먼저 呂天成은 戱曲의 品評 기준으로써 結構를 매우 중시하였으며, 특히 舞臺 공연의 실제적인 관점에서 戱曲 작품의 結構 문제를 品評하였는데, 이는 전체적인 戱曲 평론사에서 큰 의미를 지니는 것이었다. 그리고 그는 戱曲 結構의 구체적 기준으로써 主腦·曲折 및 繁簡·喧寂·苦樂 등의 節奏를 들었는데, 이는 그의 結構觀이 보편성을 지니고 있음을 보여주는 것이다. 主腦문제에 있어서 呂天成은 작자가 자신의 주제사상을 돌출시키기 위하여 중점적으로 묘사해야 할 뿐만 아니라, 一人一事를 위주로 해야함을 지적했다. 그리고 그는 戱曲 고사의 서사성을 분명히 인식하여 작가가 情節 변화의 안배, 곧 曲折 문제에도 유의해야 戱曲의 공연효과를 가져올 수 있음을 지적했고, 아울러 戱曲 結構의 節奏性을 매우 중요시하였다. 그는 節奏를 조절하는 대표적인 방법인 繁簡 문제에 있어서 繁簡의 조화로운 節奏를 중요시하였지만, '繁'보다는 '簡'을 더욱 중요시하였는데, 이것은 그가 雙美論者로서 戱曲의 文學性 못지 않게 舞臺性을 함께 주장한 점과 상관된다. 또한 그는 喧寂과 苦樂의 교체라는 節奏 조절 방법이 戱曲 結構의 성공을 좌우하기도 하는 것임을 밝히었으니, 〈琵琶記〉에서 사용된 '苦樂相錯'의 節奏는 대표적인 것이다. 그러나 이러한 점들에도 불구하고《曲品》에 보인 呂天成의 結構觀이 지닌 한계 또한 분명하다. 그리고 이러한 한계는 크게 보아《曲品》의 서술 방식에서 기인한다고 볼 수 있다. 아무래도 작가와 작품에 대한 개별적인 品評 방식으로는 그 체재상 종합적이거나 체계적인 논의를 하기 힘들기 때문이다. 바로 이러한 점 때문에《曲品》 중에 보인 呂天成의 結構觀은 자연 단편적이고 조금은 체계적이지 못하는데, 이러한 점은 王驥德이《曲律》에서 보여준 結構觀과 비교해 보면 쉽게 알 수 있다.

7. 文詞論과 曲調論

呂天成의《曲品》은 湯顯祖와 沈璟의 湯沈論爭의 결과물로서, 湯顯祖의 文詞와 沈璟의 格律을 아우르고 넘어서려는 雙美論的 주장을 핵심으로 한다. 이런 점에서 文詞論과 曲調論에 대한《曲品》 중 그의 品評은 그의 주장의 실상을 보여주는 관건이다.

《曲品》 중의 文詞論으로서 대표적인 것은 本色과 當行에 관한 呂天成의 논의이다. 본시 중국의 戲曲은 민간에서 기원하였고 舞臺 공연을 전제로 하였기 때문에 통속성과 舞臺性을 핵심으로 하는 本色과 當行의 모습을 자연스럽게 지녔다. 그러나 명대 嘉靖 이후 문인들의 주도적인 전기창작이 점차 번성하면서 극단에는 좋지 않은 두 가지 풍조가 생겨났다. 곧 駢麗的인 수식과 典故를 무더기로 사용하는 소위 時文風과 戲曲의 본원적 특성인 舞臺性을 전혀 고려하지 않고 자신의 글재주만을 드러내는 소위 案頭之曲이 그것이다. 그리하여 몇몇 곡론가들은 원잡극과 초기 남희의 전통을 회복함으로써 이러한 기풍을 고치고자 많은 논의를 하였으니, 대체적으로 말하면 本色論은 時文風을 겨눈 것이고, 當行論은 案頭之曲을 겨눈 것이다. 그러면 먼저《曲品》 중 本色과 當行에 관한 呂天

成의 논의를 살펴보자.

> 전기의 상황을 광범위하게 살피건대 요즈음 성행하고 있다. 長江의 左右에는 〈詩經〉과 〈離騷〉와 같은 詩歌가 흥성하고, 江蘇省과 浙江省에는 風流가 돋보인다. 다만 當行의 작가들은 많이 만나기 힘들고, 本色의 뜻은 아직 명백히 말하지지 못하고 있다. 내 말하노니 當行은 作法을 兼하여 논하는 것이고, 本色은 단지 塡詞함을 가리킨다. 當行은 불필요한 美辭麗句를 늘어놓는 學識을 엮어내는데 있지 않고, 이 가운데에 응당 극본 중의 중요 情節과 結構를 포함하고 있어야 하니, 조금이라도 보태거나 줄어서는 안되며, 만일 불필요한 美辭麗句를 늘어놓은 학식을 단지 엮어내기만 한다면 곧 當行을 손상시킨다. 本色은 일상언어를 모방하고 베끼는데 있지 않고, 이 가운데에 따로 기틀이 되는 중요한 정신과 정취가 들어있으니, 조금이라도 치장을 해서는 안되며, 만일 일상언어를 모방하고 베끼기만 한다면 곧 本色을 손상시킨다. 그런데도 지금 사람들은 이러한 뜻을 알지 못하여, 전기의 門派가 마침내 둘로 나누어졌으니, 하나는 文彩를 아름답게 함으로써 當行을 계획하고, 하나는 質朴함을 답습함으로써 本色인체 하려 한다. 그리하여 문채를 중시하는 사람들은 질박함을 중시하는 자들에게는 문채가 적다고 경멸하고, 질박함을 중시하는 자들은 문채를 중시하는 자들이 질박함을 잃었다고 경시한다. 그러나 그들은 만약 當行에 속하면 문장의 語調에 本色이 반드시 많아지고, 만일 本色을 구비하게 되면 境界와 意態가 반드시 當行이게 됨을 알지 못한다. 그리고 지금 사람들은 그것과 비슷한 것을 절취하면서도 서로 적대시하는데, 나는 두 가지를 모두 받아들이겠다. 그것은 비록 當行에 이르지 못하더라도 그 華美함은 취할 수 있고, 비록 本色이지 못하더라도 그 질박함은 기풍으로 삼을만 하기 때문이다.[83]

---

83) 博觀傳奇, 近時爲盛. 大江左右, 騷雅沸騰, 吳浙之間, 風流掩映. 第當行之手不多遇, 本色之義未講明. 當行兼論作法, 本色只指塡詞. 當行不在組織餖飣學問, 此中自有關節局段, 一毫增損不得, 若組織正以蠹當行. 本色不在摹剿家常語言, 此中別有機神情趣, 一毫妝點不來, 若摹剿正以蝕本色. 今人不能融會此旨, 傳奇之派, 遂判而爲二, 一則工藻繢而擬當行, 一則襲樸淡以忠本色. 甲鄙乙爲寡文, 此嗤彼爲喪質. 而不知果屬當行, 則句調必多本色矣, 果具本色, 則境態必是當行矣. 今人竊其似而相敵也, 而吾則兩收之. 卽不當行, 其華可擷, 卽不本色, 其質可風. 注2冊, 22쪽.

本色論과 當行論은 역대로 많은 곡론가들의 논의의 대상이 되어 왔다. 呂天成은 위에서 당시 전기가 흥성했음에도 불구하고 잘못된 기풍이 조성된 것은 本色과 當行에 대한 이해가 부족한데서 기인한 것이라고 여기고, 크게 보아 세 가지 사항을 언급하였다. 첫째, 그는 本色과 當行의 의미를 명확히 구별하였는데, 이것은 呂天成의 공헌이라고 할 수 있다. 왜냐하면 당시의 많은 곡론가들은 本色과 當行을 분명히 구별하지 않고 사용하였기 때문이다. 먼저 呂天成은 本色의 의미를 '塡詞', 곧 언어적인 관점에만 국한시켰다. 그러나 그는 本色의 언어가 일상언어('家常語言')를 그대로 답습하는 것이 아니라, 그 가운데는 기틀이 되는 중요한 정신과 정취('機神情趣'), 곧 작가의 內在精神과 審美情趣가 있으니, 이러한 이유로 조금이라도 戲曲 언어를 억지로 꾸며서는 안되며, 만일 일상언어를 답습하기만 한다면 本色을 손상시킨다고 보았다. 곧 그는 戲曲 언어가 단순한 형식이 아니라, 작가의 내재정신과 심미정취의 외부적인 표현형식이라고 보았던 것이다. 이러한 점에서 그의 本色論은 자신이 속한 吳江派의 鼻祖인 沈璟의 本色論과는 확연히 다르다. 그는 沈璟이 戲曲의 本色을 단지 형식적인 관점에서만 논했던 것과는 달리, 戲曲의 언어가 작가의 내재정신 및 심미정취와 긴밀히 연관되어 있음을 명백히 인식하였던 것이다. 그런데 이러한 '機神情趣', 곧 機趣는 何良俊·王驥德·祁彪佳 등 명대의 여러 곡론가들이 戲曲의 언어를 평가할 때 중요시했던 것이며,[84] 淸代의 李漁 또한《閑情偶寄·詞曲部·詞采第二》에서 '重機趣'란 항목을 두어 그 중요성을 강조하였다. 이런 점에서 呂天成의 本色論은 자신의 독창적인 주장이라기 보다는 당시 곡론가들의 이론적인 성과를 흡수했던 것이라고 볼 수 있으며, 특히 자신의 20년 친우인 王驥德의 本色論과 비슷한 면모를 보여준다.

本色을 언어적인 측면으로 국한시킨 것과는 달리 呂天成은 當行이 戲曲의 '作法'과 연관된다고 보았다. 그리하여 그는 當行이 美辭麗句만을 늘어놓는 學識('餖飣學問')을 엮어 내는 것이 아니라, 當行 속에는 응당 전체 작품 중의 중요 情節과 結構('關節局段')가 포함되어 있으니, 조금이

84) 趙山林著,《中國戲劇學通論》, 463-467쪽, 安徽教育出版社, 1993.

라도 마음대로 늘리거나 줄일 수 없으며, 만일 마음대로 '餖飣學問'을 '組織'한다면 當行을 손상시킨다고 보았다. 곧 그는 當行이 戲曲 언어 뿐만 아니라 작품 중의 結構 문제와도 연관된다고 보았다. 그는 當行이 戲曲의 情節 結構와 밀접한 관련을 지니는 것으로, 작가는 戲曲을 창작할 때 戲曲 예술 자체의 규율인 舞臺 공연의 실제를 고려하여 情節을 안배해야 한다고 보았던 것이다. 그런데 當行에 대한 呂天成의 이러한 주장은 臧懋循의 주장과 비슷하다. 바로 臧懋循은 '場上'의 각도에서 當行의 세 가지 어려움(言語, 情節按配와 人物描寫, 音律의 어려움)을 전반적으로 논하였는데,[85] 呂天成은 이러한 當行에 대한 臧懋循의 주장을 흡수했던 것이라고 생각된다. 이러한 점에서 呂天成의 當行論은 本色論과 마찬가지로, 당시 여러 곡론가들의 견해를 흡수하여 자신의 雙美論的인 관점에서 다시 집성한 것이라고 여겨진다.

둘째, 呂天成은 위에서 本色과 當行에 대한 당시 곡단의 잘못된 이해와 이로 인한 잘못된 기풍을 지적하고 있다. 곧 그는 당시의 극작가와 곡론가들이 本色과 當行의 의미를 잘 이해하지 못하여, 전기가 결국 '工藻績'함을 當行으로 여기는 사람들과 '襲樸淡'을 本色으로 여기는 두 개의 流波로 나누어져, '工藻績'派는 '襲樸淡'派의 사람들에게 文彩가 부족하다고 비웃고, 또한 '襲樸淡'派는 '工藻績'派가 質朴함을 잃었다고 서로 경멸하는 잘못된 기풍을 지적하였다. 물론 여기서 呂天成이 강조하는 것은 '工藻績'가 當行을 뜻하지 않고, '襲樸淡'이 本色을 뜻하지 않는다는 사실이다. 그는 당시의 곡론가와 극작가들이 本色과 當行의 의미를 왜곡하고 있으며, 이리하여 두 유파의 사람들이 서로를 적대시하는 현실을 지적하고 있는 것이다. 물론 이러한 呂天成의 지적이 구체적으로 누구를 지적하는지는 확실하게 말할 수 없다. 그러나 우리는 대략적이나마 '工藻績'派

85) 전게서, 762쪽.

는 湯顯祖를 비롯한 文詞派를 가리키고, '襲樸淡'派는 沈璟을 비롯한 本色派의 작가라고 추정할 수 있을 것같다. 왜냐하면 그의《曲品》은 기본적으로 湯沈論爭에 대한 고뇌의 부산물로서, 呂天成은 이를 극복하기 위해 雙美論을 제기하였는데, 위에서 언급한 현상은 湯顯祖와 沈璟의 논쟁의 실상을 표현하고 있다고 추측하는 것이 비교적 타당하지 않을까 여겨지기 때문이다. 특히 그가 위에서 '工藻繢'派의 작품이 진정한 當行을 이루지 못하더라도 그 아름다운 문채는 취할만 하고, '襲樸淡'派의 작품이 진정한 本色의 모습을 지니지 못해도 그 질박함은 기풍으로 할만하다고 관용스러운 모습을 보여준 것은 湯顯祖와 沈璟을 아우르고 통일시키고자 하는 자신의 雙美論的 주장과 부합한다고 볼 수 있겠다. 이러한 점에서 本色과 當行에 대한 呂天成의 위의 논의는 그의 戱曲관의 핵심의 일단을 보여주는 것이라고 할 수 있다.

셋째, 呂天成은 위에서 當行과 本色의 상호관계를 지적하였는데, 곡론사에서 상당히 빼어난 것이라고 할 수 있다. 그는 어느 한 작품이 當行의 면모를 지녔으면 '句調'에 있어서 本色이 반드시 많아지고, 반대로 本色의 면모를 지녔으면 '境態'에 있어서 반드시 當行에 이르게 됨을 지적하였다. 곧 그는 當行과 本色은 상호 유기적인 것으로 서로 분리될 수 없고, 當行이 '文'이라면 本色은 '質'로서, 文質이 통일되어 文質彬彬한 새로운 모습을 보여주듯, 當行과 本色이 서로 변증적으로 통일되어야 함을 밝히고 있다. 물론 當行과 本色에 대한 이러한 변증적인 그의 주장은 자신의 雙美論의 일단을 보여주는 것으로서, 자체적인 논리 전개에 있어서 뛰어난 것이라고 말할 수 있다.

그러면 이와 같은 當行論과 本色論을 핵심으로 하는 呂天成의 文詞論은 구체적인 작가와 작품의 品評에 있어서는 어떠한 모습을 보여주는가? 우리는 이것을 파악하기 위해 먼저 작가品評에 있어서 呂天成이 어떠한 작가들을 높게 평가하였는지 살펴볼 필요가 있다. 그는 구전기의 작가 중에는 高明을 유일하게 神品에, 신전기의 작가로는 上上品에 沈璟과 湯顯祖를, 上中品에 陸采·張鳳翼·顧大典·梁辰漁·鄭若庸·梅鼎祚·卜世臣·葉憲祖·單本을 넣었다. 그런데 특이한 점은 이들 12명의 작가가 지금의 시각에서 보면 통속성을 기본으로 하는 本色 當行의 작가가 아니라 대부분 文詞派의 작가라는 사실이다. 곧 이들 12명 중 沈璟과 單本만이 통속적인 本色 當行의 작품을 썼으며, 卜世臣·葉憲祖 및 顧大典[86]은 비록 沈璟의 吳江派에 속한다고 말해지지만,[87] 이는 엄격한 의미에서는 曲調의 格律上에서 말한 것으로, 언어의 풍격에 있어서는 沈璟과는 다른 또 다른 풍격을 보여준다. 이러한 점에서 볼 때 우리는 呂天成이 말하는 本色 當行은 沈璟과는 확실히 다른 것으로, 실제로는 文詞派의 작가들을 매우 중시하였음을 알 수 있다. 그러면 구체적 작품 品評에 있어서의 그의 文詞論의 실상을 살펴보자.

> 〈琵琶記〉: 그 文詞가 빼어난 점은 情景按配와 感情描寫에 있어서 하나하나 모두 逼眞하여, 文詞를 運用하는 技藝가 神技에 가까운 巧妙함을 지니는데 있다.[88]
>
> 〈拜月亭〉; 이 작품은 施君美의 작품이라고도 하는데 또한 확실한 근거가 없다. 元代 극작가가 南曲으로 만든 것인데, 天然 本色의 문장으로서 왕왕 보배스러운 곳이 보이며 마침내는 湯顯祖의 臨川派를 열었다.[89]
>
> 〈荊釵記〉: 眞實한 語調로써 眞實한 感情을 그려내 感情과 文句가 相生하고 있으니 이에 도달하기가 최고로 어렵다.[90]

---

86) 일례로 顧大典은 前期吳江派로 분류되기도 하나, 언어의 실제 풍격에 있어서는 통속적인 모습을 특성으로 하는 沈璟과는 달라 雅俗共賞의 모습을 보여준다.

87) 郭英德著,《明淸傳奇史》, 193쪽-200쪽, 江蘇古籍出版社, 1999.

88) 〈琵琶〉: 其詞之高絶處, 在布景寫情, 色色逼眞, 有運斤成風之妙. 注2冊, 163쪽.

89) 〈拜月〉: 云此記出施君美筆, 亦無的據. 元人詞手, 製爲南詞, 天然本色之句, 往往見寶, 遂開臨川玉茗之派. 注2冊, 165쪽.

90) 〈荊釵〉: 以眞切之調, 寫眞切之情, 情文相生, 最不易及. 注2冊, 167쪽.

> 〈香囊記〉: 曲詞가 빼어나고 賓白이 整然한데, 모두 學識으로 채워져 있다. 이 派는 〈琵琶記〉로부터 나왔으며, 선배 극작가의 작품 중에서는 가장 뛰어난 전기이다.[91]
>
> 〈玉玦記〉: 典雅하고 工麗하여, 문학작품으로 읊을 수도 있고 舞臺에 공연할 수도 있으며, 後人의 騈麗派를 열었다.[92]
>
> 〈還魂記〉: 杜麗娘의 고사가 과연 奇異하다. 異性을 그리워하는 감정을 정성스럽게 발휘하여 心襟을 울리게 만든다.[93]
>
> 〈明珠記〉: 無雙의 고사가 기이하다. ……작품 중 文詞로 묘사하는 곳에는 意境과 情感을 지니고 있다.[94]

呂天成은《曲品》중의 작품 品評에서 文詞에 대해 가장 많은 언급을 하였는데,[95] 위에서 인용한 것은 그 중 그의 文詞論의 핵심을 보여주는 대표적인 것이다. 이들 작품 중 지금의 일반적인 관점에서 보면 〈拜月亭〉과 〈荊釵記〉는 本色派의 진면목을 보여주는 것이고, 〈香囊記〉·〈玉玦記〉·〈還魂記〉·〈明珠記〉는 文詞派의 대표적인 작품이며, 〈琵琶記〉는 雅俗共賞의 면모를 보여주는 작품으로서, 확연히 서로 다른 언어적 풍격을 지니고 있다. 그런데 여기에서 呂天成은 이들 작품의 文詞를 모두 칭송하는 입장을 견지하였다. 그는 〈拜月亭〉의 文詞가 '天然本色'의 면모를 지녔다고 칭송하고는, 湯顯祖를 비롯한 臨川派의 시발점이 되었다고 주장하였다. 여기에서 우리는 呂天成이 생각하는 本色의 의미를 분명히 알 수 있다. 그는 일반적으로 文詞파라고 불리우는 湯顯祖의 文詞 또한 〈拜月亭〉의 '天然本色'에서 비롯된 本色파라고 보았다. 이러한 견해는 모순된 것처럼 보이기도 한다. 그러나 이것은 本色에 대한 개념의 차이에서 비

---

91) 〈香囊〉: 詞工白整, 儘塡學問. 此派從〈琵琶〉來, 是前輩中最佳傳奇也. 注2冊, 170쪽.

92) 〈玉玦〉: 典雅工麗, 可詠可歌, 開後人騈綺之派. 注2冊, 237쪽.

93) 〈還魂〉: 杜麗娘事, 果奇. 而著意發揮懷春暮色之情, 驚心動魄. 注2冊, 221쪽.

94) 〈明珠〉; 無雙事奇. ……抒寫處有境有情. 注2冊, 224쪽.

95) 趙山林著,《中國戱劇學通論》, 814쪽 참조. 安徽教育出版社, 1993.

롯된다. 呂天成은 本色이 단지 文詞上에서 통속적이고 질박함에 머무르는 개념이 아니라, 文詞와 감정이 서로 유기적으로 결합되는 것임을 인식하고, 작가의 진실한 감정과 文詞가 밀접히 결합된 湯顯祖의 작품이 바로 本色의 작품이라고 보았던 것이다. 이러한 점은 그가 〈琵琶記〉·〈荊釵記〉·〈還魂記〉와 〈明珠記〉의 文詞를 칭송하는 데서도 잘 드러난다. 그는 인용문에서 〈琵琶記〉의 文詞가 '布景寫情'에 있어서 '色色逼眞'하여 '運斤成風'의 神技의 경지에 이르렀다고 극도로 칭송하고, 〈荊釵記〉의 文詞가 '眞切'(眞實)한 어조로써 '眞切'한 감정을 묘사하여 '情文相生'하는 뛰어난 경지에 이르렀다고 보았다. 곧 그는 여기에서 〈琵琶記〉와 〈荊釵記〉의 文詞의 성공이 작가의 진실한 감정과 文詞의 결합인 '色色逼眞'·'眞切'함에서 비롯된 것임을 정확히 인식하였다.

또한 그는 위의 인용문에서 湯顯祖가 〈還魂記〉에서 이성을 그리워하는 감정을 정성스럽게 묘사하여 독자와 관중의 심금을 울리게 만들었다고 칭송하였으며, 명대 前期 風情劇의 대표작가인 陸采가 서양의 〈로미오와 줄리엣〉과 비슷한 고사인 〈明珠記〉에서 意境과 情感을 지닌 文詞로써 묘사했음을 칭송하였다. 곧 그의 文詞論은 戱曲 언어가 단순히 質朴이나 文彩의 단계에 머무르지 않고 感情色彩와 밀접하게 유기적으로 결합되는 단계에 까지 이르렀으니, 그는 戱曲 언어가 인물 감정과 내심세계 및 성격을 묘사하는 점을 중요시하였던 것이다. 이러한 점에서 본다면 《曲品》 중 呂天成의 本色論은 자신이 속한 吳江派의 鼻祖인 沈璟의 本色論과는 확연히 다른 것으로 일정하게 진일보한 것이라고 볼 수 있으며, 넓은 의미에서 본다면 湯顯祖의 작품을 최고의 本色派라고 여긴 王驥德의 本色論과 맥을 같이하고 있다고 볼 수 있다.

한편 위의 〈香囊記〉와 〈玉玦記〉에 대한 呂天成의 品評은 戱曲 文詞에 대한 또다른 그의 견해를 보여준다. 〈香囊記〉는 곡사에 《詩經》과 杜甫의 詩句를 많이 사용하고 賓白에도 典雅한 文言文을 많이 사용하여 소위 '文詞派'의 시조라고 말해지며, 戲曲史에서 일반적으로 낮게 평가되는데, 呂天成은 위에서 〈香囊記〉를 높이 평가하였다. 그는 〈香囊記〉의 곡사와 賓白이 모두 훌륭하고 '學問'으로 채워져 있으니, 〈琵琶記〉의 유파를 계승하고 있는 것이며, 선배 중의 작품에서는 매우 뛰어난 것이라고 극구 칭송하여 '妙品'에 넣었다. 그런데 이러한 呂天成의 주장은 명백히 잘못된 것으로 그의 곡론의 큰 결점이다. 〈香囊記〉에는 駢麗한 기풍만 있지 文詞派 작가의 才情과 意趣가 거의 없기 때문이다. 또한 그는 〈香囊記〉가 〈琵琶記〉의 유파를 계승하고 있다고 주장했는데, 이 또한 사실과 부합하지 못하다. 〈香囊記〉에는 〈琵琶記〉에 대한 品評에서 呂天成이 지적한 '色色逼眞'의 면모가 없기 때문이다. 〈香囊記〉를 계승하여 駢麗派를 정식으로 형성시킨 鄭若庸의 〈玉玦記〉에 대한 品評도 呂天成의 文詞觀을 보여준다. 그는 〈玉玦記〉의 '典雅工麗'함을 긍정하면서 駢麗派의 시조가 되었음을 지적하였다. 곧 그는 여기에서 자신이 本色 當行을 매우 중시하지만, 本色을 중시했던 당시 많은 곡론가들의 비판을 받았던[96] 〈玉玦記〉의 '典雅工麗'함까지 함께 아우르겠다는 견해를 명백히 보인 것이다. 이러한 점에서 볼 때 우리는 戲曲의 文詞에 대한 呂天成의 태도가 지나치게 관대하여 그의 곡론상의 결점이 되고 있음을 알 수 있다.

曲調論에 있어서 呂天成은 沈璟을 推仰한 吳江派의 일원으로서 일반적으로 音韻과 宮調 및 陰陽 등의 格律을 매우 중시한 사람으로 말해진다. 그러나 《曲品》 중의 구체적인 작품 品評에 있어서 曲調에 대한 呂天成의 논의는 적게 보여진다. 이것은 그가 비록 雙美論者로서 文詞와 曲律을 함께 중시했지만, 曲調에 대한 논의는 文詞에 대한 논의보다 자체적인 성격상 탄력성이 적기 때문이라고 여겨진다. 왜냐 하면 曲調는 단지 일정한 틀인 格律에 부합하는지의 여부만을 판단할 수 있을 뿐 文詞처럼

96) 郭英德, 《明淸傳奇史》, 106-107쪽, 江蘇古籍出版社, 1999

폭넓은 스펙트럼을 지닐 수 없기 때문이다. 여기서는 구체적인 작품 品評 중, 曲調에 대한 그의 견해를 대표적으로 보여주는 것을 중심으로 그의 曲調論을 살펴보자.

〈雙卿記〉: 정경묘사의 情趣가 새롭고 빼어나며, 또한 音韻을 지킴이 매우 엄격하여 마땅히 沈璟선생의 훌륭한 제자이다.[97]

〈雙雄記〉: 고사가 비록 비루하고 자질구레하나, 작자는 沈璟선생의 법령을 정성스럽게 지킬 수 있는 사람이니 또한 가르침을 견지하는 人傑이다.[98]

〈琵琶記〉: 沈璟선생이 일찍이 나에게 말씀하시길, "高明의 뛰어난 점은 전적으로 平聲 · 上聲 · 去聲字를 변화있게 사용하면서도 노래하면 잘 어울리는데 있다. 다만 曲調가 비슷하지 않고 押韻이 너무 뒤섞인 점은 그가 이미 스스로 말했으니, 찾아서 세어볼 필요가 없다."[99]

〈明珠記〉: 작품 중 文詞로 묘사하는 곳에는 意境과 情感을 지니고 있으며, 다만 音律이 맞지 않은 곳이 많으니 혹시 이 노인이 제대로 알지 못한 점이 아닌가 한다.[100]

〈玉合記〉; 곡사의 어조는 詩句를 엮어서 만들었는데, 〈玉玦記〉의 流派에서 나온 것으로 매우 아름답다. 그리하여 梁辰漁가 좋아하였으나 음운을 지키지 않았음이 안타까울 뿐이다.[101]

〈雙卿記〉는 傳本이 전해지지 않지만 沈璟의 제자로서 吳江派의 일원인 葉憲祖의 작품이며, 〈雙雄記〉는 일찍이 沈璟을 師事하여 음률에 정통했던 馮夢龍이 吳江派의 일원으로서 초기에 썼던 작품이다. 呂天成은 여

97) 〈雙卿〉: 景趣新逸, 且守韻甚嚴, 當是詞隱高足. 注2冊, 250쪽.

98) 〈雙雄〉: 事雖卑瑣, 而能恪守詞隱先生功令, 亦持敎之杰也. 注2冊, 282쪽.

99) 〈琵琶〉: 詞隱先生嘗謂予曰, "東嘉妙處, 全在調中平 · 上 · 去聲字用得變化, 唱來和協. 至於調之不倫, 韻之太雜, 則彼已自言, 不必尋數矣." 注2冊, 163쪽.

100) 〈明珠〉: 抒寫處有境有情, 但音律多不叶, 或是此老未精解處. 注2冊, 224쪽.

101) 〈玉合〉: 詞調組詩而成, 從〈玉玦〉派來, 大有色澤. 伯龍賞之. 恨不守音韻耳. 注2冊, 239쪽.

기에서 이들 葉憲祖와 馮夢龍이 吳江派의 작가답게 음률을 엄격히 지키고 있음을 칭송하였다. 곧 그는 〈雙卿記〉의 정확한 음률에 주목하여 葉憲祖를 沈璟의 훌륭한 제자('詞隱高足')라고 추켜 세웠으며, 〈雙雄記〉에서 馮夢龍이 스승인 沈璟의 格律('詞隱先生功令')을 엄수했던 점을 주목하여, 스승의 가르침을 지킬줄 아는 뛰어난 인물('持教之杰')이라고 馮夢龍을 높이 평가하였던 것이다. 반면에 呂天成은 자신이 구전기의 최고작품이라고 여겼던 〈琵琶記〉의 曲調에 대한 평가에서는 자신의 스승인 沈璟의 말을 인용하면서 비교적 객관적인 태도를 견지하였다. 곧 그는 〈琵琶記〉가 平聲 · 上聲 · 去聲 字를 音律上에서 변화있게 사용하면서도 실제의 演唱에서는 매우 잘 조화로운 점을 매우 칭송하면서도, 아울러 第一齣인 '副末開場'에서 '不尋宮數調'(宮調와 曲調를 자세히 살피지 않는다)라고 작자인 高明이 스스로 밝히었듯이 曲調와 押韻上에 있어서는 잘못이 많음을 지적하였다.

이러한 점에서 본다면 우리는 曲調에 대한 呂天成의 요구는 매우 엄격하다고 말할 수 있다. 특히 그가 雙美論者로서 결국은 文詞와 格律을 통일시키고자 했던 점을 감안한다면, 呂天成은 文詞보다는 格律을 더욱 엄격히 하고 중시하였다고 말할 수 있겠다. 왜냐하면 文詞에 있어서 그는 매우 관용적인 태도를 지녀, 심지어는 明代 時文風을 조장한 〈香囊記〉의 文詞까지도 매우 칭송하고 있는 반면, 〈琵琶記〉의 曲調에 대해서는 위에서와 같이 매우 엄격한 태도를 보여주기 때문이다. 그리하여 그는 이러한 엄격한 기준을 바탕으로 위에서 명대의 대표적인 文詞派 작가인 陸采와 梅鼎祚의 〈明珠記〉와 〈玉合記〉의 曲調를 비판하고 있다. 그는 이들 두 작품이 文詞에 있어서는 매우 성공적이지만 다만 曲調에 있어서는 실패했음을 지적하고 있다. 곧 그는 〈明珠記〉가 文詞에 있어서는 빼어나지만 音律上에 맞지 않은 곳이 많음을 주목하여, 작가인 陸采를 음률에 정통하지 못한 노인이라고 깎아내렸으며, 鄭若庸의 〈玉玦記〉를 계승하여 화려한 문채를 풍부하게 지닌 〈玉合記〉가 音韻을 지키지 않았음을 비판하였다. 이러한 점에서 볼 때 우리는 呂天成이 曲調論에 있어서 스승인 沈璟의 주장을 거의 그대로 계승하고 있음을 알 수 있다. 그리고 이러한 점은 그가 文詞論에 있어서 스승인 沈璟의 本色론을 답습하지 않고 새로운 시야를 보여주는 점과는 명백히 대비를 이룬다.

이상에서 우리는《曲品》에 나타난 呂天成의 文詞論과 曲調論을 살펴보았다. 먼저 文詞論에 있어서 呂天成은 本色과 當行의 개념을 명확히 구별하여, 本色이 '塡詞' 곧 언어적인 관점에만 국한된 반면, 當行이 언어뿐만 아니라 '作法' 곧 結構 문제와도 밀접히 연관된 것이라고 보았다. 그리고 그는 本色을 단지 언어의 질박함으로 해석했던 沈璟과는 달리, 戲曲의 언어가 작가의 내재정신과 심미정취, 곧 '機神情趣'와 긴밀히 연관되어 있음을 밝히었고, 아울러 當行이 美辭麗句 만을 늘어놓는 學識을 엮어내는 것이 아니라, 작품 중의 중요 情節과 結構문제인 '關節局段'과 유기적으로 결합되어 있음을 지적하였다. 또한 그는 本色과 當行의 내재관계를 정확히 인식하여, 한 작품이 本色의 면모를 지니면 반드시 當行에 이르고, 반대로 當行의 면모를 지니면 本色이 반드시 많아지게 되는 점을 인식하였으며, 그리하여 本色과 當行은 文質이 통일되어 文質彬彬한 새로운 모습을 보여주듯, 서로 변증적으로 통일되어야 함을 밝히었다. 이러한 점에서 本色론과 當行론을 핵심으로 하는 그의 文詞論은 명확한 논리전개를 보여주고, 스승인 沈璟의 本色론을 뛰어넘는 새로운 모습을 보여주는 것으로, 전체적인 戲曲 평론사에서 큰 의미를 지니고 있으며, 전체적인 면에서 보면 王驥德의 本色 當行론과 맥을 같이 하고 있다. 다만 실제의 작품 品評에 있어서 呂天成은 〈琵琶記〉·〈拜月亭〉·〈還魂記〉의 文詞를 극도로 칭송했을 뿐만 아니라, 대표적인 文詞派인 鄭若庸의 〈玉玦記〉의 華麗한 文詞를 칭송했고, 심지어는 戲曲史에서 文詞의 병폐로 대표적으로 지적되고 있는 〈香囊記〉의 文詞까지도 매우 칭송하였는데, 이러한 점은 그가 文詞에 있어서 너무 관대한 태도를 보여주는 것으로, 그의 文詞論의 커다란 결점이었다. 한편 曲調論에 있어서 呂天成은 沈璟의 格律, 곧 '詞隱功令'을 매우 중시하고 구체적인 작품 品評에 있어서도 매우 엄격한 태도를 보여주었다. 그리하여 그는 吳江派의 작가로서 沈璟의 제자였던 葉憲祖와 馮夢龍의 엄격한 格律을 매우 칭송하였고, 반면에 자신이 최고의 작품으로 여겼던 〈琵琶記〉에 대해서는 엄격히 객관적인 태도를 견지하여 찬성과 비판을 함께 가하였다. 이런 점에서 그는 曲調上에서 沈璟의 格律을 그대로 계승하고 있었고, 文詞論에서 沈璟의 주장을 넘어서는 것과는 명백한 대조를 보여주고 있으니, 전체적으로 보아 그는 曲調를 文詞보다 더욱 중시하였고, 文詞보다 曲調의 格律에 있어서 훨씬 엄격한 태도를 취하였다.

그러면 文詞와 曲調를 함께 중시하는 견해를 견지하면서도 文詞보다 曲調를 더욱 중시하는 呂天成의 雙美論을 우리는 어떻게 평가해야 하는가? 먼저 우리는 呂天成의 雙美論이 湯沈論爭 후 湯顯祖의 文詞와 沈璟의 格律을 함께 결합하려는 것임을 상기한다면, 그가 戲曲史에서 처음으로 제기한 雙美論의 의미를 크게 평가하지 않을 수 없다. 이는 그가 戲曲예술의 본원적 특성이 文學性과 舞臺性의 결합이라는 점을 분명히 인식하여, 文詞와 曲調를 변증적으로 통일시키고자 하는 입장을 비교적 단순하게나마 여러 곳에서 분명히 보여주고 있으며, 아울러 명말 이후의 戲曲평론사에서 雙美論적 견해가 대세를 이루게 하는게 일정한 기여를 하고 있기 때문이다.

그러나 그의 이러한 雙美論은 커다란 한계를 보여준 것 또한 사실이다. 정확한 대응관계는 아니지만 범박하게 보자면 戲曲의 文詞와 曲調는 내용과 형식의 관계라고 볼 수 있고, 둘 사이에는 일정한 변증적 관계로서 내용을 표현하게 되는 文詞가 주도적인 역할을 해야 한다. 그런데 呂天成은 일종의 형식적 규범인 曲調를 우선시하고 있으니, 이것은 그의 雙美論

의 근본적 한계라고 볼 수 있다. 그리하여 그의 雙美論은 똑같이 雙美論적 견해를 견지했던 자신의 친우인 王驥德이 《曲律》에서 曲調보다 文詞를 중시한 점과는 명백한 대비를 이루며, 文詞에 대한 태도에서도 지나치게 관대한 모습을 보여주었다. 이런 점에서 呂天成의 雙美論은 戲曲사적 의미와 한계를 분명히 보여주고 있다.

8. 意境論

意境論은 일반적으로 戲曲 평론사에서 王國維에 이르러 본격적으로 다루어졌다. 그러나 呂天成은 《曲品》 중 구체적인 작품의 品評에서 '境'·'境界'·'情境'·' 局境' 등의 말로써 작품의 品評 기준으로 삼았는데, 이것들은 모두 기실 意境을 뜻하는 개념들로서, 그는 戲曲 비평 중 처음으로 意境에 관해 본격적으로 비교적 자주 논의한 사람으로 평가된다.[102] 그는 戲曲을 品評할 때 주로 情節·文詞·結構·曲調 등 외조부인 孫鑛이 제기한 소위 '南戲十要'의 열 가지 기준을 표준으로 하였지만, 이들 열 가지 기준들은 결국 작품의 한 부분만을 다룬 것이어서 戲曲을 총체적인 관점에서 파악하기는 힘들었기 때문에, 그는 역대로 詩 批評에서 종합적인 비평기준으로 자주 사용된 意境을 빌어서 戲曲의 또다른 品評 기준으로 삼았던 것이다. 그러면 여기서는 《曲品》 중의 구체적 品評을 중심으로 그 실질과 의미를 살펴보자.

> 〈靑瑣記〉: 賈午의 고사는 卓文君이 司馬相如를 따라 私奔하는 고사에 뒤지지 않은데, 이 작품은 그것을 묘사함에 있어서 심히 婉曲한 意境을 지닌다.[103]

102) 趙山林著, 《中國戲劇學通論》, 736쪽, 安徽教育出版社, 1993.

103) 〈靑瑣〉: 賈午事不減文君, 此記狀之, 甚婉曲有境. 注2冊, 298쪽.

〈完福記〉: 意境이 俗된 것으로, 黃香의 고사가 확인되지 않는다.[104]

〈紅拂記〉: 이 작품은 意境에 대한 묘사가 매우 충분하며, ……, 湯顯祖가 그 중의 '梁州序' 투수를 극도로 좋아했다고 한다. 湯顯祖는 서문에서 말하길, "〈紅拂記〉는 이미 세 번 공연되었는데, 近齋外翰의 〈紅拂記〉는 비속하여 典雅하지 못하고, 張鳳翼의 〈紅拂記〉는 간결하여 작자의 뜻을 다 펴지 못하였다. 지금 張太和의 〈紅拂記〉는 두 사람의 風格을 답습하지 않으면서 雜劇의 장점을 겸할 수 있도다."[105]

〈還魂記〉: 杜麗娘의 고사로 과연 기이하다. 이성을 그리워하는 감정을 온 정성을 다하여 발휘하여 심금을 울리게 만든다. 또 교묘하게 겹쳐지며 끊임없이 이어지면서도 새롭지 않은 意境이 없으니 진실로 千古에 전해질 만하다.[106]

〈琵琶記〉에서 작가인 高明의 뜻이 붓보다 먼저하니 한 마디 말이 宛然히 혀를 대신해주고, 인물의 감정이 처한 환경에 따라 바뀌니 한 단락의 문장이 진실로 애를 끊을 수 있다.

〈琵琶記〉: 그 文詞의 빼어난 점은 정경의 안배와 감정의 묘사에 있어서 하나하나 逼眞하여 神技에 가까운 교묘함을 지니는데 있다.[107]

〈教子記〉: 진실된 감정과 고통스런 意境은 또한 모두 可觀이다.[108]

〈祝髮記〉: 張鳳翼이 이 작품으로써 어머니의 八旬을 祝壽하였는데, 意境과 情趣가 서글프고 逼眞하다.[109]

《曲品》 중 意境을 品評기 준으로 사용한 예는 文詞나 情節 및 結構를

---

104) 〈完福〉; 俗境, 王生事不核. 注2冊, 363쪽.

105) 〈紅拂〉; 此記境界描寫甚透, ……, 湯海若極賞其'梁州序'中句. 記序云: "〈紅拂〉已經三演, 在近齋外翰者, 鄙俚而不典, 在冷然居士者, 短簡而不舒, 今屛山不襲二家之格, 能兼雜劇之長.", 注2冊, 307쪽.

106) 〈還魂〉; 杜麗娘事, 果奇. 而著意發揮懷春慕色之情, 警心動魄. 且巧妙疊出, 無境不新, 眞勘千古矣. 注2冊, 221쪽.

107) 意在筆先, 片語宛然代舌, 情同境轉, 一段眞堪斷腸. 注2冊, 5쪽.
〈琵琶〉: 其詞之高絶處, 在布景寫情, 色色逼眞, 有運斤成風之妙. 注2冊, 163쪽.

108) 〈教子〉: 眞情苦境, 亦儘可觀. 注2冊, 196쪽.

109) 〈祝髮〉: 伯起以之壽母, 境趣悽楚逼眞. 注2冊, 229쪽.

品評기준으로 삼은 것보다는 적지만 의외로 많이 보인다. 呂天成은 위의 인용문에서 먼저 意境의 성공 여부를 가지고 작품의 수준을 판단하기도 하였으니, 〈青瑣記〉와 〈完福記〉에 대한 品評은 대표적인 것이다. 〈青瑣記〉는 여주인공인 賈午가 남주인공인 韓壽에 빠져, 司馬相如에 반한 卓文君처럼 私奔하다가 결국은 결혼하게 되는 고사이고, 〈完福記〉는《後漢書·文苑傳》에 나오는 黃香의 博學能文한 고사를 그린 것이다. 그는《曲品》의 上卷에서 〈青瑣記〉의 작가인 沈鯨이 意境을 精鍊시키는데 뛰어나('長於鍊境'),[110] '婉曲'한 意境을 성공적으로 창조해 냈다고 칭찬하여 〈青瑣記〉를 中中品에 넣은 반면, 〈完福記〉에 대해서는 低俗한 意境('俗境')을 지닌다고 貶下하여 제일 나쁜 下下品에 넣었다. 그런데 종합적인 品評기준인 이러한 意境은 또한 자체적인 기준으로만 존재하는 것이 아니라, 부분적인 品評 기준들과 유기적인 관련을 맺고 있는데, 특히 情節·文詞 및 結構와 밀접한 관련을 지니며, 위의 〈紅拂記〉·〈還魂記〉·〈琵琶記〉에 대한 品評은 意境의 이러한 모습을 잘 보여준다. 〈紅拂記〉의 고사는 너무나 유명하여 당시 여러 작가들이 똑같은 작품명으로 작품을 썼다. 그리하여 湯顯祖의 서문을 인용한 呂天成의 지적처럼, 당시에는 張太和와 近齋外翰 및 張鳳翼의 〈紅拂記〉가 각각 공연되었다고 한다. 그런데 呂天成은 위에서 張太和 〈紅拂記〉의 意境이 가장 빼어나다고 하였는데, 그는 그 근거로 張太和의 〈紅拂記〉가 중요情節의 묘사를 매우 충분하게('甚透') 한 점을 들었다. 곧 그는 작품의 성공적인 意境 창조가 情節 문제와 밀접히 연관되어 있음을 지적하였다. 그리하여 呂天成은 자신의 주장을 뒷받침하기 위해, 湯顯祖가 張太和 〈紅拂記〉의 序文에서 近齋外翰의 〈紅拂記〉는 卑俗하여 典雅하지 못하고, 張鳳翼의 〈紅拂記〉는 간결하여 작자의 뜻을 다 펴지 못한 반면, 張太和의 〈紅拂記〉는 이러한 풍격

110) 注2冊, 99쪽.

을 뛰어넘어 雜劇의 장점을 계승하고 있다는 찬사를 인용하였던 것이다.

성공적인 意境 창조는 情節과 연관될 뿐만 아니라 情節의 뛰어난 按配인 結構 문제와도 일정한 연관을 맺고 있으니, 인용문 중의 〈還魂記〉에 대한 品評은 이러한 점을 보여준다. 곧 呂天成은 여기에서 〈還魂記〉의 성공적인 意境인 '新意境'이 情節 뿐만 아니라 '巧妙疊出'한 빼어난 結構를 통해서 이루어짐을 지적하였다. 이에 비한다면 〈琵琶記〉의 성공적인 意境 창조는 빼어난 文詞에 의해서 이루어진다고 呂天成은 보았다. 곧 그는 〈琵琶記〉의 文詞가 '布景寫情'에 있어서 '色色逼眞'하여 최고의 단계인 '運斤成風'의 미묘함을 지녀, 결국에는 '意在筆先' '情同境轉'하는 意境을 창조하였음을 밝히었는데, 그의 이러한 논의는 意境이 예술형상의 창조 중에 '布景寫情' '情景交融'의 逼眞性과 寫意性을 審美 特徵으로 하고 있음을 개괄적으로 보여준 것이다.

한편 呂天成은 意境 중에서도 비극적 색채를 지닌 '苦境'에 대해 특별한 관심을 보였는데, 〈教子記〉와 〈祝髮記〉에서의 品評은 대표적인 것이다. 〈教子記〉는 周羽가 모함을 당해 유배당하자 그의 妻가 아들을 가르켜 과거에 급제토록 하였으나, 아들이 관직을 버리고 아버지를 찾아 나서서 결국에는 온 가족이 합쳐지게 되는 고사이며, 〈祝髮記〉는 張鳳翼이 老母의 八旬을 祝壽하기 위하여 쓴 작품으로, 《南史·徐擒傳》의 徐孝克의 孝行과 그 妻의 守節을 내용으로 한다. 그런데 呂天成은 여기에서 이들 작품에 보인 '苦境'을 높이 평가하였다. 곧 그는 〈教子記〉의 '苦境'이 '可觀'이며, 〈祝髮記〉의 '悽楚'한 意境, 곧 苦境이 情趣와 결합하여 '逼眞'함을 지닌다고 칭찬하였다. 그러면 '苦境'에 대한 呂天成의 이러한 관심은 무엇을 의미한다고 볼 수 있을까? 이것은 희극성을 근본으로 하는 중국의 고전 戲曲 예술에서 비극성이 그 심미 효과라는 관점에서 주목받기 시작했음을 의미하며, 전체적인 戲曲 비평사에서 呂天成이 비극성을 본격적으로 중시한 비평가 중의 앞자리에 있음을 보여주는 증거가 될 수 있으리라 생각된다. 그리하여 이러한 呂天成의 意境論은 이후 祁彪佳와 王國維의 意境論에 큰 공헌을 한 것이라고 여겨진다.

9.《曲品》의 의의: 결구론과 문사론 및 의경론을 중심으로

呂天成의《曲品》은 王驥德의《曲律》과 함께 명대 전문 戲曲 비평의 쌍벽으로, 湯顯祖와 沈璟의 소위 湯沈論爭의 결과물이며, 文詞와 曲調를 함께 아우르고 통일시키고자 하는 雙美論을 그 핵심적 내용으로 한다. 위에서는 이러한 雙美論의 실상을 천착하는데 중점을 두었으며, 아울러 그의 結構論과 意境論도 함께 살피었다.

먼저 結構論에 있어서 呂天成은 舞臺 공연의 실제적인 관점에서 戲曲의 結構 문제를 品評하였는데, 당시 文學性만을 중시하는 戲曲의 창작풍조를 상기하면, 文學性과 舞臺性을 통일시키려는 그의 雙美論的 견해를 보여주는 것이었다. 그리고 그는 戲曲 結構의 구체적 기준으로서 主腦·曲折 및 繁簡·喧寂·苦樂 등의 節奏를 들었는데, 이는 그의 結構觀이 일정한 보편성을 지니는 동시에, 아울러 변증적인 사유를 통한 논리성을 지니고 있음을 보여주는 것이다.

文詞論에 있어서 呂天成은 本色과 當行의 개념을 분명히 구별하여, 本色을 단지 언어적인 관점에 국한시킨 반면, 當行을 언어와 結構가 결합된 개념으로 파악하였다. 그리하여 그는 本色을 단지 언어의 질박으로 간주했던 沈璟과는 달리, 本色이 작가의 내재정신·및 심미정취와 긴밀히 연관되어 있고, 아울러 當行이 작품의 結構와 유기적으로 결합된 것이라고 보았다. 또 그는 本色과 當行의 내재관계를 지적하여 둘 사이는 결국 변증적으로 통일되어야 함을 밝히었는데, 이러한 그의 주장은 상당한 논리성을 보여주는 것으로, 沈璟의 文詞論을 뛰어넘는 진일보한 것이다. 다만 그는 실제의 작품 品評에서는 文詞派의 작품도 대부분 칭송하는 지나치게 관대한 태도를 보여주었다. 반면에 曲調論에서 그는 沈璟의 格律을 그대로 계승하여 吳江派의 엄격한 모습을 보여 주었는데, 雙美論의 관점에서 보면 그의 이러한 입장은 의미와 한계를 분명히 보여주었다. 그는 변증적인 방식으로 文詞와 曲調를 통일시키고자 하는 모습을 여러 곳에서 분명히 보여줄 뿐만 아니라, 명말 이후 전체적인 戲曲 평론사에서도 雙美論이 대세가 되도록 하는데 일정한 공헌을 하였다. 반면 그의 雙美論은 대부분 내용을 좌우하게 되는 文詞보다 형식적 틀인 曲調를 우선시하는 잘못된 견해를 보여주었으며, 〈香囊記〉와 같이 文詞에 있어 폐단을 지닌 文詞파의 작품에 대해서도 지나치게 관대한 결함을 지녔다.

意境論은 呂天成《曲品》의 또다른 가능성을 보여주는 것이다. 그는 情節·文詞·結構 등의 부분적인 관점에서 戲曲을 品評했을 뿐만 아니라, 전체적인 관점인 意境을 사용하여 品評하였는데, 이러한 점은 戲曲 비평의 直觀性과 總體性 및 寫意性을 보여주는 것이다. 그리고 그는 意境이 情節·文詞·結構 등과 서로 유기적으로 결합하는 것임을 정확히 인식하였고, 아울러 일반적으로 희극성을 중시하는 중국의 戲曲 예술에서 비극성을 근본으로 하는 '苦境'을 본격적으로 중시하여, 이후 祁彪佳와 王國維의 意境論에 일정한 영향을 끼쳤다.

祁彪佳의《遠山堂二品》

1. 祁彪佳《遠山堂二品》의 의미

祁彪佳(1602-1645)는 명말 유명한 藏書家 집안에서 태어나 희곡 작가 겸 평론가로 활동하였으며, 중국 역사상의 우국지사로 유명한 인물이다. 그는 당시 희곡이 흥성했던 浙江省 山陽(지금의 紹興)출신으로 일찍이 21세 때 進士에 합격하여 벼슬길에 올랐으나 평탄하지 하지 않은 관리생활의 연속이었다. 당시 그는 민족적 위기 속에서도 극도로 부패한 조정과 사회를 바꾸고자 여러 차례 상소와 직언을 하였으나, 그때마다 權相인 周延儒 등에게 배척을 당하여 심한 좌절감을 느끼고 귀향하여 園林과 희곡을 애호하며 지냈다. 그러다 곧 淸에게 杭州까지 정복당하여 明이 망하는 대세가 되자 그는 며칠간 음식을 끊고 의관을 정제하여 絶命詩를 짓고는 寓山池에 투신하여 자결하였다. 祁彪佳의《二品》곧《遠山堂曲品》(이하 약칭으로《曲品》)과《遠山堂劇品》(이하 약칭으로《劇品》)은 바로 그가 비분강개한 마음을 지닌채 고향에 기거할 때 탄생하였다. 그는《二品》을 1640년에 완성하였으나 300여년 후인 1953년에야 발견되어 빛을 보게 되었으며, 이 중《曲品》의 467則과《劇品》의 242則에서 개별 희곡작품에 대한 品評을 전개하여 그의 희곡관을 보여주고 있다.

희곡의 작가와 작품을 品評하는 독특한 비평방식인《曲品》이란 체제는 사실 祁彪佳가 처음 시도한 것이 아니다. 이러한 희곡의 品評 방식은 朱權이《太和正音譜》중 '古今群英樂府格勢'에서 희곡의 언어 풍격을 品評하는 데서 처음으로 사용하였으나, 기실 진정으로 이러한 비평방식을 채용한 사람은 呂天成이다. 그는 자신의《曲品》의 서문에서 밝힌 것처럼[1] 南朝時代 鍾嶸의《詩品》과 庾肩吾의《書品》및 謝赫의《畵品》을 모방하여《曲品》을 완성하였다. 그리하여 그는《曲品》에서 대략 嘉靖 이전의 작품을 舊傳奇로 여기어 '神 · 妙 · 能 · 具'의 4品으로 작가와 작품을 品評하였고, 嘉靖에서부터 隆慶 · 萬歷 時期 까지의 작품을 新傳奇라고 여기어 '上上 · 上中 · 上下 · 中上 · 中中 · 中下 · 下上 · 下中 · 下下'의 9品으로 작가와 작품을 品評하였으니, 바로 이러한 배경 아래에서 呂天成의《曲品》을 근거로 하여 더욱 풍부하고 더욱 정확한 祁彪佳의《曲品》과《劇品》이 탄생하였던 것이다.

서술방식에 있어서 祁彪佳의《二品》은 단일하지 않다. 어떤 것은〈紫簫〉의 品評처럼 150字가 넘기도 하고, 어떤 것은〈魯男子〉의 品評처럼 9字에 불과하여 자세함과 간략함이 큰 차이를 보이며, 어떤 것은 역사적 연관을 찾아 縱的으로 비교하기도 하고, 어떤 것은 당시 극단의 풍조를 참작하여 橫的인 비교를 하였다. 또한 어떤 때는 거시적인 안목을 사용하여 전체로써 논의하였고, 어떤 때는 미시적인 관점에서 작은 것으로써 品評하였다. 이렇듯 그의 品評은 많은 변화 속에서 진행되었으며, 간결한 品評 방식이 많아 비록 상세한 논리와 논증이 부족하다는 느낌을 받기 쉬우나 전체적으로 볼 때《二品》의 서술내용은 전면적이고 비교적 엄정하다고 볼 수 있다.

한편 祁彪佳 살았던 명말은 진일보한 희곡 예술의 발전을 위한 탐색과 해결의 시기라고 말할 수 있다. 명대 중엽 이후부터 흥성한 傳奇는 元

1) "倣鍾嶸詩品, 庾肩吾書品, 謝赫畵品例, 各著論評."《中國古典戲曲論著集成》, (이하《論著集成》으로 약칭)卷六, 207쪽, 中國戲劇出版社, 1982

雜劇에 이어 두 번째의 황금시기를 이루었다. 그런데 희곡 예술의 흥성 이면에는 총체적 의미에서 희곡 예술의 발전을 위한 대논쟁이 있었으니, 湯·沈論爭이 바로 그것이며, 당시 대부분의 극작가와 평론가들이 이 논쟁에 참여하였다. 이때 湯顯祖와 沈璟은 파벌의 영수로서 각기 자신의 주장을 굽히지 않고 상대방을 부정하면서 논쟁을 전개하였는데, 이들의 첨예한 논쟁은 도리어 이후 희곡 예술이 성숙하도록 하는데 큰 기여를 하였던 것이다. 곧 湯顯祖와 沈璟은 당시 곡단의 대표 인물로서 각기 희곡 예술의 발전에 큰 공헌을 한 동시에 일정한 결점을 지녔었다. 湯顯祖는 희곡 작품의 내용을 중시하여 희곡의 문학성을 제고시키는 점에서 큰 공헌을 하였으나 한편으로는 희곡 예술의 일정한 격식을 소홀히 하여 음률 방면 등의 무대성에서 결점을 보였으며, 반면 沈璟은 희곡 예술의 원천적 특성인 성률을 중시하여 무대성을 확실히 갖추었으나 지나친 형식주의적 경향을 면하기 힘들었다. 이러한 상황 아래에서 문학·음악·미술·무용 등의 요소를 총체적으로 지니고 있는 희곡 예술의 내용과 형식·문학성과 무대성을 한층 더 높은 차원에서 동시에 만족시킬 수 있는 방법을 탐색하였던 곡학가들이 있었으니, 바로 王驥德·呂天成·孟稱舜·祁彪佳 등이 대표적인 사람이다. 일례로 王驥德은《곡률》에서 변증·통일적 방법을 사용하여 沈璟의 格律을 준수하면서도 湯顯祖의 本色을 최고로 여기는 등 모순·대립적 요소를 한 차원 높게 통일시켜 명대 최고의 곡론서를 완성시켰으며, 呂天成은《曲品》중 湯顯祖와 沈璟의 풍격을 논할 때 湯顯祖와 沈璟을 각기 '狂人' '狷人'에 비유하며 이들의 장점을 모두 취하고자 하는 雙美說을 제기하였다.[2] 祁彪佳의 곡론은 바로 王驥德과 呂天成 등의 이

2) "湯顯祖와 沈璟은 비유하자면 狂人과 狷人 같아서 천지간에는 응당 이 두 인물이 있어야 한다. 沈璟이 없으면 (날카로운 칼과 같은) 곡사를 갈아내는 틀인 숫돌이 새롭지 못하고, 湯顯祖가 없으면 곡사의 정수를 누가 뽑아내겠는가? 만일 沈璟선생의 법도를 지키면서 湯顯祖의 才情으로써 운용할 수 있다면 어찌 둘을 합하여 雙美한 것이 아니겠는가? "二公譬如狂·狷, 天地間應有此兩項人物. 不有光祿, 詞硎不新, 不有奉常, 詞髓孰抉? 倘

러한 탐색과 성과를 기반으로 하여 이루어졌다. 그는 音律을 중시하고 本色을 좋아하는 沈璟의 이론을 좋아하여 비록 吳江派로 분류되기도 하지만,[3] 이것은 어디까지나 구호적이고 형식적인 면일 뿐이며, 실제로는 湯顯祖가 추구했던 희곡 창작의 원동력으로 自然스런 眞情과 至情을 추구하는 등 臨川派인 湯顯祖의 주장을 더욱 계승하고 있다. 이런 점에서 祁彪佳는 문학성과 무대성의 통일을 추구했던 王驥德·呂天成 등과 함께 희곡 예술의 발전을 위해 당시 곡단의 문제점을 해결하고자 끊임없이 고뇌하고 탐색한 곡학가로 여겨진다. 이에 여기에서 필자는 이러한 祁彪佳의 탐색과 노력이 어떠하였는가를 구체적으로 살피어 전체적인 희곡발전사에서 어떠한 의미를 지니는지 살피고자 한다.

2. 體例와 品評 特徵

祁彪佳의《曲品》과《劇品》은 呂天成의《曲品》을 모델로 하여 이루어졌지만, 呂天成의《曲品》과 비교하면 체례상과 品評 방법에 있어서 뚜렷한 차이점을 보여주며, 이것은 祁彪佳의《二品》을 이해하는데 큰 도움을 준다. 여기서는 이러한 체례와 品評 방법에 있어서의 차이를 구체적으로 살펴보아 祁彪佳《二品》의 진정한 의미를 알아보자.

먼저 체례상에 있어서 呂天成이《曲品》의 上卷에서 작가를 品評하고 下卷에서 작품을 品評했던 것과는 달리, 祁彪佳는 단지 작품만을 品評하였고 작가에 대한 평론은 기본적으로 배제하고자 하였으며, 단지 작품

能守詞隱先生之矩矱, 而運以淸遠道人之才情, 豈非合之雙美者乎"《論著集成》, 六卷, 213쪽

3) 吳新雷,《中國戲曲史論》, 247쪽, 1996, 江蘇教育出版社.
郭英德,《明淸文人傳奇硏究》, 318쪽, 1992, 北京師範大學出版社.

을 品評할 때 경우에 따라 조금 언급하였다. 물론 이러한 점은 그가 개별 작품을 평가할 때 객관성을 유지하고자 하는 태도에서 기인한 것이다. 또한 品評의 등급에 있어서도 呂天成은 舊傳奇를 4품, 新傳奇를 9품으로 각기 다른 방식의 등급을 사용하였으나, 祁彪佳는《曲品》과《劇品》모두 6품으로 통일하여 구분하였을 뿐이며 단지《曲品》의 마지막에 '雜調'를 추가하였을 뿐이다. 다만 특이한 점으로《曲品》과《劇品》을 비교해 보면《曲品》의 체례가 근엄하고 수록한 내용이 정확한 반면《劇品》에는 잘못된 곳이 종종 있는 것을 발견할 수 있다. 일례로〈單刀會〉는 關漢卿의 작품인데《劇品》에서는 "此必是元人所作"[4]으로만 되어 있고, 李開先의〈園林午夢〉은 無名氏의 작품으로 잘못 기록되어 있는데,[5] 이러한 점은 祁彪佳가 전기를 매우 애호하여 잡극을 品評한《劇品》보다《曲品》이 정확해진 것으로 여겨진다.[6]

祁彪佳《二品》의 진정한 모습과 성격은 형식적인 체례상보다는 그의 品評 태도와 品評방법상에서 더욱 잘 드러난다. 먼저 祁彪佳는 가능한 많은 작가와 작품을 品評의 대상으로 삼고자 하였는데, 이러한 점을 그는《曲品》의 서문과 범례에서 다음과 같이 말하였다.

> 나는 작품을 品評함에 있어서 등급을 매기는 것을 신중히 했는지 모르겠지만, 인재들인 희곡 작가들을 일찍이 사랑하지 않음이 없었다. 그들의 작품 중에 압운이 어긋났으면 나아가 그 작품의 곡조의 아름다움을 찾았고, 곡조마저 잘못되었으면 작품의 문사의 아름다움을 찾았으며, 문사까지 누추하면 또 나아가 고사의 아름다움을 찾았다. 그리하여 혹 곡조가 운률에 합당하거나 혹은 文詞가 本色에 합치되거나 혹은 고사가 風教와 유관하여 만일 조그만 선행이라도 칭송할만 하면 작다고

4)《論著集成》6卷,《劇品》, 151쪽

5)《論著集成》, 6권,《劇品》, 193쪽

6)《戲曲研究》12輯, 何東惠,〈祁彪佳和遠山堂曲品劇品〉, 130쪽, 1984, 文化藝術出版社

> 수록하지 않음이 없다. 그러므로 呂天成은 品評대상을 수록함에 있어 엄격했으나 나는 관대하고, 呂天成은 수록함이 좁으나 나는 넓으며, 呂天成은 문사를 뒤로하고 음률을 더 중시하였으나, 나는 음률을 감상하면서도 아울러 문사 또한 중시하였다. 또한 희곡 곡단의 맹주들은 대대로 다른 파의 극작가들을 제대로 쳐주지 않으나 희곡문학의 기치가 모두 훌륭함을 감안하여 부득불 극작가들을 격려하고 칭찬하였다.[7]
>
> 呂天成은《曲品》에서 전기 중에 格에 들지 못하는 것들을 버리고 수록하지 않았으니 具品에 이르러 멈추었다. 나는 呂天成이 버린 것을 모두 수록하여 따로 雜調로 삼았다. 그 중 빼어난 것은 감상하도록 하였고, 쳐진 것은 또한 배를 움켜쥐고 웃도록 하기 위함이다.[8]

《二品》의 희곡사적 의미로서 가장 커다란 것은 品評 대상의 작가와 작품이 매우 방대하다는 점이다.《曲品》에는 雅品의 殘稿가 30種, 逸品 26種, 艶品 24種, 能品 217種, 具品 127種, 雜調 46種 등 모두 467種의 작품이 보이니 呂天成《曲品》에 실린 213種의 두 배가 넘으며,《劇品》에는 또한 총 242種의 곡목이 보인다. 그리고 이 중에는 다른 곳에서는 볼 수 없는 극목이 295종이나 포함되어 있으니 祁彪佳의《二品》은 이러한 방대한 곡목만으로도 희곡사에서 충분한 의미를 지닌다. 그러면 이렇게 많은 곡목은 어떠한 방식의 品評에서 탄생하였는가? 祁彪佳는 그 해답을 呂天成《曲品》과의 비교를 통하여 설명하고 있다. 그는 위에서 자신의 品評 기준과 극작가와 작품을 되도록 많이 다루고자 하는 이유와 品評 태도와 방법을 呂天成《曲品》과의 비교를 통하여 보여주고 있다. 먼저 그는 자신

7) 不知夫予之品也, 愼名器, 未嘗不愛人材. 韻失矣, 進而求其調, 調譌矣, 進而求其詞, 詞陋矣, 又進而求其事. 或調有合於韻律, 或詞有當於本色, 或事有關於風教, 苟片善之可稱, 亦無微而不錄. 故呂以嚴, 予以寬, 呂以隘, 予以廣, 呂後詞華而先音律, 予則賞音律而兼收詞華. 要亦以執牛耳者代不數人, 慮詞幟之孤標, 不得不獎詡同好耳.《論著集成》, 6卷, 5쪽

8) 呂品傳奇之不入格者, 擯不錄, 故至具品而止. 予則槩收之, 而別爲雜調. 工者以供鑑賞, 拙者亦以資捧腹也.《論著集成》6卷,《曲品》, 7쪽

이 희곡작가들을 모두 애호하여 신중히 品評한다고 말하고는 자신의 희곡 品評기준으로 '調'·'詞'·'事', 곧 曲調의 음악성과 文詞의 문학성 및 情節의 교화성 세 가지를 들었다. 그런데 祁彪佳가 기준으로 제시한 이 세 가지는 呂天成의 기준과 비교하면 비교적 관대하다. 왜냐하면 呂天成은 品評기준으로 자신의 외조부인 孫月峰의 말을 인용하며 열 가지나 되는 소위 '南戲十要', 곧 '事'·'關目'·'搬演'·'音律'·'易曉'·'詞采'·'敷衍'·'脚色'·'脫套'·'風化'를 적용하였기 때문이다. 이렇게 본다면 祁彪佳가《二品》에서 많은 곡목을 수록할 수 있었던 제일 근본적인 이유는 바로 品評기준에 대한 관대함이라고 볼 수 있다. 또한 品評 기준에 대한 관대함은 그가 자신이 요구한 세 가지 기준을 극작가들에게 모두 요구하지 않은 점에서 더욱 확연히 드러난다. 그는 吳江派의 계승자답게 희곡 예술의 음악성을 가장 앞에 제시하였다. 그러나 그는 자신이 비록 음률을 매우 중시하지만 일정한 음악적 격식인 운률에 완벽하게 맞는 희곡 작품을 요구하기는 가혹한 것이라고 여겼다. 그것은 그가 보기에 당시의 희곡 작품에서 완벽하게 운률에 맞은 작품은 100에 한 둘뿐이었기 때문이다.[9] 이러한 이유로 祁彪佳는 呂天成이 吳江派의 주장대로 문학성보다 음악성을 추구했던 것과는 달리, 똑같이 吳江派의 계승자이면서도 희곡의 음악성과 문학성을 겸하여 추구한다고 '呂後詞華而先音律, 予則賞音律而兼收詞華'

---

9) "音律의 도는 매우 정밀하여 이해하기가 쉽지 않다. 高明이《中州韻》의 울타리를 깨뜨린 후 雜韻이 나왔다. 사람들이 中州韻에서 入聲을 平聲·上聲·去聲의 세 가지로 나누는 것을 誤認한 후 남쪽의 곡조에서도 또한 入聲으로써 上聲과 去聲을 대신하였다. 그리하여 재주가 湯顯祖와 같은 사람도 오히려 목을 비틀어야 할 때가 있으니 하물며 기타 사람들은 어떻겠는가? 그러므로 아름다운 수사를 갖춘 곡사는 열에 한 둘 구할 수 있으나, 音律에 맞은 곡사를 구하기는 100에 한 둘뿐이다. 또 品評 중 비록 가끔 아름다운 文詞를 취하지만 韻律을 중시하는 생각은 일찍이 여러번 밝히었다."(音律之道甚精, 解者不易. 自東嘉決中州韻之藩, 而雜韻出矣. 自人誤認中州韻之分三聲, 而南調亦以入聲代上去矣. 才如玉茗, 尙有拗嗓, 況其他乎? 故求詞於詞章, 十得一二, 求詞於音律, 百得一二耳. 品中雖間取詞章, 而重律之思, 未嘗不三致意焉.)《論著集成》, 6卷,《曲品》, 8쪽.

라고 천명하였으며, 이러한 점은 呂天成《曲品》과 祁彪佳《二品》의 品評 기준상의 가장 본질적인 차이점 이다. 그리하여 그는 만일 운률상의 음악성에서 취할 것이 없으면 本色의 아름다움을 갖춘 문학성을 찾고자 하였으며, 나아가 이들 음악성과 문학성도 구비하지 못한 작품이라도 조그만 선행의 風敎性을 갖춘 작품은 모두 수록하였다. 이렇기 때문에 祁彪佳는 品評대상으로 수록하는 것에 대한 자신의 태도를 呂天成과 비교하여 '呂以嚴, 予以寬, 呂以隘, 予以廣'이라고 단정적으로 말할 수 있었다.

한편 위에서 祁彪佳는 品評 기준의 관대함으로 가능한 많은 작가들을 品評 대상으로 삼고자 하면서 당시 곡단의 심각한 파벌 싸움의 상황을 고려하여 자신이 吳江派의 계승자이면서도 되도록 중립적 태도를 견지하려고 노력함을 보여주고 있다. 그는 湯·沈論爭 후 당시 곡단 각 파벌의 영수들, 곧 '執牛耳者'들이 각기 상대방 파벌의 작가들을 무시하여 제대로 인정해주지 않는 풍조에 빠져있는 상황이지만, 각각의 파벌들이 희곡문학상 기치로 내걸고 주장하는 것들도 모두 훌륭한 것이라고 여겨 가능한 모든 파벌의 희곡을 品評 대상으로 삼고 있는 것을 밝히고 있다. 또한 祁彪佳는 위의《曲品》凡例에서 당시의 사대부들이 비속하다고 여겨 전혀 거들떠보지도 않은 작품들을 呂天成이《曲品》에서 수록하지 않은 것과는 달리 이것들을 모두 '雜調'로 수록하고 있는데, 이것은 祁彪佳《曲品》의 일정한 진보성을 보여주는 것이라고 생각된다. 물론 이들 '雜調' 중의 品評에는 민간 희곡을 멸시하는 부분도 없지 않아 祁彪佳가 심한 사대부 편견을 지닌 사람으로 폄하되기도 하지만,[10] 당시 민간 희곡의 존재를 근본적으로 무시한 呂天成의《曲品》과 비교하면 인식상의 큰 진전임이 분명하다. 특히 그는 '雜調'에서 弋陽腔 등 몇몇 민간 희곡이 당시 군중성과 무대성을 크게 지니고 있음을 기록하고 있는데[11] 이것은 당시 민간 희곡

10) 葉長海,《中國戲劇學史考》, 234쪽, 1986, 上海文藝出版社.

11) 일례로 〈木蓮戲〉의 공연상황을 묘사한 〈勸善記〉의 品評에는 "삼일 동안 밤낮으로 공연

활동의 객관적 상황을 반영한 것이며, 일례로 민간예인 顧覺于의〈織錦記〉는 명대 무대에서 끊임없이 공연된 것이다.[12]

品評 태도와 방법상에서 祁彪佳《二品》의 첫 번째 특징이 그가 서문에서 밝힌 것처럼 '予以寬, 予以廣'이었다면,《二品》의 또다른 특징은 바로 그가 '予則予, 奪則奪'이라고 천명했던 品評에서의 엄격함이다. 그는《曲品》敍와 凡例에서 자신이《曲品》을 짓게 된 동기를 언급하면서 자신의 品評 태도를 다음과 같이 명백히 표명하였다.

> 나는 본시 희곡을 매우 애호하여 呂天成의《曲品》을 보고서 마음에 들었다. 그러나 그의《曲品》에서 언급한 작품이 200種이 못되지만 내가 본 新舊 諸本은 대략 그것의 두 배가 넘는다. 그리하여 呂天成《曲品》의 끝에 品評을 덧붙이고 싶지만, 개꼬리를 담비꼬리에 잇듯이 그의 훌륭한 저작에 하찮은 나의 品評을 잇게 될까 두려워, 이에 다시 고쳐서 6品으로 구분하였으며, 品評의 수준에 미달한 것은 雜調로 밀어내 버렸다. 나는《曲品》을 지으면서 탄식하였다: 희곡이 오늘에 이르러 극도로 성행하였으나 오늘에 이르러 또한 극도로 쇠약하였구나. 세상 물정에 어두운 學究와 도살업자나 술장사꾼이 모두 文士들에게 희곡을 전하고 있고, 黃鐘과 같은 악기와 瓦缶와 같은 악기가 잡다하게 놓여있어도[13] 아무도 그 옳고 그름을 알지 못하는구나. 이에 나는 세 치의 붓을 들고 곡단의 董狐가 되어 칭찬할 것은 칭찬하고 폄하할 것은 폄하하며, 같은 작가라도 훌륭한 작품과 뒤떨어진 작품을 서로 가리지 않고 한 작품에서도 雅俗을 서로 빌리지 않을 것이니, 어느 누가 나를 黎丘의 귀신으로[14] 현혹시킬 수 있겠는가? 그러나 品評대상 중 훌륭한 작품은 적고 수준이 낮은 작품이 많아 반드시 내가 品評한 등급에 만족하지 않아 불평하는

하여 마을을 뒤흔들어놓았다(以三日夜演之, 哄動村社)라는 記述이 보인다.

12) 葉長海,《中國戲劇學史考》, 234쪽

13) 黃鐘은 樂器, 瓦缶는 입이 작고 배가 큰 瓦器. 이것들은 각기 뛰어나고 수준낮은 희곡을 비유함.

14)《呂氏春秋》에 나오는 寓言으로 黎丘라는 곳에 기이한 귀신이 있어서 사람을 현혹시키기를 좋아했다.

> 사람들이 무더기로 떠들어댈 것이나, 나의 말은 떳떳하고 나의 品評은 올바르니, 남산을 옮길 수 있어도 내가 品評한 등급은 옮기지 못할 것이다.[15]
>
> 문인들은 잘 변하여 하나의 風格으로써 대해서는 안된다. 많은 수식을 사용하는 濃艶의 풍격에서 淡白한 문체로 돌아가는 사람도 있고, 통속에서 우아함으로 나아가는 사람도 있으며, 奔逸함에서 법칙을 지키는 것으로 나아가는 사람도 있다. 예를들면 湯顯祖의 다른 작품은 모두 '妙品'에 속하지만 오직 〈紫釵記〉는 '艶品'에 속하며, 沈璟의 다른 작품은 '雅品'에 속하지만 오직 〈四異記〉는 '逸品'에 속한다. 그리하니 반드시 희곡작품의 작자가 品評을 한 사람과 서로 만나도 그 표정에서 피하지 않는 모습을 하도록 해야 한다.[16]

祁彪佳는 위에서 자신이《曲品》을 짓게 된 동기를 밝히고는, 이어서 자신의 엄격한 品評 태도를 春秋時代 是非가 분명하고 直筆로써 유명했던 董狐와 견주면서, 자신이 당시 곡단의 董狐가 되겠다고 천명하였다. 물론 그가《曲品》을 짓게 된 동기는 자신의 엄격한 品評태도와 연관된다. 여기에서 먼저 그는 자신이《曲品》을 짓게 된 動機를 두 가지 방면에서 언급하고 있다. 첫 번째 동기는 자신이 직접 관람한 '新舊諸本'의 數가 呂天成《曲品》보다 월등히 많아 두 배를 넘는다는 사실이다. 이러한 점은 祁彪佳의 일기인 〈祁忠敏公日記〉에 그의 觀劇 活動이 매우 왕성하여 1632년 10월 한달에 11회, 1633년 1월에 14회 등, 평균 이틀에 한 차례씩 희곡을 관

15) 予素有顧悞之僻, 見呂鬱藍曲品而會心焉. 其品所及者, 未滿二百種, 予所見新舊諸本, 蓋倍是易且過之. 欲贅評於其末, 懼續貂也, 乃更爲之, 分爲六品, 不及品者, 則以雜調黜焉. 品成作而嘆曰: 詞至今日而極盛, 至今日而亦極衰. 學究·屠沽, 盡傳子墨, 黃鍾·瓦缶雜陣, 而莫知其是非. 予操三寸不律, 爲詞場董狐, 予則予, 奪則奪, 一人而瑕瑜不相掩, 一帙而雅俗不相貸, 誰其能幻我以黎丘哉. 然陽春調寡, 巴人之和者衆, 必且不自安其位, 齊紀而爲楚咻, 予舌危, 予筆且爲南山之移矣.《論著集成》6卷, 5쪽

16) 文人善變,要不能設一格而待之. 有自濃而歸淡, 自俗而趨雅, 自奔逸而就規矩. 如湯淸遠他作入'妙', 紫釵獨以'艶'稱, 沈詞隱他作入'雅', 四異獨以逸稱. 必使作者之神情, 與評者之藻鑑, 相遇而成莫遁之面目耳.《論著集成》, 6卷, 7쪽

람하였다는 기록에 의하면 상당한 진실성을 가지는 것으로 여겨진 다.[17] 두 번째 동기로 그는 당시의 곡단 상황을 들고 있다. 그에 의하면 명말 당시의 곡단은 매우 흥성한 동시에 매우 쇠퇴하였다. 형식적으로 볼 때 당시에 희곡 활동은 매우 흥성했지만, 실제적으로 살피면 세상물정에 어두운 학자인 學究와 도살업자나 술장사들이 모두 희곡의 기본적 성률에 맞지 않아 무대에서 공연할 수도 없고 아울러 문학성도 없는 희곡을 문사들에게 전하고 있고, 또한 수준의 高低가 현저한 희곡이 잡다하게 섞여있어도 아무도 그것의 시비를 알지 못하였다. 그리고 이러한 곡단의 상황은 祁彪佳로 하여금 品評에 있어서 엄격하도록 만들었다. 그는 이러한 배경 아래에서 자신이 '詞場董狐'가 되어 稱頌과 貶下를 확실히 구분하는 '予則予, 奪則奪'이라는 자신의 엄격한 品評 원칙을 천명하였으며, 이러한 원칙을 《二品》 중의 실제 品評에서 견지하였다. 그는 작품을 品評할 때 작자의 지위와 명성 및 자신과의 親疎 程度에 따라 임의대로 평가하지 않았다. 일례로 희곡 작품들이 많은 그의 친척들에 대한 그의 品評은 대표적이라고 하겠다. 그는 자신의 친형인 祁麟佳와 祁駿佳 및 從兄인 祁豸佳의 희곡 작품들에 대한 品評에서 그들 작품의 구체적 실제 상황에 근거하여 品評을 진행하였다. 곧 祁麟佳의 〈太室山房四劇〉을 雅品에 넣고, 祁豸佳의 〈眉頭眼角〉을 逸品에 넣었으며, 祁駿佳의 〈鴛鴦錦〉을 艶品에 넣어 친척의 작품이라고 무턱대고 높이 평가하지 않았다. 이러한 실사구시적 品評에 근거하여 祁彪佳는 여기에서 나아가 동일한 작가와 한 작품 안에서도 品評을 객관적으로 진행하고자 노력하여 '一人而瑕瑜不相掩, 一帙而雅俗不相貸'라는 品評 원칙을 표명하였으며, 《呂氏春秋》에 실린 黎丘의 寓言을 이용하여 자신의 品評이 결코 남에 의해 현혹되지 않을 것임을 분명히 하였다. 그리고 이러한 점은 祁彪佳 《二品》의 본질적인 모습으로, 呂

17) 趙山林著, 《中國戲劇學通論》, 821쪽, 1995, 安徽教育出版社.

天成이 그의《曲品》에서 한 작가의 작품을 모두 똑같은 등급으로 品評했던 것과는 분명한 차이점을 보여주는 것이며, 祁彪佳《二品》의 정확성을 상당한 정도로 담보하는 것이다. 그러면 왜 동일한 작가의 작품이 品評 등급에 있어서 차이를 보이는가? 祁彪佳는 이것이 문인들의 잦은 풍격 변화의('文人善變') 결과라고 여겼다. 사실 당시의 희곡작가들 중에는 일생동안 풍격의 변화를 보여주는 사람이 적지 않았다. 일례로 沈璟은 대표적인 사람으로 초기에는 艶麗한 풍격을 보이다가 나중에 本色으로 돌아갔다. 그의 이러한 品評태도는 당시 곡단의 두 영수였던 湯顯祖와 沈璟에 대한 品評에서 명백히 견지되었다. 그는 湯顯祖를 극도로 추앙하여 〈玉茗堂四夢〉중 〈牧丹亭〉·〈邯鄲記〉·〈南柯記〉 세 편을 최고의 등급인 妙品에 편입시키면서도 〈紫釵記〉와 〈紫簫記〉를 艶品에 넣었으며, 자신이 속한 吳江派의 鼻祖인 沈璟의 17편의 작품 중 초기 작품인 〈紅蕖記〉를 艶品에 넣고 〈博笑記〉와 〈四異記〉를 逸品에 편입시켰으며 나머지 14편을 雅品으로 평하였다. 그리고 이러한 점은 呂天成이《曲品》에서 沈璟의 17편을 모두 최고의 등급인 上上品에 편입시킨 것과 비교하면 매우 현격한 차이를 보여주는 것으로, 祁彪佳《二品》이 呂天成의《曲品》보다 더욱 정확성을 구비하고 있음을 뜻하고 있다. 그러나 祁彪佳가 이렇게 엄격한 원칙으로 品評을 진행하자 당시의 희곡 중 대부분이 下品에 속하여 能品이 217종, 具品이 127종으로 판명되었다. 그리고 이들 下品으로 品評된 작가들이 모두 불만을 품고 떠들어댈 것이나 祁彪佳는 여기서《孟子》에서 楚人이 齊語를 배우는 고사와《唐書》李元紘傳에 나오는 고사를 인용하며 자신의 品評이 엄격하고 정확함을 강하게 표명하고 있다.

한편 祁彪佳는 수백 종의 品評 대상을 정확하게 品評하기 위하여 일정한 방법을 종종 사용하고 있는데, 작가와 작품들을 서로 비교하는 방식이 그것이다. 먼저 작가의 전체적 특성을 비교한 것이 있는데, 王元壽와 王元功 형제의 비교가 대표적인 경우이다. 祁彪佳는 이들이 똑같이 여성 형상을 묘사하는데 열중하였으나 각각의 장기가 다르기 때문에 풍격 또한 차이가 생기는 것을 다음과 같이 지적하였다.

> 〈石榴花〉: "王元壽는 兒女子들을 위하여 사랑의 감정을 전하는 것을 좋아하고, 반드시 극도로 정교하고 아름다워 감동을 주는 곳이 있어서 관객으로 하여금 슬픔이 기쁨으로 바뀌도록 한다."[18]
> 〈瑪瑙簪〉: "王元功은 女性俠客의 고사를 전하기를 좋아하고, 그리하여 명성이 있는 협객 중에는 매번 격투기를 하는 사람이 있다."[19]

祁彪佳에 의하면 王元壽와 王元功의 풍격은 대조적이다. 王元壽가 兒女子들의 섬세한 감정 묘사에 치우치는 풍격을 지니고 있는 반면, 王元功은 여성의 義俠性을 좋아하는 풍격을 지니고 있다. 이렇듯 祁彪佳는 이들 형제의 풍격을 비교하는 방법을 사용함으로써 이들 각자에 대한 品評을 진행하였다. 그런데《二品》에는 작가에 대한 비교보다 작품에 대한 비교의 방법이 훨씬 많이 보이며, 다음은 대표적인 예이다.

> 〈玉杵〉: "만약 呂天成의 〈藍橋記〉와 才情을 비교한다면 이 희곡은 마땅히 뒤진다. 그러나 무대 공연에 적합한 體裁로 틀을 만든 점에 있어서는 나는 감히 꼭 〈藍橋記〉가 낫다고 할 수는 없다."[20]
> 〈度柳翠〉: "이 작품은 아름답고 화려함에 있어서는 王實甫에 미치지 못하고, 빼어나고 호쾌함은 徐渭에 미치지 못하나, 그러나 王實甫의 작품과 비교하면 조금더 진실되고, 徐渭의 작품과 비교하면 조금더 완비되어 있으며, 字句 또한 彫琢의 아름다움을 다하고 있다."[21]

---

18) 伯彭喜爲兒女子傳情, 必有一段極精警處, 令觀場者破涕爲歡.《論著集成》, 6卷,《曲品》, 39쪽

19) 無功喜傳女俠, 故紅俠中有技擊者.《論著集成》, 6卷,《曲品》, 61쪽

20) 若與鬱藍之藍橋較才情, 此曲當退三舍, 然律以場上之體裁, 吾未敢盡爲藍橋許也.《論著集成》, 6卷,《曲品》, 56쪽

21) 此劇芳華不及王實甫, 俊爽不及徐文長, 然較王劇稍覈, 較徐劇稍備, 而字句亦極琢鍊

楊文炯의 〈玉杵記〉와 呂天成의 〈藍橋記〉는 모두 裴航이 云英을 만나는 고사를 제재로 하고 있다. 이러한 사실을 고려하여 祁彪佳는 여기에서 楊文炯의 〈玉杵記〉를 品評하면서 呂天成의 〈藍橋記〉와의 비교라는 방법을 사용하고 있다. 祁彪佳는 '才情'과 '場上之體裁' 라는 두 가지 방면에서 비교하였다. 그 결과 '才情'에 있어서 〈玉杵記〉는 확실히 〈藍橋記〉에 뒤떨어져, 〈藍橋記〉가 艶品에 속한 반면 〈玉杵記〉는 能品에 편입되었다. 그러나 희곡의 또다른 측면인 '場上之體裁' 곧 무대성에 있어서는 〈玉杵記〉가 오히려 〈藍橋記〉보다 뛰어나 각각의 작품이 장단점을 지니고 있음을 알 수 있다. 또한 위에서 祁彪佳는 元·明시대에 유행했던 민간전설을 근거로 지은 李磐隱의 〈度柳翠〉를 品評하면서 똑같은 고사를 제재로 한 度脫劇인 王實甫의 〈月明和尙度柳翠〉[22]와 徐渭의 〈玉禪師翠鄕一夢〉과의 비교를 통하여 각 작품의 특성을 명백히 보여주고 있다. 곧 그는 王實甫의 〈度柳翠〉가 '芳華'함에서 빼어나고, 徐渭의 〈玉禪師〉가 '俊爽'함에서 뛰어나지만, 李磐隱의 〈度柳翠〉는 이들의 작품보다 '覈' '備'의 장점을 더많이 지니고 있음을 지적하였다.

이상에서와 같이 祁彪佳의 《二品》에 나타난 品評의 형식적 특성으로 우리는 크게 세 가지를 살펴보았다. 곧 그는 가능한 많은 작가와 작품을 品評 대상으로 편입시켰고(呂以嚴, 予以寬, 呂以隘, 予以廣), 각 작품에 대한 실제의 品評에서는 엄숙하고 엄격한 원칙을 견지하였으며(予則予, 奪則奪), 아울러 비교의 방식을 사용하여 각 작품에 대한 品評을 더욱 정확히 하고자 하였다. 그렇다면 《二品》의 品評에 나타난 이상과 같은 형식적 특성이 아닌 실질적이고 내용적 특성은 무엇인가? 이것을 알기 위해서는 우선 그가 品評의 최상위 등급으로 설정한 妙品의 실질적 모습과 성격

之工. 《論著集成》, 6卷, 《劇品》, 177쪽

22) 이 작품은 祁彪佳의 주장처럼 王實甫의 작품이라는 一說도 있으나 일반적으로는 李壽卿의 작품으로 여겨진다. 《中國曲學大辭典》, 247쪽, 319쪽 참조, 1997, 浙江教育出版社.

에 대한 이해가 필요하다. 그러나《曲品》의 妙品 부분은 이미 산실되었고, 단지《曲品》凡例에 〈琵琶記〉와 湯顯祖의 〈牧丹亭〉·〈邯鄲記〉·〈南柯記〉가 妙品으로 品評된 것이 남아 있을뿐이니, 결국《劇品》중의 妙品을 분석하여 祁彪佳 妙品의 실질을 이해할 수 있다. 그런데 그가《劇品》중 妙品으로 品評한 24편의 작품을 살펴보면, 이중에서도 특히 徐渭의 〈四聲猿〉을 극도로 칭송했음을 쉽게 발견할 수 있다. 곧 그는 〈四聲猿〉에 대한 品評을 통하여 자신이 강한 창작개성과 창조정신을 추구하고 있음을 보여주는데, 우리는 이러한 창작개성과 창조정신이《二品》의 妙品이 요구하는 실질적 내용이라고 여길 수 있겠다.

또한 우리는 祁彪佳《二品》에 나타난 品評의 실질과 연관하여 그가 작품 수준의 고저를 인품과 연관시킨 점을 간과해서는 안될 것같다. 사실 예술 창작자의 인품과 예술작품의 수준을 연관시킨 것은 이전부터 있었던 것이다. 그런데 이러한 점을 祁彪佳는 그의 戱曲 品評에 적용하였으니, 높은 수준의 희곡이 탄생하기 위해서는 정신적 수양을 갖춘 높은 수준의 인품이 요구된다고 보았다. 일례로 다음의 짧은 品評은 그러한 그의 생각을 잘 보여주는 것이다.

> 〈劍俠完貞〉: "작자의 氣品과 格調가 낮으면 어떻게 훌륭한 희곡을 이룰 수 있겠는가?"[23]
>
> 〈金魚〉: "다만 그 氣品과 格調가 높지 않아 庸劣한 境地로 들어가버렸다."[24]

훌륭한 희곡의 선결조건으로 작자의 높은 '氣格'을 요구하여 '佳詞'를 '氣格'과 직접 연관시켰으며, '氣格'이 낮으면 작품 또한 庸劣하게 된다고

---

23) 作者氣格卑下, 焉得有佳詞乎?《論著集成》, 6卷,《劇品》, 193쪽

24) 但其氣格未高, 轉入庸境.《論著集成》, 6卷,《曲品》, 52쪽.

보았다. 그리하여 그는 〈金魚〉를 能品에, 그리고 〈劍俠完貞〉을 최하등급인 具品에 편입시켰다. 이런 점에서 볼 때 작자의 '氣格'은 작품의 品評시 중요한 실질적 내용의 하나라고 볼 수 있다. 그리고 祁彪佳가 '氣格'을 이와같이 강렬하게 요구한 것은 高尙함을 추구한 그 자신의 '氣格'이 보통과는 다른 점과 일치된다고 이해되기도 한다.[25]

마지막으로 祁彪佳가 작품을 品評하면서 처음부터 끝까지 일관되게 취한 태도로써 品評의 형식과 내용을 연결시켜 주고 있는 것은 비교적 변증적이라고 할 수 있는 그의 사고방식이다. 그는 앞에서 언급했듯이 당시 명말 곡단의 대립적 상황을 해결하기 위해 고뇌하였으며, 이러한 점은 品評의 형식 뿐만 아니라 내용에서도 끝없이 일관되게 추구한 것이었다. 그리하여 그는 예술 풍격과 예술 수법 등을 品評함에 있어 일정한 것을 절대화시키지 않았으며, 각각의 예술 풍격과 수법이 모두 일정한 특색을 지니며 각기 우수한 점을 지니고 있다고 여겼다. 이런 점에서 祁彪佳의 品評은 단조로움을 피하고 다양화를 이루려고 노력하여 한 가지의 풍격과 수법을 단편적으로 강조하지 않았으며, 이렇게 절대화하지 않은 비평 태도는 戲曲品評에서 귀한 것으로 평가되기도 한다.[26]

3. 情節論

희곡에 있어서의 정절이란 곧 작품의 내용 곧 고사를 지칭하는 것으로, 희곡의 형식적 요소인 성률이나 문사 및 결구와는 달리 작품의 사상 의의를 결정하는 핵심적인 요소이며, 역대로 많은 곡론가들이 중점적으로 논

---

25) 《戲曲硏究》, 42輯, 134쪽, 王長安, 〈追求高尙的戲劇品格〉-祁彪佳的戲劇觀, 1992, 文化藝術出版社.

26) 齊森華, 《曲論探勝》, 92쪽, 1985, 華東師範大學出版社.

의한 것 중의 하나이다. 祁彪佳 또한 앞의《曲品》敍에서 '事有關於風教' 라고 천명하여 자신이 희곡 작품의 고사 곧 정절에서 '風教'를 매우 중시하고 있는 것을 밝히었는데, 여기에서는 그의《二品》중 정절론과 연관된 그의 논의를 구체적으로 살펴보아 祁彪佳의 정절론이 어떠한 성격을 지니고 있고 어떠한 의미를 지니고 있는지 알아보고자 한다. 그러면 먼저 희곡의 내용에 관한 祁彪佳의 견해가 명백하게 드러난 것으로, 자신과 매우 친하였던 孟稱舜의 五種曲을 위한 序文인〈孟子塞五種曲序〉를 살펴보자.

> 공자가 말하길: "詩는 뜻을 일으킬 수 있고 풍속의 성쇠를 볼 수 있으며, 무리지을 수 있고 원망할 수 있다." 그렇다면 詩로서 일으키지 못하고 볼 수 없으며 무리짓지 못하고 원망할 수 없는 것은 천하의 진실한 詩가 아니다. 오호라! 지금 천하에서 興觀群怨할 수 있는 것으로 그 어느 것이 희곡보다 낫겠는가? 대개 詩는 性情을 말하는데, 性情을 말하는 것으로는 희곡보다 더한 것이 없다. 희곡 중에 무릇 忠孝節義를 말하여 기뻐할만하고 존경할 만한 이야기가 있게 되면, 비록 미련한 아이나 우둔한 부인이 그것을 보더라도 박자를 맞추고 기뻐하며 춤을 추지 않는 이가 없을 것이고, 만일 간사함과 음탕·사악함을 말하여 성낼만하고 죽일 만한 이야기가 있게 되면 비록 미련한 아이나 우둔한 부인이 보더라도 멸시와 조소를 하며 침뱉고 욕하지 않을 이가 없을 것이다. 자고로 사람을 깊고 절실하게 감동시키는 것으로는 희곡만한 것이 없다. 그러므로 남들은 詞를 詩의 나머지라고 여기고 曲을 詞의 나머지라고 여기나, 나는 지금의 희곡이 곧 옛날의 詩라고 생각하며, 아니 단지 옛날의 詩일뿐만 아니라 바로 옛날의 음악이라고 여긴다. 그리고 음악은 노래와 춤이 있어서 대저 그 性情을 도야시키고 맑게하며 그 혈기를 동요시킨다. 詩가 망하자 음악이 망했고, 음악이 망하자 가무또한 모두 망했다. 그러다 曲이 나온 뒤로 노래하는 이로 하여금 박자에 맞추어 춤을 추게 하고는 이것을 樂府라고 명명했다. 그러므로 지금의 희곡이 곧 옛날의 詩이고, 단지 詩일 뿐만 아니라 바로 옛날의 음악이다. 그런데 후세의 희곡을 짓는 사람들 중에 사악함을 선양하고 음탕함으로 인도하는 자들이 많고,

올바른 정치적 교화를 하는 자들은 적어 학자와 대부 중에 마침내 희곡을 기피하여 말하지 않는 사람이 있게 되었다. 또한 그들이 지은 문사는 무대 위에서는 공연할 수 있으나 책상 위에 놓을 수가 없으니, 그러므로 문학가들 중에 詞는 詩보다 못하고 曲은 詞보다 못하다고 말하는 사람이 있다. 이것들은 모두 희곡 짓는 것을 잘못한 죄과이지 희곡의 죄가 아니다. 지금 會稽의 孟稱舜선생이 지은 희곡은 진실로 옛날의 詩이며, 단지 옛날의 詩일뿐만 아니라 바로 옛날의 음악이다.……孟稱舜이 曲文을 지음에는 한 사람이 한 사람의 정황을 다하고, 한 가지 고사가 한 가지 고사의 모습을 다한다: 곧 웅장함이라면 굳센 장군이 鐵綽板[27]을 사용하며 蘇東坡의 웅장한 '大江東去'의 가사를 노래하는 것같고, 완약함이라면 십칠팔세의 소녀가 柳永의 애잔한 '曉風殘月'의 곡을 노래하는 것같다. 그리하여 그의 희곡은 박자에 맞추어 塡詞한데다 성률에 맞아 盡善盡美하여 의심을 허용치 않는다. 또 興觀群怨할 수 있음에 있어서는 시경 300편의 어느 것도 그것보다 나을 수 없으니, 孟稱舜의 희곡을 옛날의 詩와 音樂으로 여길 수 있고, 나아가 그의 다섯 희곡작품을 五經으로 여기고 읽어도 또한 가능하지 않음이 없다.[28]

---

27) 반원형의 두 개의 철판을 이어서 만든 악기로 연주 때 사용하며 豪邁한 기풍을 줌.

28) 子曰: "詩可以興, 可以觀, 可以群, 可以怨." 然則, 詩而不可興·可觀·可群·可怨者, 非天下之眞詩也. 嗚呼! 今天下之可興·可觀·可群·可怨者, 其孰過于曲者哉? 蓋詩以道性情, 而能道性情者, 莫如曲. 曲之中有言夫忠孝節義·可忻可敬之事者焉, 則雖呆童愚婦見之, 無不擊節而忭舞; 有言夫奸邪淫慝·可怒可殺之事者焉, 則雖呆童愚婦見之, 無不恥笑而唾詈. 自古感人之深而動人之切, 無過于曲者也. 故人以詞爲詩之餘, 曲爲詞之餘. 而余則以今之曲卽古之詩; 抑非特古之詩, 而卽古之樂也. 樂有歌有舞, 凡以陶淑其性情而動蕩其血氣. 詩亡而樂亡, 樂亡而歌舞俱亡. 自曲出而使歌者按節以舞, 命之曰樂府. 故今之曲卽古之詩; 抑非僅古之詩, 而卽古之樂也. 特後世爲曲者, 多出于宣邪導淫, 爲正敎者少, 故學士大夫遂有諱曲而不道者. 且其爲辭也, 可演之臺上, 不可置之案頭, 故譚文家言, 有謂詞不如詩而曲不如詞者. 此蓋不善爲曲之過, 而非曲之咎也. 會稽孟子塞先生之爲曲, 則眞古之詩也. 抑非僅古之詩, 而卽古之樂也.……至其爲文也, 一人盡一人之情狀, 一事具一事之形容; 雄壯則若銅將軍鐵綽板唱'大江東去'之辭, 嫵媚則如十七八小女娘唱'曉風殘月'之句. 按拍塡詞, 和聲協律, 盡善盡美, 無容或議. 可興·可觀·可群·可怨,《詩》三百篇, 莫能逾之. 則以先生之曲爲古之詩與樂可; 而且以先生之五種曲作《五經》讀, 亦無不可也. 陳多·葉長海 選注,《中國歷代劇論選注》, 240쪽, 재인용, 1987, 湖南文藝出版社.

孟稱舜은 명말 湯顯祖를 추앙했던 臨川派의 작가로서 인간의 '眞情'을 강조했던 主情論者이면서도 湯顯祖와는 달리 '情'과 '性'의 대립성을 명확하게 인식하지 않고 조화시키고 통일시키고자 노력했던 사람이다.[29] 그는 희곡작품 중에서 '眞情'을 희곡 창작의 출발점과 원동력으로 삼았으나 결국은 이러한 '眞情'도 유교적 '忠孝節義' 등의 '理'로 귀결되어야 한다고 여겼으며, 그의 五種曲도 이러한 그의 희곡관에 의하여 창작된 것이다. 그리하여 祁彪佳는 여기에서 자신의 희곡관과 부합한 이들 五種曲을 극도로 칭송하면서 자신의 공용주의적인 희곡관을 명백히 보여주고 있다.

먼저 그는 詩歌가 발휘할 수 있는 사회작용을 언급한 공자의 소위 興觀群怨說을 인용하여 자신의 희곡관을 전개하고 있다. 그리고 이러한 희곡의 興觀群怨說은 대표적인 主情論者인 李贄가 희곡의 사회작용, 그 중에서도 특히 '怨', 곧 사회현실에 대한 불만과 비판의 작용을 강조하기 위하여 희곡 비평사상 처음 제기한 것인데,[30] 祁彪佳는 위에서 主情論的이라기 보다는 이와는 반대인 전통적인 教化論的인 입장에서 군중을 감동시키는 희곡의 거대한 역량과 情을 움직여 理를 밝히는 작용을 지적하고 있으며, 아울러 희곡의 사회 의의와 지위를 높이 평가하고 있다.

그러면 왜 祁彪佳는 희곡의 작용과 지위를 높이 평가하였는가? 그것은 그에 의하면 희곡이 興觀群怨의 사회작용을 가장 잘 발휘할 수 있고 性情을 가장 표현해낼 수 있기 때문이다. 이리하여 일례로 희곡 중에 기뻐할 만한 '忠孝節義'를 말하면 비록 우매한 아이들과 부인네들도 모두 박자에 맞추어 기쁜 표정으로 춤출 것이고, 성내고 죽이고 싶은 '奸邪淫慝'을 보여주면 모두 비웃고 침뱉을 것이니, 희곡의 감동력은 그 어느 것보다 크다고 여겼다. 그는 이러한 점을 근거로 희곡이 '詞之餘'라는 당시 문인들의 일반적인 생각을 넘어서, 당시의 희곡이 곧 '古之詩'이며, 더 나아가 '古

29) 趙山林,《中國戲劇學通論》, 296쪽, 821쪽, 安徽教育出版社.

30) 趙山林,《中國戲劇學通論》, 668쪽, 1995, 安徽教育出版社.

之樂'이라고 여겼던 것이다. 물론 祁彪佳의 이러한 생각은 희곡을 교화적 가치로만 단편적으로 평가하여 희곡의 교화성을 공자의 '詩教'와 '樂教'의 수준으로 제고시키는 등 보수적인 관점을 보여주지만, 한편으로는 문학 장르 중 희곡의 감화력이 가장 크다는 현실성을 고려하면 희곡의 역량과 지위에 대한 그의 평가는 적당한 것으로 여겨지며, 아울러 당시의 많은 문인들이 희곡을 '小道'나 '末技'로만 여겨 높게 평가하지 않았던 현실을 고려하면, 희곡을 '古之詩'와 '古之樂'이라고 여겨 가장 정통적인 '詩樂'과 동일시하는 그의 견해는 일정한 진보성을 지니는 것이라고 볼 수 있다.

그러나 당시의 곡단에 대해 祁彪佳는 매우 불만족했다. 그것은 곧 당시의 극작가들이 주로 '宣邪導淫'하고 '正教', 곧 정치적 교화성을 지닌 작품을 짓지 않아 學士大夫들이 꺼려했으며, 작품의 문사 또한 무대성을 갖추었지만 문학성을 갖추지 못해 문학가들 중에 '曲不如詞'하다는 말하는 사람이 있기 때문이다. 이렇듯 그는 희곡이 봉건 도덕관념을 강하게 지닌 '正教'에 부합하여야 하고 아울러 희곡의 문사는 무대성과 문학성을 모두 겸비해야함을 주장하고 있다. 그러면 이러한 희곡을 어디에서 찾았는가? 그는 그의 친한 친구인 孟稱舜의 五種曲을 바로 자신이 이상적으로 생각한 그러한 작품이라고 여겼다. 祁彪佳는 두 가지 점에서 孟稱舜의 五種曲이 곧 '古之詩', '古之樂' 나아가 '五經'과 진배없다고 여겼다. 먼저 인간의 性情을 곡진하게 표현함에서 五種曲을 높이 평가하였다. 곧 五種曲의 곡문은 희곡 정절의 핵심인 '一人一事'를 곡진하게 묘사하여, 일례로 남성적 雄壯함을 표현하면 강직한 장군이 鐵綽板을 치며 蘇東坡의 호방한 '大江東去'를 노래하는 듯하고, 여성적 婉弱함을 표현하면 십칠팔 세의 소녀가 柳永의 '曉風殘月'을 노래하는 듯했으며, 아울러 박자에 맞추어 전사하여 성률까지 부합되니 '盡善盡美'한 것으로 여겨졌다. 또한 祁彪佳는 五種曲의 교화성을 매우 높게 평가하여 興觀群怨의 관점에서 볼 때 詩經보다도 뛰어나다고 지나치게 극찬하였다. 그러나 이러한 그의 주장은 객관성을 지니지 못한 것이라고 생각되며, 단지 희곡의 교화성을 중시한 그의 생각의 일면을 보여주는 것이다. 한편《二品》중에는 희곡의 교화성을 강조한 것들이 보이는데 구체적으로 그 品評을 살펴보자.

〈藏珠〉: "질투하는 본부인이 첩의 아들을 죽이고자 함에 반드시 악랄한 심보를 그려내야 했으며 사람으로 하여금 이를 갈게 했으니, 이에 세상의 악독한 여자들에게 주의를 환기시킬만하다."[31]

〈金環〉: "海瑞는 높은 절개와 큰 계책을 지닌 사람으로 청빈한 儒學의 教官에서부터 御使가 될 때까지 百折不屈하여 희곡의 음악으로 연주되었으니 세상의 教化에 보탬이 된다."[32]

〈繼母大賢〉: "어진 繼母의 고사로 그것을 전하는 것은 教化와 유관하다."[33]

〈空緘〉: "詞曲 중의 忠·孝·節·俠을 갖가지 충분히 갖추었다."[34]

〈麟遊〉: "君臣과 朋友의 倫理에 시종 실망케함이 없다. 이 희곡에서 倫理教化와 상관된 것은 그래도 筆力의 출중함을 얻었다."[35]

위의 다섯 작품에 대한 品評에서 명백하게 볼 수 있듯이 祁彪佳는 '警世'·'世教'·'風化'·'忠孝節義'·'倫化' 등 희곡의 교화론자들이 즐겨 사용하는 어휘를 이용하여 자신의 공용주의적 희곡관을 보여주고 있다. 그는 당시의 많은 문인들이 희곡을 순수한 오락으로 여긴 것과는 달리, 고사의 내용에 담긴 사회 교육작용을 중시하였다. 그런데 앞에서도 언급했듯이 祁

---

31) 妬妻欲殺妾子, 須寫出一段毒腸, 令人可以切齒, 乃足警世之爲悍婦者.《論著集成》, 6권,《曲品》, 118쪽

32) 海忠介亮節宏謀, 自廣文以至總憲, 百折不變, 被之絲管, 有裨世教.《論著集成》, 6권,《曲品》, 102쪽

33) 賢者繼母, 傳之有關風化.《論著集成》, 6권,《劇品》, 139쪽

34) 詞曲中忠·孝·節·俠, 種種具足.《論著集成》, 6권,《曲品》, 42쪽

35) 君臣朋友之倫, 始終無憾. 其曲之有關倫化者, 尚得筆力爽俊.《論著集成》, 6권,《曲品》, 77쪽

彪佳가 희곡의 사회 교육작용을 강조한 것은 부정적인 면과 함께 일정한 합리성과 진보성을 갖추었었다. 문제는 희곡의 발전사 중 교화성을 지나치게 좁게 해석하여 三綱五倫만을 교화의 실질 내용으로 여기고, 나아가 희곡을 三綱五倫의 도구로 삼아 희곡 예술의 특징을 말살하며, 희곡 예술의 발전을 가로막는 현상이 발생하였다는 사실이며, 명초의 邱濬은 이러한 경우의 전형이었다. 이러한 점에 있어서 祁彪佳가 教化性을 강조한 것은 邱濬을 대표로 道學氣를 강하게 강조하는 教化性과는 분명 큰 차이를 보인다. 그는 다음에서와 같이 희곡창작 중의 道學氣를 강하게 비판하였다.

〈庳國君〉: "희곡의 무대에서 道學套를 어찌 용납할 수 있겠는가?"[36]

〈伍倫〉: "작품 중에 온통 五倫만을 말하여 옹색하지 않으면 진부하다. 그런데도 문장과 내용이 모두 빼어나며 지체높은 어른의 작품이라고 자기 마음대로 여긴다. 혹자가 말하길, 邱濬에게는 《鍾情麗集》이 있어 소년 시대에 겪은 것을 스스로 기록하였는데, 그를 비웃는 자가 있자 마침내 門客을 시켜 이 작품을 급히 짓도록 하여 節孝로써 風情을 가리었다고 한다."[37]

〈麒麟〉: "《論語》의 일부분을 완전히 옮겨놓았으니 그 용속함과 조야함을 더하였다."[38]

〈五桂〉: "온통 古書의 文句를 옮겨내놓아 '진부하다'라는 한 단어로는 다 표현할 수 없다."[39]

〈底豫〉: "단지 四書의 일부만을 잘 알안다고 희곡을 지으려고 하니 어찌 쉽다고 말할 수 있겠는가?"[40]

36) 戲場中安容道學套頭.《論著集成》, 6권,《劇品》, 197쪽

37) 一記中盡述伍倫, 非酸則腐矣; 乃能華實並茂, 自是大老之筆. 或謂: 文莊有鍾情麗集, 自述少年所遇. 或有譏之者, 逐令門客促成此記, 以節孝俺風情耳.《論著集成》, 6卷,《曲品》, 46쪽.

38) 搬盡一部論語, 乃益其惡俗鄙俚.《論著集成》, 6卷,《曲品》, 115쪽.

39) 搬出滿腔書袋, 卽一'腐'字不足盡之.《論著集成》, 6卷,《曲品》, 82쪽.

40) 止熟一部四書, 便欲作曲, 何言之易也!《論著集成》, 6卷,《曲品》, 95쪽.

〈孝泉〉: "이것은 後漢의 烈女 姜詩의 孝誠을 전한 것으로 道學氣가 없지 않다. 이러한 道學氣로써 무대에서 춤추고 노래하니 〈躍鯉記〉보다 조금 뒤진 것 같다."[41]

위의 〈庫國君〉에 대한 品評에서 볼 수 있듯이 祁彪佳는 희곡의 무대에서는 절대로 道學氣를 용납할 수 없음을 천명하였다. 이러한 견해를 근거로 그는 邱濬의 〈伍倫記〉가 완전히 五倫만을 말하여 '非酸則腐'하다고 비판하였고, 或者의 말을 인용하면서 邱濬의 이 작품이 혹시 소년시대 자신이 겪었던 애정의 풍파를 가리기 위해[42] 門客으로 하여금 이 작품을 짓도록 하여 '節孝'로써 '風情'을 덮으려고 하지 않았는가라고 의심을 하였다. 또한 그는 〈麒麟記〉와 〈五桂記〉 및 〈底豫記〉가 四書등 古書의 일부를 그대로 옮겨놓은 道學氣를 비판했으며, 아울러 姜詩의 지극한 효성으로 겨울에도 샘에서 잉어가 나왔다는 고사를 이야기한 〈孝泉記〉가 그 道學記로 인하여 같은 고사의 〈躍鯉記〉보다 예술성이 부족하게 됐음을 지적하고 있다. 한편 '有關風教'를 자신의 정절론의 핵심으로 천명한 祁彪佳는 邱濬처럼 진부하지 않았으며 새로운 내용을 포함하였으니, 道學氣를 비판했을 뿐만 아니라 희곡 창작상의 庸俗氣를 강하게 비판했다. 다음은 그가 庸俗氣를 비판한 대표적인 品評이다.

〈三聘〉: "그가 지은 傳奇를 보면 帖括[43]을 주워 모은 것이고 俗氣가 걸

41) 其傳姜詩也, 不無道學氣. 以之登場歌舞, 似遜躍鯉一籌.《論著集成》, 6卷,《曲品》, 42쪽.

42) 〈伍倫〉에 대한 品評의 뒤에 다음과 같은 부분이 보인다. "原稿의 이 쪽에 종이 조각이 한 장 붙어있는데, 이렇게 쓰여져 있다: 전하는 말에 邱濬의 소년기에 그 아버지가 그를 위하여 水土를 주관하던 관리인 黎氏에게 배필을 구했는데, 黎씨가 그를 비난하며 말하길: 이런 애가 어떻게 나의 훌륭한 사위가 되겠는가라 하고 허락하지 않았다."고 한다. (原稿此處粘有一紙條, 上寫: 相傳邱文莊之少也, 其父爲之求配於土官黎氏, 黎誚之曰: 是兒豈吾快壻耶! 不許.)

43) 唐代의 科擧에서 수험생이 경서의 어려운 문장을 뽑아 노래와 같이 만들어 기억하기 좋게 만든 것.

과 속에까지 채워져있다. 이것은 시대에 뒤떨어진 시골 서당의 늙은 훈장이 희곡에 매우 조예가 깊은 사람이라고 억지로 자처하는 격이다."[44]

〈三桂〉: "단지 늙은 노인이 계집종을 데리고 노는 것으로 境界가 庸俗하여 감상하고픈 마음이 없다."[45]

〈春秋〉: "張知事가 官衙에서 한 妓女를 데리고 노는 것으로 무슨 興趣가 있어 그것을 전하는가?"[46]

위의 세 작품에 대한 祁彪佳의 짧은 品評에서도 우리는 祁彪佳가 희곡 정절상의 庸俗氣를 얼마나 비판했는지를 알 수 있으며, 이러한 庸俗氣 때문에 실제로 그는 이들 세 작품을 모두 최하위 등급인 具品에 편입시켰던 것이다. 그는 〈三聘記〉가 唐代 科擧 수험생이 사용하였던 帖括의 모음으로 俗氣가 가득하다고 지적하였으며, 〈三桂記〉와 〈春秋記〉에 대한 品評에서는 기녀를 데리고 노는 고사의 庸俗氣를 강하게 비판하고 있다.

祁彪佳가 살던 만명 시기는 계급모순과 민족모순이 격화됨에 따라 현실의 정치투쟁을 반영하는 소위 時事劇이 많이 출현하였으며 이것은 명대 후기의 주목할만한 현상이었다. 祁彪佳는 이러한 時事劇에 많은 관심과 열정을 지녀,《二品》중에는 40여 편의 時事劇이 보이며, 대표적인 時事劇 제재인 魏忠賢 무리에 대한 투쟁을 묘사한 작품만도 〈廣爰書〉·〈秦宮鏡〉·〈清凉扇〉·〈請劍〉·〈不丈夫〉·〈冰山〉 등 10여 편이나 된다. 그리고 이것들은 모두 呂天成의《曲品》에는 보이지 않은 것으로, 정절에 있어서 '有關風教'를 천명했던 그의 주장이 봉건적 교화의 수준을 넘어서 커다란 의미를 확보하게 되는 것이며, 祁彪佳 曲品의 일정한 특성을 보여주는 것이다. 더구나 그가 이러한 시사극에 많은 관심을 가진 것은 그의 개인적

44) 觀其所爲傳奇, 掇拾帖括, 俗氣塡於膚髓. 是迂腐老鄉塾而强自命爲顧曲周郎者.《論著集成》, 6卷,《曲品》, 117쪽.

45) 但以老夫狎一青衣, 境界庸俗, 無堪賞心耳.《論著集成》, 6卷,《曲品》, 82쪽.

46) 且張知事於官衙狎一妓女, 有何趣味而傳之乎?《論著集成》, 6卷,《曲品》, 84쪽.

정치 역정과도 연관된다고 볼 수 있다. 그는 청년시절의 이상을 실현시키지 못하고 정치적 풍파로 참담한 좌절을 맛보았는데, 현실에서 실현하지 못했던 정치 이상을 무대를 통하여 실현시키고 싶었던 것이다. 곧 그가 많은 시사극에 큰 관심과 애정을 가지고 品評을 한 것은 개인적·사회적 환경의 결과라고 여겨진다. 그러면 먼저 魏忠賢 閹黨과의 투쟁을 제재로 하는 작품들에 대한 그의 品評을 살펴보자.

〈淸涼扇〉: "이 작품은 종합하고 고찰함이 상세하고 명확하며 고사는 모두 實錄이다. 요사스러운 熹宗의 乳母인 客氏와 반역의 환관 魏忠賢의 罪狀이 10편의 무대 공연에서도 다하지 못할 것이 있는데, 붓과 종이로 그 죄상을 간략히 나타냈으니, 이것을 一代의 判決文으로 여겨도 괜찮을 것이며, 어찌 희곡예술안의 허구적 생활에 그치겠는가?"[47]

〈廣爰書〉: "崔呈秀와 魏忠賢의 고사를 전하는 것으로 사실을 잘 모은 것은 〈淸涼扇〉만한 것이 없고 허구를 잘 사용한 것은 〈廣爰書〉만한 것이 없다."[48]

〈秦宮鏡〉: "崔呈秀와 魏忠賢의 고사를 전하는 것이며, 자세하게 사실을 살피는 것은 쉬울뿐이고, 단지 이것과 〈廣爰書〉만이 사실을 피하고 허구를 사용하는 방법을 알아 실제의 인물 앞에 거짓 이야기를 하는데 치우치고 있다."[49]

〈中流柱〉: "耿如杞가 강직함으로 절개를 지킨 것을 전한 것으로, 崔呈秀와 魏忠賢에 관한 여러 고사로 점철되어 있으나 모두 耿如杞의 고사로 귀결되어 비로소 傳奇의 聯貫之法을 얻었다."[50]

---

47) 此記綜覈詳明, 事皆實錄. 妖姆·逆璫之罪狀, 有十部梨園歌舞不能盡者, 約之於寸毫片楮中, 以此作一代爰書可也, 豈止在音調內生活乎!《論著集成》, 6卷,《曲品》, 48쪽.

48) 傳崔·魏者, 善摭實無過淸涼扇, 善用虛無過廣爰書.《論著集成》, 6卷,《曲品》, 16쪽.

49) 傳崔·魏者, 詳核易耳, 獨此與廣爰書得避實擊虛之法, 偏於眞人前說假話.《論著集成》, 6卷,《曲品》, 16쪽.

50) 傳耿樸公强項立節, 而點綴崔·魏諸事, 俱歸之耿公, 方得傳奇聯貫之法.《論著集成》, 6卷,《曲品》, 38쪽.

이상의 작품들은《二品》중 魏忠賢 고사를 제재로 사용한 것들의 대표로서, 모두 魏忠賢 무리의 죄악을 폭로하는데 중점을 두고 있으며, 비록 예술상 각각의 차이는 있어도 祁彪佳는 이러한 작품들을 칭송하고 있다. 특히 그는〈淸涼扇〉을 品評하면서 이 작품이 사실에 근거하여 熹宗의 乳母인 客氏와 魏忠賢의 죄악을 매우 잘 묘사하고 폭로하여, 단지 예술의 창작에 그치지 않고 一代의 判決文으로도 여길 수 있다고 보았으며, 또한 淸代 공연이 금지되었던〈廣爰書〉[51]와〈秦宮鏡〉은〈淸涼扇〉과는 달리 魏忠賢의 죄상을 폭로함에 있어 모두 허구적 수법을 적절하게 사용하였고,〈中流柱〉는 魏忠賢 무리와 투쟁하는 耿如杞의 절개가 빼어난 구성으로 잘 드러나고 있음을 지적하고 있다. 이 밖에도《二品》중 祁彪佳가 品評한 시사극에는 위충현을 직접 언급하지 않고 역사상의 다른 고사를 이용하여 그의 죄악을 폭로한 것도 있고, 이와는 달리 폭정에 저항한 영웅들을 칭송한 역사극을 品評한 것들이 있는데, 다음은 그것의 일례이다.

〈犀軸〉: "이 작품은 반역자 위충현이 정치를 어지럽힐 때 지어졌으며, 直臣인 沈煉의 고사를 빌어 세상사람들 중 沈煉처럼 행동하지 않은 사람들을 부끄럽게 하였다. 비록 성률에는 맞을 수 없으나 신기한 기교를 발휘하였으니 또한 걸출한 것이라고 부를 수 있다."[52]

〈擊筑〉: "高漸離는 죽지 않고 秦始皇이 마침내 荊軻에 의해 죽게 되니 극도로 통쾌하구나! 극도로 통쾌하구나! 이 고사를 전하는 사람은 激烈한 가운데서 전환시켜 은은한 운치를 만들어냈으며, 작품 속에서 온통 소슬함을 느끼게 되고 사람으로 하여금 눈물을 흘리게 하는구나."[53]

51)《中國曲學大辭典》, 422쪽, 1997, 浙江教育出版社.

52) 是記成於逆璫亂政時, 借一沈靑霞以愧世之不爲靑霞者. 雖不能協律比聲, 逞運斤之技, 亦可稱鐵中錚錚.《論著集成》, 6卷,《曲品》, 75쪽.

53) 高漸離不死, 而始皇卒以荊卿死, 快極! 快極! 傳之者, 激烈中轉爲悠揚之韻, 覺滿紙蕭瑟, 令人泣下.《論著集成》, 6卷,《曲品》, 37쪽.

〈犀筑記〉는 위충현이 폭정을 하던 天啓年間에 지어진 작품으로, 明代 中期 嘉靖年間의 直臣인 沈煉이 당시의 환관으로 정치를 어지렵혔던 嚴嵩과 벌였던 투쟁을 빌어서 위충현의 죄상을 간접적으로 폭로한 작품이다. 祁彪佳의《日記》에 의하면 그는 崇禎 4年에 이 작품을 보았다고 한다.[54] 그는 이 작품이 비록 성률 방면에서는 맞지 않아 예술적 성취에서는 문제가 있으나, 도리어 '運斤之技'를 발휘하여 '鐵中錚錚'하다고 品評하여 높이 평가하고 있다. 또한 〈擊筑記〉에 대한 品評에서 祁彪佳는 역사적 사실과는 다르게 荊軻에 의해 秦始皇이 죽게 된 것을 극도로 통쾌하다고 여기고, 예술적 감동력이 매우 큰 작품이라고 칭송하는 등 매우 높이 평가한 사실을 볼 때, 우리는 祁彪佳가 정절의 사상 의의를 매우 중시하였음을 알 수 있다. 이상에서와 같이 祁彪佳는 역사적 실제 인물을 통하여 작품의 사상성과 현실성을 보여준 작품에 대해 높이 평가했을 뿐만 아니라, 그는 당시의 추악한 현실을 풍자하거나 공격한 작품에 대해서도 큰 의의를 두었는데, 다음은 그것의 대표적인 경우이다.

> 〈錢神〉: "직접적으로 시사적인 사건을 공격함에 전혀 거리낌이 없으니, 마침내 나이 많은 높은 벼슬아치가 배우에게 횡포하게 박해를 가한 일이 있었다."[55]
>
> 〈中山狼〉: "〈中山狼〉을 빌어서 세상 사람들에게 모질게 욕하는데, 말하는 것이 명쾌하다. 마땅히 세상을 깨우치는 작품으로 여겨야지 다시는 희곡으로 보아서는 안된다."[56]

〈錢神〉은 무명씨의 작으로 작품이 전해지지 않아 그 내용을 알 수 없으

54)《中國曲學大辭典》, 444쪽, 1997, 浙江教育出版社.

55) 直刺時事, 毫無忌諱, 遂有以縉紳大老橫罹粉墨者.《論著集成》, 6卷,《曲品》, 29쪽.

56) 借中山狼唾罵世人, 說得透快. 當爲醒世一編, 勿復作詞曲觀.《論著集成》, 6卷,《劇品》, 156쪽.

나 祁彪佳의 品評을 근거로 우리는 두 가지 사실을 알 수 있다. 곧 이 작품의 작자는 당시의 時事的인 사건을 공연함에 있어 전혀 거리낌이 없이 정치적 열정과 용기를 지녔고, 祁彪佳는 그러한 작자의 태도를 높이 평가하고 있으며, 또한 이러한 결과 이것을 공연한 배우가 극을 관람한 나이 많은 높은 벼슬아치에게 박해를 당하였던 사실이다. 또한 위의 〈中山狼〉은 陣與郊의 작품으로, 그가 관직을 그만두고 閑居할 때 그의 아들이 소금 판매 때문에 남을 해쳐 사형을 판결받자, 陣與郊는 그의 門下生에게 부탁하여 아들을 구하려고 했으나 구하지 못해 이 작품을 통하여 울분을 토로한 것이라고 한다.[57] 어찌됐든 이러한 사실의 진실 여부를 떠나 이 두 작품에 대한 品評에서 우리는 희곡이 현실의 추악한 모습을 풍자하고 공격하여 '刺時事'해야 한다는 祁彪佳의 희곡관을 알 수 있다.

이상에서와 같이 우리는 祁彪佳가 희곡의 정절에 있어서 사회적 교육작용을 매우 중시하여 '有關風教'를 정절론의 본질로 삼고 있지만, 그는 진부한 교화론자와는 달리 道學氣와 庸俗氣를 강하게 비판하였고, 당시의 정치투쟁을 반영한 時事劇과 당시의 추악한 현실을 반영한 작품에 많은 관심과 열정을 지녔으며, 아울러 이들 작품들에 대하여 높은 평가를 하였음을 살펴보았다. 그러면 희곡의 정절에 관한 관념에 있어서 祁彪佳는 이상에서와 같이 사회적 교육성과 현실성을 담보로 한 넓은 의미의 교화론자라고만 보아야 하는가? 祁彪佳 《二品》의 의의는 앞에서도 언급했듯이 그가 현실적 파벌이나 이론의 한쪽에 치우치지 않고 모순·대립되는 것을 통합시키려고 노력했다는 점이다. 이러한 점은 정절론에 있어서도 마찬가지이다. 곧 그는 教化論者이면서도 主情論者였다. 그런데 당시의 이러한 경향은 祁彪佳 혼자만에 국한된 것이 아니었다. 일례로 명대 중기 주정론의 철학적 근거를 제공한 王陽明과 대표적인 주정론자인 李贄와

57) 《中國戲曲大辭典》, 299쪽, 1997, 浙江教育出版社.

湯顯祖도 모두 정도의 차이는 있지만 희곡작품의 교화성을 긍정하고 주장하였다. 王陽明은 그의 《傳習錄》에서 희곡의 風教論을 주장하여 道學派 희곡관의 영향력을 강화시켰고,[58] 李贄는 《焚書》雜述編의 〈紅拂記〉에 대한 비평에서 희곡의 사회작용을 강조하였으며,[59] 湯顯祖는 희곡의 사회작용을 강조할 때 風教論의 내용을 지녔고, 〈宜黃縣戲神淸源師廟記〉에서 희곡이 封建道德을 선양하는 것에 대해서는 반대했으나 희곡의 작용과 요구에 대해서는 여전히 風教論的인 각도에서 제기하였다.[60] 이런 점에서 평자에 따라서는 湯顯祖를 희곡의 주정론자인 동시에 교화론자이며, 더욱 정확하게 말하면 湯顯祖의 주정론과 교화론은 하나의 合論이라고 주장하기도 하는데,[61] 부분적으로 타당하다고 여겨진다. 물론 이들이 주정론적인 색채를 훨씬 강하게 지닌 것은 객관적 사실이다. 그들은 인간의 眞情이 희곡 창작의 출발점이고 추동력임을 강하게 강조하였다. 그러나 명말에 이르러서는 희곡의 주정론에 변화가 발생하였으니, 祁彪佳·孟稱舜·王思任·卓人月 등 主情派의 眞情에 대한 관점에 변화가 생겼던 것이다.[62] 그들은 주정론을 견지하면서도 희곡의 교화성을 매우 강조하였으니, 앞에서 보았던 《孟子塞五種曲序》에 보인 祁彪佳의 주장은 대표적인 것이다. 이러한 점에서 祁彪佳는 주정론자이면서 동시에 교화론자라고 볼 수 있다. 다만 祁彪佳는 주정론과 교화론의 통일에 있어서 敎化의 입장에 서서 인간의 眞情을 강조하여 陸煒의 표현대로라면 '情'이 '理'의 규범성에 합치되어야 함을 강조한 '以情釋理'의 관점을 견지하였다고 볼 수 있다.[63] 물론 이렇게 祁彪佳가 이러한 관념을 지니게 된 것은 자신의 개인

58) 吳毓華, 《古代戲曲美學史》, 105쪽 참조. 1994, 文化藝術出版社.

59) 趙山林, 《中國戲劇學通論》, 668쪽 참조, 1995, 安徽教育出版社.

60) 吳毓華, 《古代戲曲美學史》, 107쪽 참조, 1994, 文化藝術出版社.

61) 李昌集, 《中國古代曲學史》, 488쪽, 1997, 華東師範大學出版社.

62) 吳毓華, 《古代戲曲美學史》, 134쪽, 1994, 文化藝術出版社.

63) 譚帆·陸煒著, 《中國古典戲劇理論史》, 309쪽, 1993, 中國社會科學出版社.

적인 정치 역정뿐만 아니라 명말 국내외 정치·시회적 위기로 문인들이 풍교론을 治世의 처방으로 여기고 희곡작품으로써 사람들에게 憂國憂民의 감정을 환기시키고자 하였기 때문이라고 여겨진다. 한편 희곡 창작의 정절론에 있어서 생활의 진실과 예술의 진실을 다룬 소위 허실론은 중요한 위치를 차지하는데, 《二品》에 보인 허실론에 관한 그의 주장을 살펴보자. 희곡 예술의 기본특성이 '寫意'이듯이, 희곡의 정절에 있어서도 극작가들은 허구성을 원·명이래로 추구하였으며, 명대 萬曆 以後로 그러한 경향은 더욱 강해졌다. 그것은 낭만주의 사조의 興起와 虛實에 있어서 虛에 편중하는 작가의 경향과 밀접한 연관을 맺으며, 동시에 관중들이 기이함을 좋아했던 경향과도 관련이 있다.[64] 그러면 이러한 허구성에 대한 祁彪佳의 品評을 구체적으로 살펴보자.

〈睡鄉〉[65]: "孫鍾齡이 문득 희곡을 지어내 志怪書인 《齊諧》의 내용을 넓혔다. 그는 烏有生과 無是公의 무리들을 작품 속에 만들어 책속에서 울리고 웃기는데, 문구마다 破顏大笑케 한다."[66]

〈櫻桃〉: "아무 근거도 없는 데서 끌어내 기이한 고사를 만들어내니 배를 끌어안고 크게 웃게 만들만 하다."[67]

〈雙盃〉: "요즈음 曲壇은 세상의 기이한 고사를 전하기를 좋아한다."[68]

〈玉掌〉: "완전히 神仙의 荒唐한 고사와만 관련되어 훌륭한 境界와 情趣가 없다."[69]

〈感虎〉: "孫山의 지극한 효성이 호랑이를 감동시키는 고사를 기록하

64) 趙山林, 《中國戲劇學通論》, 383쪽, 1995, 安徽教育出版社.

65) 曲名이 잘못 되어 〈醉鄉〉이 옳다고 함. 莊一拂編著, 《古典戲曲存目彙考》, 966쪽, 1982, 上海古籍出版社.

66) 孫君聊出戲筆, 以廣齊諧. 設爲烏有生·無是公一輩人, 啼笑紙上, 字字解頤. 《論著集成》, 6卷, 《曲品》, 12쪽.

67) 鑿空出奇, 大可捧腹. 《論著集成》, 6卷, 《曲品》, 45쪽.

68) 近日詞場, 好傳世間詫異之事. 《論著集成》, 6卷, 《曲品》, 25쪽.

69) 一涉仙人荒誕之事, 便無好境趣. 《論著集成》, 6卷, 《曲品》, 75쪽.

고 왜놈을 정벌하는 고사를 하나를 섞었다. 작품이 온통 荒唐하고 조잡함이 가득하여 사람으로 하여금 화가나 죽을 지경으로 만든다."[70]

〈釵書〉: "龍女가 陣子春과 결혼하여 세 아들을 낳아, 이들이 곧 天官·地官·水官의 三官이라고 하니, 얼마나 荒唐한가!"[71]

허구적 사실을 이용하여 희곡을 창작한 것은 당시 優人들의 일반적 경향이었지만 문인들도 적지 않은 사람들이 이러한 허구성을 이용하였다. 孫鍾齡은 〈醉鄕記〉에서 가공의 인물인 烏有生과 無是公을 역사적 실제 인물인 李白·韓愈·歐陽修·包待制 등과 함께 등장시켜 科擧를 공격하고 世態를 풍자하고 조롱하였는데,[72] 한 구절 한 구절이 사람을 破顔大笑하게 만들어 志怪書인《齊諧》에 새로운 것을 추가시켰고, 史槃의 〈櫻桃記〉는 '鑿空出奇'하여 배꼽이 빠지도록 웃게 만들었다. 곧 여기에서 祁彪佳는 허구성을 사용한 이들 희곡이 예술적 효과를 발휘하여 '字字解頤'하고 '大可捧腹'하는 점을 지적하여 허구성에 대해 긍정적인 입장을 취하였다. 그러나 그는 이러한 허구성이 생활의 진실이란 기초를 벗어나 〈玉掌〉이나 〈感虎〉·〈釵書〉에서처럼 荒唐함에 치우친 것을 강하게 비판하고 있다.

한편 명대 희곡 창작에서 허구성을 추구하기 보다 실록정신을 본격적으로 강하게 강조한 것은 晩明 때에 시작되었다.[73] 이 때는 朝野의 각종 투쟁, 특히 東林·復社와 閹黨과의 투쟁이 갈수록 격렬해져 몇몇 희곡가와 평론가들은 희곡이란 형식을 이용하여 자신들의 정치적 이상을 기탁하였으니, 실록 특색을 지닌 작품들이 많이 탄생하였다. 그리하여 祁彪佳

70) 記孫山純孝感虎, 雜以征倭一事. 滿紙荒穢, 令人憤懣欲絶.《論著集成》, 6卷,《曲品》, 115쪽.

71) 龍女配陣子春生三子, 乃天·地·水三官, 一何荒唐也!《論著集成》, 6卷,《曲品》, 120쪽.

72)《中國曲學大辭典》, 380쪽, 1997, 浙江教育出版社.

73) 趙山林,《中國戲劇學通論》, 385쪽, 1995, 安徽教育出版社.

는《二品》에서 이러한 실록정신을 보인 작품에 대해 앞에서 언급한 〈淸涼扇〉에서와 같이 매우 높이 평가하였으며, 아울러 이러한 실록정신의 바탕 위에서 다시 허구성과 결합하여 희곡을 창작하는 것이 더욱 어려운 것이라고 다음과 같이 말하고 있다.

> 〈秦宮鏡〉: "崔呈秀와 魏忠賢의 고사를 전하는 것으로 자세하게 사실을 살피는 것은 쉬울뿐이고, 단지 이 작품과 〈廣爰書〉만이 사실을 피하고 허구를 사용하는 방법을 알아 실제의 인물 앞에 허구적 이야기를 말하는데 치우친다."[74]
>
> 〈廣爰書〉: "조정의 정치를 모두 그대로 구성하지 않고 오직 架空으로써 점철시켰으며, 마구 희롱한 부분은 성내고 욕하는 것보다 더 매섭다. 崔呈秀와 魏忠賢의 고사를 전하는 것으로 사실을 잘 모은 것은 〈淸涼扇〉만한 것이 없고 허구를 잘 사용한 것은 〈廣爰書〉만한 것이 없다."[75]
>
> 〈金蓮〉: "蘇東坡의 고사를 기록한 것으로 이것은 實錄이라고 부를만하다. 그러나 덧붙여 웃게 만든 것이 있고, ……, 또한 줄여 없애 貫通하도록 한 것이 있다."[76]

祁彪佳는 여기에서 실록의 방법을 사용한 〈淸涼扇〉과 虛實을 결합한 〈廣爰書〉·〈秦宮鏡〉을 비교하면서, 崔呈秀와 魏忠賢이라는 역사적 실제 인물에 '空中點綴' 곧 '避實擊虛'라는 허구적 방법을 결합한 희곡 창작이 더 어려우며, 예술 효과에 있어서도 뒤지지 않음을 지적하고 있다. 그리고 그는 〈金蓮記〉가 비록 蘇東坡의 고사를 묘사함이 實錄이라고 부를 수 있을 정도이지만, 여기에도 반드시 '附綴'과 '省削'이라는 예술적 제련과

74) 傳崔·魏者, 詳核易耳, 獨此與廣爰書得避實擊虛之法, 偏於眞人前說假話.《論著集成》, 6卷,《曲品》, 16쪽.

75) 不盡組織朝政, 惟以空中點綴. 謔浪處甚於怒罵. 傳崔·魏者, 善摭實無過淸涼扇, 善用虛無過廣爰書.《論著集成》, 6卷,《曲品》, 16쪽.

76) 記蘇長公, 此可稱實錄. 然亦有附綴以資諧笑, ……, 亦有省削以爲貫通.《論著集成》, 6卷,《曲品》, 21쪽

개괄 및 개조가 필요함을 말하고 있다. 이상에서 우리는 허실론에 있어서 祁彪佳가 정치하고 자세한 이론을 제시하지는 않았지만 실록과 허구를 모두 긍정하였고, 특히 虛實의 결합에 있어 예술적 제련과 가공이 필요한 점을 정확히 인식하고 있음을 알 수 있겠다.

4. 祁彪佳《二品》의 의의: 체례와 정절론 상에서

祁彪佳는 명말의 우국지사로 呂天成의《曲品》을 모방한《二品》중에서 傳奇와 雜劇을 品評하였다. 그리고 그의 品評은 呂天成의《曲品》과 비교하면 曲目의 숫자에 있어서도 두 배가 넘을 뿐만 아니라, 品評의 체례와 방법에 있어서도 엄격하고 신중하여 매우 객관적인 品評의 면모를 보여주고 있다. 일례로 그는《二品》에서 동일한 작가의 작품이더라도 작품의 실제에 근거하여 다른 等品으로 品評하기도 하였다. 또한 그는 당시 임천파와 오강파라는 파벌의 싸움 속에서 자신이 비록 성률과 본색을 우선시하는 오강파의 계승자이지만, 沈璟보다 湯顯祖의 본색을 더욱 높게 品評하는 등 결코 한쪽으로 치우치지 않았으며, 둘 사이의 대립과 모순을 극복하려는 변증적 관점을 계속 견지하였다. 그리고 이러한 그의 입장은 呂天成과 王驥德이 임천파와 오강파의 대립과 모순을 극복하여 문학성과 무대성을 함께 겸비한 더욱 뛰어난 희곡작품을 창작하려고 노력하였던 소위 '雙美說'의 주장과 일정한 궤를 같이하고 계승한 것으로, 명말 곡단의 일반적 대세를 이루었으며 淸代 곡단의 발전에 일정한 영향을 끼쳤다.

정절론에 있어서 祁彪佳는 '有關風教'를 기치로 내걸었다. 그러나 그는 明初의 邱濬처럼 진부하지 않아 道學氣와 庸俗氣를 강하게 비판하였으며, 당시의 환관인 魏忠賢과의 투쟁 등 현실정치를 제재로 한 時事劇과 현실의 추악한 모습을 풍자하고 공격한 작품을 높게 평가하였다. 물론 이러한 점은 그가 작품의 제재에 있어서의 사상성을 강조한 소위 교화론자로서의 특성을 보여준 것이었다. 그러나 祁彪佳는 결코 敎化論者만은 아니어서 교화론자인 동시에 희곡창작에 있어서 湯顯祖의 '眞情'을 계승한 主情論者였으며, 엄격하게 표현하면 그의 친우인 孟稱舜처럼 교화의 입장에서 인간의 진정을 작품 속에 표현하려고 하였다. 그리고 본래 주정론자였던 그가 이렇게 희곡작품의 교화성을 강조하게 된 점은 그의 개인적 정치 역정과 명말 당시 국내외의 혼란했던 정치 상황의 결과였다. 한편 祁彪佳는 일반적으로 정절론에서 중요하게 취급되었던 허실론에 있어서 정치한 이론을 제시하지는 않았지만, 희곡창작에 있어서 虛構와 實錄의 가치를 모두 인정하였고, 허실의 결합에 있어서 예술적 제련과 가공이 필요함을 정확히 인식하고 있었다. 그러나 그의 《二品》에는 일정한 한계성도 노출하였다. 그의 品評은 대부분 짧은 문장으로 이루어져 논리적 정치성이 자연 부족하였고 또한 각 작품 중 品評의 기준이 종종 충돌되어 일관성이 부족하다는 느낌을 주기도 한다.

5. 結構論

結構論은 戲曲이론의 전체적인 발전사에서 볼 때 情節론이나 文詞論·곡조론 등과 비교하여 볼 때 비교적 늦게 발전하였다. 비록 일찍이 喬吉이 '鳳頭·猪肚·豹尾'라는 여섯 글자로 결구 문제에 대해 언급하였지만, 이것은 散曲에 대한 것이었다.[77] 이리하여 명대에 들어서야 戲曲 이론가들이 戲曲의 총체적인 결구 문제를 탐구하기 시작하였으며,[78] 袁宏

77) 李昌集, ≪中國古代曲學史≫, 188쪽, 1997, 華東師範大學出版社.

78) 趙山林, ≪中國戲劇學通論≫, 398쪽, 1995, 安徽教育出版社.

道·凌濛初·祁彪佳 등이 戱曲 결구의 중요성을 강조하였고, 이후 청대에 들어서 李漁가 '結構第一'의 원칙을 제기하여 戱曲이론 중 結構論의 성숙함을 보여주었다. 이렇듯 祁彪佳도 戱曲 결구의 전체적인 발전사에서 일정한 역할을 하였는데, 여기서는 그의 ≪二品≫ 중에 나타난 개별적인 작품을 대상으로 한 구체적인 品評을 중심으로 그의 結構論의 의미를 살피기로 한다. 그러면 먼저 그가 결구의 중요성을 강조하고 아울러 결구를 제련하는 방법 곧 '鍊局'의 기준을 짧은 문장으로써 제시한 다음을 살펴보자.

> 〈玉丸〉: "南曲인 傳奇를 짓는 것에서 結構가 어렵고 曲白은 다음이다."[79]
>
> 〈金丸〉: "結構와 文辭를 제련시키는 것은 일상적 규율 안에 있다."[80]

祁彪佳는 위에서 비록 전기를 대상으로 말하고 있지만 '搆局爲難, 曲白次之'라고 천명하여 전기의 창작에 있어서 결구의 중요성을 강조하고 있다. 그런데 이러한 점은 전기의 체제와 밀접한 연관을 맺는다. 곧 전기는 잡극과는 달리 보통 몇 십 齣의 웅대한 체제를 근간으로 하기 때문에 한 작품 중에는 많은 인물과 복잡한 고사가 섞이기 마련이다. 그리하여 이러한 전기를 창작하기 위해서는 이들 인물과 고사를 적절하게 안배하는 기교, 곧 결구에 대한 이해가 중요한데, 祁彪佳는 전기 창작의 이러한 점을 잘 인식하고 있다고 하겠다. 특히 당시의 많은 戱曲 창작자들이 전기 창작에 있어서 문사인 곡백을 우선시했던 상황을 상기하면, 祁彪佳의 이러한 주장은 文學性과 舞臺性을 함께 추구했던 그의 戱曲觀의 또다른 반영이라고 여겨진다.

---

79) 作南傳奇者, 搆局爲難, 曲白次之. 102쪽, ≪中國古典戱曲論著集成≫(이하 ≪論著集成≫으로 간칭함), 6권, ≪遠山堂曲品≫(이하 ≪曲品≫으로 간칭함), 1982, 中國戱劇출판사.

80) 鍊局鍊詞, 在尋常繩規之內. ≪論著集成≫, 6권, ≪曲品≫, 25쪽.

그러면 戲曲 창작에 있어서 이렇게 중요한 결구는 어떠한 기준을 따라 행하는가? 祁彪佳는 위에서 '尋常繩規'라는 말로써 결구의 기본적 기준을 제시하고 있다. 이것은 곧 작자가 주관적으로 마음대로 결구를 만드는 것이 아니라, 현실생활의 일정한 규율, 곧 결구의 일반 규율성 요구를 따라야 함을 지적한 것이다. 그렇다면 이러한 '尋常繩規'의 구체적인 방법, 곧 祁彪佳가 강조하는 '鍊局之法'에는 어떠한 것들이 있는가? 그는 ≪二品≫에서 頭緖와 曲直·繁簡과 喧寂의 節奏 및 典型의 방법을 '鍊局之法'으로 제기하였고, 이들 방법을 각각의 개별 작품에 대한 品評 중에서 언급하고 있는데, 이러한 것들이 結構論의 일반적 내용을 거의 다루고 있는 점에서 祁彪佳의 結構論은 상당히 광범위하다고 볼 수 있다. 그러면 먼저 명대의 戲曲 이론가 중 祁彪佳가 가장 많이 언급한[81] '減頭緖'의 방법에 관한 品評을 살펴보자.

> 〈氷山〉: "時事를 전하면서도 번잡하지 않으니 바로 결구를 다듬는 방법이다."[82]
>
> 〈三槐〉: "王景叔 父子의 공훈과 업적을 거의 다하도록 무대에서 공연하였어도 조리있게 일관성을 지닐 수 있어 천박하고 비루한 여러 작품들의 습속을 완전히 씻어 내었다."[83]
>
> 〈翠鈿〉: "붉은 실끈으로 다리를 매어 부부의 인연을 맺어 준다는 고사로, 달빛 아래 노인이 韋固를 지적하여, 마침내 십년 후에 결혼을 하였다니, 기이한 이야기를 전하는 것으로 족하다. 그런데 또 그의 형인 韋圉를 고사 속에 더하였으니, 頭緖가 어지러워 마침내는 여유있게 고사를 전환시키지 못할 부분이 생기었다."[84]

---

81) 趙山林, ≪中國戲劇學通論≫, 407쪽, 1995, 安徽教育出版社.

82) 傳時事而不牽蔓, 正是鍊局之法. ≪論著集成≫, 6권, ≪曲品≫, 108쪽.

83) 王景叔父子功業, 搬演殆盡, 而能貫串有條, 一洗諸作庸陋之習. ≪論著集成≫, 6권, ≪曲品≫, 108쪽.

84) 赤繩之繫, 月下老指點韋固, 卒諧丞於十年後, 以爲傳奇足矣, 乃益之以兄韋圉, 頭緖紛

〈寶劍〉: "이 작품의 작자는 결구를 다듬는 방법을 모르니 중복된 곳이 상당히 많다."[85]

〈賜劍〉: "頭緖가 어지러워 결구를 만드는 방법을 전혀 모르니 어떻게 유창하다고 칭찬해줄 수 있겠는가?"[86]

〈合襟〉: "문구의 수식에만 정성을 들여 마침내 번잡한 곳이 많으니, 옛사람이 '집안에 온통 돈이 가득하나 단지 그것을 꿰맬 새끼줄이 부족하다'라는 말과 같다."[87]

〈翡翠鈿〉: "頭緖가 지나치게 번잡하여 크게 삭제해야 할 부분이 있다."[88]

〈增壽〉: "頭緖가 지나치게 번잡하여 보는 사람이 쉽게 이해할 수 없다."[89]

〈御帶〉: "이 작품은 심히 번잡하지는 않아 오히려 기이함을 전하는 방법을 얻었다."[90]

〈不丈夫〉: "결구가 조금 빼어나나 四諫官 부분은 頭緖가 깨끗하지 못하고 또한 楊漣 일가가 하필 모두 죽어야 하는가?"[91]

〈朱履〉: "頭緖가 매우 번잡하나 자세히 실마리를 찾아보면 일관되게 관통하는 기교를 보게 된다."[92]

위에서 보듯이 祁彪佳는 많은 작품에 대한 品評에서 결구의 성공을 좌우하는 중요한 요소로서 頭緖의 문제를 다루었으며, 이것은 사실상 王驥

然, 遂有不能舒轉處. ≪論著集成≫, 6卷, ≪曲品≫, 74쪽.

85) 且此公不識練局之法, 故重複處頗多. ≪論著集成≫, 6권, ≪曲品≫, 47쪽.

86) 頭緖紛如, 全不識搆局之法, 安得以暢達許之. ≪論著集成≫, 6권, ≪曲品≫, 105쪽.

87) 着義修詞, 遂多浮蔓, 如昔人所謂'滿玉是錢, 但欠索子'耳. ≪論著集成≫, 6권, ≪曲品≫, 73쪽.

88) 頭緖過繁, 大有可刪削處. ≪論著集成≫, 6卷, ≪曲品≫, 58쪽.

89) 頭緖過煩, 閱者不易解. ≪論著集成≫, 6卷, ≪曲品≫, 68쪽.

90) 此記不甚支離, 猶得傳奇之法. ≪論著集成≫, 6권, ≪曲品≫, 96쪽.

91) 結構少勝, 但四諫官頭緖不淸, 且楊氏一家, 何必盡死? ≪論著集成≫, 6卷, ≪曲品≫, 78쪽.

92) 頭緖太煩, 細繹之, 乃見貫串之巧. ≪論著集成≫, 6卷, ≪曲品≫, 44쪽.

德이 ≪曲律≫에서 말한 '勿太蔓'[93]과 李漁가 ≪閑情偶寄≫에서 주장한 '減頭緖'와[94] 일치하는 것이다. 위의 品評을 근거로 하면 그가 頭緖 문제를 언급한 것은 대부분 전기에 한정되어 있고 원 잡극의 頭緖에 관한 부분은 보이지 않는다. 또한 그는 전기 중에서도 頭緖가 잘 정리된 것은 얼마 되지 않고 많은 작품들의 頭緖가 번잡하여 결구의 일관성을 해치고 있는 것을 지적하고 있다. 그에 의하면 위의 작품 중 환관 魏忠賢의 사악함을 폭로한 時事劇인 〈氷山記〉[95]와 王景叔 父子의 功業을 말한 〈三槐記〉만이 頭緖가 번잡하지 않아 결구에 있어서 '鍊局之法'과 '貫串有條'함을 지니고 있다. 이러한 점에서 본다면 당시의 많은 전기가 결구의 핵심이라 할 頭緖가 명확하지 않았음을 알 수 있다. 일례로 그는 〈寶劍記〉와 〈賜劍記〉의 극작가가 전혀 '鍊局之法'을 몰라 중복된 곳이 많고 頭緖가 어지럽다고 비판했으며, 〈翡翠鈿記〉과 〈增壽記〉에 대한 品評에서는 頭緖가 너무 번잡하여 삭제해야 할 부분이 있고, 보는 사람이 내용을 잘 이해할 수 없음을 비판했으니, 頭緖의 문제가 작품의 감상과도 일정한 연관을 맺음을 지적하고 있다. 또한 祁彪佳는 赤繩繫足의 고사를 배경으로 한 〈翠鈿記〉가 고사의 주인공인 韋固의 兄에 관한 고사를 추가하여 결구를 번잡하게 만들었음을 비판하고, 특히 〈合襟記〉에 대한 品評에서는 작자인 王洙가 문장의 수식에만 신경을 써 번잡한 곳이 많이 생긴 것을, '온 집안에 돈은 가득하나 그것을 꿰맬 새끼줄이 없다'는 옛말을 인용하며 비유하여, 형상적이고 생동적으로 頭緖가 명확한 결구의 중요성을 보여주고 있다. 한편 위에 인용된 것 중 나머지 세 작품, 곧 〈御帶記〉와 〈不丈夫〉 및 〈朱履記〉에 대한 祁彪佳의 평가는 칭찬도 비판도 아닌 것으로 일정한 장단점을 지니고 있음을 지적했다. 곧 그는 謝恩의 作인 〈御帶記〉가 頭緖

93) ≪論著集成≫, 4卷, 王驥德, ≪曲律≫, 137쪽, 論劇戲條 참조.

94) ≪論著集成≫, 7卷, ≪閑情偶記≫, 18쪽, 減頭緖條.

95) ≪中國曲學大辭典≫, 380, 1997, 浙江教育出版社.

가 조금은 어지럽지만 오히려 '傳奇之法'을 얻고 있고, 魏忠賢과 투쟁하는 楊漣의 고사를 근거로한 〈不丈夫〉[96]가 전체적인 결구상에서 조금 뛰어나나 도리어 頭緖가 어지러운 부분이 있으며, 〈朱履記〉의 일정한 부분은 頭緖가 매우 어지러우나 자세히 실마리를 찾아보면 그래도 전체적인 결구의 '貫串之法'을 볼 수 있다고 지적하였다. 그러나 이들의 작품에서도 祁彪佳는 頭緖가 작품의 전체적인 결구의 성공을 좌우하는 중요한 항목이고, 頭緖가 어지러운 작품에서 '貫串之法'을 획득하기는 쉽지 않다고 보았다. 이상에서 우리는 頭緖를 줄이고 명확히 하는 것이 戱曲 창작 중 '鍊局之法'을 획득하는 가장 중요한 방법이나, 이를 터득한 작품은 소수이고 도리어 많은 작품 중의 頭緖가 어지러워 결구상에 많은 결점을 초래하였음을 알 수 있겠다.

또한 祁彪佳는 戱曲 창작에 있어서 결구상의 '鍊局之法'을 완성하기 위해서는 극작가들이 전체 情節상의 변화와 曲折 곧, 曲直 問題에 유의해야 함을 강조하였다. 사실 결구상의 曲直 問題는 명대 전기의 체제상의 편폭과 직접적 관련을 맺은 것으로, 많은 등장인물과 고사로 인하여 자연스럽게 情節上의 변화와 곡절이 요구되었다. 그러면 ≪二品≫ 중 개별 작품에 대한 品評에서 祁彪佳가 戱曲 결구상의 曲直 問題에 어떠한 견해를 지녔는지 구체적으로 살펴보자.

> 〈芍藥〉: "鄭之文의 戱曲은 文人 중의 빼어난 것으로 부를 수 있다. 부족한 것이라고는 曲折함이 서로 어울리는 妙일 뿐이다."[97]
>
> 〈高士〉: "단지 故事를 敷衍할 수 있을 뿐이지 전혀 曲折의 정취가 없다."[98]

---

96) ≪中國曲學大辭典≫, 389쪽, 1997, 浙江敎育出版社.

97) 鄭君詞曲, 可稱文人之雄, 所少者, 曲折映帶之妙耳. ≪論著集成≫, 6卷, ≪曲品≫, 33쪽.

98) 僅能敷衍, 殊無曲折之趣. ≪論著集成≫, 6卷, ≪曲品≫, 89쪽.

〈紈扇〉: "오로지 塡詞에만 신경을 써 비록 멋진 문장은 볼만하나, 열고 닫고 헤어지고 합해지는 曲折의 방법에 대해서는 완전히 맹인같다."[99]

〈題燕〉: "이 작품은 妓女가 밤에 오는 것을 삽입하였는데, 劉方과 劉奇가 곤란해 하는 모습이 겹겹으로 포개지고 점철되어 있어, 보는 이로 하여금 작품에 빠질수록 더욱더 그 교묘함을 보게 만든다."[100]

〈雙鴛〉: "李部가 迂餘曲折 끝에 劉蕡과 부부로 결합하게 된 부분 같은 것은 내 생각이 미치지 못한 점이 있으니, 생각컨대 史槃의 가슴 속에는 九曲珠가 있어서 이처럼 교묘함이 많은 것같다."[101]

〈翡翠鈿〉: "요즈음의 극작가들은 매번 작품 속의 曲折을 많이 사용하여 頓挫抑揚의 정취를 보기를 좋아한다. 그러나 그들은 曲折이 너무 많으면 보는 자로 하여금 한 가지를 이해하고 싶어도 다 알지 못하게 만들고, 다시 또 한 가지를 이해하고자 하면 자연스런 정취를 얻을 수 없음을 알지 못한다."[102]

祁彪佳는 여기에서 戲曲창작 중에 情節의 변화가 필요함을 인식하고 강조하여 결구상 곡절의 변화가 부족한 작품을 비판하였다. 그는 뛰어난 曲詞가 많아 湯顯祖가 매우 좋아했다는[103] 鄭之文의 〈芍藥記〉가 매우 훌륭한 것이라고 칭송하였으나, 이 작품에도 결점이 있으니 바로 '曲折映帶之妙'가 부족함을 지적하고 있다. 물론 이것은 그가 작품을 品評할 때 戲曲의 다양성과 총체성을 중시하여 〈芍藥記〉를 높이 평가한 것이며, 부분

99) 一意塡詞, 雖綺麗可觀, 而於闔闢離合之法, 全是瞶瞶. ≪論著集成≫, 6卷, ≪曲品≫, 22쪽.

100) 此記插入妓女夜來, 而二劉顚連之狀, 層疊點綴, 令觀者轉入而轉見其巧. ≪論著集成≫, 6卷, ≪曲品≫, 40쪽.

101) 如李郃宛轉作劉蕡之合也, 有意想不到處, 想叔考胸中有九曲珠, 故多巧乃爾. ≪論著集成≫, 6卷, ≪曲品≫, 43쪽.

102) 邇來詞人, 每喜多其轉折, 以見頓挫抑揚之趣. 不知轉折太多, 令觀者索一解未盡, 更索一解, 便不得自然之致矣. ≪論著集成≫, 6卷, ≪曲品≫, 58쪽.

103) ≪中國曲學大辭典≫, 361쪽, 1997, 浙江教育出版社.

적으로 결구의 결점이 존재한 것을 지적한 것이다. 또한 그는 〈紈扇記〉의 작자가 완전히 塡詞에만 정성을 들여 그 '綺麗'한 문사는 '可觀'이나, 결구를 曲折있게 묘사하는 방법인 '闔闢離合之法'에 대해서는 전혀 알지 못함을 비판하고 있고, 아울러 〈高士記〉의 작자가 故事를 단지 늘어놓는 '敷衍'만을 잘하여 전혀 曲折의 운취가 없게 함을 비판하고 있다. 이와는 달리 〈題燕記〉와 〈雙鴛記〉에 대한 品評에서 그는 이들 작품이 曲折을 적절히 잘 활용하여 결구상에서 큰 성취를 이루었음을 지적하고 있다. 곧, 劉方과 劉奇 兄弟의 題燕詩 故事를 중심으로한 〈題燕記〉[104]에 대한 品評에서, 작자인 王元壽가 이전의 고사에다가 밤에 기녀가 이들 두 명의 劉氏兄弟를 찾아오는 고사를 삽입함으로써 결구에 곡절을 더하였으니, 劉氏 형제가 난처해하는 모습이 '層疊點綴'하여 보는 이로 하여금 그 결구의 기묘함을 보도록 만들었음을 지적하고 있다. 또한 史槃의 〈雙鴛記〉에서 李郃와 劉蕡이 迂餘曲折 끝에 결혼하게 되는 부분은 祁彪佳 자신이 전혀 생각하지 못했던 곳으로, 그는 이렇게 기묘한 曲折의 기교를 구슬 구멍이 꾸불꾸불하여 끝까지 꿰매기 힘든 寶玉인 九曲珠로 비유하며, 史槃이 곡절의 기교를 운용하는데 능숙함을 지니고 있다고 칭송하고 있다.

이렇듯 전기 창작에 있어서 결구상 곡절의 중요성을 강조한 祁彪佳는 그러나 곡절이 지나치게 너무 많이 사용하는 것을 반대하였다. 〈翡翠鈿〉에서의 品評은 대표적인 것이다. 〈翡翠鈿〉은 韋固가 月下老人의 말대로 결국 정해진 여자와 결혼하게 되는 고사를 기록하여 〈翡翠記〉 전기와 동일한 제재를 대상으로 하였는데, 작자는 다시 韋祥이 奪婚하는 情節을 추가하였다.[105] 비록 〈翡翠鈿〉이 지금 전해지지 않아 그 구체적 情節을 확인할 수 없지만, 아마 祁彪佳는 이러한 사실 때문에 〈翡翠鈿〉에는 결구상의 곡절이 지나치게 많이 사용되었다고 비판했다고 생각된다. 아울러

104) ≪中國曲學大辭典≫, 382쪽, 1997, 浙江教育出版社.

105) ≪中國曲學大辭典≫, 416쪽, 1997, 浙江教育出版社.

그는 자신이 왜 곡절이 너무 심한 작품을 반대하는지를 당시의 곡단의 상황과 연관시켜 그 이유를 설명하고 있다. 곧 그에 의하면 당시의 극작자들이 매번의 戲曲 창작에 있어서 곡절을 되도록 많이 사용하여 '頓挫抑揚之趣'를 구하기를 좋아하는 경향이 이러한 결과를 초래하였고, 또한 곡절이 너무 많은 작품은 관객이 情節의 변화를 쉽게 이해하지 못하게 만들어 결국에는 '自然之致'를 얻지 못하게 만든다고 보았다. 이상에서 살펴본 바와 같이 우리는 결구상의 '鍊局之法'을 획득하기 방법의 하나인 曲直 問題에 관해, 祁彪佳가 曲折이 결구상의 성공을 좌우하는 매우 중요한 요소의 하나인 사실을 정확히 인식하는 등 曲直問題의 본질을 제대로 이해하고 있음을 알 수 있다.

戲曲 결구상의 '鍊局之法'을 획득하기 위한 방법으로 頭緖를 줄이고 曲折을 중시하는 것 이외에 祁彪佳는 또한 節奏 問題에 주의하였다. 절주는 본시 음악용어로서 曲調의 疾徐高低가 拍子에 부합하는 것을 가리켰으나, 나중에는 戲曲에서 情節의 안배와 변화의 韻律感을 뜻하였다.[106] 그는 戲曲 결구의 절주를 잘 안배하기 위해서는 輕重·緩急·繁簡·喧寂 등의 관계를 잘 처리해야 한다고 보는 등 절주 문제에 있어서 상당히 정치한 戲曲觀을 보여주고 있다. 그러면 먼저 그가 절주의 중요성을 강조한 다음의 品評을 살펴보자.

> 〈髥虎〉: "종전에 통속 배우가 공연한 〈高唐記〉를 보았는데, 역시 朱仝과 雷橫의 고사를 전한 것이었으며 조잡함은 비교할 수가 없었다. 이에 비한다면 이 작품은 조금 節奏를 알아 압운이 틀리고 문사가 나쁘다고 해서 곧 버리지 않는다."[107]
>
> 〈玉鏡臺〉: "玉鏡臺 고사는 元雜劇에서 빼어나게 그려냈다. 이 작품

---

106) 趙山林, ≪中國戲劇學通論≫, 413쪽, 1995, 安徽教育出版社.

107) 向見俗優演高唐記, 亦是傳朱仝·雷橫者, 穢雜無足比數. 此猶稍知節奏, 故不以韻病·詞病輒棄之. ≪論著集成≫, 6卷, ≪曲品≫, 75쪽.

은 風情이 거기에 미치지 못하고 단지 溫太眞의 事蹟을 상세히 敍述할 뿐이어서 매우 切迫한 곳에 도리어 극도로 緩慢한 節奏를 사용하였으니, 孫氏와 范文若의 〈玉鏡臺〉[108]와 淸阮堂의 〈玉鏡臺〉보다 훨씬 뒤진다."[109]

〈金覓〉: "情境이 促迫하여 매우 빠르게 지나가 버리니 곧 쉽게 다해 버리는 것이 불만스럽게 생각된다."[110]

戲曲 작품에 대한 品評에서 祁彪佳는 文學性이나 음악성 등의 한 가지 부문만을 기준으로 하지 않고 총체적인 관점을 유지하려고 노력하여, 각 부문 중의 장점이 하나라도 있는 작품에 대해서는 모두 버리지 않고 취하는 태도를 지녔는데, 위의 〈髯虎記〉는 이러한 경우의 일례이다. 곧 그는 〈髯虎記〉의 작자가 ≪水滸傳≫에 등장하는 인물인 朱仝과 雷橫의 고사를 근거로 한 〈高唐記〉와 똑같은 제재를 대상으로 하고 있으면서도, 〈高唐記〉와는 달리 節奏를 조금 알기 때문에 비록 압운과 문사가 엉망이어도 버리지 않고 취하였던 것이다. 그러나 그는 〈玉鏡臺記〉와 〈金覓記〉에 대한 品評에서는 戲曲 節奏上의 緩急調節의 실패가 이 두 작품의 큰 결함으로 작용하고 있음을 지적했다. 그런데 玉鏡臺 고사는 본시 元·明 시대에 유명했던 고사로, 晋의 翰林學士였던 溫嶠의 애정고사이며, 일찍이 關漢卿이 이를 근거로 〈溫太眞玉鏡臺〉란 작품을 지어 후세 곡학가의 칭송을 받았다. 또 祁彪佳의 위의 말에 의하면 명대의 전기 중에는 〈玉鏡臺〉라는 이름을 가진 작품이 세 가지 있었고,[111] 朱鼎의 〈玉鏡臺〉가 그 성

108) 范文若의 〈玉鏡臺〉는 실제로는 똑같은 고사를 대상으로 한 〈花筵賺〉을 가리킨다. ≪中國曲學大辭典≫, 376쪽, 1997, 浙江教育出版社.

109) 玉鏡臺故事, 元劇絶有摹擬. 此不及風情, 而惟鋪敍太眞事蹟, 於緊切處反按以極緩之節, 不逮孫·范兩君及淸阮堂之作遠矣. ≪論著集成≫, 6卷, ≪曲品≫, 52쪽.

110) 情境淺促, 一過便嫌易盡. ≪論著集成≫, 6卷, ≪曲品≫, 61쪽.

111) 지금은 孫氏의 〈玉鏡臺〉는 전해지지 않아 두 가지만 남아 있다. ≪中國曲學大辭典≫, 376쪽, 1997, 浙江教育出版社.

취면에서 가장 뒤지는데, 祁彪佳는 그 원인을 절주상 緩急調節의 실패 때문이라고 여겼다. 곧 그는 朱鼎의 〈玉鏡臺〉가 단지 주인공인 溫嶠의 고사를 상세히 서술하는 '鋪敍'의 수법만을 사용하여, 그 결과 情節上 매우 緊迫한 곳에서도 거꾸로 극도로 緩慢한 節奏를 사용하여 절주상 緩急의 안배 면에서 잘못한 것을 비판하였고, 아울러 〈金覺記〉도 節奏의 緩急을 조절하여 사용하지 못하고 단지 매우 促迫한 節奏만을 사용하여 결구상에서 결함을 지니게 되었음을 지적하였다.

한편 절주상의 緩急問題는 당시의 극작가와 곡론가들이 많은 관심을 기울인 繁簡 問題과도 직접적으로 연관되어 있다. 戲曲 결구에 있어서 절주상의 繁簡 問題가 해결되지 않으면 緩急의 節奏를 이룰 수 없기 때문이다. 뿐만 아니라 절주상의 繁簡 問題는 '鍊局之法'의 첫 번째 방법으로 이미 언급했던 頭緖 問題와도 일정한 연관을 맺는다. 이것은 戲曲의 全體 情節을 다루는 頭緖 問題가 해결되어야 그 바탕 위에서 일정한 部分 情節을 대상으로 하는 繁簡의 節奏를 이룰 수 있기 때문이다. 이런 점에서 繁簡 問題는 戲曲 결구의 절주를 해결하는 핵심적인 것이라고 할 수 있는데, 祁彪佳는 다음과 같이 繁簡 問題의 핵심을 상당히 정치하게 보여준다.

> 〈合劍〉: "唐나라와 隋나라의 고사를 실으면서 줄곧 상세히 서술만 하여 상세함과 간략함이 마땅함을 잃었다. ……만약 '晉陽起兵'·'娘子軍功'·'禁門喋血'의 齣을 요약하여 취해 섞어서 공연하였다면 마땅히 좋은 작품으로 간주할 수 있을 것이다."[112]
>
> 〈橘浦〉: "내가 黃山人이 지은 〈柳毅記〉를 보고는 그것의 情節이 그저 끝없이 평평하게 전개된 것을 싫어하였는데, 이 작품도 또한 어찌나 군더더기가 많구나! 그리고 편지를 전하는 고사에 있어서는 情景이 반대

112) 載唐·隋事, 一味鋪敍, 詳略失宜. ……若節取'晉陽起兵'·'娘子軍功'·'禁門喋血'錯綜演之, 當不失爲善曲. ≪論著集成≫, 6卷, ≪曲品≫, 55쪽.

로 관통하지 못한다."[113]

〈雙鏡〉: "이 작품은 簡淨의 法을 얻었다."[114]

〈赤松〉: "온통 간결하면서도 세련됨에서 뛰어나나 마침내 한 折 중에서 餘景이 없고 한 마디 말에서 餘情이 없도록 만들었다."[115]

〈保主〉: "趙子龍이 生으로 등장한다. 고사를 전함에 있어 번잡하지 않는다. 그러나 戲曲에는 번잡함과 간단함이 적당해야 함이 있으니 계속 간단하다고 곧 훌륭한 작품이 되지 않는다. 이 작품과 같은 것은 매번 한 사람의 입장이 정해지지도 않았는데 곧 퇴장해버리니, 어떻게 관객의 耳目을 놀라게 만들 수 있겠는가?"[116]

〈金牌〉: "〈精忠記〉는 간결하여 옛스런 풍치를 지니나 상세히 고찰함에 있어서는 마침내 이 작품을 받든다. 이 작품은 또한 連貫의 法을 얻었다. 岳飛의 사업과 공적이 거의 모두 발휘되었다."[117]

〈合劍記〉는 지금 비록 작품이 전해지지 않지만 ≪新唐書≫·≪舊唐書≫ 및 ≪隋唐嘉話≫ 등에 보이는 고사로, 隋煬帝의 荒淫無道함에서부터 李淵이 晉陽에서 起兵하던 일·平陽公主가 娘子軍을 이끌고 호응하던 일과 李世民이 즉위하기 까지의 고사를 기록하고 있다.[118] 그런데 이 작품은 祁彪佳에 의하면 '詳略' 곧, 繁簡의 절주를 이루지 못하여 결구상에서 실패하였으니, 그 원인은 작자가 계속 '鋪敍'의 수법을 사용하여 '繁'하게만 묘사하였지 '簡'을 사용하지 않았기 때문이다. 그리고 祁彪佳는 만일 작

113) 余閱黃山人所撰柳毅傳奇, 嫌其平衍, 乃此又何多駢枝也! 於傳書一事, 情景反不徹. ≪論著集成≫, 6卷, ≪曲品≫, 59쪽.

114) 此記簡淨得法. ≪論著集成≫, 6卷, ≪曲品≫, 77쪽.

115) 全以簡練爲勝, 遂使一折之中無餘景, 一語之中無餘情. ≪論著集成≫, 6卷, ≪曲品≫, 27쪽.

116) 趙子龍爲生. 傳事能不支蔓. 但曲有繁簡之宜, 未必一簡便屬勝場. 如此記, 每一人立脚未定, 便復下場, 何以聳觀者耳目? ≪論著集成≫, 6卷, ≪曲品≫, 60쪽.

117) 精忠簡潔有古色, 而詳覈終推此本. 且聯貫得法. 武穆事功, 發揮殆盡. ≪論著集成≫, 6卷, ≪曲品≫, 74쪽.

118) ≪中國曲學大辭典≫, 366쪽, 1997, 浙江教育出版社.

품 중에서 성공한 것으로 여겨지는 '娘子軍功'과 매우 상세하여 '繁'하게 묘사된[119] '晉陽起兵'·'禁門喋血'의 齣을 '節取'하여, 곧 '簡'하게 만들어 공연한다면 도리어 훌륭한 작품으로 간주할 수 있다고 보면서, 이 작품의 실패를 결구상 繁簡의 절주 방면에서 찾았다.

또한 柳毅가 龍女를 위하여 편지를 전해준다는 유명한 고사를 제재로 한 〈橘浦記〉에 대한 品評에서도 祁彪佳는 마찬가지로 결구상 繁簡의 절주를 이루지 못하여 작품이 실패하였다고 보았다. 곧 그는 똑같은 고사를 제재로 한 黃山人의 〈柳毅記〉도 繁簡의 절주를 이루지 못하고 '平衍'하여 자신이 매우 싫어하였는데, 〈橘浦記〉 또한 '駢枝', 곧 '繁'이 지나치게 많아 결구상 繁簡의 절주에서 실패했음을 지적하였다.

한편 이와는 반대로 그는 〈雙鏡記〉가 繁簡의 요령인 '簡淨之法'을 얻었음을 칭송하면서도, 〈赤松記〉와 〈保主記〉 및 〈金牌記〉에 대한 品評에서 戲曲의 결구에 있어서는 '繁簡之宜'가 있어야 하니, 무조건 '簡'하다고 곧 좋은 것이 아님을 분명히 하였다. 그는 張良의 平生事蹟과 赤松子를 좇아 修道登仙 한다는 고사를 제재로 한 〈赤松記〉[120]가 온통 '簡練'함으로 빼어나지만 도리어 좋지 못한 결과를 발생시켜 '一折·一語' 중에 戲曲에서 필요한 '餘景·餘情'을 말살시켰으며, 趙子龍의 長坂坡 戰鬪를 제재로 한[121] 〈保主記〉 또한 등장하는 배우의 입장도 정리되지 않았는데 퇴장시켜 버리는 등 '簡'에 치우쳐 관객을 감동시킬 수 없게 만듬을 지적하고 있다. 이러한 점을 근거로 祁彪佳는 단순히 繁簡으로 작품 수준의 고저를 정할 수 없으며, 모든 것은 실제 曲情의 수요에 따라 '繁'해야 할 곳은 '繁'하고 '簡'해야 할 곳은 '簡'해야 함을 〈金牌記〉에 대한 品評에서 주장하고 있다. 곧 그는 똑같이 岳飛의 고사를 제재로 한 〈精忠記〉와 〈金牌記〉에

119) ≪論著集成≫, 6卷, 呂天成, ≪曲品≫, 245쪽참조.

120) ≪中國曲學大辭典≫, 426쪽, 1997, 浙江教育出版社.

121) ≪中國曲學大辭典≫, 359쪽, 1997, 浙江教育出版社.

대한 繁簡上의 비교에서 〈精忠記〉가 '簡潔'함으로 '古色'을 지녀 운치를 지니지만, 이와는 달리 〈金牌記〉는 '詳覈'의 '繁'으로써도 결구에서 중요한 '聯貫之法'을 얻고 있고, 그 결과 岳飛의 事蹟이 남김없이 발휘되는 예술적 장점을 지니고 있음을 지적했다.

그런데 그의 이러한 견해는 戲曲문학 點線形 結構의 기본 특징으로 여겨지는 '繁簡合宜'의 이론과 부합하고 있다. 곧 여기서 '線'은 전체 극정의 발전 맥락이고, '點'은 전체 극정의 발전 중 重要情節과 細部情節에 대한 섬세하고 풍부한 묘사를 가리키는데, 頭緒가 精鍊된 外部 衝突과 풍부하고 섬세한 內部 衝突이 결합하여 點線分明한 결구 형식을 이루는 것이 戲曲 결구의 기본 특징이라는 것이다.[122] 이러한 점에서 본다면 '簡'만을 추구한 〈적송기〉를 祁彪佳가 비판한 것은 바로 戲曲문학의 결구에서 內部 衝突이 풍부하고 섬세해야 함을 지적한 것이다. 이상에서 살폈듯이 우리는 戲曲 결구의 절주상 繁簡問題에 관한 祁彪佳의 논의가 實事求是的 태도로써 繁簡 問題의 본질을 정확히 파악하고 있음을 알 수 있다.

한편 祁彪佳는 고대의 곡론가들이 절주를 이루는데 많은 관심을 보였던 喧寂 問題에도 주의하였다. 물론 여기서 말하는 喧寂은 일반적으로 '冷熱'을 가리키며 통상적으로 戲曲 情節上의 '冷場'과 '熱場'을 의미한다. 그러면 그가 개별 작품의 品評 중에서 언급한 喧寂을 살펴보자.

> 〈杖策〉: "鄧禹는 말채찍을 잡고 後漢의 光武帝를 알현하여 漢室을 復興시킨 유명한 장군으로 諸侯에 봉해질 때 겨우 24세였다. 이 작품은 情節의 절반을 가족의 離合之情으로 섞어 넣어 喧寂의 한쪽으로 치우치지 않게 만들었다."[123]
>
> 〈櫻桃夢〉: "冷熱과 離合이 마치 물결이 뒤집이고 파도가 겹치듯 하여

122) 郭英德, ≪明淸文人傳奇硏究≫, 270쪽, 1992, 北京師範大學出版社.

123) 鄧禹杖策謁光武, 爲中興名佐, 封侯時方二十四歲. 此記半雜以家人離合之情, 不使有偏喧寂. ≪論著集成≫, 6卷, ≪曲品≫, 54쪽.

짐작할 수가 없으니 이것은 夢境을 닮았다. 湯顯祖 〈邯鄲記〉의 묘미도 역시 바로 여기에 있다."[124]

〈杖策記〉는 ≪後漢書≫에 보이는 鄧禹가 光武帝를 알현하여 後漢의 王室을 부흥시킨 공로로 諸侯에 封해졌는데, 그때 그의 나이 겨우 24세였다는 고사를 제재로 하고 있다. 그러나 작자인 陣與郊가 軍國의 大事 속에 고사의 절반을 '家人離合之情'으로 채워넣고 있는데, 祁彪佳는 이것이 절주상의 효과를 거두었다고 보았다. 곧, 그는 만일 軍國의 大事로만 전체 情節을 구성하면 '冷場'이 되어 곧, '寂'한 느낌을 주게 되니, 情節의 절반을 '熱場' 곧 '喧'한 情節로 사용하여 喧寂이 한쪽으로 치우치지 않았음을 지적했다. 〈杖策記〉에 비한다면 祁彪佳는 〈櫻桃夢〉에서의 喧寂의 절주를 더욱 칭송하고 있다. 그에 의하면 〈杖策記〉에서의 喧寂이 균형을 유지하는 단계에 불과했으나, 〈櫻桃夢〉에서의 喧寂은 서로 뒤집히고 중첩되는 모습이 마치 '浪飜波疊'하는 것같아 전혀 짐작할 수가 없는 '喧中寂' '寂中喧'의 단계에 까지 이르러, 마치 '夢境'과 비슷하였다. 아울러 그는 자신이 최고의 등급인 妙品에 편입시킨 〈邯鄲記〉의 묘미도 바로 이러한 喧寂交叉의 기묘한 절주 변화에서 기인한 것이라고 여겼다.

이상에서 祁彪佳는 戲曲 결구의 '鍊局之法'을 획득하기 위해서는 頭緖를 정확히 하고, 曲折을 중시해야 하며, 緩急·繁簡·喧寂의 節奏를 제대로 운용하여야 함을 지적하였다. 그런데 祁彪佳는 ≪二品≫의 品評 중에서 이상과 같은 결구의 구체적 방법, 곧 形式的 방법에만 머물지 않고, 戲曲의 결구라는 形式이 자연스러움을 추구해야 하며, 결국은 戲曲의 내용과 밀접한 연관을 맺고 있음을 인식하였다. 그러면 다음의 品評을 살펴보자.

124) 炎冷·合離, 如浪飜波疊, 不可摸捉, 乃肖夢境. 邯鄲之妙, 亦正在且. ≪論著集成≫, 6卷, ≪曲品≫, 10쪽.

〈青雀舫〉: "각각의 情節들이 드문드문하고 떨어져 있으나 靈氣가 筆墨에 합해지니, 마치 無意識 중에 結構를 이룬 듯하여 모은 情節의 결구들이 저절로 빼어나다."[125]

〈軒轅〉: "結構의 妙는 사람으로 하여금 놀라고 의심하게 만들며, 점점 뛰어난 경지로 들어가 소위 깊이 음미하여도 무궁한 것이다."[126]

〈花筵賺〉: "진부한 세속기를 극도로 벗어난 것으로 내용과 결구가 모두 하늘 높이 나온 것이다."[127]

〈青雀舫〉은 작품이 전해지지 않지만 본래 네 개의 고사를 함께 엮은 것이다.[128] 祁彪佳는 여기에서 〈青雀舫〉의 네 개의 고사들이 본시 상관없는 것들이어서, 결구에 있어서 '疎疎散散' 한 것이었으나 작자의 손을 거쳐 결국은 빼어난 결구를 이루고 있음을 칭송하고 있다. 그런데 그러한 방법의 핵심은 작자의 靈氣를 동원한 '無意結構'함에 있었다. 곧 祁彪佳는 결구에 있어서의 자연스러움을 추구하였던 것이며, 이것은 그가 문사에 있어서도 자연스러움을 추구했던 것과 일정한 궤를 같이 한다. 〈軒轅記〉에 대한 品評에서도 祁彪佳는 작품의 결구를 매우 높이 평가하였는데, 그것은 작품의 결구가 매우 자연스러워 흔적이 없이 漸入佳境하며 남은 맛이 끝없기 때문이었다. 또한 祁彪佳는 ≪二品≫의 品評 중에 〈花筵賺〉에서와 같이 '意局'이라는 개념을 자주 사용하는데, 이것은 형식적 결구인 '局'이 내용인 '意'와 밀접한 관계를 맺고 있음을 중시한 것이다.

이상에서 우리는 ≪二品≫에 보인 祁彪佳의 結構論을 살펴보았다. 그는 먼저 曲白에 못지 않은 결구의 중요성을 매우 높게 강조하였고, 戲曲

125) 疎疎散散, 靈氣統於筆墨, 若無意結構, 而湊簇自佳. ≪論著集成≫, 6卷, ≪曲品≫, 15쪽.

126) 構局之妙, 令人且驚且疑, 漸入佳境, 所謂深味之而無窮者. ≪論著集成≫, 6卷, ≪曲品≫, 58쪽.

127) 洗脫之極, 意局皆凌虛而出. ≪論著集成≫, 6卷, ≪曲品≫, 11쪽.

128) ≪中國曲學大辭典≫, 389쪽, 1997, 浙江教育出版社.

결구의 방법인 '鍊局之法'을 획득함에 있어서 크게 세 가지 주목하였다. 첫째 그는 명대의 戲曲 평론가 중 頭緖 問題를 가장 많이 언급하면서 頭緖를 명확히 해야 함을 자주 지적하였고, 다음으로는 戲曲의 체제가 방대하기 때문에 情節을 曲折있게 구성할 것을 주장하였다. 아울러 그는 節奏 問題에 많은 관심을 보여 情節의 緩急과 繁簡 및 喧寂을 잘 안배해야 함을 지적하였다. 그리고 그는 이러한 형식적 결구상에 있어서 자연스러움을 추구한 작품의 결구를 제일 높게 평가하였으며, 또한 형식적 결구가 작품의 내용과 밀접히 연관되어 있음을 인식하였다. 이러한 총체적인 면에서 본다면 우리는 결구에 관한 祁彪佳의 논의가 비록 品評이란 체제의 제한적 성격으로 인으로 단편적인 부분이 많지만 내용상 상당히 정치하다는 점을 알 수 있고, 또한 그가 다루고 있는 부분에 있어서도 상당히 광범위하여, 結構論과 관련된 대부분을 논하였음을 알 수 있겠다.

6. 文詞論

중국 戲曲은 그 성격상 일종의 劇詩로서 극본의 주요 성분은 曲詞라고 할 수 있다. 또한 戲曲의 文學性은 대부분 이 曲詞에 의해 결정되므로, 역대로 많은 작가와 戲曲 평론가들은 당연히 曲詞에 대하여 지대한 관심을 가졌었다. 아울러 戲曲의 文詞에는 이러한 曲詞 외에 賓白이 있는데, 曲詞보다는 못하였지만 曲詞와 마찬가지로 역대로 많은 극작가와 곡론가들의 관심의 대상이었다. 祁彪佳는 ≪二品≫의 개별 작품에 대한 品評 중에서 曲詞와 賓白의 文詞에 관한 자신의 견해를 보여주는데, 여기에서는 구체적 品評을 중심으로 그의 文詞論을 살펴보자.

祁彪佳는 ≪曲品≫敍에서 文詞論에서 있어서 자신의 주장을 명확히 천명하였는데, 그것은 바로 本色을 자신의 기본 원칙으로 하는 것이다.[129]

그리고 이러한 그의 주장은 그가 本色을 주창했던 沈璟을 대표로 하는 吳江派의 후계자라는 사실을 상기하면 당연한 것으로 생각된다. 그러나 戲曲史에서 이러한 本色을 주장하는 사람들은 매우 많아, 本色論에도 徐渭의 本色論·沈璟의 本色論·徐復祚의 本色論·王驥德의 本色論·凌濛初의 本色論 등이 있으며, 이들의 견해 또한 각기 다른 점이 많다. 祁彪佳는 바로 이러한 여러 本色論을 흡수·소화하는 과정 중에서 또한 자신의 本色論을 제기하는데, 이것은 그의 文詞論의 핵심이기도 한다. 그러면 그의 本色論은 어떠한 면모를 보이고 어떠한 의미를 지니는가? 먼저 그는 曲詞의 통속성을 本色論의 기본적 성격으로 여기고 있으니 다음의 品評을 보자.

〈檀扇〉: "다행히 그의 曲詞는 本色에 속하여 책을 열면 곧 그 개략을 볼 수 있어, 사람으로 하여금 짐작할 수 있는 것이 없도록 만들지 않는다."[130]

〈雙鴛〉: "작품에는 남녀의 離合의 고사가 많으나 駢文이나 難澁한 말이 없어 보통 사람들의 귀에 쉽게 어울린다. 그리하여 史槃의 작품이 하나 나오면 배우들이 그것을 서로 공연하고 싶어 다투었다."[131]

〈黃鶴樓〉: "淺近 역시 곡학가들이 인정한 것이다."[132]

〈雙釵〉: "결구는 〈紫環記〉와 매우 비슷하나 이것은 반대로 曲詞의 淺近함으로 뛰어난다."[133]

〈三益〉: "남들은 조잡하고 淺近하다고 버리었으나 나는 淺近하여 취하였다."[134]

---

129) ≪論著集成≫, 6卷, ≪曲品≫, 5쪽, 詞有當於本色.

130) 幸其詞屬本色, 開卷便見其槪, 不令人無可捉摹耳. ≪論著集成≫, 6卷, 43쪽.

131) 曲多兒女離合之事, 而無駢語·澁語, 易諧里耳, 故叔考一記出, 優人爭歌舞之. ≪論著集成≫, 6卷, ≪曲品≫, 43쪽.

132) 淺近亦是詞家所許. ≪論著集成≫, 6卷, ≪劇品≫, 182쪽.

133) 格局大類紫環, 此則反以淺近勝之. ≪論著集成≫, 6卷, ≪曲品≫, 30쪽.

134) 人以粗淺故棄之, 予以粗淺故收之. ≪論著集成≫, 6卷, ≪曲品≫, 31쪽.

〈紅鞋〉: "淺近하여 쉽게 다하여 버리나 그럭저럭 보통사람들의 귀에 어울릴만하다."[135]

〈金花〉; "비록 淺近하게 상세히 서술하였으나 배우들이 이미 공연한 적이 있다."[136]

戲曲 이론사에서 本色論은 다양한 견해를 보여주나 통속성을 근간으로 함은 거의 대부분 일치한다. 祁彪佳는 위의 작품들에 대한 品評에서 자신이 일부 곡론가와는 달리 통속성을 긍정하고, 아울러 이러한 통속성은 舞臺性의 방면에서 큰 효과를 지니고 있음을 지적하고 있다. 사실 曲詞의 '淺近', 곧 통속성은 역대로 문인들에 따라 취하기도 하고 버리기도 하였다. 그런데 祁彪佳는 〈黃鶴樓記〉에 대한 品評에서 다른 곡학가들을 내세워 '淺近'을 戲曲 풍격의 하나로 인정하였고, 〈雙釵記〉가 결구상에 있어서 陣汝元의 〈紫環記〉와 매우 비슷하나, 曲詞에 있어서 '淺近'함으로 뛰어나고, 〈三益記〉를 남들은 '淺近'하다고 버리나 자신은 도리어 그러한 '淺近'함이 좋아 그 작품을 수록하고 있음을 밝히고 있다. 또한 그는 '淺近'함이 민간 관중들의 戲曲 작품에 대한 이해 및 舞臺性과 밀접한 관련을 맺고 있음을 주목하였다. 그는 〈紅鞋記〉가 '淺近'한 曲詞를 사용하였기 때문에 '里耳'에 어울리고, 〈金花記〉가 '淺近'하지만 도리어 그러한 이유 때문에 이미 무대 위에서 공연되었던 사실을 지적하였다. 특히 徐渭의 門人인 史槃의 극작에 대한 그의 品評은 그가 本色의 특징으로 통속성을 중시하고 있음을 잘 보여준다. 그는 史槃의 〈檀扇記〉를 펴면 곧 고사의 概略을 알 수 있고, 〈雙鴛記〉를 당시의 배우들이 서로 공연하려고 다투었던 사실은 史槃의 작품이 曲詞에 있어 어려운 '駢語·澁語'를 사용하지 않고 '里耳'에 쉽게 어울리는 통속성을 근간으로 하고 있음을 분명히 하였다.

135) 淺近易盡, 聊以諧里耳可也. ≪論著集成≫, 6卷, ≪曲品≫, 87쪽.

136) 雖淺近鋪敍, 而優人已有歌舞之矣. ≪論著集成≫, 6卷, ≪曲品≫, 32쪽.

한편 祁彪佳는 명대 중기 이후 성행하였던 낭만주의 사상을 흡수하여 인간의 '眞情'을 戲曲 창작의 출발점이고 원동력으로 삼았던 主情論者로서[137] 文詞와 結構 및 音律·意境 방면에서 자연스러움을 매우 중시하였다. 이리하여 그는 戲曲의 曲詞에 있어서도 화려한 수식을 가하지 않고 자연스러운 것을 本色의 요체로 여겼는데, 구체적 品評을 중심으로 살펴보자.

〈唾紅〉: "曲詞는 質朴한 것을 본 모습으로 한다."[138]

〈藍采和〉: "曲詞에 있어 質朴한 가운데 修飾을 가하였으니 시원하고 자연스러운 情趣가 있다."[139]

〈鈿盒〉: "그러나 字句를 彫琢하여 天然의 情趣가 미약하다."[140]

〈合衫〉: "元代의 〈合汗衫〉 잡극의 고사를 섞어서 지은 것으로 옛것을 모방하는데 뜻을 다하였다. 작품은 완전히 質朴하면서도 명료한 것으로 苦楚를 원망하는 상황을 그려냈다."[141]

〈雙杯〉: "曲詞와 賓白이 온당하여 오히려 〈荊釵記〉·〈白兎記〉와 서로 우열을 겨룰 수 있다."[142]

〈淮陰侯〉: "曲詞가 자연스러움에 가까우며, 마치 인위적 意識이 없이 曲詞를 지은 것같으니 曲詞가 더욱 빼어나다."[143]

〈驀忽姻緣〉: "元雜劇을 자세히 읽고서 입에서 나오는대로 써냈으니, 曲詞의 힘이 탁월하다."[144]

〈鴛鴦寺冥勘陣玄禮〉: "北曲의 曲詞 한 折은 거의 行雲流水와 같아서

137) 拙稿, ≪祁彪佳遠山堂二品考≫, ≪中國文學≫ 36輯, 11쪽 참조.

138) 詞以淡爲眞. ≪論著集成≫, 6卷, ≪曲品≫, 44쪽.

139) 詞於淡中着色, 有不衫不屐之趣. ≪論著集成≫, 6卷, ≪劇品≫, 152쪽.

140) 但字雕句鏤, 微少天然之趣. ≪論著集成≫, 6卷, ≪曲品≫, 22쪽.

141) 取元人公孫合衫劇叅錯而成, 極意摹古, 一以淡而眞者, 寫出怨楚之況. ≪論著集成≫, 6卷, ≪曲品≫, 126쪽.

142) 詞白穩貼, 猶得與荊·劉相上下. ≪論著集成≫, 6卷, ≪曲品≫, 24쪽.

143) 詞近自然, 若無意爲詞, 而詞愈佳. ≪論著集成≫, 6卷, ≪劇品≫, 155쪽.

144) 熟讀元曲, 信口所出, 遒勁不群. ≪論著集成≫, 6卷, ≪劇品≫, 144쪽.

모두 빼어난 문장이다."[145]

위의 品評에서 祁彪佳는 曲詞의 본 모습을 화려한 수식을 가하지 않은 質朴함에서 찾았다. 그는 〈藍采和〉가 '不衫不屐'의 자연스럽고 호쾌한 情趣를 지니고, 〈鈿合記〉가 '天然之趣'를 가지지 못한 이유의 중심에는 質朴함이 자리잡고 있다고 보았다. 곧 〈藍采和〉는 '淡', 곧 質朴함을 바탕으로 한 상태에서 일정한 수식을 가하였으니 자연스럽고 소탈한 정취를 지녔고, 반대로 〈鈿盒記〉는 字句를 너무 彫琢하여 '天然之趣'를 잃은 것이다. 그러면 질박하고 자연스러움을 本色의 면모로 지닌 曲詞는 어디에서 찾을 수 있는가? 그는 元雜劇과 元末 明初의 〈荊釵記〉나 〈白兎記〉 등 四大傳奇가 이러한 모습을 보여 준다고 보았다. 이리하여 그는 〈合衫記〉가 元 雜劇인 〈合汗衫〉을 매우 모방한 결과 質朴함으로 주인공의 '怨楚之況'을 그려낼 수 있었고, 〈雙杯記〉는 曲詞와 賓白이 모두 질박하고 자연스러운 本色의 모습을 지녀 〈荊釵記〉 및 〈白兎記〉와 優劣을 겨룰 수 있다고 보았다. 그러면 또 이러한 本色의 曲詞는 결국 어떠한 방법으로 획득할 수 있는가? 그는 韓信의 고사를 기록한 〈淮陰侯〉와 〈鶱忽姻緣〉 및 〈鴛鴦寺冥勘陣玄禮〉의 品評에서, 질박하고 자연스러운 本色의 曲詞는 바로 '無意'와 '信口' 및 '行雲流水'와 같은 방법을 사용함으로써 진정한 本色의 曲詞를 얻을 수 있다고 보았다. 곧 전혀 인위적 의식이 없이, 입에서 나오는 대로 자연스럽게 써내려가, 마치 '行雲流水'처럼 자연스러운 예술 경계를 통하여 이룰 수 있다고 보았다.

통속성과 자연성을 本色의 핵심으로 여긴 祁彪佳는 ≪二品≫ 중의 品評에서 누구의 작품을 이러한 本色이 잘 구현된 것으로 보았는가? 그는 ≪劇品≫에서 朱有燉과 徐渭의 작품을 최상위 등급인 묘품의 제일 앞에 두었고, 朱有燉의 〈風月姻緣〉과 徐渭의 〈四聲猿〉이 本色의 면모를 지

145) 北詞一折, 幾於行雲流水, 盡是文章矣. ≪論著集成≫, 6卷, ≪劇品≫, 159쪽.

니고 있다고 보았는데, 그 중에서도 徐渭의 〈四聲猿〉이 本色의 진면목을 보여주고 있다고 생각했다. 그러면 구체적인 品評을 살펴보자.

〈風月姻緣〉: "元雜劇 중의 언어와 매우 닮아서 元雜劇 작자의 길을 답습함을 역시 면하지 못할까 걱정되었다. 그러나 오직 그의 기품이 높고 시원시원하며 가슴 속에는 이미 자신의 계획이 있음으로 인하여, 옛 격식에 구애되지 않고 자신의 새로운 방법을 만들어낼 수 있었다. 그리하여 元雜劇의 작자를 모방하는 것을 작자는 가치있는 것이라고 여기지 않았다."[146]

〈漁陽三弄〉: "이 작품은 千古의 통쾌한 말이다. 나는 이 작품이 어떻게 神妙함에 들어가게 되었는지 모르며 단지 작품에 둥둥하는 金石소리가 있는 것을 느낀다."[147]

〈翠鄉夢〉: "요즈음의 극작가들은 元曲을 모방하여 곧 잘된 것이라고 자랑한다. 徐渭는 이러한 기풍을 一筆로 모두 쓸어버리고, 단지 옛 격식에 얽매이지 않고 새로운 방법을 만들어냈으니, 元曲이 도리어 오솔길로 떨어지게 된 것을 느낀다."[148]

〈雌木蘭〉: "붓을 드는 손목은 千鈞의 힘을 지녀 기름기 넘친 曲檀을 완전히 분쇄해 버렸다. 湯顯祖가 일찍이 '나는 徐渭를 사로잡아 그의 혀를 뽑아버리고 싶다'라고 말했으니, 이것은 徐渭가 번개같이 날카로운 필봉을 지닌 것을 두려워한 것이리라."[149]

〈女狀元〉: "南曲에는 글자를 꼬고 꺾은 것이 많아 비록 二十分의 재주를 지녔어도 그 중의 여섯 일곱을 줄이지 않을 수가 없다. 다만 徐渭만이 구속받지 않고 자신의 뜻대로 하여, 曲法에 어긋나지도 않고 또한 曲

146) 酷似元劇中語, 恐亦未免蹈元人之谿徑. 惟其氣韻高爽, 胸有成竹, 便能自我作古, 卽以元人擬之, 作者不屑也. ≪論著集成≫, 6卷, ≪劇品≫, 141쪽.

147) 此千古快談, 吾不知其何以入妙, 第覺紙上淵淵有金石聲. ≪論著集成≫, 6卷, ≪劇品≫, 141쪽.

148) 邇來詞人依傍元曲, 便誇勝場. 文長一筆掃盡, 直自我作祖, 便覺元曲反落蹊徑. ≪論著集成≫, 6卷, ≪劇品≫, 141쪽.

149) 腕下具千鈞力, 將脂膩詞場, 作虛空粉碎. 湯若士嘗云: '吾欲生致文長而拔其舌' 夫亦畏其有鋒如電乎? ≪論著集成≫, 6卷, ≪劇品≫, 142쪽.

> 法에 구속되지도 않았다. 그는 외로운 송골매가 구름을 뚫고 많은 고래들이 바닷물을 마시는 것과 거의 견줄만한 기백을 지녔다."[150]

祁彪佳는 여기에서 本色語가 잘 구현된 작품들의 공통점을 무엇이라고 보았는가? 그는 이전의 격식에 얽매이지 않고 개성적이고 독창적인 면모를 가지는 '自我作古' '自我作祖'의 예술 풍격이 이들 작품의 공통적인 핵심 요소라고 여겼다. 그리고 이러한 점은 主情論者인 祁彪佳가 명대 중기 이후의 낭만주의 사상을 흡수한 면을 반영하고 있는 것으로, 公安派의 영수인 袁宏道의 '獨抒性靈'說과 완전히 일치된다고 말해진다.[151] 이러한 바탕 위에서 그는 〈風月姻緣〉의 언어가 元雜劇의 언어와 매우 닮아, 朱有燉이 원곡 작자의 언어 습관을 그대로 답습할까 걱정했지만 거기에서 벗어나게 된 것은, 바로 '氣韻高爽'과 '胸有成竹'의 독창적이고 개성적인 예술 풍격으로 '自我作古'를 이루었기 때문이라고 보았다.

그러나 위에서 祁彪佳는 朱有燉보다 徐渭를 더욱 칭송하고 있다. 이는 徐渭의 제자인 王驥德이 徐渭를 칭송했지만 本色의 일인자로서 湯顯祖를 들었던 것과 비교하면, 徐渭에 대한 祁彪佳의 최고의 평가는 그가 戲曲 曲詞의 언어 형식과 예술적 풍격에 있어 徐渭를 얼마나 높이 평가하는지를 보여준 것이다. 그는 〈漁陽三弄〉이 '千古快談'이고, 〈翠鄉夢〉과 〈雌木蘭〉이 元曲을 모방만하는 당시의 '脂膩詞場'을 쓸어버리고 '自我作祖'하였음을 지적하였고, 아울러 湯顯祖의 말을 빌어 徐渭가 번개처럼 날카로우면서도 千鈞의 힘찬 필봉을 지니고 있다고 극찬하였다. 그러면 徐渭의 이러한 모습은 어디에서 기인한다고 祁彪佳는 보았는가? 그는 徐渭의 이러한 풍격이 '奔逸不羈' '不骫於法' '不局於法'하는 독창성과 개성에서

150) 南曲多拗折字様, 卽具二十分才, 不無減其六七. 獨文長奔逸不羈, 不骫於法, 亦不局於法. 獨鶻決雲, 百鯨吸海, 差可擬其魄力. ≪論著集成≫, 6卷, ≪劇品≫, 142쪽.

151) 陣竹, ≪中國古代劇作學史≫, 402쪽, 1999, 武漢出版社.

기인한다고 보았으며, 徐渭의 풍격을 '獨鶻決雲' '百鯨吸海'로 비유하며 독창적이고 개성적이며 힘찬 모습을 형상적으로 보여주고 있다.

한편 祁彪佳는 이상에서와 같이 戱曲의 曲詞에 있어서 本色을 천명하고 통속성과 자연성을 추구하였지만, 또한 '工麗' '艶麗'한 작품에 대해서도 일정한 평가를 하였다. 이것은 그가 戱曲의 총체성을 인식하여 戱曲의 曲詞가 舞臺性 뿐만 아니라 文學性도 함께 지녀야 한다고 생각했기 때문이다. 본시 戱曲 曲詞에 있어서 本色을 주장했던 吳江派가 작품의 舞臺性을 중시했다면, 문사의 아름다움을 추구했던 文詞派들은 작품의 文學性을 중시하였던 것이다. 그러면 ≪二品≫ 중의 구체적 品評을 살펴보자.

〈玉玦〉: "工麗함으로써 특출나다. ……이 작품은 매 折마다 같은 곡조를 사용하고, 매 곡조마다 같은 押韻을 하며, 아름다운 곡조가 백번을 단련하여 이루어졌으니, 이와같은 工麗함은 또한 어찌 쉽겠는가?"[152]

〈玉合〉: "駢麗派의 戱曲으로 〈玉決記〉에 근원을 두나, 曲詞를 엮은 것이 점점 자연스러움에 가까워져 曲詞의 향기와 색이 俊逸함에서 나온다. 곡단에는 曲詞를 이렇게 艶麗하게 잘 쓴 사람이 없어서는 안되며, 다만 艶品에 넣은 것을 梅鼎祚가 수긍하지 않을까 걱정된다."[153]

〈紅線〉: "工美함이 지극한 것으로 이미 거의 曲詞의 형식과 내용이 뛰어난 金相玉質에 가깝다."[154]

〈踏雪尋梅〉: "매우 艶麗한 曲詞로 매화의 엷은 향기와 드믄드믄한 그림자를 그려냈다. 그러나 艶麗함으로 우아함을 해치지 않았으니 이것으로써 문장의 묘미를 보게 된다."[155]

---

152) 以工麗見長, ……此記每折一調, 每調一韻, 五色管經百鍊而成, 如此工麗, 亦豈易哉! ≪論著集成≫, 6卷, ≪曲品≫, 20쪽.

153) 駢麗之派, 本於玉玦, 而組織漸近自然, 故香色出於俊逸. 詞場中正少此一種艶手不得, 但止題之以艶, 正恐禹金不肯受耳. ≪論著集成≫, 6卷, ≪曲品≫, 19쪽.

154) 工美之至, 已幾於金相玉質矣. ≪論著集成≫, 6卷, ≪劇品≫, 154쪽.

155) 以殊艶之詞, 寫出淡香疎影, 而艶不傷雅, 以是見文章之妙. ≪論著集成≫, 6卷, ≪劇品≫, 176쪽.

위의 인용문에서 〈踏雪尋梅〉의 작가 朱有燉을 제외한 나머지 세 작품의 작자 곧, 鄭若庸과 梅鼎祚 및 梁辰漁는 명대의 곡단에서 유명한 소위 崑山派·騈麗派라 불리는 작가들이다. 이 중 鄭若庸의 〈玉玦記〉는 騈麗派가 정식으로 형성된 하나의 標識로서,[156] 자신이 매우 칭송했던 徐渭가 심하게 비판했던 것이며, 梅鼎祚의 〈玉合記〉 또한 曲詞가 강한 文學性을 지녔으나, 曲詞 중에 典故나 생경한 단어를 많이 사용하여 이해하기 힘들어, 舞臺性에 있어서 치명적인 약점을 지닌 작품으로 평가된다.[157] 그러나 祁彪佳는 이들 작품에 대한 品評에서 이들을 전혀 비판하고 있지 않다. 그는 도리어 〈玉玦記〉를 적당히 칭찬하며, 〈玉合記〉의 작자 梅鼎祚에 대해서는 곡단에 꼭 필요한 작가라며 제법 높은 평가를 하며, 아울러 梁辰漁의 〈紅線記〉가 거의 '金相玉質'에 가깝다고 상당히 높은 평가를 하고 있다. 또한 〈踏雪尋梅〉가 매우 艶麗한 曲詞를 사용하였어도 다만 '艶不傷雅'하였다는 이유만으로 칭찬하고 있다. 우리는 여기에서 祁彪佳가 曲詞 중의 騈麗함을 반대하지 않았을 뿐만 아니라, 일정한 예술상의 성취가 있으면 긍정하였다는 것을 알 수 있겠다. 물론 이러한 점은 그가 湯·沈論爭 이후 文學性과 舞臺性을 함께 추구하여 더 높은 예술적 성취를 이룬 戲曲 작품을 추구하였던 변증적 사고의 결과이다. 이는 그가 吳江派의 후계자이면서도 曲詞 品評의 실제에 있어서는 吳江派의 鼻祖인 沈璟보다 臨川派의 湯顯祖를 더욱 높이 평가한 사실을 상기하면, 자신의 戲曲 미학관의 핵심을 보여주는 것이다. 그러면 실제 品評을 통하여 그가 本色과 工麗함을 辨證的으로 결합시켜 文學性과 舞臺性의 통일을 이루려고 했고, 雅俗의 결합을 추구했던 것을 살펴보자.

〈僧尼共犯〉: "通俗的 境界에 의거하면서도 優雅한 語調로 써냈으며

156) 趙山林, ≪中國戲劇學通論≫, 268쪽, 1995, 安徽教育出版社.

157) 徐培均 范民聲 主編, ≪中國古典名劇鑑賞辭典≫, 1990, 上海古籍出版社.

字句가 모두 독창적인 것이다. 그러므로 극도로 彫琢한 이후에 점점 自然스러움에 가까워진 것이다."[158]

〈渭塘夢〉: "葉憲祖의 戱曲은 自然스러움으로써 뛰어나며 彫琢하려 하지 않았다. 이 작품 같은 것은 이에 그 彫琢하던 곳이 점점 自然스러움으로 가까워지니, 조화롭게 선택하고 교묘하게 다듬음에는 따로 뛰어난 작가가 있도다."[159]

〈醉寫赤壁賦〉: "北劇은 매번 諧謔的인 말이나 俗語를 빌어 天然融合의 韻致를 취하여, 北曲의 語調는 붓을 운용함을 제일 중요하게 여긴다. 만일 붓을 운용함이 靈活하지 못하면 자신을 기준으로 옛것을 사용하지 못하여, 옛것이 쌓아 넘치게 되는 잘못을 면하지 못한다. 이 작품은 曲詞의 色彩가 工麗함과 質朴함의 사이에 있고, 曲詞의 語調를 구사함이 어려움과 쉬움의 사이에 있으니, 진실로 뛰어나다."[160]

〈團圓夢〉: "단지 淡淡하게 말해가면 自然스럽게 주관적인 情과 객관적인 景이 융합되고 주관적인 뜻과 객관적인 曲法이 합치된다. 대개 情이 지극한 말에는 氣가 그 가운데를 관통하고, 정신이 그 사이를 지난다. 曲詞를 천박하게 표현한 자는 이러한 것을 이룰 수 없고, 彫琢하는 자 또한 이러한 것을 이룰 수 없다."[161]

祁彪佳는 위에서 戱曲 曲詞의 雅俗 結合, 곧 本色과 彫琢을 통일시켜 自然스러움을 숭상하면서도 彫琢함을 버리지 않고, 彫琢함에서도 自然스러움을 찾고자 하는 자신의 曲詞관의 핵심을 보여주고 있다. 그는 〈僧尼共犯〉과 〈渭塘夢〉이 雅俗의 결합을 통하여 '刻畫'와 '鐫琢' 곧, 彫琢함

158) 本俗境而以雅調寫之, 字句皆獨創者, 故刻畫之極, 漸近自然. ≪論著集成≫, 6卷, ≪劇品≫, 168쪽.

159) 桐栢之詞以自然取勝, 不肯鐫琢. 如此劇, 乃其鐫琢處漸近自然, 則選和練竗, 別有大冶矣. ≪論著集成≫, 6卷, ≪劇品≫, 158쪽.

160) 北劇每就謔語·俗語取天然融合之致, 故北調以運筆爲第一義. 運掉未靈, 便不能以我用古, 不免堆積泛濫之病矣. 此劇設色於濃淡之間, 遣調在深淺之際, 固佳矣. ≪論著集成≫, 6卷, ≪劇品≫, 151쪽.

161) 只是淡淡說去, 自然情與景會, 意與法合. 蓋情至之語, 氣貫其中, 神行其際. 膚淺者不能, 鏤刻者亦不能. ≪論著集成≫, 6卷, ≪劇品≫, 140쪽.

에서 '自然'스러움으로 점점 나아감을 지적하였으며, 〈醉寫赤壁賦〉에서는 이상적인 曲詞는 '淡濃之間' '深淺之際'에 있음을 분명히 하였다. 그런데 祁彪佳의 이러한 曲詞觀은 王驥德이 ≪曲律≫ 雜論에서 湯顯祖의 本色을 최고로 여기면서, 그의 曲詞가 '淺深·濃淡·雅俗之間'에 있음을 지적했던 것과 같은 것으로,[162] 기본적으로 그의 曲詞論은 王驥德의 本色論을 계승한 것으로 볼 수 있다. 이러한 관점에서 그는 ≪二品≫ 중의 실제 品評에서 本色을 주창했던 沈璟보다는 湯顯祖의 曲詞를 더욱 높게 평가했으며, 여기에서 朱有燉의 〈團圓夢〉이 本色과 彫琢의 단계를 넘어서 더 높은 차원의 통일을 이룬 것으로 '情景'과 '意法'이 自然스럽게 융합된 작품이라고 칭송하였다.

이상에서 우리는 祁彪佳가 戲曲 曲詞의 本色을 원칙으로 하면서도 彫琢을 긍정하며 雅俗의 통일을 도모하고자 하였던 소위 雙美論的인 그의 견해를 살펴보았다. 그런데 祁彪佳는 이렇듯 戲曲 曲詞의 형식적인 면만을 언급했을 뿐만 아니라, 戲曲 曲詞의 형식이 曲詞의 내용, 곧 주제사상 등과 일정한 연관을 맺고 있음을 주목하였다. 다음의 品評을 살펴보자.

> 〈玉簪〉: "오직 塡詞하는데 신경을 써 그 아름다운 字句를 따와서 玉香氣를 토해 낼 수 있다. 그러나 뜻이 曲詞를 관통할 수 없는 점이, 마치 徐渭가 말한 '비단을 바른 燈籠·玉을 象嵌한 칼'과 같아서, 조금도 뜻의 明快함을 얻을 수 없다."[163]
>
> 〈玉丸〉: "이 작품은 결구가 산만할 뿐만 아니라 曲詞가 뜻에 이르지 못한다. 그리하여 뜻이 이미 명확하지 않기 때문에, 曲詞는 마침내 木鐘을 치거나 石鼓를 두드리는 것같이 아무 효과가 없으니, 비록 유창하게

162) ≪論著集成≫, 4卷, ≪曲律≫, 170쪽. 於本色一家, 亦惟是奉常一人-其才情在淺深·濃淡·雅俗之間, 爲獨得三昧.

163) 惟着意填詞, 摘其字句, 可以唾玉生香, 而意不能貫詞, 便如徐文長所云'錦糊燈籠, 玉鑲刀口', 討一毫明快不得矣. ≪論著集成≫, 6卷, ≪曲品≫, 50쪽.

塡詞하여도 또한 무슨 도움이 되겠는가?"[164]

祁彪佳는 여기에서 戲曲의 曲詞라는 형식은 반드시 작품의 주제사상을 위하여 존재함을 형상적인 비유를 통하여 명확히 보여주고 있다. 그는 〈玉簪記〉와 〈玉丸記〉가 실패한 것은 '意不能貫詞' 곧 '詞不達意' 함에 있음을 분명히 하였다. 그리고 그는 이러한 점을 설명하기 위해 '錦糊燈籠·玉鑲刀口'라는 徐渭의 말과 '撞木鐘·扣石鼓'이라는 구체적 物像을 통한 비유를 사용하였다. 곧 종이 대신에 비단을 바른 燈籠과 玉을 象嵌한 칼은 화려한 형식은 멋지지만 쓸모가 없고, 나무종과 돌북을 치는 것은 효과가 없는 것이듯, 작품의 주제사상 곧 '意'를 밝히지 못한 화려한 형식의 曲詞는 아무 쓸모가 없음을 밝혔다. 이는 앞서 논의한 결구라는 형식도 마찬가지였듯이 형식은 내용을 떠나 독립적으로 존재할 수 없고, 결국은 戲曲의 曲詞나 결구라는 형식이 모두 작가의 주제사상인 '意'를 위하여 존재해야 함을 주장한 것이다.

한편 祁彪佳는 戲曲의 문사 중 많은 곡론가들이 관심을 가졌던 曲詞뿐만 아니라 賓白에 대해서도 ≪二品≫ 중에서 일정한 관심을 보이고 있다. 그는 일반적으로 賓白論에서 다루어진 繁簡·通俗·尖新·科諢의[165] 모든 분야에 대해 간단하게나마 언급하고 있는데, 여기에서는 그의 賓白論을 대표하고 있는 통속성을 중심으로 간단히 살펴보기로 하자.

〈水滸〉: "曲詞에는 비록 幼稚한 구절이 많으나 賓白은 도리어 當行性을 크게 지녔으니 이것은 무대 위의 훌륭한 작품이다."[166]

164) 此記局旣散漫, 且詞不達意, 意旣蒙晦, 而詞遂如撞木鐘, 扣石鼓, 雖塡得暢滿, 亦何益哉. ≪論著集成≫, 6卷, ≪曲品≫, 102쪽.

165) 趙山林, ≪中國戲劇學通論≫, 476쪽, 1995, 安徽教育出版社.

166) 曲雖多稺弱句, 而賓白却甚當行, 其場上之善曲乎? ≪論著集成≫, 6卷, ≪曲品≫, 59쪽.

〈完貞〉: "賓白은 각색의 말투를 극도로 닮아야 하는데, 이는 곡단에서 역시 힘들어하는 부분이다."[167]

〈四異〉: "淨배우와 丑배우의 賓白은 蘇州 사람들의 시골말을 쓰고 익살스런 웃음을 잡다하게 내었는데, 脚色上의 말과 완전히 닮았다."[168]

〈氷山〉: "그러나 對話의 賓白은 너무 文雅함을 극도로 꺼리는데 學究氣를 벗어나지 못하고 있다."[169]

〈脫穎〉: "賓白을 완전히 ≪左傳≫과 ≪國語≫의 말에서 베끼어, 배우로 하여금 마치 말더듬이가 말더듬는 소리를 내도록 만드는 것과 같다."[170]

賓白은 曲詞와 비교하면 일반적으로 극작가와 평론가들의 냉대를 받았다. 그러나 祁彪佳는 인용문에서 보듯이 賓白을 상당히 중요하게 여기었는데, 이것은 그가 戲曲의 文學性과 함께 舞臺性을 중시한 결과라고 여겨진다. 이러한 관점에서 그는 〈水滸記〉가 曲詞는 비록 엉망이지만 賓白은 '當行'性, 곧 舞臺性을 크게 갖추어 '場上之善曲'이라고 칭찬하였던 것이다. 또한 그는 賓白의 기능적 중요성을 강조했을 뿐만 아니라, 賓白이 曲詞 못지않게 어려운 것이라고 지적하면서, 배우의 賓白이 각색상의 신분과 개성에 '逼肖'하는 性格化된 것이어야 함을 지적했다. 이러한 점에서 그는 〈完貞記〉가 성격화된 賓白으로 성공하였고, 〈四異記〉의 淨·丑배우들의 賓白 또한 성격화된 蘇州의 시골 언어를 사용하여 무대공연의 요구에 크게 부합했음을 칭찬하고 있다. 뿐만 아니라 賓白은 일반적으로 통속성을 중시하기 때문에 古書의 문장을 인용하는 등 너무 '文雅'한 언어의 사용을 기피해야 한다. 바로 이러한 근거로 祁彪佳는 〈氷山記〉가 賓白의 사용에 있어서 실패하였고, 아울러 〈脫穎記〉 또한 賓白을 모조리 ≪左傳≫

167) 說白極肖口吻, 亦是詞場所難. ≪論著集成≫, 6卷, ≪曲品≫, 29쪽.

168) 淨·丑白用蘇人鄉語, 諧笑雜出, 口角逼肖. ≪論著集成≫, 6卷, ≪曲品≫, 9쪽.

169) 但對口白極忌太文, 便不脫學究氣. ≪論著集成≫, 6卷, ≪曲品≫, 108쪽.

170) 賓白全抄左·國語, 使歌者如吃人作期期聲. ≪論著集成≫, 6卷, ≪曲品≫, 102쪽.

과 ≪國語≫에서 그대로 베끼어 배우를 말더듬이처럼 만들었다고 비판하고 있다.

7. 祁彪佳 ≪二品≫의 의의: 결구론과 문사론을 중심으로

祁彪佳 ≪二品≫ 중의 結構論과 文詞論은 그의 戲曲觀을 보여주는 대표적인 부분이다. 그는 湯·沈論爭 後 비록 吳江派의 계승자로 여겨지지만 결코 沈璟의 주장만을 답습하고 강조하지는 않았다. 그는 이들 모순·대립되는 주장을 더욱 한 차원 높은 상태에서 통일시키려고 노력하였으며, 이러한 점이 그의 戲曲觀의 핵심이다. 그리하여 그는 ≪二品≫ 중의 실제 비평에서도 자신의 비조인 沈璟보다도 湯顯祖를 더욱 높게 평가하였다.

結構論에 있어서 祁彪佳는 결구의 중요성을 강조한 후에 결구의 방법, '鍊局之法'을 얻기 위한 몇가지 방법을 제시하였는데, 이것은 戲曲 이론사에서 일정한 지위를 지닌 것이었다. 특히 그는 결구에서의 頭緖 문제를 명대의 곡론가 중 가장 자주 지적하였고, 또한 결구상의 曲直 문제에 있어서 曲折을 매우 중시하였다. 물론 이것은 명대 전기의 체제가 방대한 규모로 이루어졌기 때문에 情節上의 곡절이 반드시 필요한 것이었다. 또한 그는 결구상의 절주를 매우 중시하였으며, 절주상의 緩急과 繁簡 및 喧寂 문제를 정확히 인식하였다. 뿐만 아니라 그는 戲曲의 한 형식인 결구가 내용인 주제 사상과 일정한 연관이 있음을 주목하여, 내용과 형식이 서로 독립적이지 않음을 지적하였다.

文詞論에 있어서 祁彪佳는 曲詞의 本色을 천명하였다. 그리고 그 本色의 주된 내용으로 통속성과 자연성을 들었고, 이러한 本色이 잘 구현된 작품으로는 元雜劇과 元末 明初의 四大傳奇를 들었으며, 실제의 品評에서는 徐渭의 〈四聲猿〉을 극찬하였다. 그러나 祁彪佳는 근본적으로 항상 雙美論的인 변증적 사유를 운용하였다. 그는 本色의 작품만을 칭송했을 뿐만 아니라 당시 駢麗派들의 작품에 대해서도 일정한 긍정적인 평가를 내렸다. 결국 그는 本色과 조탁이라는 모순을 넘어서고자 했으며, 本色 중에서 조탁을 추구하고 반대로 조탁 중에서도 本色을 찾고자 하였으며, 이러한 것이 바로 그의 文詞論의 핵심이다. 이리하여 그는 本色을 주창한 沈璟보다는 아름다운 문사를 강조한 湯顯祖를 가장 높이 평가하였으며, 이러한 점은 그가 기본적으로 王驥德의 本色說을 계승한 점을 보여주는 것이었다. 한편 그는 결구에서와 같이 문사라는 형식이 작자의 주제 사상인 뜻과 밀접한 연관을 맺고 있음을 지적하여 결국은 문사가 뜻을 위해 존재하고 있다고 주장했다. 曲詞論에서 뿐만 아니라 賓白論에 있어서도 그의 주장은 간결하면서도 핵심을 정확히 인식하는 모습을 보여주었다. 그는 舞臺性과 밀접한 관련이 있는 賓白의 중요성을 정확히 인식했고, 아울러 賓白의 언어가 인물의 신분과 지위에 맞는 性格化된 賓白이 되어야 함을 지적했고, 아울러 古書의 언어나 너무 文雅한 언어는 賓白의 언어에 적당하지 못하다고 주장했다. 이상에서 기본적인 그의 주장이나 인식은 더 나은 戲曲의 발전을 위한 고뇌의 결과라는 점에서 일정한 가치가 있는 것으로 여겨진다. 다만 品評이라는 자체적 성격과 雙美論의 한계로 인하여 戲曲에 관한 그의 논의가 다른 곡론가와 비교하면 조금은 정치하지 못한 부분이 있는 것도 사실이다.

8. 曲調論

戲曲에 있어서의 曲調, 곧 音律을 중시한 점은 祁彪佳가 속했던 吳江派의 핵심적 주장이다. 그러나 祁彪佳는 沈璟의 吳江派에 속하면서도 湯

顯祖의 臨川派가 추구했던 것을 흡수·통일시키고자 노력하였으니, 그의 曲調論은 이미 沈璟이나 呂天成의 曲調論과는 또 어느 정도 궤를 달리하였다. 곧 그는 音律을 자신이 戱曲의 중요한 요소로 인정하면서도, 音律을 지나치게 중시하는 것이 인간의 眞情을 근본으로 한 曲詞의 묘미를 파괴할 수 있는 점을 주목하여, 音律과 曲詞上의 才情을 함께 추구하였는데, 이것은 그의 曲調論의 핵심으로서 그의 변증적인 사유방식을 보여주는 것이다. 이러한 점에서 그의 曲調論은 文詞論과 일정한 연관을 맺고 있는 것이며, 따로 독립적으로 파악할 수 없는 것이다. 그러면 ≪二品≫ 중 비교적 간결하게 나타난 그의 曲調論을 구체적으로 살펴보자.

〈磨忠〉: "曲調上 명확하지 않은 것이 많으니 어떻게 戱曲이라고 부르겠는가?"[171]

〈普化〉: "音律의 울타리를 엿보지도 않고서 억지로 音律의 이치를 아는 체한다."[172]

〈負劍〉: "작자는 音律을 잘 알지도 못하고 北曲의 曲調를 절반 사용하여 〈西廂記〉를 덩달아 흉내내었으니 마침내 襯字 때문에 잘못이 발생했다. 그리하여 비록 曲詞를 운용함이 아름다우나 또한 볼만하지 못하다."[173]

〈遠帆樓〉: "그 중에 빼어난 구절이 적지 않은데 애석하게도 적절히 배치함에 있어 표준이 없으니, 이것은 대개 작자가 아직 音律을 꿈속에서도 보지 못하여 내키는대로 썼기 때문이다."[174]

〈過眼浮雲〉: "結構上에 법도가 없고 南曲의 曲譜인 ≪九宮十三調譜≫가 어떤 것인지 눈으로 보고도 분간하지 못한다. 그리하여 작품의 曲詞

171) 調多不明, 何以稱曲. ≪論著集成≫, 6卷, ≪曲品≫, 109쪽.

172) 未窺音律之藩, 强作解事. ≪論著集成≫, 6卷, ≪曲品≫, 104쪽.

173) 作者不明音律, 半用北調, 效顰西廂, 遂爲襯字所誤, 雖運詞騈麗, 亦不足觀也已. ≪論著集成≫, 6卷, ≪曲品≫, 98쪽.

174) 其中俊句不乏, 惜安頓無法, 蓋繇作者尙未夢見音律, 漫然握管耳. ≪論著集成≫, 6卷, ≪曲品≫, 105쪽.

조차 마침내 읽을 수 없는데, 하물며 그것을 노래할 수 있겠는가?"[175]

위에 이용한 다섯 작품은 모두 최하위 등급인 具品에 속하는 것들이다. 그는 여기에서 당시의 몇몇 극작가들이 戱曲예술의 독특한 예술규율인 音律을 이해하지 못하면서 戱曲을 창작하는 것을 강하게 비판하고 있다. 이러한 曲調論的 입장에서, 그는 時事劇을 높이 평가하는 자신의 일반적인 경향[176]과는 달리, 魏忠賢의 죄악을 폭로한 〈磨忠記〉를 戱曲이라고 볼 수 없다고 혹평했으며, 아울러 〈普化記〉의 작자가 音律의 울타리조차 엿보지 못했다고 비판했다. 그런데 戱曲에서의 音律은 그 자체적 성격상 독자적으로 존재하지 않고 曲詞와의 연관 속에서 의미를 갖는다. 이러한 이유로 잘못된 音律은 曲詞의 아름다움을 파괴하고, 특히 배우의 演唱을 매우 어렵게 만든다. 이러한 점에서 祁彪佳는 音律上의 실패로 인하여 〈負劍記〉와 〈遠帆樓〉의 훌륭한 曲詞가 빛을 잃게 되었고, 〈過眼浮雲〉이 배우가 演唱하기 힘들게 되었음을 지적하고 있다.

그러면 그는 音律에 대하여 이렇게 엄격하게 요구하였는가? 그는 결코 音律에 있어 엄격하게 요구하지 않았다고 볼 수 있다. 이것은 그가 ≪曲品≫의 凡例에서 당시의 극작가 중 音律을 정확히 지킨 사람이 매우 드물어 100명에 한 두 사람 뿐이라고 말한 점을 상기한다면,[177] 그가 당시의 상황을 고려하여 音律에 있어서 비교적 너그러운 태도를 취하였음을 알 수 있는 것이다. 이러한 점에서 그는 吳江派의 계승자이면서도 音律의 사용에서 염격했던 沈璟이나 呂天成과 다른 점을 지니고 있는데 다음의 구체적 品評을 살펴보자.

175) 乃貫串無法, 目中不識九宮十三調爲何物, 語竟不可讀, 而況歌之乎? ≪論著集成≫, 6卷, ≪曲品≫, 109쪽.

176) 拙稿, 〈祁彪佳≪遠山堂二品≫考〉, 217쪽, ≪中國文學≫, 36輯, 참조.

177) 拙稿, 〈祁彪佳≪遠山堂二品≫考〉, 4쪽, ≪中國文學≫, 36輯 참조.

〈當壚〉: "비록 音律에 있어 아직 소홀하나 뛰어난 구절이 많아 音律의 잘못을 덮어준다."[178]

〈軒轅〉: "曲詞가 매우 輕快하여 비록 때때로 몇 글자가 叶韻하지 않지만 또한 大雅가 되기에 부끄러움이 없다."[179]

〈羅浮夢〉: "曲詞가 매우 優雅하여 혹 押韻이 뒤섞여도 무방하다."[180]

〈當壚記〉는 ≪史記≫의 司馬相如列傳을 제재로 한 작품으로 지금은 전하지 않아[181] 확인할 수 없으나 祁彪佳에 의하면 音律에 있어서 부족한 점이 있고, 〈軒元記〉와 〈羅浮夢〉 또한 압운상에 있어서 분명히 문제를 지니고 있다. 그러나 祁彪佳는 이 세 작품에 대하여 그다지 나쁜 평가를 하지 않고 있다. 그는 앞의 인용문과 비교한다면 曲調上의 실패에 대해 상당히 너그러운 태도를 취하고 있다. 그것은 왜 그런가? 이것은 물론 그가 曲調에 대한 평가를 할 때 항상 曲詞에 대한 평가와 아울러서 진행하기 때문이다. 곧 그는 曲調의 좋고 나쁨을 평가할 때 曲詞의 좋고 나쁨을 또한 고려하였던 것이다. 그리고 이러한 점은 祁彪佳가 ≪曲品≫敍에서 '압운이 잘못되면 나아가 그 曲調의 아름다움을 구하고, 曲調가 틀리면 다시 그 曲詞의 아름다움을 찾는다(韻失矣, 進而求其調, 調譌矣, 進而求其詞'라고 밝혔던[182] 品評태도와 일치하는 것으로, 音律의 중요성을 절대화시키지 않은 면에서 비교적 객관적인 태도라고 여겨진다. 祁彪佳는 바로 이와 같은 입장에서 〈當壚記〉가 비록 曲調상의 문제를 드러냈지만 많은 '好句'들이 曲調의 병폐를 덮어주고, 〈軒轅記〉도 몇 글자가 압운에 맞지 않지만 '輕快'한 曲詞로 인하여 '大雅'에 들어가는 데 부끄러움이 없으

178) 雖音律尙疎, 好句多爲疵掩. ≪論著集成≫, 6卷, ≪曲品≫, 16쪽.

179) 詞甚輕快, 雖偶有數字不叶, 亦無愧於大雅. ≪論著集成≫, 6卷, ≪曲品≫, 58쪽.

180) 詞甚雅, 或不妨韻雜. ≪論著集成≫, 6卷, ≪劇品≫, 167쪽.

181) ≪中國曲學大辭典≫, 386쪽, 1997, 浙江教育出版社.

182) ≪論著集成≫, 6卷, ≪曲品≫, 3쪽.

며, 〈羅浮夢〉 또한 優雅한 曲詞가 있음으로써 압운상의 문제가 무방하게 됨을 지적하고 있다. 그러면 그는 曲調上에서 결국 누구의 어떠한 작품을 이상적으로 생각했는가? 먼저 그는 물론 자신이 속한 吳江派의 비조인 沈璟의 曲調를 매우 존중하였으며, 또한 音律을 엄격히 지키던 吳江派 작가들의 작법을 높이 평가하였다. 그러면 구체적으로 그의 品評을 살펴보자.

〈紅蕖〉: "글자마다 金과 玉을 두드리는 멋진 운치가 있고, 구절마다 樂曲 變調의 아름다움이 있다. 또 藥名·曲名·五行·八音과 聯韻·疊句를 曲調의 曲詞에 넣음에 있어서는 극도로 彫琢을 하였다. 선생은 이 작품 이후에 완전히 본색으로 변하였는데, 바로 오직 극도로 艶麗할 수 있는 사람이어야만 비로소 극도로 질박할 수 있는 것이니, 본색을 俚俗에서 빌리는 지금 사람들이 어찌 戱曲을 알겠는가?"[183]

〈雙雄〉: "이것은 馮夢龍의 소년 시절의 작품으로 沈璟의 家法을 확실히 지키면서도 때때로 멋진 문장을 내놓을 수 있었다."[184]

〈北邙說法〉: "音律에 맞은 戱曲으로 바로 曲詞를 묘사하는 才情을 드러내지 않는 점이 교묘하다."[185]

〈寒衣〉: "남녀 이별의 원망의 감정을 전하고 있다. 깊은 감정을 얕은 語調로써 써내니, 완연히 똑같은 모습으로 닮을 수 있다. 葉憲祖는 音律에 정통한데 北曲의 曲調인 이 작품에서는 더욱 특출하다."[186]

〈倩女離魂〉: "王驥德은 곡률에 정통하여 宮調와 押韻 및 平仄에 있어 조금도 틀리지 않는다. 이러한데도 다시 또 본색의 曲詞를 지을 수 있으니, 마침내 鄭光祖의 元雜劇인 〈倩女離魂〉으로 하여금 앞에서 명성

183) 字字有鼓金戞玉之韻, 句句有移宮換羽之工, 至於藥名·曲名·五行·八音, 及聯韻·疊句入調, 而雕鏤極矣. 先生此後一變爲本色, 正惟能極艶者方能極淡, 今之假本色於俚俗, 豈知曲哉! ≪論著集成≫, 6卷, ≪曲品≫, 18쪽.

184) 此馮猶龍少年時筆也, 確守詞隱家法, 而能時出俊語. ≪論著集成≫, 6卷, ≪曲品≫, 33쪽.

185) 合律之曲, 正以不露才情爲妙. ≪論著集成≫, 6卷, ≪曲品≫, 157쪽.

186) 傳兒女離怨之情. 深情以淺調寫之, 故能宛宛逼肖. 槲園精工音律, 於此劇北調, 尤見其長. ≪論著集成≫, 6卷, ≪劇品≫, 157쪽.

을 독차지 할 수 없도록 만들었다."[187]

〈金屋招魂〉: "王驥德은 沈璟이 주창한 曲調의 法令을 지켜서 曲法에 엄격히 하는 자이나, 曲詞가 오히려 이와같이 婉麗할 수 있는 것은, 대개 그의 戲曲이 자연스럽고 교묘하게 이루어진 것이지, 어찌 모두 推敲로부터 얻은 것이겠는가?"[188]

위의 인용문에 의하면 曲調上에서 祁彪佳가 누구의 작품을 이상적으로 추구한 것은 분명하다. 그는 위에서 曲調上에서 沈璟의 성취를 극찬하고 있으며, 아울러 吳江派의 대표적인 작가들인 馮夢龍·葉憲祖·王驥德의[189] 曲調를 매우 칭송하고 있다. 그는 沈璟의 〈紅渠記〉가 글자마다 '鼓金戛玉'하는 曲調의 운치를 지니고, 구절마다 '移宮換羽'하는 曲調의 아름다움을 지니고 있음을 매우 칭송하고 있다. 뿐만 아니라 그는 馮夢龍의 〈雙雄記〉가 沈璟의 '詞隱家法'을 철저히 지키고, 곡률에 정통한 葉憲祖의 〈北邙說法〉과 〈寒衣記〉가 각기 音律에 부합되고 특출나며, 특히 '詞隱功令'을 준수하여 곡률에 정통한 王驥德의 〈倩女離魂〉과 〈金屋招魂〉이 각기 宮調와 押韻 및 平仄에 있어서 조금도 틀리지 않고 曲法을 엄격히 지키고 있음을 지적하고 있다. 더욱이 통속문학가로서 유명한 馮夢龍은 그의 초기 戲曲 작품인 〈雙雄記〉를 창작할 때 沈璟에게 지도를 청하여 聲律 方面에서 '詞隱家法'을 전수받았다고 하니,[190] 그의 작품이 曲調上에서 매우 정확한 것은 당연하였다.

---

187) 方諸生精於曲律, 其於宮韻平仄, 不錯一黍. 若是而復能作本色之詞, 遂使鄭德輝離魂北劇, 不能專美於前矣. ≪論著集成≫, 6卷, ≪劇品≫, 162쪽.

188) 方諸生遵詞隱功令, 嚴於法者也, 而曲猶能婉麗如許, 蓋其詞筆天成, 豈盡繇推敲中得耶. ≪論著集成≫, 6卷, ≪劇品≫, 162쪽.

189) 王驥德이 吳江派인가에 대하여는 아직까지도 평론가에 따라 논쟁이 있으나(일례로 夏寫時의 ≪論中國戲劇批評≫ 332쪽 '王驥德은 吳江派인가?'에서 王驥德은 吳江派가 아니라고 주장함) 여기에서는 그가 곡률을 매우 중시한 점에 근거하여 편의상 넓은 의미의 吳江派로 본다.

190) 趙山林, ≪中國戲劇學通論≫, 283쪽. 1995, 安徽教育出版社.

한편 戱曲 무대성의 핵심요소인 曲調와 문학성의 핵심 요소인 曲詞의 아름다움을 모두 추구하였던 祁彪佳는 曲調의 정확함을 언급할 때 대부분 曲詞의 뛰어남을 함께 주목하였다. 그의 ≪二品≫에 의하면 曲調上에서 정확한 작가들은 대부분 曲詞上에서도 뛰어나다. 물론 이것은 당시의 문인들이 戱曲 창작시 일반적으로 曲調上의 규율에 익숙하지 못했던 상황에서 말미암은 것이라고 생각된다. 이러한 점을 상기한다면 우리는 祁彪佳가 위의 인용문에서 曲調上에서 정확한 沈璟 등 吳江派의 曲詞를 칭송하고 있는 점은 자연스러운 것이라고 이해할 수 있다. 곧 그는 이들 吳江派의 몇몇 작가들이 曲調의 '法'과 曲詞의 '才'를 함께 겸비하고 있다고 보았다. 그리하여 그는 沈璟의 초기 작품인 〈紅渠記〉가 沈璟의 吳江派가 제창했던 본색과는 정반대로 지나친 彫琢을 가하고 있다고 말하고 있음에도 불구하고, 결코 비판하지 않고 옹호하고 있는데, 이러한 그의 주장은 그가 沈璟의 작품을 ≪二品≫ 중에서 높이 평가하였던 본색의 논리와는 배치되는 것으로, 沈璟에 대한 祁彪佳의 애정을 보여준다고 볼 수 있겠다. 이러한 관점에서 그는 藥名·曲名·五行·八音 및 聯韻·疊句 등 曲詞를 생기있고 재미있게 만들어 독자나 관중의 눈에 띠게 만드는 소위 巧體[191]를 曲調 중의 曲詞에 넣어 극도로 彫琢을 가하고 있는 것에 대하여 중립적인 태도를 취하고 있는 것이다.

뿐만 아니라 그는 〈雙雄記〉가 '俊語'를 보여주고, 〈北邙說法〉의 작자 葉憲祖가 曲詞를 짓는 '才情'을 지니어 曲調의 '法'과 曲詞의 '才'를 겸비하고 있음을 지적하였다. 특히 이들 吳江派의 작가들 중 王驥德의 曲詞에 대해서 祁彪佳는 가장 높은 평가를 하고 있다. 그는 王驥德의 〈倩女離魂〉이 엄격한 曲調의 바탕 위에 다시 본색의 曲詞를 운용하여, 똑같은 제재를 제재를 사용한 鄭光祖의 元雜劇인 〈倩女離魂〉과 비슷한 높은 수

191) 趙山林, ≪中國戱劇學通論≫, 471쪽 참조, 1995, 安徽教育出版社.

준의 戲曲이 되었으며, 〈金屋招魂〉 또한 엄격한 曲調의 바탕 위에 '推敲'에 의해서가 아니라 '天成'으로 이루어진 '婉麗'한 曲詞를 운용하고 있음을 매우 칭송하였다. 한편 祁彪佳는 戲曲 작품 중의 曲調가 잘 구현된 것을 吳江派 작가들의 작품에서만 지적했을 뿐만 아니라, 일반 문인들의 작품 중에서도 曲調상에서 뛰어난 작품들이 존재하는 것을 주목하였다. 그러면 구체적으로 다음의 品評을 살펴보자.

> 〈睡鄉〉: "曲詞가 매우 시원스러우며 압운을 지킴이 또한 엄격하다."[192]
>
> 〈櫻桃夢〉: "陳與郊의 이 작품은 모두 그가 세상을 개탄하는 말을 내뱉은 것으로 그 才情의 宕逸함은 모두 우쭐대며 자신을 뽐낼만 하며, 그가 운율을 지키고 音을 바르게 사용함에 있어서는 확실히 老大家이다."[193]
>
> 〈喬坐衙〉: "曲詞를 신령스럽게 운용함은 말할 필요도 없고, 압운을 고르고 音을 맞춤에 있어서도 어떻게 미세한 부분까지 빼어나게 운용하여 巧妙함이 이와 같구나!"[194]

위의 세 작품들의 曲調에 대한 品評에서 祁彪佳는 吳江派에 대한 品評에서와 마찬가지로 音律과 曲詞를 함께 살피었다. 그는 〈睡鄉記〉가 압운상에서 '嚴'하고, 〈櫻桃夢〉의 작자 陳與郊가 曲調에 있어서 '老宿'이며, ≪水滸傳≫에서 李逵가 梁山으로 가는 도중 壽張縣을 지나다가 縣衙를 덮쳐 官服을 입고 堂에 올라 사건을 심사하는 고사를 제재로 한[195] 張岱

192) 詞極爽, 而守韻亦嚴. ≪論著集成≫, 6卷, ≪曲品≫, 12쪽.

193) 先生此記, 盡洩其慨世之語, 而其才情宕逸, 皆不可一世, 乃其守律正音, 則居然老宿也. ≪論著集成≫, 6卷, ≪曲品≫, 10쪽.

194) 文心之靈轉不必言, 至於選韻諧音, 又何以累黍弄丸, 巧妙若是也! ≪論著集成≫, 6卷, ≪劇品≫, 172쪽.

195) ≪中國曲學大辭典≫, 300쪽, 1997, 浙江教育出版社.

의 〈喬坐衙〉가 曲調上에서 '巧妙'하다고 매우 칭송하고 있다. 또 그는 이 들 세 작품의 曲詞가 모두 뛰어나는데, 특히 〈櫻桃夢〉의 작자 陳與郊가 曲詞를 짓는 '才情'이 '宕逸'하여 '不可一世'하며, 〈喬坐衙〉의 작자 張岱가 '文心之靈轉'함을 지니고 있다고 지적하였다. 그런데 우리는 여기서 두 가지를 유의해야겠다. 먼저 品評의 서술 차례 방면에서 볼 때 祁彪佳는 앞의 吳江派를 品評할 때와는 다르게 여기서는 曲詞를 먼저 높이 평가한 후에 曲調를 나중에 品評하였다. 아마 이러한 점은 이들의 曲詞와 曲調가 모두 빼어나지만, 이들 작품은 曲詞가 曲調보다 더 뛰어나고, 반대로 吳江派는 曲調가 曲詞보다 더 뛰어나기 때문이 아닐까 생각된다. 또한 여기서 祁彪佳가 언급하는 '才情'이 사실은 湯顯祖의 臨川派가 요구하는 戱曲 창작의 예술적 기본 소양임을 감안한다면, 祁彪佳가 臨川派에서 요구하는 '才情'과 吳江派에서 주장하는 '聲律'을 함께 추구하려는 辨證的인 雙美論者임을 쉽게 이해할 수 있다. 이런 점에서 '才情'과 '聲律'을 보다 더 높은 수준에서 통일시키려고 노려했던 祁彪佳의 목표는 曲調論이 曲詞論과의 연관 속에서 비로소 큰 의의를 지니도록 만들어, 曲調論의 자체 독립적 의의를 감소시켰다고 볼 수 있다.

이상에서 우리는 祁彪佳의 ≪二品≫ 중의 品評에 나타난 그의 曲調論을 살펴보았다. 그는 성률을 중시하던 吳江派의 후계자로서 音律을 매우 중시하였다. 그리하여 그는 戱曲 창작 중에 기본적 音律조차 이해하지 못했던 당시의 극작가들을 강하게 비판했다. 그러나 그의 曲調論은 단편적으로 이해할 수 없었다. 곧 그는 吳江派가 요구하던 音律과 臨川派가 강조했던 才情을 함께 추구했던 雙美論자로서, 音律을 자체적으로만 파악하지 않고 曲詞와의 연관 속에 파악하였던 것이다. 이러한 입장에서 그는 비록 音律上에 일정한 잘못이 있더라도 曲詞가 빼어나면 音律의 단점을 덮어줄 수 있다고 보았으며, 이러한 점에서 그는 비록 沈璟 등 吳江派가 音律을 정확히 지키는 것을 매우 칭송했지만, 한편으로는 沈璟과는 曲調

論上에서 어느 정도 궤를 달리하였다. 곧 그는 音律을 절대화시키지 않았으며, 경우에 따라서는 音律이 曲詞의 아름다움을 파괴하는 것을 지적하는 등, 音律과 曲詞와의 관계에서 音律보다 曲詞를 더욱 중요시하는 입장을 취하였다. 그리고 이러한 이유로 말미암아 祁彪佳는 실제品評에서 音律을 중시했던 沈璟의 작품보다는 才情을 중시했던 湯顯祖의 작품을 더 높이 평가하였다고 생각된다.

9. 意境論

意境은 중국 고전미학의 중요 범주로서 작자의 주관적인 감정인 '情' 및 '意'가 사물의 객관적인 모습인 '境'과 相互 交融하여 이루어낸 예술 경계이며, 情景交融과 虛實結合을 기본적인 두 가지 미학특징으로 한다. 그리고 이러한 意境說이 唐代 中期에 정식으로 탄생한 점은 이미 학술계에서 공인된 것이다.[196] 그리하여 이후 唐宋人들이 詩歌를 가지고 意境을 논하였으나, 명대 이후 곡론가들은 戲曲의 비평에 意境이란 용어를 사용하였다. 王世貞은 ≪曲藻≫에서 '妙境'이란 용어를 사용하여 馬致遠의 套曲을 評하였고, 湯顯祖는 ≪紅梅記總評≫ 중에서 '境界'란 단어를 사용하였다.[197] 그러나 이러한 것들은 단편적인 것으로 논리적인 체계를 갖추지 못했고, 呂天成과 祁彪佳에 이르러서야 비로소 일정한 논리를 갖춘 意境說이 나타났다. 呂天成은 ≪曲品≫에서 戲曲 작품을 品評하면서 '意境' '境界'라는 종합적인 기준으로 극본의 예술 수준에 대하여 총체적인 평가를 하였으며, 구체적으로 작품 중 '有境' 여부로써 戲曲 수준의 高低를 평가하는 주요 기준으로 삼았다. 또한 그는 意境의 구성에 대해 탐구

196) 袁行霈 孟二冬 丁放著, ≪中國詩學通論≫, 1994, 安徽教育出版社.

197) 趙山林, ≪中國戲劇學通論≫, 734쪽, 1997, 安徽教育出版社.

를 하여 意境이 '情' '景' '事'의 세 요소를 포함하고 있다고 보았으며, 특히 悲劇的 색채를 지닌 '苦境'에 대한 탐구를 진행하였다.[198] 그러나 문학사에서 일반적으로 처음 접하게 되는 王國維의 意境說이 성립하기 전에 祁彪佳는 呂天成의 意境論을 근거로 하여 상당히 정치한 意境論을 보여주는데, 여기서는 그 구체적 실질과 의미를 살피기로 한다. 그러면 먼저 意境의 중요성과 창조에 관한 그의 品評을 보자.

> 〈鸚哥〉: "그러나 格調를 세움이 이미 惡境으로 떨어졌으니, 비록 王實甫가 다시 재생하더라도 또한 어찌할 방법이 없다."[199]
>
> 〈寶帶〉: "取境이 이미 저속하니 曲詞 또한 역시 용속하다."[200]
>
> 〈逢人騙〉: "取境이 저속하여 曲詞 또한 이와 같이 조잡하다."[201]
>
> 〈男王后〉: "取境이 또한 기이하고 曲詞가 심히 工美하여 大雅의 風貌를 지녔다."[202]
>
> 〈龍華夢〉: "〈南柯記〉와 〈邯鄲記〉 외에 또 하나의 새로운 경계를 열었다."[203]
>
> 〈唾紅〉: "史槃은 匠人의 마음으로 戱曲을 창작할 때 일상의 意境에 의거할 수 있었고, 다시 그 意境을 층층히 뒤집는 것이 마치 파도가 아직 가라앉지 않았는데 새 파도가 다시 일어나는 것과 같다."[204]
>
> 〈喬斷鬼〉: "일상의 境界에 의거하면서도 宛然히 逼眞하게 그려낼 수 있고, 꼭 알맞은 曲詞를 사용하니 비록 일상 중에서도 또한 저절로 일상

198) 이상 呂天成의 意境論에 관하여는 趙山林, ≪中國戲劇學通論≫, 736-737쪽을 요약한 것임.

199) 但立格已墮落惡境, 卽實甫再生, 亦無如之何矣. ≪論著集成≫, 6卷, ≪曲品≫, 82쪽,

200) 取境旣俗, 出吻亦庸. ≪論著集成≫, 6卷, ≪曲品≫, 95쪽.

201) 取境俗, 故詞亦粗夯如此. ≪論著集成≫, 6卷, ≪劇品≫, 196쪽.

202) 取境亦奇, 詞甚工美, 有大雅韻度. ≪論著集成≫, 6卷, ≪劇品≫, 161쪽.

203) 南柯·邯鄲之外, 又闢一境界矣. ≪論著集成≫, 6卷, ≪劇品≫, 160쪽.

204) 叔考匠心創詞, 能就尋常意境, 層層掀翻, 如一波未平, 一波復起. ≪論著集成≫, 6卷, ≪曲品≫, 44쪽.

과 다르게 되었다."[205]

〈砥瀾〉: "取境이 인간적인 모습에 가깝고 또 曲詞를 운용함이 세상사에 어울리니, 곧 무대 위의 훌륭한 작품이다."[206]

여기에서 祁彪佳는 意境에 관한 세 가지 사항을 언급하고 있다. 먼저 그는 意境이 작품에 미치는 주도적인 영향을 주목하였다. 意境은 본시 작품의 총체적 모습을 보여주는 것이다. 이러하기 때문에 意境은 작품의 부분적인 면에 영향을 끼친다. 그는 이러한 면에서 〈鸚哥記〉의 격조가 '惡境'에 빠져 있어 비록 王實甫와 같이 뛰어난 극작가가 '再生'하여도 어찌할 방법이 없고, 〈寶帶記〉의 '取境'이 저속하여 曲詞를 묘사하는 '出吻'이 자연히 용속해졌으며, 마찬가지로 〈逢人騙〉의 '取境'이 저속하여 曲詞가 조잡하게 되었음을 지적하였다.

다음으로 그는 여기에서 戲曲 작가들의 意境이 다루어야 할 범위를 논하고 있다. 그는 작품의 意境이 평이함에서 벗어나 새롭고 창의적이어야 한다고 보았다. 그리하여 그는 〈男王后〉가 '大雅'의 '韻度'를 지닐 수 있게 된 것은 '取境'의 '奇'에서 크게 기인했음을 지적하고, 아울러 龍華寺에서 발생한 일과 부인의 夢中情景의 고사를 제재로 한[207] 〈龍華夢〉이 새로운 경계를 창조한 것을 칭송하였다. 마지막으로 그는 위에서 意境의 창조가 황당함에 빠지지 않고 반드시 현실의 일상을 근거로 해야 한다고 주장했다. 이런 점은 그가 戲曲의 意境이 현실 생활의 곡절한 반영임을 정확하게 인식하고 있음을 보여준다. 그리하여 그는 〈唾紅記〉의 작자인 史槃이 戲曲을 창작할 때 '匠心'을 가지고 지으면서 '尋常意境'에 근거하여, 끝없이 부딪치는 파도처럼 수많은 意境의 제련 과정을 통하여 수준 높은 意

205) 本尋常境界, 而能宛然逼眞, 敷以恰好之詞, 則雖尋常中亦自超異矣. ≪論著集成≫, 6卷, ≪劇品≫, 147쪽.

206) 而取境旣近人, 搆詞亦諧世, 便爲場上之善曲矣. ≪論著集成≫, 6卷, ≪曲品≫, 67쪽.

207) ≪中國曲學大辭典≫, 305쪽, 1997, 浙江教育出版社.

境의 작품을 이루어냈고, 〈砥瀾記〉가 荒唐하지 않고 '近人'하는 '取境'으로 무대성을 갖춘 훌륭한 작품이 되었으며, 이와 함께 〈喬斷鬼〉가 '尋常境界'에 의거하여 '恰好'의 曲詞로써 핍진하게 그려냄으로써, 비록 '尋常'에서 나왔지만 저절로 尋常을 넘어서는 '超異'의 단계에 들어갔음을 지적했다.

한편 祁彪佳는 ≪二品≫ 중의 品評에서 허실결합과 함께 意境 창조의 핵심적 방법의 하나인 情景交融에 관한 자신의 견해를 보여준다. 물론 情景交融에 관한 祁彪佳의 주장은 雙美說의 원조인 呂天成의 주장을 근거로 하였다. 그는 呂天成이 훌륭한 意境을 창조하기 위해서는 '情'과 '景' 및 '事'의 세 가지를 융합하여야 한다는 주장을[208] 흡수하여 情景交融이 이루어진 작품을 매우 높이 평가하였다. 그러면 그의 品評을 살펴보자.

〈團圓夢〉: "단지 淡淡하게 말해가서 자연스럽게 주관적인 情과 객관적인 景이 융합되고 주관적인 뜻과 객관적인 曲法이 합치되고 있다. 이것은 대개 情이 지극한 말에 氣가 그 가운데를 관통하고 정신이 그 사이를 지나는 것이다."[209]

〈奇節〉: "두 고사가 모두 正史에 나오며 그것을 전하는 것이 情景이 합치되어 닮지 않은 경계가 없다."[210]

〈南樓夢〉: "그러나 曲詞가 景을 많이 묘사하였건만 마침내 情에 들어가지 못했으니, 湯顯祖를 무턱대고 모방하는 한 두 부분도 있으나, 오히려 才情이 드러나지 않는다고 느끼게 하는 지경에 이르렀다."[211]

〈粧樓〉: "헤어지고 합해지는 곳에서 차례대로 사실만 나열하고 있으

---

208) 趙山林, ≪中國喜劇學通論≫, 737쪽, 1995, 安徽教育出版社.

209) 只是淡淡說去, 自然情與景會, 意與法合. 蓋情至之語, 氣貫其中, 神行其際. ≪論著集成≫, 6卷, ≪劇品≫, 140쪽.

210) 二事皆出正史, 傳之者情與景合, 無境不肖. ≪論著集成≫, 6卷, ≪曲品≫, 128쪽.

211) 但詞多寫景, 遂未入情, 至有一二學步臨川者, 轉覺才情不露. ≪論著集成≫, 6卷, ≪曲品≫, 72쪽.

니 情景이 조금도 없다."[212]

情景交融은 주관과 객관의 통일이며 이러한 경계에 진입하면 모든 것이 자연스럽게 이루어진다. 祁彪佳는 위에서 〈團圓夢〉과 〈奇節記〉가 情景交融을 이루고 있음을 지적하고 있는데, 특히 周有燉의 〈團圓夢〉에 대해서는 情景交融의 경계가 매우 뛰어나게 창조되었다고 극찬을 하고 있다. 그에 의하면, 〈團圓夢〉의 작자는 단지 '淡淡'하게 묘사하면서도 自然스럽게 '情景'과 '意法'이라는 主·客觀의 융합을 이루고 있으며, 그러한 경계에서 '氣貫其中'하고 '神行其際'하는 모습을 보여준다. 이러한 점은 결국 〈團圓夢〉이 예술적 형상묘사로써 정경융합에 성공하고 있을 뿐만 아니라, 戱曲의 객관적 규율인 '法'에 자신의 주관적 창작의도인 '意'를 자연스럽게 결합하고 있음을 칭송하고 있는 것이며, 아울러 이러한 최고의 경계에 이른 작자의 정신 세계를 형상적으로 보여주고 있는 것이다.

반면, 이와는 달리 祁彪佳는 〈南樓夢〉과 〈粧樓記〉가 情景融合에 실패했음을 비판하고 있다. 곧 그는 〈南樓夢〉의 작자가 曲詞에 있어서 '寫景'을 많이 하였지만 '入情'을 하지 못해 정경융합에 실패하고 있는데, 이것은 湯顯祖를 무턱대고 모방하되 湯顯祖의 실질인 '才情'을 보여주지 못한 결과이며, 아울러 〈粧樓夢〉이 정절상 중요한 '離合處'에서 단지 순서대로 객관적 사실만 나열하는 '敷衍'의 수법을 사용하여 주관적인 '情'과 결합시키지 못함으로써 정경융합의 방면에서 실패하고 있음을 지적하였다.

그런데 情景融合으로써 창조한 意境은 戱曲 작품 중에는 다양한 형태로 보인다. 곧 悲劇的 색채를 지닌 '苦境'·'悲境'이 있는가 하면, 喜劇的 색채를 지닌 '歡境'이 있고, 현실적 색채를 지닌 '眞境'이 있는가 하면, 비현실적 夢幻的 색채를 지닌 '夢境'·'幻境' 등이 있다. 그런데 祁彪佳는 ≪二

212) 離合處逐節敷衍, 絶無情景. ≪論著集成≫, 6卷, ≪曲品≫, 83쪽.

品≫ 중에서 '眞境'보다는 '夢境'의 예술성을, '歡境'보다는 '悲境'의 예술성을 더욱 중요시하고 자주 언급하였는데, 이것은 그의 戲曲 미학사상을 보여주는 것으로며, 동시에 그의 意境論의 핵심을 이루는 것이다. 그러면 먼저 '夢境'에 대한 그의 구체적 品評을 살펴보자.

〈唾紅〉: "曲詞는 本色을 진면목으로 하고, 境界는 幻境을 핵심으로 하는데, 〈唾紅記〉가 그 중의 하나이다."[213]

〈櫻桃夢〉: "冷熱과 離合이 마치 물결이 뒤집히고 파도가 겹치듯 하여 짐작할 수가 없으니 이것은 夢境을 닮았다. 湯顯祖 〈邯鄲記〉의 묘미도 역시 바로 여기에 있다."[214]

〈夢境〉: "黃粱夢의 고사를 전하는 것들은 많으나 오직 이 작품만 극도로 환상적이고 극도로 기이하여 大地山河와 古今人物을 모두 사용하였고, 夢境이 될만한 것을 모두 사용하였다."[215]

〈高唐夢〉: "다른 작가들은 꿈을 기록하면서 曲盡함을 뛰어난 것으로 여기니, 그들은 〈高唐記〉의 꿈에서는 다하지 않는 것이 바로 뛰어난 것임을 모른다."[216]

우리는 위의 인용문과 연관하여 祁彪佳가 기본적으로 명말의 主情論者였다는 사실을 상기할 필요가 있다.[217] 그는 湯顯祖의 낭만주의 사상을 흡수하여 인간의 眞情을 戲曲 창작의 출발점과 원동력으로 삼았다. 바로 이러한 바탕 위에서 祁彪佳는 여기에서 작자의 想像力이 중요한 역할

213) 詞以淡爲眞, 境以幻爲實, 唾紅其一也. ≪論著集成≫, 6卷, ≪曲品≫, 44쪽.

214) 炎冷·合離, 如浪翻波疊, 不可摸捉, 乃肖夢境. 邯鄲之妙, 亦正在此. ≪論著集成≫, 6卷, ≪曲品≫, 10쪽.

215) 傳黃粱夢多矣, 惟此記極幻·極奇, 盡大地山河·古今人物, 盡羅爲夢中之境. ≪論著集成≫, 6卷, ≪曲品≫, 12쪽.

216) 他人記夢以曲盡爲妙, 不知高唐一夢, 正以不盡爲妙耳. ≪論著集成≫, 6卷, ≪劇品≫, 153쪽.

217) 拙稿, 〈祁彪佳≪遠山堂二品≫考〉, 16쪽 참조, ≪中國文學≫, 36輯.

을 하는 夢境·幻境의 중요성과 가치를 인정하고 있는 것이다. 먼저 그는 〈唾紅記〉의 品評에서 吳江派인 그가 평소 주창하는 曲詞의 본색과 함께, 경계에 있어서의 핵심은 곧 '幻境'이라고 천명하였다. 그리하여 그는 이러한 근거하에 夢境으로 가득한 〈櫻桃夢〉과 〈夢境記〉를 칭송하였다. 곧 그는 〈櫻桃夢〉이 湯顯祖의 〈邯鄲記〉와 마찬가지로 夢境을 닮았고, 마치 끝없이 부딪치고 겹치는 파도처럼, 節奏上의 熱場과 冷場 및 離合의 정절이 끝없이 진행되어 '不可摸捉'한 점을 특징으로 하며, 黃粱夢 고사를 제재로 한 〈夢境記〉가 夢境으로 될만한 것을 모두 모아 극도로 夢幻的임을 지적하고 있다. 그런데, 이러한 夢境도 祁彪佳에 의하면 戱曲 창작상 意境의 '曲盡'을 중시하는 것과 '不盡'을 중시하는 것으로 나누어지며, 명대의 유명한 문인이던 汪道昆이 宋玉의 〈高唐賦〉를 제재로 宋玉과 楚襄王의 고사를 기록한[218] 〈高唐夢〉은 끝없는 夢境을 잘 보여주고 있다.

그렇다면 祁彪佳가 夢境으로 가득찬 작품을 모두 칭송하였다고 볼 수 있을까? 그렇지 않다고 보아야할 것같다. 그는 상상으로 가득찬 戱曲의 意境도 결국은 일상 현실의 곡절한 반영이라고 여겼다. 이러한 점은 앞에서 意境의 창조가 황당함에 빠지지 않고 반드시 현실의 일상을 근거로 해야 한다는 주장과 다음의 悲境에 대한 언급에서 그가 작품의 진실성을 매우 강조하고 있는 점을 보면 쉽게 이해할 수 있으며, 여기에서는 그가 戱曲 창작에서의 상상력을 매우 중시하였다는 것을 보여주는 것이라고 하겠다.

또한 戱曲 작품 중의 意境에는 위에서 언급한 '夢境'·'幻境' 외에 '悲境'·'苦境' 및 '歡境' 등이 있다. 그런데 祁彪佳는 ≪二品≫ 중에서 '悲境'·'苦境'을 意境 중에서 가장 중요시하였고, 이것을 통하여 서양의 悲劇과는 다른 중국 悲劇의 특징적 성격을 보여주기도 한다. 그러면 그의 品

218) ≪中國曲學大辭典≫, 301쪽, 1997, 浙江教育出版社.

評을 살펴보자.

〈覇亭秋〉: “전기에서 사람을 웃기게 만드는 것은 쉽지만 울게 만드는 것은 어렵다. 극 중에는 주인공인 杜默의 울음이 있어, 또한 項羽가 막사 아래에서 우는 것을 천년 만에 다시 보게 되며, 작자인 沈自徵의 울음이 있어, 곧 보는 자가 또한 탄식하며 죽을 지경이 된다. 소리를 길게 하여 읊는 것이 울음을 나타낼 수 있는 것인데, 진실로 그러하구나.”[219]

〈尋親〉: “戱曲이 사람을 감동시키는 것은 오직 진실함에 있다. 그리하여 옛 작품들은 반드시 苦境을 솔직하게 그려냈으며, 사소한 일상생활 가운데서 苦情을 전해내는데 치우쳤다. 이리하니 〈尋親記〉를 지은 작자 같은 이는 반드시 〈荊釵記〉나 〈殺狗記〉를 지은 이와 같은 뛰어난 부류의 작자이다.”[220]

〈崔氏春秋補傳〉: “情을 전하는 것은 반드시 상상 속에서 이루어져야 한다. 그리하여 이별하게 되는 경계가 매번 合하여 즐거워 하는 것보다 많다. 王實甫가 ‘驚夢’折로써 〈西廂記〉를 끝낸 것은 경계를 다하고 싶지 않았기 때문이다. 그러나 關漢卿에 이르러 다섯 곡을 보충하였으니, 그 경계가 다해버릴까 이미 걱정되었다. 그런데 또 屠峻이 ‘出閣’·‘催粧’·‘迎奩’·‘歸寧’ 네 曲을 보충하였는데 모두 合하여 즐거워 하는 경계이다. 그리하여 曲은 비록 元雜劇 작가의 정신에 접근했으나 情趣는 마침내 이별의 곡을 짓는 것보다 떨어졌다.”[221]

〈桃花人面〉: “애정에 관한 曲詞를 짓는 자는 글자마다 血痕을 쓴 것이 아니면 마침내 애정의 지극함을 다하지 못한 것이다. 孟稱舜은 이러한 재주를 지녀 崔護의 一事에 있어서는 유유하게 혼자 거닐어 독특한 풍격을 이루었으니, 나는 그가 鍾情한 것이 깊음을 안다. 지금 이후에 崔

---

219) 傳奇取人笑易, 取人哭難. 有杜秀才之哭, 而項王帳下之泣, 千載再見, 有沈居士之哭, 卽閱者亦唏嘘欲絶矣. 長歌可以當哭, 信然. ≪論著集成≫, 6卷, ≪劇品≫, 143쪽.

220) 詞之能動人者, 惟在眞切, 故古本必直寫苦境, 偏於瑣屑中傳出苦情. 如作尋親者之手, 斷是荊·殺一流人. ≪論著集成≫, 6卷, ≪曲品≫, 24쪽.

221) 傳情者, 須在想像間, 故別離之境, 每多於合歡. 實甫之以驚夢終西廂, 不欲境之盡也. 至漢卿補五曲, 已虞其盡矣. 田叔再補出閣·催粧·迎奩·歸寧四曲, 俱是合歡之境, 故曲雖逼元人之神, 而情致終遜於譜離別者. ≪論著集成≫, 6卷, ≪劇品≫, 164쪽.

護는 전해도 되나, 지금 이후에 崔護의 고사를 전하는 다른 작가의 작품은 모두 전하지 않아도 된다."[222]

〈雙杯〉: "요즈음의 곡단은 세상의 기이한 고사를 전하기를 좋아하는데, 이러한 것은 높은 식견을 가진 자가 아니면 할 수 없으니, 이 작품처럼 苦境을 솔직히 전하는 것보다 못하다."[223]

〈鸞釵〉: "王世貞이 〈幽閨記〉를 평하면서 세 가지 단점이 있다고 하였는데, 작품이 끝나도 사람으로 하여금 눈물을 흘리지 못하도록 한 것이 그 중의 하나였다. 그런데 이 작품은 點點이 눈물이다."[224]

〈擊筑〉: "高漸離는 죽지 않고 秦始皇이 마침내 荊軻에 의해 죽게 되니 극도로 통쾌하구나! 극도로 통쾌하구나! 이것을 전하는 작자는 激烈한 가운데서도 다시 전환시켜 은은한 운치를 만들어 온 작품 중에 소슬함을 느끼니 사람으로 하여금 눈물을 흐리게 하는구나."[225]

〈紫綬〉: "王元壽의 이 작품은 李夔이란 머슴을 묘사하는 곳에서 고통스러운 상황을 그려내 보는 자로 하여금 서슬프고 고통스럽게 만든다."[226]

悲境은 中國 戲曲의 미학적 성격을 이해하는 데 핵심적인 역할을 한다. 沈自徵의 〈覇亭秋〉도 눈물이 가득한 悲境의 작품이다. 이 작품은 주인공인 宋代의 杜默이 스스로 재주를 지녔다고 생각하나 과거에 계속 떨어지자, 불우한 처지를 項王廟에 호소하는 고사를 제재로 하고 있으며, 沈自

---

222) 作情語者, 非寫得字字是血痕, 終未極情之至. 子塞具如許才, 而於崔護一事, 悠然獨往, 吾知其所鍾者深矣. 今而後, 崔舍人可以傳矣, 今而後, 他人之傳崔舍人者, 盡可以不傳矣. ≪論著集成≫, 6卷, ≪劇品≫, 171쪽

223) 近日詞場, 好傳世間詫異之事, 自非具高識者不能, 不若此等直傳苦境. ≪論著集成≫, 6卷, ≪曲品≫, 24쪽.

224) 王元美評幽閨有三短, 終本不令人墮淚, 其一也. 若此記, 點點是淚矣. ≪論著集成≫, 6卷, ≪曲品≫, 26쪽.

225) 高漸離不死, 而始皇卒以荊卿死, 快極! 快極! 傳之者, 激烈中轉爲悠陽之韻, 覺滿紙蕭瑟, 令人泣下. ≪論著集成≫, 6卷, ≪曲品≫, 37쪽.

226) 伯彭此記, 於李夔傭工處, 描寫苦狀, 閱之令人酸楚. ≪論著集成≫, 6卷, ≪曲品≫, 38쪽.

徵이 불우했던 자신을 기탁한 것이라고 한다.[227] 이리하여 작품 중에는 주인공 杜默의 울음·項羽의 울음·작자인 沈自徵의 울음과 이러한 悲境으로 인한 독자의 울음이 네 겹으로 겹쳐 悲劇的 색채를 강하게 지닌다. 그런데 祁彪佳는 여기에서 悲境 창조의 어려움을 천명하고 있다. 곧 그는 '取人笑易, 取人哭難'이라고 하여 歡境, 곧 喜劇을 창조하기는 쉽지만 悲境, 곧 悲劇을 창조하기는 어렵다고 보았다. 祁彪佳의 이 말은 타당성을 가진 것으로 中國 戲曲의 핵심적 성격을 보여주는 것으로 이해할 수 있다. 중국 戲曲은 작자와 감상자의 심미 관점 및 戲曲의 자체 발생론적 성격 등 여러 원인으로 인하여 悲劇보다는 喜劇的 오락적 색채를 지니는 것이 일반적이었으며, 순수한 悲劇의 창조는 실제상 드물었기 때문이다.

悲境의 전체적인 悲劇性에 있어서 〈覇亭秋〉와는 달리 〈尋親記〉는 개인적인 悲劇性이 아닌 사회적인 悲劇性을 근본으로 한다. 이것은 주인공인 송대의 周羽가 부자에게 돈을 빌린 결과 자기의 부인을 뺏기게 되며, 이후 부인이 난 아들이 성공한 후 다시 자기의 친아버지를 찾는 고사를 그리고 있다.[228] 그리고 작품 중에는 봉건사회에서 민중들의 고통이 매우 사실적으로 묘사되어 있다. 바로 祁彪佳는 이러한 사실을 근거로 〈尋親記〉가 '直寫苦境'하는 悲境의 특성을 지닌 것을 주목하고 있다. 곧 그는 〈尋親記〉가 주인공의 '苦境'을 화려한 수식을 가하지 않고 사실적으로 '直寫'하여 예술적 효과를 거두고 있고 보았다. 그런데 본시 이 작품은 명대에 여러 차례 개편되었으나 기본적으로 이전의 예술 풍모를 그대로 유지하여, 曲詞가 통속적이고 口語에 접근하여 진실한 감동을 주었다고 하며,[229] 이러한 이유로 祁彪佳는 이 작품을 〈荊釵記〉나 〈殺狗記〉처럼 높이 평가하였던 것이다. 그리고 이러한 점은 그가 戲曲 작품, 그 중에서도 悲

227) ≪中國曲學大辭典≫, 311쪽, 1997, 浙江敎育出版社.

228) ≪中國曲學大辭典≫, 375쪽, 1997, 浙江敎育出版社.

229) 徐培均 范民聲 主編 ≪中國古典名劇鑑賞辭典≫, 472쪽, 1990, 上海古籍出版社.

劇的 색채를 지닌 작품이 독자에게 감동을 주는 것, 곧 '動人'은 오직 진실함, 곧 '眞切'함에서 나온다고 여긴 그의 戱曲觀에서 기인한다. 여기에서 우리는 祁彪佳가 悲境에서의 '眞切'함을 얼마나 중시하고 있는지를 알 수 있는데, 이러한 점은 다른 작품의 品評에서도 자주 보인다.

또한 여기에서 祁彪佳는 현실생활 중 悲境의 주인공이나 제재가 되는 '瑣屑'을 주목하였는데, 이것은 또한 중국의 古典 悲劇이 서양의 悲劇과는 다른 특성을 지니고 있는 점을 보여주는 것이다. 곧 중국의 悲劇은 일반적으로 서양의 悲劇과는 달리 위대하지도 숭고하지도 않은 자질구레한 것, 곧 '瑣屑'의 현실 생활 중에서 농부나 시장여인 및 기녀 등 사회적 지위가 낮은 小人物을 주인공으로 한 社會悲劇이 대부분이며, 서양에서 王公貴族을 주인공으로 개인의 운명을 다루었던 運命悲劇과는 전혀 다른 것이다.[230] 이러한 점에서 〈尋親記〉를 대상으로 悲境을 논한 祁彪佳의 品評은 짧은 문장 속에서도 중국 고전 悲劇의 핵심적 성격을 보여주는 것이라고 할 수 있다.

祁彪佳가 悲境의 창조에서 '眞切'함을 중요시한 점은 또한 〈雙杯記〉와 〈桃花人面〉에 대한 品評에서도 볼 수 있다. 〈雙杯記〉의 주인공 張廷秀는 극 중에서 여러 번 곤욕을 당하는데, 작자는 그러한 苦境을 사실적으로 묘사하였다. 祁彪佳는 이러한 점에 근거하여 당시의 많은 작가들이 괴이한 고사만을 전하길 좋아하는 것을 비판하고는, 〈雙杯記〉의 작자처럼 '眞切'하게 '直傳苦境'하는 것이 더 낫다고 보았다. 또 〈桃花人面〉은 祁彪佳와 매우 친한 친구였던 孟稱舜이 孟棨의 ≪本事詩≫에 나오는 유명한 崔護의 愛情故事를 근거로 창작한 것으로, 孟稱舜은 主情論者답게 湯顯祖의 〈牧丹亭〉을 모방하여[231] 감동적으로 悲境을 창조하였다. 그런데 이 崔護의 애정고사는 너무 유명하여 宋·元·明의 많은 작가들이 이것을

230) 張庚 郭漢城 主編 ≪中國戱曲通論≫, 283쪽, 1989,上海文藝出版社.

231) ≪中國曲學大辭典≫, 312쪽, 1997, 浙江教育出版社.

제재로 戲曲을 창작하였는데, 祁彪佳는 여기에서 孟稱舜의 작품이 너무 빼어나므로, 다른 사람의 작품은 앞으로 전할 필요가 없다고 극찬을 하고 있다.

그렇다면 그가 孟稱舜의 〈桃花人面〉을 극찬하는 근거는 무엇인가? 그것은 祁彪佳가 보기에, 〈桃花人面〉이 남녀 사이의 '眞切'한 감정을 '眞切'한 曲詞, 곧 '字字是血痕'으로 보여주고 있다는 점이다. 그리고 여기서의 '字字是血痕'은 '眞切'이 구체적으로 드러나는 방식인 동시에 '眞情'의 깊은 直觀이라고 할 수 있겠다.[232] 앞에서 우리는 祁彪佳가 悲境의 창조에서 '眞切'함을 매우 중요시 함을 보았다. 그러면 그는 '眞切'함과 상반되는 개념인 '想像'을 부정하는가? 결코 그렇지가 않았다. 그는 '眞切'함을 근본으로 하면서도 悲境 창조에서의 상상의 중요성을 인식하였다. 바로 상상은 '眞切'함의 확대·발전을 의미하였다. 그는 이러한 점을 〈崔氏春秋補傳〉에 대한 品評에서 정확하게 보여주었다. 이 작품은 王實甫의 〈西廂記〉가 大團圓으로 끝나지 못하는 것에 불만을 품고 다시 보충하여 大團圓으로 끝나게 만든 작품이다. 곧 작자는 悲境인 '別離之境'을 歡境인 '合歡之境'으로 바꾸어버린 것이다. 그러나 祁彪佳는 작자의 이러한 태도를 강하게 비판하였다. 그것은 王實甫가 '驚夢'으로 끝내어 '想像'으로 가득찬 '別離之境'의 원만하지 않고 서글픈 감정을 '眞切'하게 독자에게 보여주고자 하였는데, 작자가 무리하게 곡을 보충하여 '眞切'함을 잃고 결국은 무궁한 '想像'의 경계를 파괴해버렸기 때문이다. 바로 祁彪佳는 여기에서 '眞切'함과 끝이 없는 '想像'의 경계를 모두 잃게 됨을 탄식하고 있으며, 이것은 그가 悲境의 창조에서 '眞切'함과 함께 '想像'을 매우 중요시하였음을 보여주는 것이다.

한편 祁彪佳는 위의 〈鸞釵記〉·〈擊筑記〉 및 〈紫綬記〉에 대한 品評에

---

232) ≪戲曲研究≫, 42輯, 王長安, 〈追求高尚的戲劇品格〉, 141쪽, 1992, 文化藝術出版社.

서 戲曲의 悲境이 일으키는 심미반응을 간단히 개괄하고 있다. 그는 〈幽閨記〉가 눈물을 흘리게 하는 悲劇적 감화력이 없는 것과는 달리, 〈鸞釵記〉가 悲境으로 가득차 '點點是漏'하고, 〈紫綬記〉에서 李燮이 머슴으로 당한 고통이 '令人酸楚'하게 함을 지적하였는데, 여기에서 悲境의 심미반응인 '눈물'과 '酸楚'함은 小人物이 주인공으로 등장하는 中國 戲曲의 전통적 社會悲劇의 성격을 잘 보여준다. 다만 荊軻와 高漸離의 悲劇的 영웅고사를 제재로 하면서도, 도리어 荊軻와 高漸離가 역사적 사실과는 거꾸로 죽지 않고 秦始皇이 죽게 되는 〈擊筑記〉가 '令人泣下'하게 함은, 崇高함을 특징으로 하는 英雄的 悲壯美를 역설적으로 지니고 있음을 보여준 것이라고 하겠다.

祁彪佳는 悲劇性을 근본으로 하는 悲境과 함께 喜劇性을 근본으로 하는 歡境에 관하여 ≪二品≫ 중에서 간단히 언급하고 있는데, 이것은 명대 喜劇의 일반적 성격을 잘 보여주는 것이다. 또한 그는 이러한 歡境이 단독적으로만 사용되지 않고 悲境과 서로 교체되며 사용되어 독특한 심미효과를 거두는 점에도 유의하였는데, 이 또한 중국 戲曲의 일반적 성격을 보여주는 것이다. 그러면 구체적으로 品評을 살펴보자.

> 〈博笑〉: "沈璟은 곡단에서 노닐면서 ≪耳談≫ 중 즐겁고 괴상한 고사를 잡다하게 취하였고, 매 고사를 三 四折로 공연하였는데, 모두 抱腹絶倒할만 하였다."[233]
>
> 〈睡鄕〉: "孫鍾齡이 문득 戲曲을 지어내 志怪書인 ≪齊諧≫의 내용을 넓혔다. 그는 烏有生과 無是公의 무리들을 작품 속에 만들어 책속에서 울리고 웃기는데, 字字마다 破顔大笑케 만든다."[234]

---

233) 詞隱先生遊戲詞壇, 雜取耳談中可喜 · 可怪之事, 每事演三四折, 俱可絶倒. ≪論著集成≫, 6卷, ≪曲品≫, 9쪽.

234) 孫君聊出戲筆, 以廣齊諧. 設爲烏有生 · 無是公一輩人, 啼笑紙上, 字字解頤. ≪論著集成≫, 6卷, ≪曲品≫, 12쪽.

〈穀儒〉: “돈으로 관직을 산 사람이 멋대로 벼슬아치로 끼어드니 뜻있는 선비가 글을 지어 그를 비난하였다. 그래도 부족하자 또 다시 그를 戲曲으로 공연하니 사람으로 하여금 抱腹絶倒하게 만든다.”[235]

〈去思〉: “王鐵이 姑熟縣令이 되어 국경을 보위하고 倭寇를 막자 倭賊들이 그를 ‘王鐵面’이라고 불렀다. 그러나 華蕩의 전투에서 마침내 죽으니 애석하도다! 姑熟縣에서 그가 죽은 후에도 그를 사모하는 마음을 기록해 놓으니 마침내 이 작품이 이루어졌다. 曲詞와 賓白이 모두 엄정하고, 意境이 모두 만족할만하여 보는 이로 하여금 홀연히 책상을 치며 快哉를 부르게 만들기도 하며, 또한 홀연히 悲憤慷慨하며 눈물을 흘리게도 만든다.”[236]

〈簪花髻〉: “楊愼이 滇을 防戍할 때 매번 冠에 꽃을 꽂고 얼굴을 분장하여 제자들로 하여금 메게 하고 노닐었다. 사람들은 寂廖한 가운데서도 호쾌하고 시원시원할 수 있다고 말하지만, 노래부르며 웃는 가운데 울음이 보인 것을 알지 못한다.”[237]

〈紅紗〉: “엉터리 主司를 호되게 꾸짖는데, 혹은 울고 혹은 웃으며, 豪氣가 작품 중에 흐르고 있다.”[238]

沈璟의 〈博笑記〉와 〈睡鄕記〉 및 〈穀儒記〉는 明代에 유난히 흥성하였던 소위 諷刺喜劇들이다.[239] 이 중 沈璟의 〈博笑記〉가 가장 유명하였는데, 沈璟은 王行父가 재미있고·비참하며·경계로 삼을만한 고사를 모은

235) 銅臭之子, 濫預衣冠, 趣士爲文以誚之, 不足, 又從而歌咏之, 令人絶倒. ≪論著集成≫, 6卷, ≪劇品≫, 174쪽.

236) 王公鐵令姑熟, 保境禦寇, 倭賊呼之爲‘王鐵面’. 華蕩之役, 卒以身殉, 惜哉! 姑熟志去思焉, 遂有是記. 詞白嚴整, 意境俱愜, 令閱者忽而擊案稱快, 忽而慷慨下泣. ≪論著集成≫, 6卷, ≪曲品≫, 76쪽.

237) 楊升菴戍滇時, 每簪花塗面, 令門生畀之以遊. 人謂於寂廖中能豪爽, 不知於歌笑中見哭泣이. ≪論著集成≫, 6卷, ≪劇品≫, 144쪽. *위의 原文 중 ‘令門生界之以遊’의 ‘界’字가 잘못이라고 생각하여 ‘舁’字로 바꾸어 해석함. 근거는 莊一拂, ≪古典戲曲存目彙考≫, 485쪽 참조.

238) 痛罵糊塗主司, 或哭或笑, 豪氣拂拂紙上. ≪論著集成≫, 6卷, ≪劇品≫, 172쪽.

239) 蘇國榮, ≪中國劇詩美學風格≫, 190쪽, 1987, 丹靑圖書有限公司.

≪耳淡≫[240] 중에서 주로 諷刺性이 강한 것들을 모아 〈博笑記〉를 창작하였다. 또한 〈睡鄕記〉는 烏有生·無是公의 架空人物과 李白·韓愈·歐陽修·包拯 등의 역사상 實存 人物을 함께 엮어서 당시의 科擧制度를 비판하고 世態를 풍자한 것이며, 〈穀儒記〉는 재능도 없으면서 돈으로 관직을 사는 당시의 풍조를 嘲弄한 것이다. 祁彪佳는 여기에서 諷刺的 喜劇性을 근본으로 한 이들 작품의 意境의 심미 효과를 '解頤'(破顔大笑)와 '絶倒(抱腹絶倒)'라는 단어로 나타냈다. 그리고 이것은 일반적으로 喜劇의 효과가 '笑'라고 여겨지는 점을[241] 생각한다면 개괄적이나마 喜劇의 본질을 정확히 인식하고 있다고 볼 수 있겠다.

그런데 歡境은 자체적으로만 사용되기도 하지만, 경우에 따라서는 悲境과 서로 교차되게 사용되어 더욱 그 가치를 지닌다. 그리고 이렇게 悲境과 歡境이 서로 교차되어 사용되는 것은 中國 悲劇의 대표적인 성격이기도 한다.[242] 祁彪佳에 의하면, 위에서 인용한 〈去思記〉와 〈紅紗記〉 및 〈簪花髻〉은 이러한 '喜悲相交'의 모습을 잘 보여준다. 〈去思記〉는 明代의 실존 인물인 王鐵이 倭寇를 막아내다가 壯烈하게 犧牲당하는 고사를 배경으로 한다. 그러나 지금은 전하지 않아 확인할 수 없지만 작품 중에는 悲境과 함께 歡境이 교차된다. 이렇기 때문에 祁彪佳는 여기에서 '擊案稱快'의 歡境과 '慷慨下泣'의 悲境이 홀연히 교차됨을 주목하였던 것이다. 〈紅紗記〉는 당시의 科擧試驗을 담당했던 엉터리 官吏를 嘲弄하여, 당시 科擧의 弊端을 諷刺하였으며, 작자의 불우한 신세를 기탁한 것이다.[243] 그런데 祁彪佳는 이 작품 또한 悲境과 歡境이 서로 교차되어 '或哭或笑' 하여 '豪氣'가 넘치는 독특한 예술효과를 낳았음을 지적하였다. 마

240) ≪中國戱曲大辭典≫, 350쪽, 1997, 浙江敎育出版社.

241) 蘇國榮, ≪中國劇詩美學風格≫, 193쪽, 1987, 丹靑圖書有限公司.

242) 藍凡, ≪中西戱劇比較論稿≫, 580쪽, 1992, 學林出版社.

243) ≪中國曲學大辭典≫, 314쪽, 1997, 浙江敎育出版社.

지막으로 〈簪花髻〉는 명대의 유명한 문학가인 楊愼이 諍諫으로 인하여 朝廷의 노여움을 사 雲南省의 변방으로 귀향당한 후 하였던 奇行을 제재로 하고 있다. 楊愼은 하루 종일 詩酒를 친구로 하였고, 술에 취한 후에는 얼굴을 하얗게 분장하고 여자옷을 입었으며, 그리고 여자처럼 머리를 두 갈래로 따 양쪽 귀언저리에 꽃을 꽂고, 자신의 제자들로 하여금 자신을 메고 마을을 다니게 하였다고 한다.[244] 그런데 祁彪佳는 여기에서 楊愼의 實體와 假像의 모순으로 생성된 喜劇性으로 가득한 歡境과 불행한 楊愼의 悲劇性을 배경으로 한 悲境이 서로 교차됨을, 곧 '歌笑中見哭泣'함을 주목하였으며, 아울러 이러한 悲境과 歡境의 교차가 楊愼의 비분강개한 悲劇성을 더욱 돋보이게 하는 효과를 지니고 있음을 지적하고 있다.

10. 祁彪佳의 曲調論과 意境論의 의의

이상에서 우리는 ≪二品≫ 중에 보인 祁彪佳의 曲調論과 意境論을 살펴보았다. 먼저 曲調論에 있어서 그는 吳江派의 계승자답게 音律의 중요성을 매우 강조하였다. 그리하여 그는 당시의 많은 극작가들이 音律에 적합하지 않게 戱曲을 창작하는 것을 비판하였다. 그러나 그는 또한 극작가들이 音律을 정확하게 파악하는 것이 실제로는 매우 어려운 것임을 인정하고, 작품의 실제 品評에 있어서는 비교적 관대한 태도를 취하였다. 또 그는 한 작품의 音律을 品評할 때 그 작품의 曲詞 또한 함께 고려하고 연관시켰다. 곧 그는 雙美論者로서 湯顯祖와 沈璟의 대립·모순되는 장점을 변증적으로 해결하고자 하는 가장 핵심적인 그의 戱曲論을 견지하였다. 그리하여 그는 비록 어느 작품 중 曲調上에서 조금의 결함이 있더라

244) 莊一拂, ≪古典戱曲存目彙考≫, 484쪽 참조, 1982, 上海古籍出版社.

도 曲詞가 뛰어나면 曲調上의 결함을 덮을 수 있다고 보았으며, 曲調와 曲詞가 동시에 빼어날 때 비로소 曲調가 이상적인 단계라고 여겼다. 이러한 점에서 그는 비록 沈璟을 비조로 하는 吳江派의 후예이지만, 沈璟처럼 曲調를 절대시하지 않아 일정한 궤를 달리하며, 사실상 曲詞를 더욱 중요시하여 실제의 品評에서는 湯顯祖를 최고로 높게 평가하였다.

또한 그는 戱曲을 品評할 때 曲調나 曲詞 등과 같은 부분적이고 개별적인 기준을 넘어서, 총체적인 기준을 나타내는 意境을 매우 중시하였으며, 이러한 점은 雙美說의 원조인 呂天成의 영향을 크게 받은 것이었다. 그러나 그는 呂天成의 意境論을 더욱 심화·발전시켰으며, 이후 王國維가 意境說을 세우는데 큰 기여를 하였다. 그는 意境이 작품의 전체적인 수준을 좌우하는 매우 중요한 요소임을 지적했으며, 이러한 점에서 意境이 曲詞에 미치는 영향을 구체적으로 지적하였다. 또한 그는 意境을 창조하기 위해서는 '取境'이 새롭고 奇異해야 하며, 동시에 그러한 '取境'은 '尋常境界' 곧, 일상의 현실에 근원을 두어야 한다는 변증적인 견해를 보여주었다. 또한 그는 意境 창조의 구체적이고 핵심적 방법인 '情景交融'을 매우 중요시 하여, 戱曲 작품 중에서 주관과 객관이 자연스럽게 통일된 것을 매우 칭송하였다.

한편 祁彪佳는 意境을 '夢境'·'歡境'과 '진경', '悲境'·'苦境'과 '歡境' 등으로 구분하였는데, 그는 戱曲 작품 중에서의 '夢境'과 '苦境'을 중요시 하였으며, 이 중 특히 '苦境'에 관한 그의 논의는 그의 意境論의 핵심이다. 그는 夢境을 중시하여 인간의 상상력이 戱曲의 意境을 창조하는데 큰 역할을 하는 것을 주목하였다. 그러나 그는 '苦境'에 관한 논의에서 이러한 상상도 결국은 생활의 진실성 곧 '眞切'함을 바탕으로 해야 한다고 주장하였다. 바로 그는 苦境의 창조에 있어서 '想像'과 '眞切'함이 서로 유기적으로 통일되어야 비로소 진정한 苦境이 탄생한다고 여겼던 것이다. 또 그는 悲劇性을 핵심으로 하는 苦境의 제재가 일상생활의 자질구레한 것,

곧 '瑣屑'임을 주목하여, '偏於瑣屑中傳出苦情'이라는 그의 苦境論을 제기하였는데, 이것은 중국의 古典 悲劇이 일반적으로 서양의 古典 悲劇과는 달리 '小人物'을 주인공으로 하여 현실 생활의 '瑣屑'을 제재로 하는 社會悲劇이라는 점을 보여주는 것이었다. 그리고 그는 喜劇性을 핵심으로 하는 歡境의 심미 효과가 '解頤'(破顔大笑)와 '絶倒(抱腹絶倒)'임을 분명히 하여 喜劇의 심미 효과상의 본질이 웃음, 곧 '笑'라는 사실을 개괄적으로나마 정확히 인식하였으며, 아울러 중국의 戱曲에서 이러한 悲境과 歡境이 서로 교차되게 사용되어 특수한 예술 효과를 거두는 것을 주목하였는데, 이 또한 중국 戱曲, 특히 悲劇 결구의 일반적인 특징을 정확히 인식한 것이었다.

제 2부

중국 고전희곡의 雛形: 歌舞戱

〈踏謠娘〉

1. 〈踏謠娘〉의 의미

〈踏謠娘〉은 隋唐 시대에 民間과 宮廷에서 크게 환영을 받았던 歌舞戲로서, 역대로 많은 戲曲 연구자의 관심을 끌었다. 일례로 王國維는 ≪宋元戲曲史≫에서, 周貽白은 ≪中國戲曲發展史綱要≫에서, 그리고 任半塘은 ≪唐戲弄≫에서 각기 〈踏謠娘〉에 대한 일정한 평가를 하였다.[1] 특히 任半塘은 〈踏謠娘〉에 대해 '全能戲'라는 최고의 평가를 내려 〈踏謠娘〉에 대해 강한 애착을 보였다. 그리고 이후에도 周華彬·康保成 등 많은 학자들이 〈踏謠娘〉에 대한 관심을 보였는데, 그들은 이전의 학자들과는 각기 다른 관점에서 〈踏謠娘〉에 대한 평가를 진행하였다.

전체적인 戲曲 발전사에 있어서 볼 때 〈踏謠娘〉이 흥성했던 隋唐 시기는 본격적으로 성숙한 戲曲인 大戲가 유행하기 시작한 宋·元 시기 바로 직전 段階이다. 그리고 바로 이러한 시기적인 관점에서 볼 때, 〈踏謠娘〉은 고대로부터 발전해 온 中國의 전통 歌舞戲인 小戲가 본격적인 大戲로 발전하는데 있어서 중요한 연결고리의 역할을 할 수 있었다. 그런데

1) 王國維, ≪宋元戲曲史≫, 6-7쪽, 百花文藝出版社, 2002.
周貽白, ≪中國戲劇發展史綱要≫, 36-44쪽, 上海古籍出版社, 1984.
任半塘, ≪唐戲弄≫, 496-528쪽, 上海古籍出版社, 1984.

더욱 우리의 관심을 끄는 점은 〈踏謠娘〉이 戲曲 그 자체의 內容과 형식 방면에 있어서, 이전의 歌舞戲와는 뚜렷히 다른 발전된 모습을 보여준다는 점이다. 곧 〈踏謠娘〉은 우리가 戲曲이라고 정의할 때 필요한 제반 요소를 거의 모든 요소를 구비하고 있다. 이것은 우리가 中國 戲曲 발전사에서 최초의 戲曲 劇目이라고 말하는 〈東海黃公〉과 비교해보면 명확히 알 수 있다. 〈踏謠娘〉에는 小生과 小旦의 角色이 일정한 형식의 복장을 하고서 등장하여, 歌唱과 舞蹈를 사용하여 가정의 모순과 충돌의 故事를 代言體의 방식으로 표현하고 있다. 그리고 배우들 사이에는 대화가 사용되고 일정한 분장이나 化粧 또한 사용된다. 이러한 점을 고려한다면 우리는 〈踏謠娘〉이 후세의 성숙한 戲曲에 거의 접근하고 있음을 알 수 있다. 그러면 우리는 이 隋·唐 시기의 歌舞戲인 〈踏謠娘〉에 대해 戲曲史的인 위치에서 어떠한 평가를 내려야 할까? 그냥 간단한 民間小戲라고 할 것인가, 아니면 任半塘처럼 全能戲로 여겨도 될 것인가?

그런데 〈踏謠娘〉에 대한 평가는 또다른 각도에서 살펴볼 수 있다. 곧 우리는 〈踏謠娘〉의 기원이라고 말할 수 있는 踏歌와의 연관에서 〈踏謠娘〉의 戲曲史的 위치와 의미를 파악할 수 있다. 中國에서 踏歌는 오랜 역사를 지니고 있다. 곧 踏歌는 고대 원시舞蹈에서 부터 시작되었다. 그리고 고대인들이 집단으로 일정한 시기에 손에 손을 잡고 춤을 추었던 踏歌는 그냥 娛樂으로 즐기었던 단순한 가무가 아니다. 이는 李澤厚가 ≪美의 旅程≫에서 언급했던 것처럼, 고대인들의 원시舞蹈는 토템활동의 표현이고, 커다란 巫術 작용이나 혹은 祈禱의 기능을 지니고 있었던 것이다.[2] 그러면 踏歌를 계승하여 발전시킨 〈踏謠娘〉은 踏歌의 이러한 巫術作用을 얼마나 지니고 있을까? 만일 〈踏謠娘〉이 踏歌의 이러한 巫術作用을 일부분 유지하고 있다면, 〈踏謠娘〉의 구체적인 內容이나 형식에는

2) 李澤厚, ≪美的旅程≫, 14-15쪽, 文物出版社, 1981.

이러한 巫術作用이 어떻게 드러나고 있는 것일까? 이러한 점에 대해 우리는 쉽게 판단하기 힘들다고 여겨진다. 왜냐하면 역사의 변화에 따라 中國의 古典 戱曲에서도 藝術化와 世俗化 과정을 통하여 원시가무의 이러한 근원적인 巫術作用이 점점 사라져 갔던 것은 명백한 사실이고, 아울러 우리가 일정 부분 이러한 巫術作用의 흔적을 〈踏謠娘〉에서 발견할 수 있더라도, 자료의 부족 등으로 인하여 정확한 증거가 될 수 있는지는 전적으로 담보하기 힘들기 때문이다. 이러한 점에서 볼 때 〈踏謠娘〉은 巫術作用을 지닌 원시가무가 이후 단순한 오락을 위한 戱曲으로 발전하는 데 있어서 중요한 연결고리의 역할을 했었을 수도 있다.

본문의 핵심은 바로 戱曲史에 있어서 〈踏謠娘〉의 올바른 자리매김이다. 〈踏謠娘〉이 단순한 民間小戱에 불과할까, 아니면 본격적인 성숙한 戱曲으로 편입될 수 있을까? 이를 위해 본고에서는 먼저 〈踏謠娘〉의 연극적 제반 요소를 살피어 戱曲史에서의 올바른 위치를 찾고자 하며, 아울러 本源的으로 巫術作用을 지닌 踏歌를 계승한 〈踏謠娘〉에, 巫術作用의 흔적이 얼마나 남아있는지를 천착함으로써, 전체적인 戱曲史에서의 〈踏謠娘〉의 위치와 의미를 살피고자 한다.

한편 巫術作用을 本源的으로 지니고 있는 踏歌는 한국의 踏橋와 地神밟기 및 강강수월래와 일정한 연관성을 지니고 있는 것으로 여겨진다.[3] 이것은 中國의 踏歌와 한국의 傳統民俗인 踏橋와 地神밟기 및 강강수월래가 형식상에 있어서 모두 땅을 밟고 춤추는 原始舞蹈에서 비롯한 것이고, 그 의미 또한 巫儺性을 지니고 있어 辟邪進慶을 기본적으로 추구하고 있기 때문이다. 다만 여기에서는 이들 사이의 연관관계 및 비교는 후일로 미루고자 한다.

3) 翁敏華, ≪中日韓戱劇文化因緣硏究≫, 20쪽, 學林出版社, 2004.

2. 〈踏謠娘〉의 諸般 要素

1) 故事의 形成과 內容

〈踏謠娘〉에 관한 故事의 內容은 전하는 책에 따라 조금씩 차이가 있다. 여기에서는 〈踏謠娘〉 故事를 전하는 여러 전적 중에서 대표적인 것들을 중심으로 살펴보자. 먼저 〈踏謠娘〉에 관한 故事를 가장 먼저 그리고 가장 자세히 전하는 것으로 唐代 崔令欽(生平: 749년 전후)의 ≪教坊記≫가 있다. 이어 唐代 杜佑(735-812)의 ≪通典≫과 段安節의 ≪樂府雜錄≫ 및 韋絢(840년 전후)이 劉禹錫(772-842)의 말을 기록했다는 ≪劉賓客嘉話錄≫, 그리고 이후 後晉(936-946) 때의 劉昫가 지은 ≪舊唐書·音樂志≫에 〈踏謠娘〉의 故事가 보인다. 그런데 ≪舊唐書≫의 內容은 杜佑 ≪通典≫의 內容과 거의 비슷하다. 이에 여기에서는 이들 앞 네 권의 전적에 보인 〈踏謠娘〉 故事의 形成과 內容을 살펴보자.

(1) ≪教坊記≫

〈踏謠娘〉: 북제(北齊)에 한 사람이 있었는데, 성은 소(蘇)가이고 주먹코를 하고 있었으며, 실지로는 벼슬을 하고 있지도 않으면서 스스로 낭중(郎中)이라고 불렀다. 술 마시기를 좋아하여 술주정을 잘했고, 매번 술에 취할 때마다 그의 처를 때리곤 하였다. (그때) 처는 슬픔을 머금고 이웃 사람들에게 호소하곤 했다. 당시 사람들이 그것을 놀이로 삼아 놀았다. 남자가 부인 옷을 입고 느린 걸음으로 입장하였다. 걸으며 매번 노래 한 곡조가 끝날 때마다 옆에 있던 사람들이 한 목소리로 다음처럼 그에게 和唱하였다: "춤추며 노래하네, 和來! 춤추며 노래하는 여인 괴롭네, 和來!" 그가 춤추면서 노래를 부르기 때문에 '踏謠'라고 말하고, 그가 원망을 드러내기 때문에 '苦'라고 말했던 것이다. (이후) 남편이 와서는 때리고 싸우는 모습을 함으로써 웃고 즐기었다. 지금은 여자가 그 역할을 하여, 마침내 낭중(郎中)이라고 부르지 않고 아숙자(阿叔子)라고

만 부르게 되었다. 놀이하는 중에 또 전당포 주인을 보태었는데, 옛 뜻을 완전히 상실한 것이다. 혹자는 〈談容娘〉이라고도 부르지만 역시 잘못된 것이다.[4]

(2) ≪通典≫

〈답요낭〉(踏搖娘)은 수 말(隋末)에 생겼다. 하내(河內)에 한 사람이 있었는데, 외모가 못생기고 술을 좋아하였다. 항상 스스로 낭중(郎中)이라고 불렀으며, 술에 취해 귀가해서는 늘 그 처를 때렸다. 처는 얼굴이 고왔으며, 스스로 노래를 잘 하였는데, 노래는 원망하고 괴로워하는 말이었다. 하삭(河朔)에서는 그 곡을 公演하고 악기에 맞추어 그 처의 모습을 형용하였다. 처가 슬픔을 호소하면서 매번 그 몸을 흔들기 때문에 '답요(踏搖)'라고 부른다고 한다. 근래의 배우들은 그 제도를 제법 고치었으니, 옛날의 뜻이 아니다.[5]

(3) ≪樂府雜錄≫

〈蘇中郎〉: 후주(後周)의 선비 소파(蘇葩)는 술을 좋아하다 낙백(落魄)하게 되었는데, 스스로 中郎이라고 불렀고, 노래판이 있으면 매번 곧 들어가서 홀로 춤을 추었다. 지금 놀이를 하는 사람은 붉은 옷을 입고 모자를 쓰며, 얼굴은 진홍색(眞紅色)인데, 대개 그가 취한 모습을 나타낸 것이다. 그래서 〈답요낭〉(踏搖娘)이 있게 되었다.[6]

---

4) 〈踏謠娘〉, 北齊有人, 姓蘇, 齁鼻, 實不仕, 而自號爲郎中, 嗜飮酗酒, 每醉輒毆其妻. 妻銜悲, 訴於隣里. 時人弄之. 丈夫著婦人衣, 徐行入場. 行歌, 每一輒, 旁人齊聲和之云: "踏謠和來, 〈踏謠娘〉苦和來!" 以其且步且歌, 故謂之'踏謠', 以其稱寃, 故言苦. 及其夫至, 則作毆鬪之狀, 以爲笑樂. 今則婦人爲之, 遂不號郎中, 但云'阿叔子'. 調弄又加典庫, 全失舊旨. 或呼爲'〈談容娘〉', 又非. ≪中國古典戲曲論著集成≫, ≪教坊記≫, 18쪽, 中國戲劇出版社, 1982.

5) 踏搖娘生于隋末. 河內有人貌醜而好酒, 常自號郎中, 醉歸必毆其妻. 妻美色善自歌, 乃歌爲怨苦之詞. 河朔演其曲而被之管絃, 因寫其妻之容. 妻悲訴, 每搖其身, 故號'踏搖'云. 近代優人頗改其制度, 非舊旨也. ≪通典≫, 卷146, 中華書局, 1988.

6) 〈蘇中郎〉, 後周士人蘇葩, 嗜酒落魄, 自號中郎. 每有歌場, 輒入獨舞. 今爲戲者, 著緋, 戴帽, 面正赤, 蓋狀其醉也. 卽有踏搖娘. ≪中國古典戲曲論著集成≫, ≪教坊記≫, 45쪽, 中國戲劇出版社, 1982.

(4) ≪劉賓客嘉話錄≫

隋 末 河間에 어떤 사람이 있었는데, 주먹코에 술주정을 하면서 스스로 郎中이라고 불렀으며, 매번 술에 취하면 반드시 그 처를 때렸다. 처는 美色에 노래를 잘 하였는데, 매번 슬퍼하고 원망하는 소리를 하면서, 늘 그 몸을 흔들었다. 好事者들이 이에 假面을 만들어서 그 모습을 형용하여, 〈踏謠娘〉이라고 불렀고, 지금은 〈談郎〉이라고 부른다.[7]

이상 네 가지 전적의 기록을 통하여 우리는 먼저 답요낭이라는 명칭이 세 가지로 사용됨을 알 수 있다. 곧 踏謠娘과 踏搖娘 그리고 談容娘(略稱 談娘 포함)이다. 이 중 踏謠娘과 踏搖娘은 의미에 따라서 명칭이 바뀐 것이다. 〈踏謠娘〉에서의'踏'字는 그냥 걷는다는 뜻이 아니라, 일정한 박자에 맞추어 걷는 舞蹈의 의미이고, '謠'字는 歌唱의 의미로 쓰였다. 그러니 〈踏謠娘〉은 글자 그대로 歌舞를 하는 여인이며, 唐人 들은 실제로 '踏謠娘'이라는 세 글자로써 歌舞하는 여자를 대신하였다.[8] 이에 비해 踏搖娘의 '搖'字 는 글자의 의미 그대로, 괴로운 여인이 슬픔을 호소할 때 몸을 흔들었기 때문에 踏搖娘이라고 부른다. 〈談容娘〉은 위의 崔令欽의 지적처럼, 踏謠郎이 성행했던 후기에 바뀐 명칭으로 보인다. '踏'과 '談', '謠'와 '容'은 모두 雙聲으로서, 〈踏謠娘〉이 잘못하여 〈談容娘〉으로 바뀌었다.[9]

한편 위의 ≪樂府雜錄≫에 의하면 〈蘇中郎〉과 〈踏謠娘〉의 관계가 묘연하여, 역대로 많은 논란이 있어 왔다. 특히 任半塘은 ≪唐戲弄≫에서 〈蘇中郎〉과 〈踏謠娘〉은 별개의 劇目이라고 주장하였다. 그는 劇目의 성격, 주제, 主角 및 남자 角色의 연기 등 면에서 〈蘇中郎〉과 〈踏謠娘〉이 전혀 다른 劇目이라고 여겼다. 곧 그는 〈蘇中郎〉이 단순한 笑劇인 歌舞

7) 隋末有河間人, 皻鼻, 酗酒, 自號郎中, 每醉, 必毆其妻. 妻美而善歌, 每爲悲怨之聲, 輒搖頓其身. 好事者乃爲假面以寫其狀, 呼爲〈踏謠娘〉, 今爲談娘. 程毅中点校, ≪隋唐嘉話≫, 57쪽, 中華書局, 1979.

8) 任半塘, ≪唐戲弄≫, 526쪽, 上海古籍出版社, 1984.

9) 任半塘, ≪唐戲弄≫, 527쪽, 上海古籍出版社, 1984.

戱로서, 술을 경계하는 것을 주제로 하고, 主角이 蘇葩인 獨舞인 반면에, 〈踏謠娘〉은 悲劇으로서, 남녀 불평등에 대한 반항을 주제로 하고, 主角이 부인인 全能戱라고 보았다.[10]

그러나 우리는 두 가지 이유에서 〈蘇中郞〉과 〈踏謠娘〉이 본시 같은 혈연관계를 지닌 것이라고 여길 수 있다. 먼저 앞서 杜佑의 ≪通典≫에서 "근래의 배우들은 그 제도를 제법 고치었으니 옛 뜻이 아니다"라고 하였으니, 대체로 같은 〈踏謠娘〉이 때와 장소에 따라 여러 가지 다른 모습으로 상연될 수 있었기 때문에 생긴 차이로 볼 수도 있을 것이다.[11] 다음으로 內容上에 있어서의 결정적인 증거는 앞의 ≪樂府雜錄≫에 보인다. 곧 ≪樂府雜錄≫에는 〈蘇中郞〉을 설명하면서 맨 마지막에 '卽有踏搖娘'이란 다섯 글자만을 적어 놓았는데, 이것은 문맥상 자체적으로 의미가 통하지 않는다. 이것은 아무래도 ≪樂府雜錄≫이 후세에 전해지면서 脫簡이 생겼기 때문일 것이다.[12] 그리고 그 脫簡에 대한 더욱 정확한 증거는 후에 ≪太平御覽≫ 573卷에 ≪樂府雜錄≫을 인용한 다음의 문장에 보인다.

> 踏搖娘이란 것은 수 말(隋末)에 생기었다. 하내(河內)에 어떤 사람이 있었는데, 얼굴이 못생겼고 술을 좋아하면서 항상 스스로를 낭중(郞中)이라고 불렀으며, 술에 취하여 집에 돌아와서는 매번 그 처를 때렸다. 그 처는 미색(美色)에 노래를 잘하였는데, 스스로 노래한 것이 원망하고 괴로워하는 말이었다. 하삭(河朔)에서는 그 곡을 公演하고 악기에 맞추어 그 夫婦의 모습을 형용하였다. 처가 슬픔을 호소할 때 매번 그 몸을 흔들기 때문에 踏搖娘이라고 부른다. 근래의 배우들이 그 제도를 제법 고치었으니, 옛 제도가 아니다.[13]

---

10) 任半塘, ≪唐戱弄≫, 642쪽, 上海古籍出版社, 1984.

11) 金學柱, ≪中國古代의 歌舞戱≫, 187쪽, 明文堂, 2001.

12) ≪中國古典戱曲論著集成≫, ≪樂府雜錄≫, 45쪽, 中國戱劇出版社, 1982.

13) 踏搖娘者, 生于隋末. 河內有人, 醜貌而好酒, 常自號郎中, 醉歸必毆其妻. 妻美色善歌, 乃自歌爲怨苦之詞. 河朔演其曲而被之管絃, 因寫其夫妻之容. 妻悲訴, 每搖其身, 故號

윗 글을 살펴보면, 후세에 ≪樂府雜錄≫을 인용한 위의 ≪太平御覽≫의 內容은 앞의 ≪通典≫과 거의 비슷하다. 그런데 위의 ≪太平御覽≫에 실린 內容을 ≪樂府雜錄≫에서 '卽有踏搖娘'이란 문장의 뒤에 연결하면 內容이 완전해 진다. 곧 우리는 이러한 점을 근거로 〈蘇中郞〉과 〈踏謠娘〉이 사실상 같은 혈연관계를 지닌 것임을 알 수 있다. 다만 〈蘇中郞〉이 一人 獨舞인데 비하여, 〈踏謠娘〉에는 두 세 사람의 角色이 등장하고 있으니, 우리는 〈蘇中郞〉이 때와 장소에 따라 〈踏謠娘〉의 일부분을 公演한 것이든지, 아니면 1인 獨舞의 〈蘇中郞〉에서 2·3인의 각색이 등장하는 가무희인 〈踏謠娘〉으로 변화·발전한 것이라고 말할 수 있겠다.

한편 발생 시기상에 있어서, 〈踏謠娘〉은 위의 인용문들에 의하면, 북제(北齊:550-577)와 후주(後周:557-581) 및 隋末(隋:581-618)에 형성되었다. 그런데 北齊는 後周에 망하고, 後周는 隋에 망하는 등, 이들 왕조는 모두 단명의 왕조였다. 이러한 점에서 볼 때, 비록 세 왕조 사이에 시기상의 차이가 조금 있으나, 우리는 〈踏謠娘〉이 크게 보아 6세기 중엽에 北齊나 後周에서 발생하였으며, 이후 7세기 초 隋末에 이르러서는 더욱 발전한 형태로 되었다고 볼 수 있겠다.

唐代에 이르러 이러한 〈踏謠娘〉은 더욱 흥행하였다. 본래 民間에서 발생한 〈踏謠娘〉이 크게 흥행하자, 이후 宮廷으로 전래되어 환영을 받았다. 일례로 ≪舊唐書·卷189 儒學下≫ 郭山惲傳에는 다음과 같은 內容이 보이는데, 당시 〈踏謠娘〉이 궁중에서도 얼마나 흥행하였는지를 잘 보여주고 있다.

> 당시 唐 中宗(705-709년 재위)은 가까운 신하들과 수문학사(修文學士)들을 자주 불러 그들과 잔치를 베풀었는데, 한번은 그들에게 각기 자신의 技藝를 선보이게 함으로써 웃고 즐기었다. 이때 工部尙書 張錫은

'踏搖娘'. 近代優人頗改其制度, 非舊制也.

〈談容娘〉舞를 추었다.[14)]

물론 궁중에서 張錫이 춤을 춘 〈談容娘〉舞는 〈踏謠娘〉의 가무로서, 〈踏謠娘〉 歌舞戲 전체를 公演하지는 않았으리라 여겨진다. 그러나 우리는 여기에서 〈踏謠娘〉이 唐代의 宮廷에서 매우 성행하였다는 것을 알 수 있다.

또한 위의 인용문에 근거하면, 우리는 〈踏謠娘〉이 河內와 河朔 및 河間 지역에서 발생했음을 알 수 있다. 그런데 河內와 河間은 지금의 河南省과 河北省 一帶 지역을 가리키는 것이고, 河朔은 黃河 以北을 가리키는 것이니, 우리는 〈踏謠娘〉이 河南과 河北 일대에서 발생했음을 알 수 있다.

한편 위의 인용문을 근거로 할 때, 〈踏謠娘〉의 故事 內容은 상당히 간단하다. 작품 중에는 주인공으로 한 부부가 등장한다. 남편은 못생긴 외모에 술을 좋아하고, 벼슬도 하지 않으면서 스스로 '郎中'이라는 벼슬의 칭호를 사용하며, 술에 취해 집에 돌아오면 매번 아내를 때린다. 이에 비해 아내는 美色에 노래를 잘하는데, 술취한 남편에게 자주 맞는 슬픔을 마을 사람들에게 호소한다. 그런데 이러한 故事는 中國의 봉건시대에는 자주 볼 수 있었던 아주 寫實的인 悲劇的 家庭 故事이다. 그러나 公演에 있어서는 이러한 비극적 故事가 도리어 강한 喜劇性을 내포하고 있다. 그것은 唐代 歌舞戲에서 남자가 여자역을 담당하는 男扮女裝인 소위 弄假婦人이 성행하였는데, 매맞는 아내역을 남자가 담당하면서 우스꽝스러운 연기를 하였고, 또 이후에는 ≪教坊記≫에서 지적한 것처럼, 滑稽 역할을 하는 典庫가 극 중에 추가되어 등장하였기 때문이다. 이런 점에서 〈踏謠娘〉은 기본적으로 비극과 희극이 결합되는 故事이다.

---

14) 時中宗數引近臣及修文學士, 與之宴集, 嘗令各效技藝, 以爲笑樂. 工部尙書張錫爲〈談容娘〉舞. ≪舊唐書≫ 卷189 〈儒學下〉

이상에서 우리는 〈踏謠娘〉 故事의 形成과 內容을 살펴보았다. 먼저 명칭상에 있어서 〈踏謠娘〉은 〈踏搖娘〉과 〈談容娘〉으로 불리기도 하는데, 〈踏謠娘〉은 글자의 의미대로 가무하는 여자의 명칭이고, 踏搖娘은 슬픔을 호소할 때 몸을 흔들기 때문에 생긴 명칭이며, 〈談容娘〉은 시대의 변화에 따라 발음이 잘못 바뀐 명칭일 뿐, 세 가지는 본시 동일한 것이었다. 〈踏謠娘〉의 형성 시기와 지역은 비교적 명확했다. 〈踏謠娘〉은 6세기 중엽 무렵, 北齊나 後周 시기에 형성되어, 7세기 초 隋 末에는 더욱 발전된 모습으로 변하였고, 이후 民間과 궁중에서 크게 흥행하였다. 또 〈踏謠娘〉은 〈蘇中郞〉으로 불리기도 하였는데, 이들은 故事에 있어서 같은 혈연관계를 지니고 있는 것이다. 그리고 〈踏謠娘〉의 전체 故事는 지금의 관점에서 볼 때 아주 간단한 것으로, 봉건시대 한 부부의 사실적인 비극 故事였으며, 아울러 극 중에는 비극성과 골계적 희극성이 융합되어 있다.

2) 公演 狀況

隋·唐시대 民間과 宮廷에서 흥성했던 〈踏謠娘〉은 당시의 대표적인 歌舞戲로서 많은 公演이 이루어졌으리라 여겨진다. 그러나 〈踏謠娘〉의 당시 公演 狀況을 보여주는 자료는 그렇게 많지 않다. 앞서 우리는 ≪舊唐書≫에 보였던 것으로, 唐 中宗 앞에서 당시의 高官인 工部尙書 張錫이 〈踏謠娘〉을 춤추었던 사실을 통하여, 당나라 宮廷에서도 〈踏謠娘〉이 얼마나 익히 알려지고 사랑을 받았는지를 살펴보았다. 그러면 여기서는 먼저 당시 民間에서 〈踏謠娘〉의 흥행 상황을 여실히 잘 보여주는 詩를 한 편 살펴보기로 한다. 唐代 玄宗 때의 사람인 상비월(常非月)에게는 〈咏〈談容娘〉〉이라는 다음과 같은 詩가 한 편 있다.

손 들어 꽃 머리장식 매만지고, 몸 돌리며 비단 자리 위에서 춤추네.

말은 둘레 길거리에 빽빽하고, 사람들 빽빽이 놀이마당 에워쌓네.
노래는 한 목소리로 화창하고, 감정은 섬세한 말로 전해지네.
마음이 얼마나 큰지는 알 수 없으나, 꽤 많은 연민 받아들이는 듯하네![15]

常非月은 ≪全唐詩≫에 위의 단 한 편의 시를 남기고 있는데, 여기에서 그는 당시 唐 玄宗 무렵에 흥행했던 〈踏謠娘〉의 公演 狀況을 개괄적으로 잘 보여주고 있다. 위의 시에 의하면, 常非月이 본 〈談容娘〉, 곧 〈踏謠娘〉은 露天의 廣場에서 公演되었고, 관중들이 상당히 많았던 것이라고 여겨진다. 그리고 관중들 중에는 말을 타고 오는 자들도 많았으니, 관중들 중에 당시의 일반 관리들도 많이 있었음을 알 수 있다. 이를 통해 우리는 〈踏謠娘〉이 唐 玄宗 무렵에 民間에서 매우 환영을 받은 劇目임을 알 수 있다.

〈踏謠娘〉에 관한 公演 狀況은 앞에서 인용한 ≪教坊記≫ ≪通典≫ ≪樂府雜錄≫ 등에 더욱 구체적으로 보인다. 이들 자료들을 종합하면, 우리는 〈踏謠娘〉의 公演 狀況이 시대에 따라 변화·발전하였다는 점을 알 수 있다. 곧 발생 초기의 〈踏謠娘〉은 〈蘇中郎〉이라는 명칭으로 주로 1인극의 獨舞 형태로 公演되었든지, 아니면 〈踏謠娘〉 부부의 2인극 형태로 公演되었다. 그리고 崔令欽이 ≪教坊記≫를 지었던 무렵, 곧 唐 玄宗이 죽은 762년 이후에는[16] 〈踏謠娘〉의 公演에 典庫, 곧 전당포 주인이라는 角色이 한 명 더 추가되었으니, 〈踏謠娘〉은 이미 3인극의 형태로 변화·발전하였다. 그리하여 〈踏謠娘〉은 단순한 가정분규의 歌舞戲에서 더 넓은 사회를 배경으로 하는 歌舞戲로 內容이 확대되었다. 그런데 이 典庫라는 角色의 역할에 대해서는 위의 인용문에 근거하면 자세한 內容을 알 수 없

15) 擧手整花鈿, 翻身舞錦筵. 馬圍行處匝, 人壓看場圓. 歌要齊聲和, 情教細語傳. 不知心大小, 容得許多憐. ≪全唐詩≫, 卷203, 2125쪽, 中華書局校点本,

16) ≪中國古典戲曲論著集成≫, ≪教坊記≫, 3쪽, 中國戲劇出版社, 1982.

다. 물론 이 典庫가 滑稽의 역할을 담당했을 것이라는 점에 대해서는 분명하나, 典庫의 구체적 역할에 관해서는 단지 다음처럼 추측만 할 수 있을 뿐이다. 곧 〈踏謠娘〉의 남편이 落魄한 신분으로 경제적으로 힘들게 되자, 전당포를 이용하게 되었고, 전당포에서 빌린 돈으로 술을 먹는다. 그러다가 결국 그는 전당포에서 빌린 돈을 갚지 못하고, 이러한 사실마저 아내에게 들켜 가정 분규가 발생하며, 이들 부부는 전당포 주인인 典庫에게 빚 독촉을 당하는 등의 조롱을 당하였으리라 추측된다.

그런데 앞의 ≪教坊記≫에 의하면, 崔令欽은 당시의 이러한 公演 狀況에 대해 '옛 뜻을 완전히 상실한 것(全失舊旨)'이라고 하며, 불만을 지니고 있는 것으로 보인다. 그리고 任半塘도 이러한 公演은 효과 방면에서 보자면, 도리어 공연히 주제를 왜곡했을 뿐이니, 실지로는 進步가 아니라고 하였다.[17] 그러나 崔令欽과 任半塘의 이러한 생각에 완전히 동의하기는 힘들다고 여겨진다. 왜냐하면 戲曲 角色 발전사의 각도에서 보면, 2인극에서 3인극으로의 변화는 기본적으로 進步를 의미하여, 戲曲의 脚色行當이 初步的이나마 分化되고 藝術化된 程式化의 段階에 진입하기 시작했으며, 아울러 中國의 古典劇은 비극적 요소에 희극적 요소를 결합하는 것을 그 근본적 특성으로 하고 있기 때문이다.

한편 〈踏謠娘〉의 公演과 관련하여 중요한 점이 있으니, 그것은 곧 여성이 전문적으로 여성의 배역을 담당하는 소위 坤旦의 형성에, 〈踏謠娘〉이 일정한 역할을 하였다는 것이다. 그것은 〈踏謠娘〉의 公演에 이르러서야, 비로소 中國의 戲曲角色史에서 정식적인 坤旦이 처음으로 등장하기 때문이다. ≪教坊記≫에서 말한 것처럼, 〈踏謠娘〉을 처음 公演하였을 때에는 부인역을 남자가 대신 맡았다. 이것은 당시에 보편적인 男扮女裝으로 당시에는 弄假婦人이라고 불렀다. 〈踏謠娘〉이 內容的으로는 가정비극을

17) 任半塘, ≪唐戲弄≫, 500쪽, 上海古籍出版社, 1984.

드러내고 있으면서도, 원천적으로 희극성을 지닌 것은 이러한 점에서 기인하였다. 곧 남자 배우가 여자의 모습으로 분장하여 여자의 옷을 입고, 여자 걸음을 모방하면서 서서히 걸으며 입장하는 장면이나, 남자가 여자로 분장하여 남편에게 맞으며 슬프게 우는 장면은 자체적으로 희극성을 강하게 보여준다. 그러나 앞에서 崔令欽이 말한 것처럼, ≪教坊記≫를 지을 당시에는 이미 여자가 그 역할을 담당하였고, 마침내 남편을 '娘中'이라고 부르지 않고, 당시 남편을 의미하는 칭호인'阿叔子'라고 불렀다 한다. 여기에서 우리는 中國의 戲曲角色史에서 처음으로 진정한 坤旦이 시작되었음을 알 수 있다.

이상에서 우리는 〈踏謠娘〉의 公演 狀況을 전하는 자료를 근거로 대략 살펴보았다. 〈踏謠娘〉은 宮廷과 民間에서 모두 사랑받는 劇目이었다. 高官인 工部尙書 張錫이 임금 앞에서 公演하기도 했고, 常非月의 시에 보이듯, 露天의 廣場에서 수많은 관중들에 둘러쌓여 公演되기도 했다. 한편 〈踏謠娘〉의 公演 狀況은 시대의 변화에 따라 다른 모습을 보여주었다. 처음에는 1인 獨舞나 2인극으로 시작하다가, 나중에는 滑稽를 전문적으로 하는 典庫가 추가되어 3인극으로 발전하였다. 戲曲 角色의 발전사에서 볼 때 〈踏謠娘〉의 이러한 점은 일정한 발전이라고 볼 수 있었으며, 특히 中國 戲曲 角色史에서 여성이 여성의 역할을 담당하는 진정한 의미의 坤旦의 시작은 〈踏謠娘〉에서 비롯되었다.

3) 歌唱과 舞蹈 및 演技 動作

여기에서는 中國 古典戲曲의 중요한 요소인 歌唱과 舞蹈 및 演技 動作이 〈踏謠娘〉에서 어떠한 모습으로 나타나는지 살피고자 한다. 일반적으로 알려졌듯이 〈踏謠娘〉은 魏晉南北朝 시기 北朝와 隋唐 時期에 성행했던 대표적인 歌舞戲이다. 그 중에서도 歌舞戲의 특징을 가장 잘 대표하는 점은 故事의 진행에 노래가 핵심적인 역할을 한다는 점이다. 그것은 〈踏謠娘〉이라는 歌舞戲의 명칭이 바로 '춤추며 노래하는 여인(〈踏謠娘〉)' 이라는 것에서 알 수 있듯이, 〈踏謠娘〉의 핵심적 公演 요소는 바로 歌唱이다.

앞서 인용한 崔令欽의 ≪敎坊記≫ 등에 의하면, 歌唱 방면에 있어서 〈踏謠娘〉의 가장 큰 특징은 和唱에 있다. 곧 부인으로 등장한 여주인공이 매번 노래 한 疊을 끝낼 때마다, 옆에 있던 사람들은 한 목소리로 '춤추며 노래하네(踏謠, 和來!) 춤추며 노래하는 여인 괴롭네(〈踏謠娘〉苦, 和來!)'라고 和唱하였다. 여기서 和唱할 때 '옆에 있던 사람들(旁人)'은 아마 음악을 맡은 사람들일 것이라고 생각되며, 和唱할 때 마지막에 나오는 '和來'라는 단어는 뜻이 없고 완전히 소리일 뿐이라고 여겨진다.[18] 그런데 이런데 和唱은 근대 川劇·潮劇 등 地方戲의 幇腔 형식과 같은 것으로, 근대 弋陽腔 接唱尾音의 濫觴이라고 한다.[19]

한편 歌唱 방면에 있어서 〈踏謠娘〉의 또 다른 특징은 배우가 歌唱한 가사가 반드시 代言體이지 敍事體가 아니라는 점이다. 주지하다시피 中國 古典戲曲의 演唱方式은 一人稱 代言體이지 三人稱 敍事體가 아니다. 일례로 극 중에서 여주인공이 술취한 남편에게 구타당하는 원망을 노래로 표현할 때, 그녀는 一人稱 代言體의 방식을 운용했을 것이다. 이러한 점에서 〈踏謠娘〉은 中國 古典戲曲의 演唱 特性인 代言體 수법과 동일한 수법을 운용했음을 알 수 있다.

〈踏謠娘〉에 있어서 舞蹈는 歌唱과 함께 가장 중요한 두 가지 公演形式이다. 다만 歌唱이 노래라는 청각적 호소를 통하여 관중에게 호소했다면, 舞蹈는 춤이라는 시각적 아름다움을 통하여 관중에게 호소한 것이다. 우리는 바로 '踏謠'라는 두 글자 자체의 의미를 통해볼 때, 〈踏謠娘〉에서

18) 任半塘, ≪唐戲弄≫, 503쪽, 上海古籍出版社, 1984.

19) 任半塘, ≪唐戲弄≫, 504쪽, 上海古籍出版社, 1984.

이러한 歌唱과 舞蹈가 차지하는 중요성을 곧바로 알 수 있다. 물론 여기서의 '踏'은 단순한 걸음걸이가 아니라 舞蹈化된 걸음이다. 그러하기 때문에 崔令欽은 앞의 ≪教坊記≫에서 여자로 분장한 角色이 '춤추며 노래하기 때문에 踏謠라고 부른다(且步且歌, 故謂之踏謠)'라고 분명히 말하였다. 또 앞에서 인용한 常非月의 〈咏談容娘〉 詩에는 "몸 돌리며 비단 자리 위에서 춤추네(翻身舞錦筵)"라는 詩句가 보이는데, 〈踏謠娘〉 歌舞戲가 舞蹈의 방식을 통하여 公演되고 있음을 분명히 보여 주고 있다. 그리고 앞에서 인용한 ≪舊唐書≫에서 張錫이 中宗 임금 앞에서 公演한 〈談容娘〉도, 사실은 舞蹈의 방식을 사용했음을 알 수 있다. 바로 이와 같은 점들 때문에 우리는 〈踏謠娘〉에서 舞蹈의 중요성을 아무리 강조해도 지나치지 않는다.

한편 中國의 古典戲曲에서 角色의 극 중 動作은 현실 생활 중의 動作을 그대로 사용하지 않고, 일정한 예술화를 통한 소위 程式의 방법을 사용한다. 그러면 ≪教坊記≫와 ≪通典≫ 등에는 角色의 연기 動作이라고 여길 수 있는 것이 어떤 것들이 있는지 살펴보자. 우선 남편 角色의 動作으로는, '때리고 싸우는 모습을 하는 것(作毆鬪之狀)'과 '웃고 즐기는(笑樂)'動作이 있으며, 부인 角色의 動作으로는 '슬픔을 머금는(銜悲)'動作과 '원망을 드러내는(稱寃)'動作 및 '비참함을 호소하며 매번 몸을 흔드는(悲訴, 每搖其身)'動作 등이 있다. 그런데 이들 여러 動作들이 〈踏謠娘〉의 公演 중에 어떠한 방식으로 연기되었는지, 우리는 ≪教坊記≫와 ≪通典≫의 기술이 매우 간략하기 때문에 정확한 답을 말할 수 없다. 다만 최소한도 남편이 부인을 때리는 장면에서는 직접 때리지 않고, 일정한 초보적 段階의 程式을 사용하였으리라 여겨진다. 그리고 나머지 動作 중에서도 角色들은 슬퍼하고 웃고 즐기며, 원망하고 비참해하며 몸을 흔들 때에도, 반드시 얼굴이나 손짓, 몸짓에 일정한 의미를 지닌 표정과 動作을 하였으리라 여겨진다. 이렇게 본다면, 우리는 〈踏謠娘〉의 公演에서 사용된 연기

動作들은 최소한 초보 수준의 程式이 동원된 예술화된 動作이라고 추측할 수 있겠다.

이러한 점은 아무래도 角色行當의 程式化와 연관지을 수 있겠다. 앞에서 논의하였듯이 〈踏謠娘〉은 中國 古典戲曲의 角色 發展史에서도 일정한 의미를 지니고 있었다. 곧 〈踏謠娘〉은 ≪教坊記≫에 보이듯이, 시기의 변화에 따라 小旦, 小生, 丑이란 세 가지의 角色 行當으로 이미 分化되어 일정한 程式性을 지니고 있다고 볼 수 있었다. 이렇듯 脚色行當이 初步的이나마 分化되어 程式化되기 시작했다면, 角色들의 연기 動作 또한 初步的이나마 程式化의 길로 이미 접어들기 시작했다고 볼 수 있다.

이상에서 우리는 〈踏謠娘〉의 公演에 사용된 戲曲의 제반 요소 중 歌唱과 舞蹈 및 연기 動作에 관하여 살펴보았다. 먼저 〈踏謠娘〉의 公演에 있어서 歌唱은 가장 핵심적인 요소로 사용되었으며, 和唱과 代言體 방식의 운용은 〈踏謠娘〉 歌唱 방식의 특징이었다. 이 중 和唱은 근대 弋陽腔의 濫觴이 되었고, 代言體의 운용은 〈踏謠娘〉의 演唱方式이 古典戲曲의 일반적 演唱方式과 일치함을 보여주고 있다. 舞蹈 또한 歌唱과 함께 〈踏謠娘〉 公演의 양대 핵심 요소였다. 〈踏謠娘〉이란 단어의 '踏謠'두 글자 중의 '踏'이 단순한 걸음이 아니라, 이미 舞蹈化된 걸음걸이임은 〈踏謠娘〉의 公演에서 舞蹈의 중요성을 말해주는 것이었다. 한편 〈踏謠娘〉의 公演에 사용된 角色들의 연기 動作은 현실생활의 動作을 사실대로 모방하는 것이 아니라, 이미 初步的 段階이나마 戲曲 程式化의 段階로 진입했다고 여겨진다. 그리고 연기 動作의 이러한 程式化는 아무래도 脚色行當의 程式化와 상호 연관되어 있다고 본다. 왜냐하면 〈踏謠娘〉의 변화·발전 과정 중에 이미 脚色行當의 程式化가 初步的으로나마 이루어졌기 때문이다.

4) 說白 및 假面

中國 古典戱曲의 劇情을 전개함에 있어서 說白은 필수적인 요소이다. 비록 古典戱曲이 歌唱을 위주로 劇情을 전개하지만, 모든 劇情을 歌唱의 방식으로만 운용할 수는 없으니, 주인공 사이의 대화나 독백 등 소위 說白은 劇情의 전개에 필수적인 요소가 된다.

우리는 먼저 앞서 인용한 常非月의 詩句를 통하여 〈踏謠娘〉의 公演에 說白이 동원되었음을 알 수 있다. 곧 常非月의 詩句에는, '感情은 섬세한 말 통해 전해지네(情教細語傳)'라는 구절이 있는데, 여기서의 '섬세한 말(細語)'은 분명 부인으로 등장한 角色이 말한 說白이라고 여겨진다. 〈踏謠娘〉은 짧은 故事 때문에 說白의 사용이 많지 않았으리라 여겨진다. 任半塘에 의하면, 부인으로 등장한 角色이 郎中이나 阿叔子라고 남편을 부를 때 說白이 사용되었 것이라고 한다. 왜냐하면 부부 사이에 呼稱을 부를 때, 노래로 하면 억지스러움을 면하기 힘들기 때문이다.[20] 이렇듯 우리는 〈踏謠娘〉의 公演에 說白이 사용됐다는 증거는 찾을 수 있으나, 說白이 매우 적게 사용된 점은 부인할 수 없을 것이다.

〈踏謠娘〉의 公演에 說白이 이렇게 적게 사용된 것은 古典戱曲 발전사라는 각도에서 볼 때 두 가지 요인과 연관되었다고 여겨진다. 우선 〈踏謠娘〉의 公演에 說白이 이렇게 적게 사용된 것은 아무래도 故事의 內容이 지나치게 간단하다는 점을 들 수 있다. 우리는 여기에서 中國 古典戱曲의 발전사가 小戱에서 大戱로 변화·발전하였다는 점을 환기할 필요가 있을 것이다. 바로 이러한 근본적인 이유 때문에, 곧 〈踏謠娘〉이 아직 大戱로 발전하지 못한 小戱 段階에 있었기 때문에, 劇情의 전개에 說白이 자연스럽게 적게 사용된 것은 당연하다고 하겠다.

---

20) 任半塘, ≪唐戱弄≫, 508쪽, 上海古籍出版社, 1984.

또 한 가지 〈踏謠娘〉의 公演에 說白에 적게 사용된 것은 中國의 古典戲曲에서 說白이 차지하는 자체적인 위상과도 연관된다고 할 수 있다. 그것은 古典戲曲에서는 說白을 賓白이라고도 부르는 명칭에서 알 수 있듯이, 古典戲曲에서 說白은 歌唱에 비해 덜 중시되었다. 더구나 〈踏謠娘〉은 古典戲曲의 발전사에 있어서 아직은 가무희라는 초기 段階에 있기 때문에, 歌唱과 舞蹈가 公演 방식의 대표 자리를 차지하고, 說白은 중심 자리에서 한참 비켜나 다만 부득이한 경우에만 사용되었으리라 생각된다.

한편 〈踏謠娘〉의 公演 時 배우들이 假面을 착용하였는지의 여부에 대하여, 역대로 많은 곡학자들의 논란이 있었다. 일례로 王國維와 任半塘 등은 〈踏謠娘〉의 公演에 假面이 사용되지 않고 塗面의 방식이 운용되었다고 주장하고, 반대로 康保成이나 金學柱교수는 〈踏謠娘〉의 公演에 假面이 사용되었을 것이라고 보았다. 假面의 착용 여부는 자체적으로 〈踏謠娘〉의 戲曲的 성격이나 위상과도 일정 부분 연관되어 있으니, 여기서는 〈踏謠娘〉의 公演 時 假面의 착용 여부와 그 의미를 살펴보자.

먼저 〈踏謠娘〉 公演 時 假面이 아닌 塗面의 방식을 사용했다는 任半塘의 주장을 살펴보자. 任半塘은 세 가지 방면에서 〈踏謠娘〉의 公演 時 假面이 부적격하여 塗面이 사용되었을 것이라고 주장하였다. 곧 그는 첫째, 〈踏謠娘〉에서 여자 角色의 姿色, 곧 美色은 필수조건인데, 만일 假面을 쓰면 美色이 불필요해지고, 둘째, 唐代의 舞女는 이미 고도의 化粧을 갖추었으며, 셋째, 假面은 威猛이나 奇特함을 드러내는 것이지, 생활의 진실한 모습을 드러내는 것이 아니기 때문에, 〈踏謠娘〉에는 假面이 아닌 塗面이 사용되었을 것이라고 주장하였다.[21]

그런데 〈踏謠娘〉의 公演 時 假面이 사용되었다는 논의는 일찍이 唐代의 서적에도 보인다. 곧 앞에서 인용했던 ≪劉賓客嘉話錄≫에서, 唐代의

---

21) 任半塘, ≪唐戲弄≫, 510쪽, 上海古籍出版社, 1984.

위현(韋絢, 840년 전후)은 '好事者들이 假面을 만들어서 그 모습을 형용하였다(好事者乃爲假面以寫其狀)'라고 하여, 〈踏謠娘〉의 公演 時 분명히 假面이 사용되었음을 언급하였다. 그리고 康保成은 〈蘇中郞〉이 일본에 전해져 〈胡飮酒〉라는 假面戱로 되었고, ≪劉賓客嘉話錄≫ 중에 나오는 '주먹코(皻鼻)'를 塗面 化粧으로는 효과를 내기 힘들기 때문에, 최소한 〈踏謠娘〉 중의 남편은 假面을 착용했을 것이라고 주장했다.[22]

〈踏謠娘〉의 公演 時 假面을 착용했는지의 여부에 있어서는 확실하게 단정짓기는 힘들 것같다. 다만 최소한 〈踏謠娘〉 중의 남편만큼은 假面을 착용했다는 康保成의 주장이 더 설득력이 있다고 여겨진다. 그것은 任半塘이 〈踏謠娘〉을 '全能戱'라고 부르는데서 알 수 있듯이, 任半塘은 〈踏謠娘〉을 지나치게 극찬하여, 宋·元代의 戱曲과 거의 같은 반열에 올려놓고 싶었기 때문에, 任半塘의 주장에는 근본적으로 오류가 생겼다고 볼 수 있기 때문이다. 곧 任半塘은 후세 宋·元의 戱曲이 民間의 儺戱를 제외하고는 대부분 塗面임을 감안하여, 〈踏謠娘〉도 假面의 段階를 이미 지나, 塗面의 段階에 이르렀다고 여긴 것이다.

한편 〈踏謠娘〉 公演 時 假面의 착용 여부는 〈踏謠娘〉의 戱曲的 성격이나 위상과도 어느 정도 연관되어 있다고 볼 수 있다. 그것은 假面의 착용 여부가 〈踏謠娘〉이 民間의 假面戱 수준을 벗어나, 한발 더 수준높은 戱曲으로 진입했는지를 따지는 점에 있어서, 한 가지 기준이 될 수도 있기 때문이다. 주지하다시피 中國의 古典戱曲史에서 唐代는 假面과 塗面이 동시에 존재하면서 변화했던 岐路에 있던 시기이다. 일반적으로 말한다면, 戱曲 化粧에서 假面에서 塗面으로의 변화는 진보라고 말할 수 있다. 그것은 假面보다는 塗面을 통하여 훨씬 더 纖細하고 强烈하게 인물의 심리 등을 나타낼 수 있기 때문이다. 그런데 中唐 이전까지는 주로 假

22) 康保成, 〈〈踏謠娘〉考源〉, 北京大學, ≪國學硏究≫, 第10輯, 2008.

面을 사용한 歌舞戲가 主流를 이룬 반면, 中唐 이후에는 化粧 기술의 발전과 함께 戲曲에서의 塗面이 발전하기 시작하여, 宋代에 이르러서는 농촌의 儺戲 등을 제외한 대부분의 戲曲 公演에서 塗面의 방식이 사용되었다. 바로 문제는 〈踏謠娘〉가 이와 같은 戲曲 化粧의 전환기에 성행하였고, 假面을 사용했을 가능성이 크다는 점이다. 그렇기 때문에 우리는 戲曲 化粧의 관점에서 보았을 때, 〈踏謠娘〉이 宋代 이후 塗面 戲曲처럼 높은 수준의 段階에 까지는 진입하지 못했다고 볼 수도 있겠다.

이상에서 〈踏謠娘〉의 公演 時 說白의 운용과 假面 착용 여부를 살펴보았다. 우선 古典戲曲의 필수요소인 說白은 〈踏謠娘〉의 公演에서 분명 사용되기는 했지만, 매우 적게 사용되었다. 그리고 이것은 〈踏謠娘〉이 근본적으로 民間의 小戲인 점, 그리고 民間의 歌舞戲에서 歌唱을 지나치게 위주로 하여, 說白이 매우 부수적으로 된 점에서 기인하였다. 또 〈踏謠娘〉의 公演 時 최소한 남편으로 등장하는 角色만큼은 假面을 사용했으리라 여겨진다. 이러한 점은 〈踏謠娘〉이 아직 假面戲에서 벗어나지 못한 점을 보여 주는 것으로서, 송대 이후 塗面化粧이 주류였던 戲曲의 段階에 까지는 진입하지 못한 것임을 보여준다.

그러면 이상의 제반요소들을 고려하면, 우리는 결국 〈踏謠娘〉을 어떻게 자리매김 해야 할까? 단순한 民間歌舞의 小戲인가? 아니면 任半塘이 말한 것처럼, 이미 戲曲의 모든 요소를 구비한 全能戲인가? 먼저 戲曲의 諸般 要素라는 관점에서 본다면, 우리는 위에서 살피었듯이, 〈踏謠娘〉이 戲曲의 요소를 거의 모두 구비하고 있음을 알 수 있다. 歌唱과 舞蹈, 說白, 初步的이나마 程式化된 演技 動作, 和唱, 代言體, 角色 行當의 分化, 이 모든 면에서 宋代 이후 戲曲의 요소를 갖추었다. 이리하여 우리는 中國의 古典戲曲史에서 첫 번째 劇目이라고 말하는 〈東海黃公〉과 비교하면, 〈踏謠娘〉이 宋·元代의 희곡에 거의 다가선 우수한 劇目임을 알 수 있다.

그러나 위에서 살피었듯이 〈踏謠娘〉은 자체적으로 일정한 限界를 지니고 있는 것도 사실이다. 그것은 故事의 內容이 너무 단순하여, 戲曲의 모순과 충돌이 충분히 운용될 여지가 자체적으로 부족하였다. 그리고 劇情의 운용은 거의 歌舞 위주여서, 戲曲에 필요한 說白의 餘地가 너무 부족하였으며, 각색에 있어서도 비록 초보적으로 程式化 단계에 진입했다고 여겨지지만, 아직은 초기 단계에 불과하다. 이것은 곧 〈踏謠娘〉이 歌舞에서 歌舞戲 段階로는 분명 진입하였지만, 宋·元 이후의 성숙한 戲曲의 段階에는 아직도 이르지 못하고 있음을 의미한다. 이 때문에 우리는 결론적으로 〈踏謠娘〉이 魏晉南北朝 시기 北朝에서 발생하여, 唐代에 民間과 宮廷에서 사랑받던 우수한 民間戲曲으로, 宋代 이후 大戲의 발전사에 커다란 연결고리의 역할을 한 빼어난 歌舞戲라고밖에 말할 수 있겠다.

3. 〈踏謠娘〉와 踏歌

中國의 古典 戲曲史에 있어서 〈踏謠娘〉의 올바른 위치와 의미를 살피기 위하여, 우리는 〈踏謠娘〉의 根源을 살필 필요가 있다. 앞에서 살피었듯이 〈踏謠娘〉은 魏晉南北朝 시기 北朝에서 발생하여 隋·唐 시대에 흥성한 歌舞戲이다. 그런데 〈踏謠娘〉은 고대의 群衆性 舞蹈인 踏歌를 그 근원으로 한다. 우선 隋·唐 시기 '踏歌'는 또한 '踏謠'라고도 불렸으니, 唐代의 ≪太眞外傳≫이 그 일례이다.[23] 다만 唐代 이전에는 답가가 아직 군중의 오락 가무의 명칭으로 고정되지 못했고, 唐代에 이르러서야 踏歌는

23) '俄有纖腰妓, 近十餘輩, 曰楚章華, 踏謠娘也, 乃連臂而歌(문득 허리 가는 기녀 거의 10여 명이 楚國 章華臺를 말하는데, 踏歌 노래하는 여자들로, 어깨를 잇고 노래부르는구나)'≪太眞外傳≫, 翁敏華, ≪中日韓戲劇文化因緣研究≫, 26쪽, 재인용, 學林出版社, 2004.

群衆들이 집단적으로 손에 손을 잡고 땅을 밟으며 노니는 娛樂 歌舞의 통칭으로 사용되었다다.[24] 그러나 이렇듯 군중들이 손에 손을 잡고 춤추며 노래하는 歌舞 형식은 아주 오랜 역사를 지닌다. 青海省 大通縣에서 출토된 新石器時代의 舞蹈 무늬의 陶盆에서, 다섯 사람이 함께 손에 손을 잡고 춤추는 것이 踏歌의 가장 오래된 모습일 것이다.[25] 그런데 앞에서 인용한 李澤厚의 지적처럼, 이러한 집단적 踏歌 행위는 토템활동의 표현으로, 巫術作用과 祈禱의 기능을 강하게 지니고 있다. 그리고 踏歌의 이러한 근원적인 巫術作用과 祈禱의 기능, 곧 넓게 말하면 巫儺文化는 〈踏謠娘〉의 戲曲的 성격에 어떠한 방식으로든 영향을 미치었을 것이다.

현재 전하는 기록 중 踏歌 활동으로서, 가장 빠른 것은 ≪西京雜記≫에 보이며, 漢代의 宮女들이 10월 15일 보름날 달밤에 손에 손을 잡고 땅을 밟으며 춤을 춘 것이다.[26] 唐代에 踏歌는 매우 유행하여 농촌이나 도시, 宮廷에서도 踏歌는 사랑받는 娛樂 舞蹈였다. 특히 앞에서 인용한 바와 같이, 唐 中宗 때 궁중에서 임금을 위하여 工部尙書였던 張錫이 踏歌인 談容娘 춤을 추었던 사실은, 唐代에 踏歌가 매우 성행하였다는 점을 상징적으로 보여주는 것이었다. 그런데 위에서와 같이 踏歌는 음력 15일 밤에 公演되는데, 이는 踏歌가 기본적으로 달 숭배 의식과 巫儺文化를 지니고 있기 때문이다.

〈踏謠娘〉 또한 근본적으로 踏歌라는 가무를 계승 발전시킨 歌舞戲이

---

24) 일례로 唐代 劉禹錫의 〈踏歌行〉 詩에, '春江月出大堤平, 堤上女郎連袂行(봄강 달 뜨고 큰 둑 평평한데, 둑 위에는 젊은 여인들 손을 맞잡고 가네)라고 구절이 보이고, 李白의 〈贈汪倫〉의 詩에, '李白乘舟將欲行, 忽聞岸上踏歌聲(내 장차 배를 타고 가려하는데, 홀연히 언덕 위의 踏歌 소리 들리네)'라는 구절이 보인다. 王克芬著, ≪中國舞蹈發展史≫, 159쪽, 재인용, 上海人民出版社, 2003.

25) 王克芬著, ≪中國舞蹈發展史≫, 159쪽, 上海人民出版社, 2003.

26) '十月十五日, ……, 相與連臂踏地爲節, 歌赤鳳凰來(10월 15일, ……, 서로 손에 손을 잡고 절주에 맞게 땅을 밟으며 赤鳳凰來 노래를 불렀다)' 葛洪, ≪西京雜記≫, 卷三, 77條, 〈戚夫人侍兒言宮中樂事〉, ≪中國歷代名著全譯叢書≫, 106쪽, 貴州人民出版社, 1990.

기 때문에, 〈踏謠娘〉에는 자연스럽게 踏歌의 巫儺文化가 용해되어 있을 것이다. 다만 역사의 변천을 통하여 踏歌의 이러한 巫儺文化는 점점 世俗化와 藝術化의 길을 걸었기 때문에, 우리는 〈踏謠娘〉에서 원시 고대인의 巫儺文化 痕迹을 찾기가 쉽지 않다. 그렇다고 〈踏謠娘〉에 踏歌의 巫儺文化的 요소가 완전히 사라진 것처럼 보이지는 않는다. 그것은 고대인의 오래된 문화의식은 쉽게 사라지지 않고, 다만 깊이 감추어져 있을 뿐이니, 〈踏謠娘〉도 이러한 巫儺文化의 요소를 깊이 내재하고 있을 것이기 때문이다. 특히 우리는 〈踏謠娘〉의 근원인 踏歌가 실지로는 일정한 명절에 公演되었던 民俗 活動인 점을 감안하면, 踏歌를 계승한 〈踏謠娘〉에 巫儺文化의 흔적이 잠재되어 있는 것은 거의 확실하다고 볼 수 있다. 왜냐하면 中國이나 한국의 거의 모든 民俗 活動에는, 이러한 巫儺文化의 痕迹이 상징적으로 잠재되어 있는 것도 사실이기 때문이다.

한편 〈踏謠娘〉이 앞서 戲曲의 제반 요소라는 관점에서 살펴볼 때, 歌舞戲에서 大戲로 발전하는 연결고리로서 막대한 역할을 했던 것처럼, 巫儺文化的 요소의 계승과 소멸이라는 관점에서 볼 때, 똑같은 이유로, 〈踏謠娘〉은 중요한 연결고리의 역할을 한 것으로 보인다. 그러면 구체적으로 〈踏謠娘〉에는 어떠한 巫儺文化의 痕迹이 남아있는지 살펴보자.

우선 〈踏謠娘〉에서 巫儺文化的 痕迹으로 생각할 수 있는 것은, 〈蘇中郎〉에서 주인공인 蘇葩가 붉은색의 옷을 입고 등장한다는 점이다. 붉은색이 색상에서 巫儺的 의미를 상징하는 때문에, 아마 일부러 붉은색의 옷을 입었으리라 여겨진다. 그러나 무엇보다도 최근의 曲學家들에 의해 〈踏謠娘〉 중 巫儺文化의 흔적으로 지적되는 것은 蘇中郎이라는 명칭이다. 일례로 周華彬에 의하면, 〈踏謠娘〉 중 용모가 추악하고 술을 좋아하는 蘇中郎은 아마 蘇摩(印度 브라만교의 酒神)나 샤만 巫師가 머리에 假面을 쓴 채로, 술에 취한듯 미친듯이, 神을 위하여 춤추고 노래하는 것과 유관하다고 한다. 그리고 그는 〈蘇中郎〉의 姓氏가 '蘇'氏인 점은 '〈蘇幕遮〉'

에서 나왔을 것이고, 〈蘇幕遮〉가 본시 西域의 胡語를 번역한 말로서, 실제로는 곧 샤만을 의미한다고 보았다.[27] 또한 康保成은 〈踏謠娘〉에 보이는 巫儺文化的 痕迹으로, 남자 주인공이 술에 취하는 점과, 〈蘇中郎〉의 姓氏가 '蘇'氏인 점, 두 가지를 들었다. 康保成에 의하면, 술과 巫術은 끊을 수 없는 인연이 있으며, 술의 목적은 蘇中郎의 정신상태를 제고시켜, 神界와 소통하기 편하도록 하기 위함이라고 한다. 그리고 康保成은 ≪太平廣記≫에서 죽었다가 살아난 사람이 자칭 '蘇郎中'이라고 부르고, 泉州傀儡戲에 등장하는 蘇相公이 곧 蘇中郎으로서, 실제로는 곧 巫인 점 등을 그 근거로 들어, 〈蘇中郎〉의 '蘇'氏는 巫術에서 기인한 것이라고 말하였다.[28]

그러나 우리는 〈踏謠娘〉에 巫儺文化的 흔적이 위에서와 같이 남아 있다고 여기는 이들의 주장에 아마 정확한 평가를 하기 쉽지 않을 것 같다. 이것은 巫儺文化的 痕迹이 戲曲 藝術의 藝術化와 世俗化의 過程을 통하면서 상당히 옅어졌고, 아울러 이러한 痕迹은 表面으로 드러나지 못하고 裏面으로 깊이 숨어 들었기 때문이다. 이러한 점은 세계의 거의 모든 연극이 비슷하게 걸었던 길, 곧 神聖한 祭儀에서 娛樂的 演劇으로 변화·발전한 연극사의 길을, 中國의 戲曲도 거의 똑같이 걸었다고 여겨지기 때문이다. 다만 中國의 가무발전사와 戲曲發展史를 通時的으로 보았을 때, 民俗歌舞인 踏歌를 계승 발전시켜 隋·唐 시기에 유행하였던 〈踏謠娘〉에 아직도 巫儺文化的 痕迹이 남아 있으리라는 점은 거의 확실하다고 여겨진다. 이런 점에서 周華彬이나 康保成의 주장은 상당한 설득력이 있다고 보여진다. 그리하여 巫儺文化의 계승과 발전이라는 관점에서 볼 때, 〈踏謠娘〉에는 巫儺文化的 痕迹이 表面的으로 거의 消滅된 상태라고 여겨지며, 다만 그 깊은 根源에 巫儺文化의 흔적이 면면히 흐르고

27) ≪中華戲曲≫ 第15輯, 116-118쪽, 山西古籍出版社, 1993.

28) 康保成, 〈〈踏謠娘〉考源〉, 北京大學, ≪國學研究≫, 第10輯, 2008.

있었으리라 여겨진다. 이러한 점에서 〈踏謠娘〉은 古典戲曲史에서 祭儀的 性格을 깊이 감추고 娛樂的 성격으로 충만한 宋·元 시대 大戲에 거의 접근하였다고 여겨진다.

4. 〈踏謠娘〉의 의의

〈踏謠娘〉은 고대 원시인의 集團歌舞인 踏歌를 계승 발전시킨 歌舞戲로서, 魏晉南北朝 時期 北朝에서 발생하여, 隋唐 시기에 흥성했던 歌舞戲이다. 여기에서는 古典戲曲의 제반 요소의 관점에서 〈踏謠娘〉을 분석하여, 〈踏謠娘〉이 戲曲史에서 차지하는 위치를 살펴보았다.

먼저 명칭상에 있어서 〈踏謠娘〉은 〈踏搖娘〉과 〈談容娘〉으로 불리기도 하는데, 〈踏謠娘〉은 글자의 의미대로 歌舞하는 여자의 명칭이고, 踏搖娘은 슬픔을 호소할 때 몸을 흔들기 때문에 생긴 명칭이며, 〈談容娘〉은 시대의 변화에 따라 발음이 잘못 바뀐 명칭일 뿐, 세 가지는 본시 동일한 것이었다. 〈踏謠娘〉의 형성 시기와 지역은 비교적 명확했다. 〈踏謠娘〉은 6세기 중엽 무렵, 北齊나 後周 시기에 형성되어, 7세기 초 隋末에는 더욱 발전된 모습으로 변하였고, 이후 民間과 宮中에서 크게 흥행하였다. 또 〈踏謠娘〉은 〈蘇中郎〉으로 불리기도 하였는데, 이들은 故事에 있어서 같은 혈연관계를 지니고 있는 것이다. 그리고 〈踏謠娘〉의 전체 故事는 지금의 관점에서 볼 때 아주 간단한 것으로, 봉건시대 한 부부의 寫實的인 비극 故事였으며, 아울러 극 중에는 비극성과 골계적 희극성이 융합되어 있다.

公演 狀況에 있어서 〈踏謠娘〉는 宮廷과 民間에서 모두 사랑받는 劇目이었다. 高官인 工部尙書 張錫이 임금 앞에서 公演하기도 했고, 常非月의 詩에서 보이듯, 露天의 廣場에서 수많은 관중들에 둘러쌓여 公演되기

도 했다. 한편 〈踏謠娘〉의 公演 狀況은 시대의 변화에 따라 다른 모습을 보여주었다. 처음에는 1인 獨舞나 2인극으로 시작하다가, 나중에는 滑稽를 전문적으로 하는 典庫가 추가되어 3인극으로 발전하였다. 戲曲 角色의 발전사에서 볼 때 〈踏謠娘〉의 이러한 점은 일정한 발전이라고 볼 수 있었으며, 특히 中國 戲曲 角色史에서 여성이 여성의 역할을 담당하는 진정한 의미의 坤旦의 형성은 〈踏謠娘〉에서 시작하였다.

〈踏謠娘〉의 公演에 있어서 歌唱은 가장 핵심적인 요소로 사용되었으며, 和唱과 代言體 방식의 운용은 〈踏謠娘〉 歌唱 방식의 특징이었다. 이 중 和唱은 근대 弋陽腔의 濫觴이 되었고, 代言體의 운용은 〈踏謠娘〉의 演唱方式이 古典戲曲의 일반적 演唱方式과 일치함을 보여주고 있다. 舞蹈 또한 歌唱과 함께 〈踏謠娘〉 公演의 양대 핵심 요소였다. 〈踏謠娘〉이란 단어의 '踏謠'두 글자 중의 '踏'이 단순한 걸음이 아니라, 이미 舞蹈化된 걸음걸이임은 〈踏謠娘〉의 公演에서 舞蹈의 중요성을 말해주는 것이었다. 한편 〈踏謠娘〉의 公演에 사용된 角色들의 演技 動作은 현실생활의 動作을 사실대로 모방하는 것이 아니라, 이미 初步的 段階이나마 戲曲 程式化의 段階로 진입하였다. 그리고 연기 動作의 이러한 程式化는 아무래도 脚色行當의 程式化와 상호 연관되어 있다고 본다. 왜냐하면 〈踏謠娘〉의 변화·발전 과정 중에 이미 脚色行當의 程式化가 初步的으로나마 이루어졌기 때문이다.

한편, 古典戲曲의 필수요소인 說白은 〈踏謠娘〉의 公演에서 분명 사용되기는 했지만, 매우 적게 사용되었다. 그리고 이것은 〈踏謠娘〉이 근본적으로 民間의 小戲인 점, 그리고 民間의 歌舞戲에서 歌唱을 지나치게 위주로 하여, 說白이 매우 부수적으로 된 점에서 기인하였다. 또 假面의 사용 여부에 있어서, 〈踏謠娘〉의 公演 時 최소한 남편으로 등장하는 角色만큼은 假面을 사용했으리라 여겨진다. 이러한 점은 〈踏謠娘〉이 아직 假面戲에서 벗어나지 못한 것으로서, 宋代 이후 塗面化粧이 주류였던 戲曲

의 段階에 까지는 진입하지 못한 것임을 보여준다.

또한 〈踏謠娘〉은 踏歌를 계승 발전시킨 歌舞戲라는 점에서, 踏歌의 巫儺文化的 痕迹을 지니고 있다고 여겨진다. 그러나 巫儺文化의 繼承과 消滅이라는 관점에서 볼 때, 〈踏謠娘〉에는 巫儺文化的 痕迹이 表面的으로 거의 消滅된 상태라고 여겨지며, 다만 그 깊은 根源에 巫儺文化의 痕迹이 면면히 흐르고 있었으리라 여겨진다. 이러한 점에서 〈踏謠娘〉은 古典戲曲史에서 祭儀的 성격을 깊이 감추고 娛樂的 성격으로 충만한 宋·元 시대 大戲에 거의 접근하였다고 여겨진다.

〈蘭陵王〉

1. 〈蘭陵王〉의 의미

〈蘭陵王〉은 위진남북조 시기 北齊(551-577)의 開國 君主 文襄帝의 넷째 아들인 高長恭의 戰功을 칭송하는 軍歌의 형태로 발원하기 시작하여 곧 樂舞의 형태로 발전하였고, 이후 隋·唐 시기에 歌舞戱의 모습으로 〈踏搖娘〉 〈撥頭〉와 함께 흥성했다. 이러한 〈蘭陵王〉은 中國 희곡의 발전사에서 볼 때 中國 희곡 발전의 형성기에 일정한 역할을 하였으니, 일례로 王國維는 그의《宋元戱曲史》에서 후세 中國 戱劇의 근원이 사실 歌舞에 고사를 더하여 공연한 北齊 시기의 歌舞戱에 있다고 말하면서, 제일 먼저 〈蘭陵王〉 歌舞戱를 거론하였던 것이다.[1] 그런데 〈蘭陵王〉은 盛唐의 玄宗 때에 이르러서는 '非正聲'이라고 하여 敎坊에서 공연이 금지되었고, 이후 宋代에 이르러서는 樂府의 詞牌와 曲牌의 名稱으로만 남아있다가, 끝내는 실전되었다. 그러나 다행스럽게 〈蘭陵王〉은 당나라 시기에 日本에 전래되어 一人 樂舞의 형식으로 유지되어, 지금도 정통 雅樂으로서 공연되고 있고, 1992년 8월 6일 蘭陵王의 묘앞에서 日本의 雅樂團이 이 곡을 공연하였다.

〈蘭陵王〉은 최근에 들어와서는 中國에서 상당히 인기있는 명칭으로 변

---

1) 王國維,《宋元戱曲史》, 天津, 百花文藝出版社, 2002, 6쪽.

모하였다. 1995년에는 비록 역사적 인물인 蘭陵王과는 직접적 연관이 있지는 않지만 '蘭陵王'이라는 이름의 영화가 상연되었고, 최근에는 '蘭陵王'이라는 이름으로 偶像劇의 연속극이 방영되어 인기를 끌었으며, 심지어는 '蘭陵王酒'라는 상표로 술이 판매되기도 하였다. 물론 이렇게 蘭陵王이 中國에서 크게 인기를 누리고 있는 점은 蘭陵王인 高長恭이 지니고 있는 매력 때문이다. 高長恭은 뛰어난 용모의 미남이고, 北周와의 전쟁에서 탁월한 전공을 세웠지만, 최후에는 당시의 황제에 의해 독살되는 비극적 운명을 지니고 있기 때문에, 많은 사람들의 사랑과 동정을 함께 받았으리라 여겨진다.

〈蘭陵王〉은 당나라 시기 日本에만 전래된 것이 아니고, 新羅에도 전해졌다. 《三國史記》 잡지에 崔致遠(857-?)이 당시의 연희들을 직접 보고 지은 한시 〈鄉樂雜詠五首〉 중에는 〈大面〉이 실려 있는데, 이 〈大面〉이 곧 〈蘭陵王〉이다. 그런데 그 내용 면에 있어서 新羅의 〈蘭陵王〉인 〈大面〉은 中國의 〈蘭陵王〉과는 표면적으로 확연히 다르다. 中國의 〈蘭陵王〉과는 달리, 新羅의 〈大面〉에는 귀신을 쫓아내는 춤인 驅儺舞임이 분명하게 표면적으로 드러나고 있다. 물론 日本의 〈蘭陵王〉도 그 내용에 있어서 中國의 〈蘭陵王〉과는 일정한 거리감이 있다. 〈蘭陵王〉 공연의 내용 뿐만 아니라, 공연의 형식에 있어서도 또한 中國과 新羅 및 日本의 〈蘭陵王〉은 각기 상이함을 보이고 있다.

中國 고전희곡 발전사에 있어서 〈蘭陵王〉의 독특한 공헌은 공연 시에 사용하였던 특이한 모습의 假面에 있다. 中國의 고전희곡 발전사에서 盛唐 시기까지는 塗面化粧이 발전하지 않아 공연의 도구로서 假面이 많이 사용되어, 隋·唐 시기 대표적인 歌舞戲인 〈蘭陵王〉 〈撥頭〉 〈踏搖娘〉은 모두 공연에 있어서 假面을 사용하였으며, 특히 민간의 종교제사극 성격을 지닌 儺戲에서는 假面이 보편적으로 사용되었다. 그런데 이 중에서도 〈蘭陵王〉 공연에 사용된 假面의 모습은 매우 특이한 형상으로, 中國

의 假面발전사에 있어서도 중요한 위치를 차지한다. 그리하여 학자에 따라서는 후세 中國 고전희곡의 화장예술을 대표하는 臉譜의 기원을 〈蘭陵王〉의 假面에서 찾기도 한다.[2]

본문은 中國의 고전희곡 발전사에서 초기 형성기에 일정한 역할을 하였던 歌舞戲의 하나인 〈蘭陵王〉의 희곡사적 자리매김을 하고자 하는 의도에서 이루어졌다. 이를 위해 본문에서는 주로 세 가지 방면에서 〈蘭陵王〉의 의의를 천착하고자 한다. 곧 필자는 첫째 〈蘭陵王〉은 어떠한 모습으로 中國의 희곡사 발전에 기여하고 사라졌다가 최근에 새로운 모습으로 등장했는지, 둘째 中國과 新羅 및 日本의 〈蘭陵王〉 사이에는 어떠한 차이가 있고 그 의미는 무엇인지, 셋째 〈蘭陵王〉의 假面은 中國 고전희곡의 假面과 화장예술사에 있어서 어떠한 의미를 지니는지를 중점적으로 다루고자 한다.

2. 〈蘭陵王〉의 형성과 변화 및 그 의의

〈蘭陵王〉은 위진남북조 시기 北齊에서 발생하여 성당 시기까지 거의 200년 동안 유행하였다. 그러면 희곡 발전사에 있어서 작은 기초를 이루는 역할을 하였던 이 〈蘭陵王〉은 어떠한 매력을 지니고 있어서 北齊에서 北周와 隋를 거쳐 唐代까지 성행하였는가? 여기서는 먼저 〈蘭陵王〉의 제재인 역사적 실제 인물 蘭陵王 高長恭에 관한 역사 기록을 살펴보자. 《北齊書·卷11·蘭陵武王孝瓘傳》에는 다음과 같은 기록이 보인다.

> 蘭陵武王 高長恭은 또다른 이름으로 高孝瓘 이라고 부르며 北齊 文襄帝의 넷째 아들이다. 그는 누차 幷州의 刺史가 되었다. 突厥人이 晉陽

---

2) 欒冠樺, 《角色符號中國戲曲臉譜》, 북경, 三聯書店, 2005, 49쪽.

> 을 공격해 오자 高長恭은 온 힘을 다하여 그들을 물리쳤다. 芒山의 전투에서 高長恭은 中軍을 맡아 500명의 騎兵을 이끌고 두 차례 北周의 군대에 돌진했으나, 마침내 金墉城 아래에서 북주의 군대에 포위되어 매우 위급하였다. (당시) 성 위의 사람들이 高長恭을 알아보지 못하자, 高長恭은 투구를 벗어 얼굴을 보여주었고, 이에 (성 위에서는) 쇠뇌 사격수를 내려보내 高長恭을 구원하여, 그리하여 크게 승리하였다. (그 때) 병사들은 함께 노래하였으니, 〈蘭陵王入陣曲〉이 그것이다. …… 武平4년 5월에, 황제는 徐之範을 高長恭에게 보내 독약을 마시도록 하였다. 高長恭이 부인인 鄭氏에게 "나는 충성으로 황제를 섬겼는데, 하늘에 무슨 죄를 지어 독약을 마셔야만 하는가?"라고 말하자, 부인이 "왜 황제를 뵈기를 청하지 않으세요?"라고 말했다. (이에) 高長恭은 "황제를 어떻게 만날 수 있겠어요?"라고 말하고는, 마침내 독약을 마시고 죽었으며, (조정에서는) 太尉 벼슬을 추서하였다. 高長恭은 외모는 부드러웠으나 마음은 굳세었으며, 목소리와 얼굴이 모두 아름다웠다. 그는 장수를 맡았을 때 세세한 일도 몸소 처리하였고, 매번 맛있는 것을 얻으면 비록 오이 하나 과일 몇 개일지라도 부하 병사들과 함께 하였다.…… 武成帝가 高長恭의 戰功을 칭찬하여 賈護로 하여금 高長恭을 위해 20명의 妾을 사주도록 했으나, 高長恭은 단지 한 명만을 받았으며, (다른 사람들이 그에게 빚을 차용한) 千金의 계약서가 있었으나, 죽을 때에 모두 불태워 버렸다.[3]

위에서 우리는《北齊書》의 기록을 통하여 크게 보아 高長恭과 관련된 두 가지 면을 파악할 수 있다. 곧 한 가지는 장수라는 인간으로서의 高長恭의 면모이고, 또다른 한 가지는 〈蘭陵王〉 歌舞戲의 형성과 직접적으로

3) 蘭陵武王長恭, 一名孝瓘, 文襄第四子也. 累遷幷州刺史. 突厥入晉陽, 長恭盡力擊之. 芒山之役, 長恭爲中軍, 率五百騎再入周軍, 遂至金墉之下, 被圍甚急. 城上人弗識, 長恭免冑示之面, 乃下弩手救之, 於是大捷. 武士共歌謠之, 爲〈蘭陵王入陣曲〉是也. ……武平四年五月, 帝使徐之範飮以毒藥. 長恭謂妃鄭氏曰: 我忠以事上, 何辜於天而遭鴆也? 妃曰: 何不求見天顔? 長恭曰: 天顔何由可見? 遂飮藥而薨. 贈太尉. 長恭貌柔心壯, 音容兼美. 爲將, 躬勤細事, 每得甘美, 雖一瓜數果必與將士共之.……武平賞其功, 命賈護爲買妾二十人, 唯受其一. 有千金責券, 臨死悉燔之.《二十四史全譯·北史第三卷·》《北齊書》, 북경, 漢語大詞典出版社, 2004, 1523쪽.

관련된 高長恭에 관한 고사이다. 먼저 장수라는 인간으로서의 高長恭의 면모를 살펴보면, 우리는 우선 高長恭이 얼굴과 목소리가 매우 아름다웠을 뿐만 아니라, 타국과의 전쟁에서 커다란 戰功을 세웠다는 사실을 확인할 수 있다. 곧 高長恭은 돌궐의 침입을 격퇴시켰을 뿐만 아니라, 북주와의 전투에서 500명의 기병을 거느리고 북주의 군대에 돌진하여 芒山大捷을 승리로 이끌었다. 뿐만 아니라, 위에 의하면 高長恭은 장수로서의 인품이 매우 훌륭하다. 그는 전쟁 중 장수의 신분으로서 매번 맛있는 음식물을 얻으면 비록 오이 하나 과일 몇 개라도 반드시 부하들과 함께 하였으며, 황제가 그의 전공을 치하하여 그에게 20명의 첩을 사주도록 시켜도 한 명만을 받았을 뿐이며, 또 죽을 때에는 자신이 가지고 있던 千金에 달하는 거액의 차용증명서를 모두 불태워버려 남들이 그에게 지고 있던 빚을 모두 없애버렸다.

그러나 高長恭의 최후는 비참하였다. 그는 자신의 戰功을 질투하던 황제에 의해 독살되었던 것이다. 그런데 이상과 같은 蘭陵王의 역사적 고사는 흔한 것이 아니어서 조금은 전기적 색채를 지닌다. 그리고 이러한 전기적 색채는 당시에도 큰 반향을 일으켰으니, 〈蘭陵王〉 歌舞戲의 형성은 바로 이러한 바탕 위에서 가능했던 것이고, 아울러 최근에 中國에서 蘭陵王의 이름을 내걸고 등장한 영화나 연속극이 나타난 것도 이와 같은 바탕 위에서 가능했던 일이다. 바로 蘭陵王의 타고난 미모와 빼어난 戰功, 훌륭한 인품 그리고 비참한 최후가 결합된 모습은 많은 사람들에게 애정과 동정을 함께 일으켰던 것이다.

다음으로 우리는 위의 인용문을 통하여 〈蘭陵王〉 歌舞戲의 형성과 직접적으로 연관된 高長恭 고사를 확인할 수 있다. 곧 위의 기록에 의하면 〈蘭陵王〉의 최초 형식은 〈蘭陵王入陣曲〉으로, 이것은 일종의 歌謠 곧 노래로서, 그 가사가 전하지 않지만 蘭陵王 高長恭의 전공을 칭송하는 군인들의 凱旋歌인 軍歌였을 것이라는 사실이 분명하다. 그리고 이러한 노래의 바탕 위에서 후에 춤의 형식이 가미되어 〈蘭陵王〉 歌舞 곧 樂舞로 발전하였고, 다시 樂舞에 일정한 고사와 등장인물이 등장하여 간단한 〈蘭陵王〉 歌舞戱로 발전하였던 것이다. 또한 위의 기록에 나타나듯, 高長恭이 북주와의 전투에서 투구를 쓰고 싸우다가 포위되어 어려움에 처하지만, 金墉城의 北齊 병사들이 자신을 알아보지 못하자 투구를 벗고 자신의 얼굴을 보여 포위에서 벗어난다. 그런데 후세 〈蘭陵王〉 歌舞戱를 대표하는 것이라고까지 말할 수 있는 假面은 바로 여기에서 기원한다. 곧 전쟁 중의 투구가 〈蘭陵王〉 歌舞戱나 〈蘭陵王〉 樂舞에서는 假面으로 발전했던 것이다.

이상에서 《北齊書》라는 역사서에 보인 기록을 중심으로 〈蘭陵王〉의 주인공인 高長恭과 관련된 고사를 살펴보았다. 그러면 이제 다른 전적들을 중심으로 〈蘭陵王〉 歌舞戱와 樂舞의 형성과 변화 및 그 의의를 알아보자. 먼저 초당 시기 〈蘭陵王〉의 흥성을 보여주는 것으로, 당 현종의 동생인 岐王 李隆範이 할머니인 則天武后 앞에서 〈蘭陵王〉을 공연한 기록이 《全唐文》 중 鄭萬鈞의 〈代國長公主碑文〉에 다음과 같이 보인다.

> 初에, 則天太后가 明堂에서 잔치를 벌였을 때 聖上(당 현종)은 나이 여섯 살에 楚王으로서 〈長命女〉를 춤추었고, …… 岐王은 나이 다섯 살로 衛王이었는데, 〈蘭陵王〉을 공연하였다.[4]

위 문장은 당 현종 開元22년 734년에 쓰여졌는데, 34년 전의 옛 일을 회상하며 쓴 비문이다. 代國公主(689-734)는 唐 睿宗의 딸이고, 鄭萬鈞은 그녀의 남편이다. 위의 기록에 의하면, 서기 700년 할머니인 則天武后의 잔치를 위하여, 당시 여섯 살에 불과하던 당 현종은 〈長命女〉를 '舞'(춤추

4) 初, 則天太后於明堂, 宴, 聖上年六歲, 爲楚王, 舞長命女, …… 岐王年五歲, 爲衛王, 弄蘭陵王. 《全唐文》 279卷, 鄭萬鈞 〈代國公主碑文〉, 任半塘, 상해,《唐戲弄》,上海古籍出版社, 1984, 591쪽 재인용.

어) 技藝를 올렸고, 그의 동생인 다섯 살 된 岐王은 〈蘭陵王〉을 '弄'(놀이하여) 技藝를 올렸다. 여기에서 우리는 다섯 살 된 어린 아이마저 궁중에서 〈蘭陵王〉을 공연하였으니, 당시에 〈蘭陵王〉이 매우 성행하였음을 알 수 있겠다. 그리고 위의 기록은 당시 〈蘭陵王〉의 공연 양식이 〈長命女〉의 공연 양식과는 분명히 다름을 보여준다. 당나라 시기의 '弄'이란 것은 '戲'와 거의 같은 의미로, 歌舞 외에 고사가 들어있는 공연을 의미하기 때문이다. 곧 〈長命女〉는 舞蹈의 형식으로 공연되었던 것에 비하여, 〈蘭陵王〉은 고사를 지닌 歌舞戲의 형식으로 공연되었다고 볼 수 있다.

한편 이밖에 〈蘭陵王〉과 관련된 자료들 사이에는 조금씩 차이를 보이고 있는데, 여기서는 唐代 崔令欽(生平: 749년 전후)의 《教坊記》, 段安節(生平: 890년 전후)의 《樂府雜錄》, 後晉(936-946) 때의 劉照가 지은 《舊唐書》(唐代 杜佑(735-812)의 《通典》에도 기록이 보이나 《舊唐書》의 기록과 거의 같아 생략함)를 중심으로 살펴보기로 한다.

(1) 《教坊記》

〈垂手羅〉, 〈回波樂〉, 〈蘭陵王〉 …… 〈烏夜啼〉 같은 것은 軟舞라고 부르고, 〈阿遼〉, 〈柘枝〉 …… 〈達摩〉 같은 것은 健舞라고 부른다. …… 〈大面〉은 北齊에서 나왔다. 蘭陵王 高長恭은 성격이 대담하고 용감하였으나, 얼굴이 부인과 같아, 스스로 적군에 위협을 주기에 부족함을 싫어하여, 곧 나무를 깎아 假面을 만들어 가지고 敵陣에 임해서는 그것을 썼다. 그리하여 이 놀이를 하였고, 또한 歌曲으로도 불리워졌다.[5]

(2) 《樂府雜錄·鼓架部》

歌舞戲에는 〈大面〉이 있는데, 北齊 神武帝 高歡의 동생(인 高長恭)에

---

5) 垂手羅, 回波樂, 蘭陵王, …… 烏夜啼之屬, 謂之軟舞, 阿遼, 柘枝, …… 達摩之屬, 謂之健舞. …… 大面出北齊. 蘭陵王長恭, 性膽勇而貌若婦人, 自嫌不足以威敵, 乃刻木爲假面, 臨陣著之. 因爲此戲. 亦入歌曲. 《中國古典戲曲論著集成》, 《教坊記》, 북경, 中國戲劇出版社, 1982, 12쪽.

게서 시작되었다. (그는) 담력과 용기가 있었고, 전투를 잘 하였으나, 그의 얼굴에 위엄이 없다고 여겨, 매번 전쟁에 나갈 때면 假面을 써서, 이후에는 곧 百戰百勝하였다. 놀이하는 사람은 紫色 옷을 입고, 허리에 금띠를 둘렀으며, (손에는) 채찍을 들었다.[6]

(3)《舊唐書 · 音樂志》

歌舞戲에는 〈大面〉, 〈撥頭〉, 〈踏搖娘〉, 〈窟磊子〉 등의 歌舞戲가 있다. 唐 玄宗은 그것들이 정통의 음악이 아니라고 여겨, 궁중에 교방을 설치하여 그것들을 처리하였다. …… 〈大面〉은 北齊에서 나왔다. 北齊의 蘭陵王 高長恭은 武藝에 재주가 있으나 얼굴이 고와서, 항상 假面을 쓰고 적을 마주하였다. (그는) 일찍이 金墉城 아래에서 北周의 군대를 격퇴시킨 일이 있었는데, 용감하기가 전군의 으뜸이었다. (그리하여) 北齊 사람들은 그를 장하게 여기고 이 춤을 만들어, 그가 지휘하며 치고 찌르는 모습을 모방하였고, 그것을 〈蘭陵王入陣曲〉이라고 불렀다.[7]

위의 기록에서 우리는 먼저 〈大面〉과 〈蘭陵王〉이라는 두 용어에 유념할 필요가 있다. 〈大面〉이라는 명칭은 〈代面〉이라고 불리며, 〈蘭陵王〉을 공연할 때 커다란 假面을 사용하기 때문에 사용된 것이다. 任半塘에 의하면, 〈大面〉은 歌舞戲의 '類名'이고, 〈蘭陵王〉은 '劇名'이어서, 〈大面〉과 〈蘭陵王〉을 혼동해서는 안된다고 주장하였다.[8] 그런데 이 두 가지 명칭은 위의 기록에서와 같이 서로 혼동되어 사용되기도 한다. 〈蘭陵王〉이 類名으로 쓰이지는 않았지만, 〈大面〉은 위에서와 같이 類名과 동시에 劇名

6) 戱有大面, 始自北齊神武弟, 有膽勇, 善鬪戰, 以其顔貌無威, 每入陣卽著面具, 後乃百戰百勝. 戱者衣紫, 腰金, 執鞭也.《中國古典戱曲論著集成》,《樂府雜錄》, 북경, 中國戱劇出版社, 1982, 44쪽.

7) 歌舞戱, 有大面, 撥頭, 踏搖娘, 窟磊子等戱. 玄宗以其非正聲, 置敎坊於禁中以處之. …… 大面出於北齊. 北齊蘭陵王長恭, 才武而面美, 常著假面以對敵. 嘗擊周師金墉城下, 勇冠三軍. 齊人壯之, 爲此舞而效其指揮擊刺之容, 謂之蘭陵王入陣曲.《二十四史全譯 ·》《舊唐書 · 第二冊 音樂志》, 북경, 漢語大詞典出版社, 2004, 910쪽.

8) 任半塘,《唐戱弄》,상해, 上海古籍出版社, 1984, 590쪽.

으로 사용되기도 하였다. 이것은 〈大面〉이라는 歌舞戲의 종류로서는 지금 전하여 지고 있는 것과 마찬가지로, 당시에도 〈蘭陵王〉 한 가지 밖에 없어서 이렇게 혼동하여 사용된 현상으로 보인다.

한편 우리는 위의 세 가지 기록에서 〈蘭陵王〉 곧 〈大面〉이 경우에 따라 각기 다른 공연형식을 취하고 있음에 주목해야 한다. 곧 〈蘭陵王〉은 시대와 장소에 따라 '歌曲' '樂舞' '軟舞' '歌舞戲'의 방식으로 공연되었던 것이다. 앞에서도 살펴본 바와 같이 〈蘭陵王〉은 형성 초기에 高長恭의 戰功을 칭송하기 위한 군인들의 凱旋歌와 같은 가요, 곧 '歌曲'의 형식으로 시작하였다. 곧 〈蘭陵王入陣曲〉은 초기에 장수와 군인이 함께 부르는 노래의 형식이었다. 이후 〈蘭陵王〉은 이러한 '歌曲'의 바탕 위에서, 《舊唐書》의 기록에 의하면, 高長恭이 전투 중에 '지휘하며 치고 찌르는 모습(指揮擊刺之容)'을 北齊 사람들은 그를 장하게 여기고 舞蹈로 더하여 표현해 냈으니, 〈蘭陵王入陣曲〉의 발전된 모습이다. 곧 이 때의 〈蘭陵王入陣曲〉은 이미 '歌曲'의 단계를 지나 용맹스런 전투를 음악과 무도를 결합하여 공연하는 '樂舞'의 단계로 진입했다고 볼 수 있다.

그런데 高長恭의 용맹스런 전공을 칭송한 〈蘭陵王〉은 〈教坊記〉의 기록에 의하면, 또다른 모습을 보여준다. 곧 〈蘭陵王〉은 健舞가 아니라, 軟舞의 형식으로 공연되었다. 당나라 시기 健舞는 힘차고 굳세며 박자가 경쾌한 춤인 반면에, 軟舞는 부드러우며 박자가 느리고 서정적이다. 물론 전쟁을 배경으로 형성된 〈蘭陵王〉은 본질적으로 강렬하고 경쾌한 춤이 되어야 당연한데, 왜 이렇게 서정성이 강한 느린 軟舞로 되었을까? 이것을 이해하기 위해 우리는 唐 太宗이 당시 西北 변방세력인 劉武周를 격파한 戰功을 칭송하기 위해 만들어진 樂舞로서, 당 나라의 '國歌'라고도 불리우는[9] 〈破陣樂〉의 변천 과정을 살펴볼 필요가 있다.

---

9) 沈冬, 《唐代樂舞新論》, 북경, 北京大學出版社, 2005, 53쪽.

〈破陳樂〉은 620년 전후에 출현하여 만당 시기까지 대략 200여 년간 성행되었고, 印度와 日本 등에도 전래되었다. 이와 같이 〈破陳樂〉은 〈蘭陵王〉과 비슷한 점을 많이 지닌 唐代의 대표적 樂舞이다. 그런데 이러한 〈破陳樂〉은 시대의 변화에 따라 많은 변화를 보여주니, 燕樂化와 雅樂化의 길을 걸었다. 곧 처음에는 大曲으로 개편되어, 燕樂으로 공연 시에는 120명이나 되는 많은 舞蹈者가 갑옷을 입고 창을 들며 춤추며 용맹함을 표현했다. 그러나 다시 〈破陳樂〉은 시대의 변화에 따라 雅樂化 되었다. 특히 唐 玄宗 시기에 이르러서는 이 100여 년 전의 오랜 곡에 여러 가지로 변화를 시도하였다. 먼저 갑옷과 창을 든 舞蹈者가 등장하는 굳세고 강렬한 분위기를 없애고, 예쁜 궁녀들로 하여금 〈破陳樂〉의 기존 형상을 무너뜨리도록 하여, 감상자로 하여금 다시 새로운 〈破陳樂〉의 音樂美를 알도록 만들었다.[10] 당대 樂舞를 대표하는 〈破陳樂〉의 변천은 우리로 하여금 〈蘭陵王〉이 왜 健舞가 아니라 軟舞의 형식으로 공연되는지를 이해하는 데 일정한 시사점을 주고 있다. 다만 軟舞로서의 〈蘭陵王〉 樂舞에 관해 전해지는 자료가 부족하기 때문에, 우리는 시대의 변화에 따른 〈破陳樂〉의 변화를 통하여 〈蘭陵王〉도 비슷하게 변화했을 것이라고 생각할 수 있을 뿐이다.

〈蘭陵王〉의 공연형식은 위의 기록에서 나타난 것처럼 최종적으로는 歌舞戱를 지향하였다. 《教坊記》에 의하면, 당시 공연자는 나무를 깎아 假面을 만들어 전투에 임하는 '戱' 곧 歌舞戱를 공연하였다고 지적하고 있고, 《舊唐書》에 의하면, 〈蘭陵王〉은 〈撥頭〉 〈踏搖娘〉 〈窟礧子〉 등과 함께 당나라 시기 공연되었던 대표적인 歌舞戱이다. 그러나 〈蘭陵王〉의 歌舞戱로서의 공연 모습을 가장 뚜렷하게 준 것으로는 마땅히 《樂府雜錄》을 들어야 한다. 위의 《樂府雜錄》에 의하면, 당시 歌舞戱인 〈蘭陵王〉의

10) 前揭書, 56-83쪽.

공연 시 공연자는 '紫色 옷을 입고, 허리에 금띠를 둘렀으며, 손에는 채찍을 들었다(戲者衣紫, 腰金, 執鞭也)'라고 한다. 아마 紫色 옷을 입고 허리에 금띠를 두른 것은 무대에 출연한 공연자가 장수임을 표시하는 것이고, 손에 채찍을 들고 등장하는 것은 손에 전투를 독려하는 북채를 들고 등장했음을 표현한 것이라고 여겨진다. 이상의 여러 전적들을 참고하여 볼 때 우리는 〈蘭陵王〉이 당나라 시기에는 이미 대표적인 歌舞戲로 성행하였음을 알 수 있다. 다만 당나라 시기 歌舞戲로서의 〈蘭陵王〉에 관한 자료가 많지 않기 때문에, 우리는 당나라 시기 歌舞戲를 대표하는 〈蘭陵王〉이 무대 공연 시 등장인물이 몇 명이나 등장했는지, 등장인물들은 각기 자신의 배역에 따라 1인칭 代言體의 수법으로 노래와 대사를 운용하였는지 등을 정확히 알 수 없고, 단지 간단한 歌舞戲로서 공연되었음을 알 수 있을 뿐이다. 이러한 점에서 〈蘭陵王〉은 같은 당나라 시기의 대표적인 歌舞戲인 〈踏搖娘〉에 비하여 조금은 덜 성숙한 歌舞戲다. 왜냐하면 〈踏搖娘〉은 이미 角色으로서의 등장인물이 두 명 혹은 세 명이 분명히 등장하는 歌舞戲이고, 공연 중에 공연자는 1人稱 代言體의 방식으로 노래와 대화를 진행하는 보다 성숙한 歌舞戲임이 분명하기 때문이다.

이상에서 우리는 中國 역사상 中原文化와 西域文化의 대융합시기라고 일컬어지는 위진남북조 시기에 北齊에서 발생하여 隋·唐시기에 유행했던 〈蘭陵王〉의 형성과 변화 및 그 의의를 살펴보았다. 그렇다면 〈蘭陵王〉은 그 고사의 자체적 내용상에 있어서 어떠한 문화적 의미를 지니고 있는 것일까? 특히 다음에서 더욱 구체적으로 살펴볼 것이지만, 한국과 日本의 〈蘭陵王〉이 내용상 본질적으로 모두 驅儺舞임이 분명한데, 이들의 母胎인 中國의 〈蘭陵王〉은 驅儺舞와는 어떠한 관계를 지니고 있다고 보아야 할까?

우선 표면적으로 볼 때 中國의 〈蘭陵王〉은 驅儺舞와는 별로 연관이 없어 보인다. 中國의 〈蘭陵王〉은 단지 전쟁을 배경으로 假面을 쓰고 적을 물리친 歌舞이거나 歌舞戱라고 생각된다. 그러나 보다 깊이 그 이면을 살펴보면, 中國의 〈蘭陵王〉에도 한국이나 日本과 같은 巫儺文化의 그림자가 깊이 들어있다는 것을 알 수 있다. 먼저 앞에서 살펴본 바와 같이 〈蘭陵王〉 고사에는 자체적으로 傳奇的 색채가 다분히 포함되어 있었다. 蘭陵王 高長恭은 빼어난 미모를 지녔고, 이민족인 突厥과 北周와의 전쟁시 百戰百勝하는 커다란 戰功을 세웠으며, 거기에다가 부하들을 배려하는 훌륭한 인품까지 지녔으나, 최후에는 황제에게 독살되는 비극적 인물이다.

그러면 이러한 다분히 전기적인 〈蘭陵王〉 고사는 巫儺文化와 어떻게 연관을 맺고 있는가? 이것을 이해하기 위해 우리는 中國의 巫儺文化가 〈蘭陵王〉이 흥성했던 隋·唐 시기에 어떠한 모습을 보이고 있는지를 살펴볼 필요가 있다. 봉건사회의 漢代와 唐代 시기에 中國의 巫儺活動은 점점 이전의 본래 취지를 잃고, 社火百戱와 交融하여 世俗化된 娛樂的 경향을 드러내었다.[11] 바로 隋·唐 시기 〈蘭陵王〉이 巫儺文化적 본질적 요소를 감추고 세속적이고 오락적 경향을 드러낸 점은 시대의 변화에 따른 巫儺文化의 변화라고 볼 수 있다. 이러한 점은 隋·唐시기 〈蘭陵王〉과 같은 대표적인 歌舞戱인 〈撥頭〉 〈踏搖娘〉이 모두 巫儺文化적 요소를 본질적으로 지니고 있으면서도 이면 속으로 감추고 있는 것과 궤를 같이 하는 것이다. 그리하여 전경욱은 《한국의 전통연희》에서, 中國 唐代의 〈大面〉 곧 〈蘭陵王〉은 中國의 서북방에서 발생한 驅儺舞인 胡舞龜玆曲이 中國에 들어와 蘭陵王 전설과 부회되어 이루어진 演戱라고 말하였던 것이다.[12] 특히 〈蘭陵王〉 공연 시 착용한 假面의 凶惡스러운 모습은 中國 고대 巫儺假面의 驅鬼逐疫이라는 본질을 계승하고 있는 것으로, 〈蘭陵王〉의 巫儺文化적 요소를 단적으로 보여주는 것이다.

---

11) 周華斌, 《中國戱劇史論考》, 북경, 北京廣播學院出版社, 2003, 253쪽.

12) 전경욱, 《한국의 전통연희》, 서울, 학고재출판사, 2004, 147쪽.

〈蘭陵王〉 고사는 구체적으로 어떻게 巫儺文化的 요소와 연관되어 있다고 보아야 할까? 고대의 巫儺文化에서 巫儺활동으로 물리치고자 했던 대상이 주로 雜鬼와 瘟疫이었다고 한다면, 〈蘭陵王〉에서는 물리치고자 하는 그 대상이 이민족인 북주, 곧 胡人으로 바뀌었다고 볼 수 있겠다. 北齊의 高氏 王室은 漢人의 후예이며, 북주의 宇文氏는 鮮卑族의 정권으로 '東胡'의 유목민족이기 때문이다.[13] 이러한 점은 당나라 사람들이 변방 지역의 胡人민족을 멸시하여, 사악한 짐승으로 간주하고, 唐代의 驅儺活動을 속칭 '打野胡'라고도 부른 데서도 보여진다. 그리하여 〈蘭陵王〉에서 高長恭이 적을 물리치는 것은 곧 '오랑캐를 물리치는 것'으로서,[14] 그 이면에는 巫儺文化적 요소를 지닌다고 볼 수 있다.

이상에서 우리는 北齊로부터 隋·唐 시기까지 대략 200여 년간 성행한 〈蘭陵王〉의 형성과 변화 및 그 의의를 살펴보았다. 〈蘭陵王〉은 北齊의 高長恭이 자신의 유약함을 감추고자 凶惡한 모습의 假面을 쓰고 북주의 침공을 막아낸 것에서 비롯하였다. 우선 〈蘭陵王〉이 처음 형성된 시기에는 高長恭의 戰功을 칭송하기 위한 군대의 개선가로부터 시작되었으며, 이후 곧 춤과 함께 공연되어 〈蘭陵王〉의 공연 양상은 노래와 춤이 결합된 歌舞인 樂舞로 발전하였다. 그런데 용맹스러움을 칭송하는 전쟁歌舞인 〈蘭陵王〉은 당나라의 일정 시기에 이르러서는, 힘차고 경쾌한 健舞가 아닌 부드러우며 서정적인 軟舞의 형태로 변화하였는데, 이것은 마치 唐 太宗이 戰功을 칭송하여 만든 〈破陣樂〉이 시대의 변화에 따라 燕樂化되고 雅樂化되는 것과 궤를 같이 하였다. 전체적인 희곡 발전사에서 볼 때 〈蘭陵王〉의 최종 지향점은 歌舞戲로의 변화였다. 〈蘭陵王〉은 〈撥頭〉 〈踏搖娘〉과 함께 唐代의 歌舞戲를 대표하는 것으로 발전하였다. 다만 〈蘭陵王〉은 〈踏搖娘〉에 비하면 조금은 덜 성숙한 歌舞戲 단계에 머물러있다

13) 周華斌, 〈蘭陵王假面研究〉,《中華戲曲》 第15輯, 山西古籍出版社, 1993, 107쪽.

14) 위와 같음.

고 볼 수 있다. 한편 〈蘭陵王〉은 그 고사 자체에 있어서 표면적으로는 세속적이고 오락적인 歌舞戱에 불과하지만, 그 깊은 이면에는 巫儺文化적 요소를 지니고 있다. 그리고 이러한 점은 〈蘭陵王〉만의 특징이 아니라, 당나라 시기 假面을 착용한 歌舞戱들인 〈撥頭〉 〈踏搖娘〉 등의 공통적 현상이었다.

3. 中國과 新羅 및 日本의 〈蘭陵王〉 비교

中國의 北齊 시기에 발생한 〈蘭陵王〉은 당시 中國과 문화적 교류가 활발했던 新羅와 日本에도 전래되었다. 여기에서는 中國과 新羅 및 日本의 〈蘭陵王〉을 비교하여 살핌으로써, 그 문화적 현상과 의미를 알아보고자 한자. 먼저 新羅에 전래된 〈蘭陵王〉을 살펴보자. 《三國史記》 雜志에 崔致遠이 당시의 演戱들을 직접 보고 지은 漢詩 〈鄕樂雜詠五首〉 중에는 세 번째로 〈大面〉이 다음과 같이 보인다.

> 황금빛 얼굴색의 한 사람이
> 구슬 달린 채찍 손에 들고서 귀신을 부리네.
> 빨리 걷다 서서히 움직이며 優雅한 춤을 추나니
> 마치 붉은 봉황새가 堯 임금 시절의 봄을 춤추는 듯하네.[15]

新羅에 전래된 위의 〈大面〉에 대해서는 학자들에 따라 다양한 의견을 보여, 양재연은 위의 〈大面〉이 향토색이 짙은 假面 驅儺舞로서 외래적 요소가 희박하다면서 自生說을 주장하였지만, 中國의 〈蘭陵王〉이 전해진

---

15) 黃金面色是其人, 手抱珠鞭役鬼神. 疾步徐趨呈雅舞, 宛如丹鳳舞堯春. 《三國史記》 卷32, 雜志, 서울, 乙酉文化社, 李炳濤譯, 1991, 162쪽.

것일 가능성이 충분하다는 주장이 훨씬 설득력이 있어 보인다.[16] 위의 〈大面〉 곧 〈蘭陵王〉은 귀신을 쫓아내는 춤인 驅儺舞임이 분명한데, 여기서는 위 詩의 내용을 더 구체적으로 살펴보자.

첫 구절에서 공연자가 '황금색 얼굴색을' 하고 있다고 하였는데, 소위 黃金四目으로 儺禮의 主宰者로 등장했던 方相氏라고 여겨진다.[17] 물론 方相氏는 얼굴 전체를 황금색으로 칠하지 않고, 네 개의 눈만을 황금색으로 칠하였지만, 이것이 假面임을 고려한다면 실제로는 거의 같은 것이리라고 여겨진다. 곧 앞에서 살펴보았듯이 中國 〈蘭陵王〉의 이면에 巫儺文化적 요소가 있는 것을 고려한다면, 新羅 〈大面〉의 공연자도 儺禮의 主宰者인 方相氏가 등장하는 것은 매우 자연스러운 것이다.

둘째 구절에서 '구슬 달린 채찍 들고서 귀신을 부리네'라고 하였는데, 이 구절은 〈大面〉이 분명히 驅儺舞임을 보여준다. '구슬 달린 채찍'은 고대의 巫儺활동에서 사용된 구슬 방울소리와 채찍이라는 도구이며, '귀신을 부린다'라는 것은 이들 방울 소리와 채찍을 사용하여 악귀를 쫓아내는 것을 의미하고 있다. 특히 위의 新羅 〈大面〉 詩에서 보인 '채찍'은 中國의 〈蘭陵王〉 공연에도 똑같이 사용되던 도구이다.

셋째 구절에서 '빨리 걷다 서서히 움직이며 우아한 춤을 춘다'라고 하였는데, 中國 〈蘭陵王〉의 공연자가 무대 위에서 '지휘하며 치고 찌르는 모습'을 표현해 냈다는 점을 상기한다면, '빨리 걷다 서서히 움직이는'동작은 〈蘭陵王〉의 공연에 자연스럽게 부합하는 것이라고 할 수 있다. 또 '우아한 춤을 춘다'라고 말하고 있는데, 이것은 中國의 〈蘭陵王〉이 기본적으로 전쟁을 제재로 한 樂舞이지만, 앞에서 살펴본 바와 같이 시대의 변화

16) 전경욱, 《한국의 전통연희》, 서울, 학고재출판사, 2004, 147쪽.

17) 方相氏의 직책은 곰 가죽을 뒤집어쓰고, 황금색의 네 눈을 가졌으며, 검은 저고리에 붉은 치마를 입고,……(方相氏, 掌蒙熊皮, 黃金四目, 玄衣朱裳, ……)《周禮》卷31 夏官司馬4, 呂友仁譯注, 《周禮譯註》, 鄭州, 中州古籍出版社 2004, 404쪽.

에 따라 健舞가 아닌 軟舞의 형태로도 공연되었음을 상기시켜 준다.

넷째 구절에서 춤추는 공연자를 '붉은 봉황새'에 비유하고 있는데, 무척 아름다운 비유이다. 특히 '붉은 봉황새'라는 표현 속에는, 춤추는 공연자가 붉은 색의 복장을 하고 춤추는 것을 가리키는 것이다. 그런데 中國의 〈蘭陵王〉 공연 時에는, 앞에서 살펴본 바와 같이 《樂府雜錄》의 기록에 의하면, 공연자는 紫色의 복장을 하고 등장하였다. 그렇다면 왜 新羅의 〈大面〉 공연자는 中國의 〈蘭陵王〉과는 다르게 붉은 색의 옷을 입었을까? 이것은 新羅의 〈大面〉이 표면적으로도 확실한 驅儺舞인데 비하여, 中國의 〈蘭陵王〉은 이미 표면적으로는 巫儺文化와는 연관이 없는 세속화된 것이기 때문이다. 물론 新羅의 〈大面〉 공연자가 붉은 색의 복장을 하는 것은 붉은 색의 복장에 凶惡한 모습의 假面을 착용하는 것이 巫儺文化의 본질인 疫鬼를 쫓아내는 것을 표현하는 것이기 때문이다. 또 무대 위 공연자의 춤을 '堯임금 시절의 봄을 춤추는 듯하네'라고 말하고 있는데, 新羅 〈大面〉의 춤을 우아한 춤인 '雅舞'라고 앞의 구절에서 말했던 것을 생각하면, 堯임금 시절의 태평성세를 춤으로 표현한 것이다.

이상에서 新羅의 〈大面〉을 관람한 崔致遠의 〈鄕樂雜詠〉 詩를 중심으로 新羅의 〈大面〉을 살펴보았다. 위에서 살펴본 바와 같이 新羅의 〈大面〉은 전체적으로 분명한 驅儺舞였다. 무대 공연자는 1인으로, 儺禮를 주재하는 黃金四目의 方相氏가 붉은 색의 복장을 하고 假面을 쓰고 등장하여, 구슬 채찍을 들고 疫鬼를 쫓아내는 춤을 추었다. 그리고 그 춤은 느림과 빠름의 조화가 있는 우아한 춤으로서, 마치 봉황새가 堯임금 시절의 태평성세를 춤추는 것과 비슷했다. 그런데 이러한 新羅의 〈大面〉은 中國에서 전래된 것이 분명하지만, 中國의 〈蘭陵王〉과는 확연히 다른 모습을 보여준다. 이것은 어떠한 문화적 의미를 지니고 있는 것일까? 앞에서도 지적했듯이 이것은 新羅가 樂舞 발전상에 있어서 巫儺文化의 영향을 지대하게 받고 있는데 반해, 中國의 隋·唐 시기에 적어도 樂舞나 歌舞戲 중의 主流文化에 있어서는 상당한 정도로 이미 巫儺文化에서 벗어나 세속화와 오락화의 길을 걷고 있었음을 분명히 보여주는 것이다. 그리하여 新羅의 〈大面〉은 中國 〈蘭陵王〉의 원래 모습을 다분히 간직하고 있고, 中國의 〈蘭陵王〉은 이미 세속화된 길을 걸었다. 다만 中國의 〈蘭陵王〉은 본질적으로 귀신을 쫓는 驅儺舞의 성격을 띠고 있으며, 蘭陵王이 적군을 물리치는 것이 바로 나례에서 질병의 귀신인 疫鬼를 물리치는 것과도 통할 수 있기 때문에, 中國에서는 〈蘭陵王〉의 고사를 본뜬 춤과 儺禮가 이미 자연스럽게 결합될 수 있었다. 日本에 전하는 〈蘭陵王〉이 假面舞로서 귀신을 쫓는 驅儺舞의 일종이라는 사실이 이런 주장을 뒷받침한다.[18]

다음으로는 日本의 〈蘭陵王〉을 살펴보기로 한다. 日本의 〈蘭陵王〉은 간단히 〈能王〉이라고도 불리고, 〈羅陵王〉이라고도 불리며, 원래의 명칭은 〈龍王〉이다. 中國과 한국에서는 〈蘭陵王〉이 모두 失傳되었지만, 日本에서는 아직도 樂舞의 형태로 남아 寺廟나 神社에서 공연되고 있어, 中國 〈蘭陵王〉의 본 모습을 파악하는 데 큰 도움을 준다. 日本 나라(奈良)市의 《東大寺要錄》에 의하면, 752년 거행된 大佛開眼法會에 〈蘭陵王〉이 이미 唐의 散樂으로서 공연되었는데, 이 시기는 中國의 궁정에서 〈蘭陵王〉이 공연되던 때로서, 日本에서 당나라에 파견한 소위 遣唐使가 빈번하게 활약한 시기이다.[19]

공연형식의 입장에서 보면, 日本의 〈蘭陵王〉은 1인 獨舞의 大曲으로, 假面을 쓰고 등장하는데, 그 특징으로는 날카롭고 높은 코, 분노하는 눈, 아래쪽으로 분리되어 따로 걸려있는 턱, 머리 위에 장식되어 있는 龍 모습 등이 있다. 또 무대의 舞蹈者는 적색 조끼에, 채색 구름 무늬의 붉은 道袍를 입으며, 조끼 앞뒤 가슴 부위에는 커다란 龍이 수놓아져 있고, 가장자리 깃에는 모피로 테두리를 장식하였으며, 아랫단의 폭이 큰 바지에, 황금

18) 전경욱, 《한국의 전통연희》, 서울, 학고재출판사, 2004, 148쪽.

19) 周華斌, 《中國戱劇史論考》, 북경, 北京廣播學院出版社, 2003, 18쪽.

색의 혁띠를 차고, 손에는 북채를 들고 있다.[20]

그러면 이러한 日本의 〈蘭陵王〉은 형식상에서 中國의 〈蘭陵王〉과 비교할 때 어떠한 공통점과 차이점을 보이는가? 우선 日本의 〈蘭陵王〉 공연 시, 공연자는 中國의 〈蘭陵王〉과 마찬가지로 凶惡스러운 모습의 假面을 사용하며, 허리에는 황금색의 혁띠를 차고 등장한다. 다만 다른 점은, 中國 〈蘭陵王〉의 공연자는 紫色 복장을 하였으나, 日本 〈蘭陵王〉의 공연자는 한국 〈大面〉의 공연자와 마찬가지로 붉은 색의 복장으로 등장하며, 中國의 〈蘭陵王〉 공연자는 손에 채찍을 들고 등장하나, 日本 〈蘭陵王〉의 공연자는 북채를 들고 등장한다. 日本 〈蘭陵王〉 공연자가 凶惡한 모습의 假面을 쓰고 붉은 색의 복장으로 등장한 점은 앞에서도 지적했듯이, 日本의 〈蘭陵王〉이 新羅의 〈蘭陵王〉과 함께 본질적으로 巫儺文化적 요소를 지니고 있음을 보여주는 것이다. 그리고 中國 〈蘭陵王〉의 채찍이 日本의 〈蘭陵王〉에서는 북채로 바뀌나, 사실은 거의 같은 것이라고 볼 수 있다. 왜냐하면 中國 〈蘭陵王〉에서 사용한 채찍도, 사실은 부하들에게 전투를 격려하며 북을 칠 때 사용하는 북채라고 볼 수 있기 때문이다. 이렇게 공연형식 면에서 볼 때 日本의 〈蘭陵王〉은 中國의 〈蘭陵王〉과 大同小異하다고 볼 수 있다.

현재 日本에서 공연되는 〈蘭陵王〉은 내용 면에서 볼 때 中國의 〈蘭陵王〉과 어떠한 차이점과 공통점을 지니는가? 《日本演劇史》에 의하면, 현재 전하는 〈蘭陵王〉의 내용은 沙伽羅龍王의 춤으로서,[21] 中國의 〈蘭陵王〉과는 매우 다르다. 이 〈蘭陵王〉 춤의 실제 主題는 沙伽羅龍王의 딸이 8세 때에 이미 참다운 깨달음을 얻은 것이라고 한다.[22] 沙伽羅龍王은 印度 불교의 8大 龍王 중의 하나이다. 沙伽羅는 큰바다라는 뜻으로, 沙伽

20) 任半塘, 《唐戲弄》, 상해, 上海古籍出版社, 1984, 603쪽.

21) 河竹繁俊 《日本演劇史》, 李應壽譯, 서울, 청우출판사, 2001, 122쪽.

22) 顧朴光, 《中國面具史》, 貴陽, 貴州民族出版社, 1996, 198쪽.

羅龍王은 바다 밑에서 살며, 고대 印度에서 佛法을 수호하는 護法神이다. 바로 이러한 이유로 현재 日本의 대부분의 연극학자들은 日本의 〈蘭陵王〉이 中國의 〈蘭陵王〉에서 전래된 것이 아니라, 印度에서 전래되었다고 본다.[23] 그리하여 日本 〈蘭陵王〉의 연원에 있어서는 역대로 학자들 사이에 中國전래설과 印度전래설 두 가지가 있으니, 일반적으로 中國 학자들은 中國전래설을 주장하고, 日本 학자들은 印度전래설을 주장하는데, 여기서는 간략히 그들의 주장을 살펴보기로 한다.

먼저 印度전래설을 살펴보자. 日本의 많은 학자들은 〈蘭陵王〉이 林邑八樂(林邑은 지금의 越南 中南部에 있었던 고대의 國名) 중의 일곱번째 것으로, 印度로부터 전래된 것이라고 주장하고 있다. 그 原名은 〈龍王〉으로, 沙伽羅龍王의 약어이며, 日本語 발음상 '龍'과 '能'이 비슷하여, 〈能王〉으로 와전되어 中國의 〈蘭陵王〉과 혼동되기에 이르렀다는 것이다. 林邑의 승려 佛哲이 日本으로 수입한 것이며, 〈能王〉의 假面 위에 龍의 모습이 얹혀 있는 것도 龍王임을 말하는 것이라고 한다.[24] 물론 〈羅陵王〉이라는 명칭도 원래의 沙伽羅龍王에서 앞의 '沙伽'를 생략한 것이다. 이들은 또한 〈蘭陵王〉 공연 시 공연자가 胡服을 입고, 印度 계통의 假面을 쓰며, 그 音階가 印度系의 沙陀調이니, 日本의 〈蘭陵王〉은 印度에서 전래된 것이라고 주장한다.[25]

다음으로 中國전래설을 살펴보자. 희곡학자 傅惜華의 형인 傅芸子는 日本에 비교적 장기간 머물면서 日本의 〈蘭陵王〉을 관람하고는, 日本의 〈蘭陵王〉이 中國의 〈蘭陵王〉에서 나온 것이라고 보았다. 그는 그 근거로 다음과 같은 몇 가지를 들었다. 日本 〈蘭陵王〉 공연 시 무도자가 착용하는 조끼는 中國 六朝 시기의 복장으로, 당나라의 官服이고, 日本 〈蘭陵

23) 注 21책, 123쪽.

24) 김학주, 《한·중 두 나라의 歌舞와 잡희》, 서울, 서울대학교출판부, 1994, 165쪽.

25) 任半塘, 《唐戲弄》, 상해, 上海古籍出版社, 1984, 606쪽.

王〉 공연 시 공연자가 손에 드는 북채는 곧 《樂府雜錄》에서 말한 채찍이라고 하였다. 그는 또 日本 〈蘭陵王〉 공연 시 사용한 假面도 日本의 龍形假面과는 다른 것으로 中國에서 왔으며, 日本 〈蘭陵王〉의 音階도 印度樂이라기 보다는 西域의 龜玆樂이라고 말하였다.[26] 또 翁敏華는 다음과 같은 몇 가지 근거를 들며, 日本의 〈蘭陵王〉은 中國의 〈蘭陵王〉이 전래된 것이라고 여겼다. 그는 먼저, 日本의 〈能王〉을 〈大面〉이라고도 부르는데, 〈大面〉은 新羅 鄉樂 중에도 있는 '五伎' 중의 하나로, 공연자의 형상이 方相氏와 비슷하고, 그 공연 목적이 儺祭와 비슷한 점을 근거로 들었다. 또 그는 日本 〈蘭陵王〉을 공연한 후 應答으로써 반드시 新羅에서 전래된 〈나소리(納曾利)〉를 공연하는데, 〈나소리〉는 한국어 발음인 '나(儺)소리'에 근거한 日本式 한자어 기록으로, 만일 漢字로 직접 쓴다면 마땅히 '儺歌'이니, 〈能王〉의 驅儺 의미는 분명히 드러난다고 말하였다. 그리고 그는 舞樂인 〈能王〉 〈撥頭〉 〈納曾利〉가 日本에서 왕왕 대형 祭祀活動에 사용되었으니, 疫鬼를 쫓는 기능을 지니고 있고, 지금도 공연되고 있는 〈能王〉의 假面은 中國 소수민족 지역의 儺戲 假面과 매우 비슷하다고 하였다.[27] 이상의 주장에 근거할 때 우리는 적어도 日本의 〈蘭陵王〉이 그 공연 내용이나 공연 목적에 있어서는 新羅의 〈大面〉과 마찬가지로 분명한 驅儺舞임을 알 수 있다.

그렇다면 日本 〈蘭陵王〉의 연원으로, 中國전래설과 印度전래설 중 어느 것이 더 설득력이 있는 것일까? 우리는 앞서 살펴본 바와 같이, 日本의 〈蘭陵王〉은 공연 형식 면에서 볼 때 中國의 〈蘭陵王〉과 대동소이 하였지만, 공연의 내용이나 목적 면에서 볼 때는 新羅의 〈大面〉과 비슷하였다. 그런데 新羅의 〈大面〉은 中國에서 전래된 것이 분명한 이상, 日本의 〈蘭陵王〉 또한 전체적인 관점에서 보았을 때 中國에서 전래했을 가능성

---

26) 上揭書, 608쪽.

27) 翁敏華, 《中日韓戲劇文化因緣研究》, 상해, 學林出版社, 2004, 106쪽.

이 크다고 하겠다. 그러나 中國의 〈蘭陵王〉이 꼭 자생적으로만 형성된 것이라고는 볼 수 없으니, 전경욱이 앞의 《한국의 전통연희》에서 지적한 것처럼, 西域 지역의 樂舞인 龜玆舞에서 전래되었을 수도 있다. 그리고 西域 지역의 樂舞인 龜玆舞 또한 일부는 당시 印度에서 전래되었다.[28] 당시의 印度 樂舞는 內陸을 통하여 전래될 경우 주로 西域의 龜玆國을 통하였거나 또는 龜玆國의 樂舞와 융화된 후 中國의 中原에 들어왔다. 또 常任俠의 연구에 의하면, 日本 〈蘭陵王〉 공연 시 사용하는 假面은 印度 옆 스리랑카 祀神의 假面과 매우 비슷하다고 한다.[29] 이러한 여러 정황들을 근거로 할 때, 日本의 〈蘭陵王〉은 그 연원에 있어서 상당히 복합적이라고 말할 수 있다. 왜냐하면 日本 〈蘭陵王〉의 연원에는 印度와 西域과 中國 및 日本이라는 여러 지역의 문화교류가 자리잡고 있기 때문이다.

이상에서 현재 전해지고 있는 日本의 〈蘭陵王〉을 살펴보았다. 공연형식 면에서 볼 때 日本의 〈蘭陵王〉은 공연자가 凶惡한 모습의 황금색 假面을 쓰고 붉은 조끼를 입으며, 허리에 황금빛 혁띠를 차고 손에 북채를 들고 등장하는 1인 獨舞의 형태였다. 日本 〈蘭陵王〉의 이러한 모습은 기본적으로 中國이나 新羅와 거의 같았다. 특히 공연자가 凶惡한 모습의 황금색 假面을 쓰고 붉은 조끼를 입고 등장하는 점은 新羅의 〈大面〉과 같은 것으로, 日本의 〈蘭陵王〉도 新羅의 〈大面〉과 마찬가지로 驅儺舞의 형식을 취하고 있는 것을 보여주고 있다. 그런데 현재 공연되고 있는 日本의 〈蘭陵王〉은 공연의 내용이 印度 沙伽羅龍王에 관한 불교 고사로서, 中國이나 新羅의 〈蘭陵王〉과는 전혀 상관이 없어 보인다. 이러한 이유로 日本의 〈蘭陵王〉은 그 연원에 있어서, 中國기원설과 印度기원설이 대립되어 왔으나, 印度와 西域 및 中國의 영향을 함께 받았으리라 여겨진다. 왜냐하면 日本의 〈蘭陵王〉이 中國의 영향을 받은 것은 확실하나, 中國의 〈蘭

28) 李强 柯琳, 《民族戱劇學》, 북경, 民族出版社, 2003, 501쪽.

29) 上揭書, 530쪽.

陵王〉 또한 西域 龜茲國의 樂舞의 영향을 받았고, 또 西域의 樂舞 또한 印度 樂舞의 영향을 받았기 때문이다. 또 日本의 〈蘭陵王〉은 공연의 내용이나 목적에 있어서, 현재와는 달리 이전에는 新羅의 〈大面〉과 마찬가지로, 祭祀活動 등의 나례에 사용되었고, 〈蘭陵王〉의 應答으로서 〈나소리〉가 함께 공연되어, 日本의 〈蘭陵王〉이 본시 驅儺舞였음을 분명히 보여주었다.

그렇다면 新羅나 日本의 〈蘭陵王〉은 모두 中國에서 전래되거나 혹은 中國의 영향을 받아 형성된 것인데, 왜 서로 다르게 변화하였는가? 아마 이것은 문화의 교류와 융합 및 변화에서 그 해답을 찾을 수 있겠다. 곧 新羅나 日本의 〈蘭陵王〉은 비록 中國의 〈蘭陵王〉을 커다란 모체로 하고 있지만, 中國의 〈蘭陵王〉은 新羅나 日本에 전래된 이후에는 각각 자기나라의 민속 문화와 융합의 과정을 거쳐 새로운 모습으로 재탄생했다. 특히 日本의 〈蘭陵王〉처럼 천 년이 넘게 유지되는 경우에는 각각의 시기에 따라 변화의 과정을 거쳤다. 곧 中國의 〈蘭陵王〉이 新羅로 들어오면 그것이 新羅化된 〈大面〉이 되고, 다시 日本으로 건너가서는 日本化된 〈能王〉이 될 수 있는 것이다.[30]

4. 〈蘭陵王〉의 假面

中國의 희곡 발전사에서 볼 때 〈蘭陵王〉은 희곡 형성 초기 隋·唐 시기 歌舞戲의 하나로서 일정한 의의를 지니고 있으나, 〈蘭陵王〉을 공연할 때

30) 김학주, 《한·중 두 나라의 歌舞와 잡희》, 서울, 서울대학교출판부, 1994, 168쪽 특히 일본의 경우 10세기 경 헤이안 시대의 귀족문화 아래에서는 이제까지의 대륙문화 모방에서 벗어나 일본의식이 강화된 소위 國風文化가 흥성하여 문화적 變容이 이루어졌다는 사실을 상기할 필요가 있다.

사용한 假面은 그 정교함으로 인하여 中國의 假面史에서 方相氏 假面과 比肩되는 중요한 위치를 차지한다.[31] 또한 학자들에 따라서는 후세 中國 희곡의 얼굴 화장 수법인 臉譜가 사실은 〈蘭陵王〉의 假面에서 비롯되었다고 주장하기도 한다.[32] 여기에서는 이러한 〈蘭陵王〉의 假面이 지니는 의의를 살펴보기로 한다.

역사적 기록으로 볼 때 〈蘭陵王〉의 假面은 앞의 《北齊書》에 나타난 바와 같이, 高長恭이 전쟁에 출전하여 적에게 포위될 때, 자신이 쓰고 있던 투구를 金墉城 위의 아군들에게 보여주어 포위로부터 탈출하는 것으로부터 기원한다. 곧 〈蘭陵王〉의 假面은 투구에서 비롯하였다. 그리고 이후 이러한 역사적 사실은 〈蘭陵王入陣曲〉이라는 樂舞로 공연되어, 앞에서 살펴본 《教坊記》 등의 기록에 의하면, 나무를 깎아 假面을 착용하니, 전쟁 시의 투구가 樂舞 공연에서는 나무 假面으로 바뀐 것이다. 물론 전쟁 중에는 철재로 만든 투구를 착용하지 나무로 만든 假面을 쓰지는 못한다. 나무 假面으로는 적에게 대항할 수 없는 것이 명백하기 때문이다. 나무 假面은 철재 투구의 예술적 변화일 뿐이다.

그런데 이 전쟁을 배경으로 사용한 假面의 형상은 일반적 假面과는 확연히 다르다. 그것은 지금 현재 日本에 남아있는 여러 〈蘭陵王〉 假面에도 나타난 바와 같이, 매의 부리와 같이 높고 날카로운 胡人形의 갈구리 코, 깊은 눈의 분노의 눈빛, 머리 위의 龍처럼 생긴 神獸 등 怪物처럼 상대방 적에게 심각한 공포감을 줄 정도로 凶惡한 모습을 하고 있기 때문이다. 그러면 이러한 凶惡한 형상의 假面의 모습은 어디에서 연원한 것일까? 학자에 따라서 어떤 이는 印度에서 기원했다고 주장하기도 하고, 어떤 이는 中國에서 기원했다고 한다.[33] 일례로 常任俠은 앞에서 언급한 것

31) 顧朴光, 《中國面具史》, 貴陽, 貴州民族出版社, 1996, 195쪽.

32) 欒冠樺, 《角色符號中國戲曲臉譜》, 북경, 三聯書店, 2005, 49쪽.

33) 注, 31책. 202쪽.

처럼, 〈蘭陵王〉의 假面이 印度 옆 스리랑카 祀神의 假面과 매우 비슷하다고 하였다. 또 〈蘭陵王〉은 假面 머리 위에 긴 날개가 달린 龍이 엎드려 있는 것이 현저한 특징인데, 어떤 학자들은 이에 근거하여 印度系 假面이라고 주장하기도 한다.[34]

그러나 中國의 대표적인 假面 전문가인 顧朴光이나 희곡학자인 周華斌 등 대부분의 中國 학자들은 〈蘭陵王〉 假面의 연원을 中國에서 찾는다. 이들의 주장에 따르면, 역사적으로 볼 때 이러한 凶惡한 假面 혹은 투구의 근원은 疫鬼를 쫓아내는 巫儺活動에 사용되었던 假面에까지 소급될 수 있다. 일찍이 商周 시기에는 이러한 투구나 假面이 존재하였으니, 青銅 투구에 무서운 형상의 도철(饕餮)이 장식되어 있었는데, 巫師인 方相氏가 썼던 것이다. 곧 〈蘭陵王〉에 사용된 투구와 假面은 商周 시기 神獸饕餮의 假面까지 소급될 수 있다. 그리고 이러한 神獸饕餮은 秦漢 시기에 辟邪瑞獸로 바뀌어, 龍과 사자와 같은 瑞獸가 饕餮을 대신하는데, 日本 〈蘭陵王〉 假面 위의 龍처럼 생긴 瑞獸는 바로 辟邪瑞獸에 해당된다. 이어 위진남북조 시기로부터 隋·唐 시기에 이르러서는 또 西域 불교문화의 영향을 강하게 받아, 神靈의 성분이 점점 사라지고 神性이 약해지면서, 점점 세속화되는 추세로 향하였다. 그리하여 이러한 辟邪를 목적으로 하는 神獸가 다시 실제 인간인 神將으로 바뀌어, 胡人形의 假面이 출현하였으니,[35] 〈蘭陵王〉 假面의 凶惡한 胡人形 형상은 바로 이러한 假面의 모습이다. 여기에서 이와 같은 주장에 근거한다면, 우리는 〈蘭陵王〉 假面이 자체적으로 巫儺文化의 의미를 분명하게 지니고 있음을 알 수 있다.

그러면 지금 전해지고 있는 日本 〈蘭陵王〉 假面의 모습을 좀 더 구체적으로 살펴보자. 日本 〈蘭陵王〉 假面의 형태적 특징으로는 凶惡한 얼굴,

34) 注 31책, 202쪽.

35) 周華斌, 〈蘭陵王假面研究〉,《中華戲曲》 第15輯, 太原, 山西古籍出版社, 1993, 110-112쪽.

머리 위의 瑞獸裝飾, 高鼻深目, 분리형의 눈과 턱 등 네 가지를 들 수 있는데, 여기에서는 이들을 간략히 살피기로 한다.

凶惡한 얼굴과 머리 위의 瑞獸裝飾은 위에서 언급하였으니, 高鼻深目에 대해 살펴보자. 높은 코와 깊은 눈(高鼻深目)은 日本 〈蘭陵王〉 假面이 胡人形임을 말해주는 대표적인 증거로서, 〈蘭陵王〉이 印度에서 전래됐다는 증거가 되기도 하나, 실제로는 六朝 이래 西域文化와 胡樂의 반영이다.[36] 또 공연자의 눈빛을 전달할 수 있는 분리형의 눈과 노래나 말을 할 수 있게 분리된 턱에 대해서도, 일부 日本 학자들은 日本에만 있는 것이라고 주장하나, 실은 中國의 木偶戲 假面과 儺禮 假面에도 존재한다.[37] 이상을 살펴볼 때, 日本 〈蘭陵王〉 假面은 그 연원에 있어서, 앞서 일부 학자들이 지적했던 것처럼 印度에서 연원했을 수도 있지만, 또한 西域과 中國의 영향을 크게 받은 것이다.

마지막으로 〈蘭陵王〉의 假面과 희곡의 화장예술인 臉譜와의 관계를 알아보자. 臉譜의 기원에 대한 견해는 비교적 많은데, 고대인의 誇張的인 文身에서 기원했다는 文身起源說, 北齊 〈蘭陵王〉의 假面을 본받아 역사상 극히 유명하거나 혹은 성격이 극도로 특별한 사람을 假面 위에 그려 입으로 물고 머리 위에 썼다는 假面起源說, 臉譜의 기원은 한 곳에서 나온 것이 아니라 어떤 것은 假面에서 어떤 것은 민간의 제사 중 廟堂의 菩薩像에서 배워온 것이라는 假面·塑像說 , 희곡의 臉譜가 唐·宋 塗面化粧의 기초 위에서 발전한 것이라는 塗面說 등이 있다.[38] 그런데 위의 여러 기원설 중 假面說은 臉譜의 기원을 〈蘭陵王〉의 假面에서 찾고 있으며, 《中國戲曲曲藝詞典》에도 똑같은 주장을 하고 있는데,[39] 이러한 주장은 얼

36) 周華斌, 《中國戲劇史論考》, 북경, 北京廣播學院出版社, 2003, 22쪽.

37) 上揭書, 2003, 25쪽.

38) 欒冠樺, 《角色符號中國戲曲臉譜》, 북경, 三聯書店, 2005, 49쪽.

39) 上海藝術研究所編, 《中國戲曲曲藝詞典》, 상해, 上海辭書出版社, 1981, 149쪽.

마나 합리적이라고 할 수 있을까?

현재의 몇몇 흔적으로 보자면 假面과 臉譜는 밀접히 연관되어 있다. 일례로 모든 臉譜에 얼굴만을 그리지 귀를 그리지 않는 것은 假面이 남긴 가능성이 매우 크고, 아울러 몇몇 희곡 劇種은 臉譜와 假面이 결합하여 사용한 시기가 있었으니, 豫劇에서 얼굴에 臉譜 화장을 하고는 다시 머리 양쪽에 假面을 하나씩 걸고 등장하기도 하였다.[40] 그러나 이것은 假面이 臉譜의 발생과 발전에 끼친 영향에 불과한 것이다. 특히 〈蘭陵王〉 假面이 臉譜의 기원이라고 하는 것은 단편적인 것이다. 왜냐하면 蘭陵王인 高長恭이 凶惡한 형상의 假面을 처음 발명한 것이 아니라, 이미 巫儺假面 이래 장기간 존재해왔던 辟邪假面을 高長恭이 사용한 것에 불과하기 때문이다.

이상에서 〈蘭陵王〉 假面에 대하여 살펴보았다. 〈蘭陵王〉 假面은 현재 日本에 전해지고 있으며, 그 정교함으로 인하여 方相氏 假面과 비견할 정도이다. 외관상 〈蘭陵王〉 假面은 凶惡한 얼굴, 머리 위의 瑞獸裝飾, 高鼻深目, 분리형의 눈과 턱을 그 특징으로 한다. 이러한 日本 〈蘭陵王〉 假面은 연원에 있어 印度기원설과 中國기원설이 있으나, 印度와 西域 및 中國의 영향을 함께 받은 것으로 보인다. 또 假面의 얼굴 표정이 극도로 凶惡한 모습을 지녀, 매의 부리같이 높고 날카로운 胡人形의 갈구리코, 깊고도 매서운 분노의 눈빛, 머리 위에 龍처럼 생긴 神獸 등은 怪物과 같은 모습을 하고 있는데, 이것은 〈蘭陵王〉 假面이 본시 巫儺文化의 영향을 받은 것이다. 그리고 〈蘭陵王〉 假面은 너무 정교하게 그려져 후세 희곡의 화장 수법인 臉譜의 기원으로 말해지기도 했으나, 이것은 단편적인 주장이다.

---

40) 注, 38책, 50쪽.

5. 〈蘭陵王〉의 의의

이상에서 위진남북조 시대 北齊 시기에 발생하여 당나라 시기까지 歌舞戲로서 흥성했던 〈蘭陵王〉에 대하여 살펴보았다. 〈蘭陵王〉은 北齊의 실제 인물 高長恭의 뛰어난 戰功 고사를 배경으로 형성되어, 처음에는 〈蘭陵王入陣曲〉이라는 노래의 형태로 불리다가, 이후 곧 樂舞의 형태로 발전하였으며, 최종적으로는 歌舞戲로 발전하여, 〈撥頭〉 〈踏搖娘〉과 함께 中國 고전희곡 형성에 일정한 역할을 하였다.

〈蘭陵王〉은 北齊의 高長恭이 자신의 유약함을 감추고자 凶惡한 모습의 假面을 쓰고 北周의 침공을 막아낸 것에서 비롯하였다. 우선 〈蘭陵王〉이 처음 형성된 시기에는 高長恭의 戰功을 칭송하기 위한 군대의 개선가로부터 시작되었으며, 이후 곧 춤과 함께 공연되어 〈蘭陵王〉의 공연 양상은 노래와 춤이 결합된 歌舞인 樂舞로 발전하였다. 그런데 용맹스러움을 칭송하는 戰爭歌舞인 〈蘭陵王〉은 당나라의 일정 시기에 이르러서는, 힘차고 경쾌한 健舞가 아닌 부드러우며 서정적인 軟舞의 형태로 변화하였는데, 이것은 마치 唐 太宗이 戰功을 칭송하여 만든 〈破陣樂〉이 시대의 변화에 따라 燕樂化되고 雅樂化되는 것과 궤를 같이 하였다. 전체적인 희곡발전사에서 볼 때 〈蘭陵王〉의 최종 지향점은 歌舞戲로의 변화였다. 〈蘭陵王〉은 〈撥頭〉 〈踏搖娘〉과 함께 唐代의 歌舞戲를 대표하는 것으로 발전하였다. 다만 〈蘭陵王〉은 〈踏搖娘〉에 비하면 조금은 덜 성숙한 歌舞戲 단계에 머물러 있다고 볼 수 있다. 한편 〈蘭陵王〉은 그 고사 자체에 있어서 표면적으로는 세속적이고 오락적인 歌舞戲에 불과하지만, 그 깊은 이면에는 巫儺文化적 요소를 지니고 있다. 그리고 이러한 점은 〈蘭陵王〉만의 특징이 아니라, 당나라 시기 假面을 착용한 歌舞戲들인 〈撥頭〉 〈踏搖娘〉 등의 공통적 현상이었다.

中國의 〈蘭陵王〉은 新羅와 日本에도 전파되었다. 崔致遠의 〈鄕樂雜

詠〉 詩에서 살펴본 바와 같이 新羅의 〈大面〉은 전체적으로 분명한 驅儺舞였다. 무대 공연자는 1인으로, 儺禮를 주재하는 黃金四目의 方相氏가 붉은 색의 복장을 하고 假面을 쓰고 등장하여, 구슬채찍을 들고 疫鬼를 쫓아내는 춤을 추었다. 그리고 그 춤은 느림과 빠름의 조화가 있는 우아한 춤으로서, 마치 봉황새가 요임금 시절의 태평성세를 춤추는 것과 비슷했다. 그런데 이러한 新羅의 〈大面〉은 中國에서 전래된 것이 분명하지만, 中國의 〈蘭陵王〉과는 확연히 다른 모습을 보여준다. 이것은 어떠한 문화적 의미를 지니고 있는 것일까? 앞에서도 지적했듯이 이것은 新羅가 樂舞 발전상에 있어서 巫儺文化의 영향을 지대하고 받고 있는데 반해, 中國의 隋·唐 시기에 적어도 樂舞나 歌舞戲 중의 주류문화에 있어서는 상당한 정도로 이미 巫儺文化에서 벗어나 세속화와 오락화의 길을 걷고 있었음을 분명히 보여주는 것이다. 그리하여 新羅의 〈大面〉은 中國 〈蘭陵王〉의 원래 모습을 다분히 간직하고 있고, 中國의 〈蘭陵王〉은 이미 세속화된 길을 걸었다. 다만 中國의 〈蘭陵王〉은 본질적으로 귀신을 쫓는 驅儺舞의 성격을 띠고 있으며, 蘭陵王이 적군을 물리치는 것이 바로 나례에서 질병의 귀신인 疫鬼를 물리치는 것과도 통할 수 있기 때문에, 中國에서는 〈蘭陵王〉의 고사를 본뜬 춤과 儺禮가 이미 자연스럽게 결합될 수 있었다. 日本에 전하는 〈蘭陵王〉이 假面舞로서 귀신을 쫓는 驅儺舞의 일종이라는 사실이 이런 주장을 뒷받침한다.

日本의 〈蘭陵王〉은 공연 형식 면에서 볼 때 공연자가 凶惡한 모습의 황금색 假面을 쓰고 붉은 조끼를 입으며, 허리에 황금빛 혁띠를 차고 손에 북채를 들고 등장하는 1인 獨舞의 형태였다. 日本 〈蘭陵王〉의 이러한 모습은 기본적으로 中國이나 新羅와 거의 같았다. 특히 공연자가 凶惡한 모습의 황금색 假面을 쓰고 붉은 조끼를 입고 등장하는 점은 新羅의 〈大面〉과 같은 것으로, 日本의 〈蘭陵王〉도 新羅의 〈大面〉과 마찬가지로 驅儺舞의 형식을 취하고 있는 것을 보여주고 있다. 그런데 현재 공연되고 있는 日本의 〈蘭陵王〉은 공연의 내용이 印度 沙伽羅龍王에 관한 불교 고사로서, 中國이나 新羅의 〈蘭陵王〉과는 전혀 상관이 없어 보인다. 이러한 이유로 日本의 〈蘭陵王〉은 그 연원에 있어서, 中國기원설과 印度기원설이 대립되어 왔으나, 印度와 西域 및 中國의 영향을 함께 받은 것이다. 왜냐하면 日本의 〈蘭陵王〉이 中國의 영향을 받은 것은 확실하나, 中國의 〈蘭陵王〉 또한 西域 龜茲國의 樂舞의 영향을 받았고, 또 西域의 樂舞 또한 印度 樂舞의 영향을 받았기 때문이다. 또 日本의 〈蘭陵王〉은 공연의 내용이나 목적에 있어서, 현재와는 달리 이전에는 新羅의 〈大面〉과 마찬가지로, 祭祀活動 등의 儺禮에 사용되었고, 〈蘭陵王〉의 應答으로서 〈나소리〉가 함께 공연되어, 日本의 〈蘭陵王〉이 본시 驅儺舞였음을 분명히 보여주었다.

그렇다면 新羅나 日本의 〈蘭陵王〉은 모두 中國에서 전래되거나 혹은 中國의 영향을 받아 형성된 것인데, 왜 서로 다르게 변화하였는가? 아마 이것은 문화의 교류와 융합 및 변화에서 그 해답을 찾을 수 있다. 곧 新羅나 日本의 〈蘭陵王〉은 비록 中國의 〈蘭陵王〉을 커다란 모체로 하고 있지만, 中國의 〈蘭陵王〉은 新羅나 日本에 전래된 이후에는 각각 자기나라의 민속 문화와 융합의 과정을 거쳐 새로운 모습으로 재탄생했다. 특히 日本의 〈蘭陵王〉처럼 천 년이 넘게 유지되는 경우에는 각각의 시기에 따라 변화의 과정을 거쳤다. 곧 中國의 〈蘭陵王〉이 新羅로 들어오면 그것이 新羅化된 〈大面〉이 되고, 다시 日本으로 건너가서는 日本化된 〈能王〉이 되었다.

〈蘭陵王〉 假面은 현재 日本에 전해지고 있으며, 그 정교함으로 인하여 方相氏 假面과 比肩할 정도이다. 외관상 〈蘭陵王〉 假面은 凶惡한 얼굴, 머리 위의 瑞獸裝飾, 高鼻深目, 분리형의 눈과 턱을 그 특징으로 한다. 이러한 日本 〈蘭陵王〉 假面은 연원에 있어 印度기원설과 中國기원설이 있으나, 印度와 西域 및 中國의 영향을 함께 받았다고 보아야 한다. 또 假

面의 얼굴 표정이 극도로 凶惡한 모습을 지녀, 매의 부리같이 높고 날카로운 胡人形의 갈구리코, 깊고도 매서운 분노의 눈빛, 머리 위에 龍처럼 생긴 神獸 등은 怪物과 같은 모습을 하고 있는데, 이것은 〈蘭陵王〉 假面이 본시 巫儺文化의 영향을 받은 것이다. 그리고 〈蘭陵王〉 假面은 너무 정교하게 그려져 후세 희곡의 화장 수법인 臉譜의 기원으로 말해지기도 했으나, 이것은 단편적인 주장이다.

〈鉢頭〉

1. 〈鉢頭〉의 의미

〈鉢頭〉는 魏晉南北朝 시기 北朝에서 시작되어 唐代까지 흥성했던 歌舞戲로서, 〈踏搖娘〉 및 〈蘭陵王〉과 함께 중국의 고전희곡 형성사에 있어서 일정한 역할을 하였다. 곧 漢代의 散樂百戲인 〈東海黃公〉이 단순한 잡기인 角抵戲의 모습을 보여준 반면, 〈鉢頭〉는 〈踏搖娘〉 및 〈蘭陵王〉과 함께 歌舞의 형식을 사용하여 故事를 진행하는 歌舞戲의 모습을 보여주고 있다. 이러한 점에서 〈鉢頭〉는 중국의 고전희곡 발전사에서 일정한 역할을 하는 歌舞戲이다.

그런데 우리는 〈鉢頭〉가 형성된 魏晉南北朝 시대가 중국 역사상 여러 민족문화가 교류와 대융합을 이루었던 시대임을 상기해야 한다. 바로 이와같은 교류와 대융합의 시기에 중국의 희곡발전사에서 일정한 역할을 했던 〈鉢頭〉는 본시 중국의 歌舞戲가 아닌 외국에서 전래된 수입 歌舞戲다. 이렇게 외국에서 전래된 歌舞戲가 중국의 희곡발전사에 처음으로 등장한 것이 바로 〈鉢頭〉이다. 그리고 이러한 외국에서 전래된 歌舞戲인 〈鉢頭〉에 대한 본격적인 논의는 중국의 대표적인 근대 희곡이론가인 王國維에서 시작되었다. 王國維는 ≪宋元戲曲史≫에서 〈鉢頭〉가 수입된 外國의 戲劇이라고 말하면서, 北朝의 北齊 시기에 이 歌舞戲가 이미 존재했을 것이며, 아울러 중국 자체의 歌舞戱인 〈踏搖娘〉과 〈蘭陵王〉이 모두 〈鉢頭〉를 모방하여 만들어냈을 것이라고 추측하였다.[1] 만일 王國維의 이러한 추측에 근거한다면, 〈鉢頭〉가 중국의 歌舞戱인 〈踏搖娘〉과 〈蘭陵王〉의 예술적 창작의 典範이 된다고 말할 수 있기 때문에, 우리는 외래 歌舞戱인 〈鉢頭〉가 중국희곡 발전사에서 차지하는 위치가 더욱 더 중요하다고 말할 수 있겠다.

이렇듯 〈鉢頭〉가 외래 歌舞戱인 점은 확실하다. 그러나 그것이 구체적으로 어느 지역의 외래 歌舞戱인가, 곧 〈鉢頭〉의 淵源에 대해서는 역대로 의견이 매우 분분하다. 크게 보아 〈鉢頭〉의 발원지로는 印度와 西域[2]이 논의된다. 그렇다면 〈鉢頭〉의 발원지는 결국 어디이며, 〈鉢頭〉의 그 발원지는 문화의 交流와 融合이라는 관점에서 어떤 의미를 지니고 있는 것일까? 또한 〈鉢頭〉는 그 淵源에서 뿐만 아니라 歌舞戱가 포함하고 있는 극적 성격이 무엇을 의미하고 있는가에 대해서도 의견이 분분하다.

한편 外來 歌舞戱인 〈鉢頭〉는 특이하게도 당시에 흥성했던 중국은 물론이고, 발원지로 논의되는 印度나 西域에서도 현존하지 않고, 다만 日本에서만 중국에서 공연되었던 형식이나 내용과는 다른 모습으로 현재까지도 전해지고 있다. 그리하여 지금까지 전해지고 있는 日本의 〈鉢頭〉는 매우 중요한 가치를 지닌다. 곧 日本의 〈鉢頭〉는 중국에서 흥성했던 〈鉢頭〉의 淵源과 성격 및 變容을 살펴보는 데 중요한 의미를 지니고 있다.

이상을 근거로 하여 본문에서는 〈鉢頭〉가 당시 東西의 문화교류와 融合 및 變容을 적나라하게 보여주고 있다는 관점에서, 크게 세 가지 방면에서 중국에서 흥성했던 외래 歌舞戱인 〈鉢頭〉의 희곡사적 의미를 천착

---

1) 王國維著, ≪宋元戱曲史≫, 6쪽, 長沙, 岳麓書社, 1998.

2) 西域이란 개념에 대해서는 ≪漢書·西域傳≫에 기록된 西域 36國이나 50餘 國이 있었던 곳으로, 지금의 위구르 민족이 거주하는 지역을 가리키는 협의의 西域 개념과 唐代 중국의 대외교섭과 교류가 확대됨에 따라 印度(天竺)와 페르시아(波斯) 및 아랍(大食國)까지 포함하는 광의의 西域 개념이 있는데, 본고에서는 협의의 西域 개념을 따르고자 한다.

하고자 한다. 먼저 외래 歌舞戲인 〈鉢頭〉는 도대체 어디에서 淵源하여 중국으로 전래되었고, 당시 동양과 서양의 樂舞交流와 융합의 양상은 어떠하였는가를 살피고자 한다. 아울러 歌舞戲로서 〈鉢頭〉의 내용적 성격은 어떠한 문화적 의미를 지니는지를 살피고자 한다. 그리고 마지막으로 日本의 〈鉢頭〉는 중국의 〈鉢頭〉와는 다른 양상을 보여주는데, 이러한 文化變容은 어떠한 배경 아래에서 이루어졌으며, 이울러 이러한 文化變容은 어떠한 의미를 지니는지 살피고자 한다.

2. 역사 문헌 중의 〈鉢頭〉

여기에서는 〈鉢頭〉[3]의 淵源을 살피기에 앞서 먼저 당시 중국의 문헌에 나타난 〈鉢頭〉와 연관된 기록을 살피기로 한다. 〈鉢頭〉에 관한 기록은 唐代 杜佑(735-812)의 ≪通典≫과 段安節의 ≪樂府雜錄≫ 및 後晉(936-946) 때의 劉煦(류후)가 지은 ≪舊唐書·音樂志≫에 보이는데, ≪舊唐書·音樂志≫의 내용은 杜佑의 ≪通典≫과 같아, 여기서는 ≪舊唐書·音樂志≫와 ≪樂府雜錄≫에 나타난 기록을 살피기로 한다.

(1) ≪舊唐書·音樂志≫

歌舞戲에는 〈大面〉·〈撥頭〉·〈踏搖娘〉·〈窟礧子〉 등의 놀이가 있다. 〈鉢頭〉는 西域에서 나왔다. 胡人이 맹수에게 물려 죽었는데, 그 아들이 맹수를 찾아 죽였으니, 이 춤을 만들어서 그 모습을 형용하였다.[4]

---

3) 鉢頭는 문헌에 따라 撥頭·發頭·髮頭·拔頭 등으로 쓰인다.

4) 歌舞戲, 有大面·撥頭·踏搖娘·窟礧子等戲.
撥頭出西域. 胡人爲猛獸所噬. 其子求獸殺之, 爲此舞以象之也. ≪二十四史全譯≫ ≪舊唐書·音樂志≫, 卷29, 910쪽, 漢語大詞典出版社, 2004.

(2) ≪樂府雜錄≫

歌舞戱에는 〈代面〉이 있고, ……, 〈鉢頭〉가 있다. 옛날에 어떤 사람의 아버지가 호랑이에게 물려죽자, 그는 마침내 산으로 올라가 아버지의 시신을 찾았다. 산에는 여덟 굽이가 있었기 때문에 그 악곡에도 여덟 첩(疊)이 있게 되었으며, 놀이를 하는 사람은 머리를 풀어 헤치고 흰 옷을 입고서 얼굴에 우는 모습을 했는데, 상(喪)을 당한 형상이었다.[5]

위의 두 기록에 의하면 〈鉢頭〉는 西域에서 전래된 것으로, 漢代의 角抵戱인 〈東海黃公〉과 비슷하게 인간과 맹수의 격투를 주된 내용으로 한다. 그러나 두 문헌 사이에는 내용이 약간 다르다. ≪舊唐書·音樂志≫에는 단지 맹수에게 물려 죽었다고 하지만, ≪樂府雜錄≫에는 맹수가 호랑이임을 분명히 하고 있다. 또 ≪舊唐書·音樂志≫에는 분노한 아들이 맹수에게 복수를 한 것이 핵심 내용이지만, ≪樂府雜錄≫에는 복수는 보이지 않고 다만 시신을 찾기까지의 어려움과 비애가 핵심 내용으로 나타난다. 특히 ≪樂府雜錄≫에서는 〈鉢頭〉 공연자가 喪服을 의미하는 흰색의 복장을 하고, 얼굴에 喪을 당한듯 우는 형상 하고 있음을 구체적으로 보여준다. 아울러 죽은 아버지의 시신을 찾는 어려운 과정을 여덟 疊의 악곡을 통하여 표현하고 있음으로써, 고사의 정절이 그렇게 간단한 것이 아니었음을 보여준다.

한편 唐代의 시인 張祜(장호, ?-853?년)는 〈容兒鉢頭〉라는 樂舞詩를 한 편 남기고 있는데, 당시 歌舞戱인 〈鉢頭〉가 상당히 흥성했음을 보여준다. 그의 시를 살펴보자.

금수레 다투어 몰고 가죽띠 두른 소 몰고 가는데

---

5) 戱有代面, ……, 鉢頭, 昔有人父爲虎所傷, 遂上山尋其父屍. 山有八折, 故曲八疊. 戱者被髮, 素衣, 面作啼, 蓋遭喪之狀也. ≪中國古典戱曲論著集成≫, ≪樂府雜錄≫, 45쪽, 中國戱劇出版社, 1982.

웃음소리는 오직 千秋節을 기뻐한다네.
양쪽 모서리 곁문 안에서는
容兒를 흉내내며 〈鉢頭〉놀이를 하네.[6]

위의 시에서 容兒는 〈鉢頭〉놀이를 잘하던 宮庭 藝人의 이름이라고 생각되며, 〈鉢頭〉를 본 사람들은 容兒의 공연을 본 후에 용아의 〈鉢頭〉 연기를 모방하며 〈鉢頭〉놀이를 하고 있다. 또 詩 중의 千秋는 千秋節을 가리키는데, 천추절은 황제의 생일을 가리키는 단어로서 唐 玄宗 때부터 생겨났으며, 여기서는 당 현종의 생일인 8월 5일을 축하하기 위해 〈鉢頭〉가 공연되고 있는 것을 말하고 있다. 그런데 위의 시에서의 〈鉢頭〉 공연 분위기는 앞의 ≪舊唐書·音樂志≫와 ≪樂府雜錄≫에 나타난 〈鉢頭〉 공연 시의 분노와 복수 및 비애의 분위기와는 부합한다고 보기 힘들다. 왜냐하면 위의 시 속에서는 황제의 생일을 축하하며 온통 웃음소리가 가득한 분위기로 묘사되고 있기 때문이다. 이런 점에서 볼 때 〈鉢頭〉는 경우에 따라 성격이 전혀 다른 歌舞戲로 공연되었으리라 생각된다. 물론 이러한 추측은 당시 〈鉢頭〉 공연을 기록하고 있는 다른 자료가 없기 때문에, 이와 같이 추측을 할 수 밖에 없지만, 당시 〈踏搖娘〉과 같은 歌舞戲도 경우에 따라 내용을 달리하여 공연했던 점을 상기하면[7] 충분한 가능성이 있다고 여겨진다.

이상에서 우리는 魏晉南北朝 시대 북조와 隋唐 시대에 흥성했던 〈鉢頭〉에 관한 역사 문헌의 기록을 살펴보았다. 먼저 ≪舊唐書·音樂志≫

---

6) 爭走金車叱鞅牛, 笑聲唯是說千秋. 兩邊角子羊門裏, 猶學容兒弄鉢頭. ≪全唐詩≫ 8函5冊,

7) 〈踏搖娘〉은 때와 장소에 따라 여러 가지 다른 모습으로 공연되었으니, 어떤 때는 술을 경계하는 것을 주제로 하는 笑劇의 형식으로 공연되고, 어떤 때는 남녀 불평등에 대한 비판을 주제로 하는 悲劇의 형식으로 공연되기도 하였다. 그리하여 ≪教坊記≫에서는 〈踏搖娘〉이 경우에 따라 '옛 뜻을 완전히 상실한 것(全失舊旨)'이라고 비난하였다. ≪中國古典戲曲論著集成≫, ≪教坊記≫, 18쪽, 中國戲劇出版社, 1982.

와 ≪樂府雜錄≫에 나타난 기록에 의하면, 〈鉢頭〉는 西域에서 전래된 歌舞戱로서, 아버지를 죽인 호랑이를 찾아 죽이는 인간과 맹수의 격투고사를 그 핵심 내용으로 하였다. 그렇기 때문에 극 중에는 분노와 비애로 충만하였으며, 고사 정절은 여덟 疊이나 되어 그리 간단하지 않는 것이었다. 또 唐代의 시인 張祜(장호, ?-853?년)는 〈容兒鉢頭〉라는 樂舞詩를 남기고 있는데, 당 玄宗의 생일을 축하하는 千秋節에 공연된 것으로, 극 중 분위기는 환희로 가득차 있었다. 이러한 점에서 볼 때 당시에는 〈鉢頭〉가 경우에 따라 극적 성격이 전혀 다른 歌舞戱로 공연되었을 가능성이 큼을 알 수 있다.

3. 鉢頭의 淵源

그러면 〈鉢頭〉의 淵源을 구체적으로 살펴보자. 〈鉢頭〉의 淵源은 크게 보아 西域과 印度로 논의되는데, 앞의 ≪舊唐書·音樂志≫에서 분명히 밝힌 것처럼, 중국의 학자들은 거의 대부분 〈鉢頭〉의 淵源을 西域에서 찾는다. 그리고 근현대 이후의 희곡 학자들 중 이렇게 〈鉢頭〉의 淵源을 西域의 구체적인 한 지역으로 지목하는 것은 王國維에서부터 비롯하였으니, 먼저 〈鉢頭〉의 淵源에 관한 王國維의 논의를 살펴보자.

> 대개 北魏와 北齊 및 北周 세 나라는 모두 外族이 중국에 들어와 통치자가 되었고, 그들은 西域 여러 나라들과 交往이 빈번하였으며, 龜玆와 天竺·康國 및 安國 등의 음악은 모두 이때에 중국에 들어왔다. 그리고 龜玆樂은 隋唐 이래로 이어서 써왔는데, 지금까지 이르렀다. 이때 외국 戱劇이 모름지기 모두 중국에 들어왔으니 예를 들면 ≪舊唐書·音樂志≫에 실린 〈鉢頭〉 歌舞戱는 그 중 가장 대표적인 예이다. 생각건대 〈蘭陵王〉과 〈踏搖娘〉 두 樂舞는 ≪舊唐書·音樂志≫에서 歌舞戱 중에 열

거하였는데, 그 사이에는 또 〈鉢頭〉戲가 있다. ……, ≪樂府雜錄≫에서는 〈鉢頭〉라고 부르고 있는데, 이 말이 외국어의 飜譯音임은 진실로 말할 필요가 없는 것으로, 國名이나 地名 혹은 人名의 셋 가운데 반드시 한 가지 일 것이다. 〈鉢頭〉가 언제 중국에 들어왔는지는 상세히 알지 못한다. 생각하건대 ≪北史 · 西域傳≫에는 拔豆國이 있는데, 代國[8]에서 五萬一千 里 떨어졌다 한다. ……, 隋唐의 두 ≪志≫에는 이 나라가 없으니, 대개 北魏 초에 북방을 통일한 후에 혹은 망했거나 혹은 연락이 단절되었는지 알 수 없다. 만일 〈鉢頭〉가 拔豆와 同音異譯이고 〈鉢頭〉가 拔豆國에서 나왔으며 혹 龜茲 등의 나라를 통하여 중국에 들어왔다면, 그 때는 응당 隋唐 이후가 아닐 것이고, 혹 北齊 때에 이미 이 歌舞戲가 있었을 것이며, 또 〈蘭陵王〉과 〈踏搖娘〉 등의 歌舞戲는 모두 〈鉢頭〉를 모방하여 만든 것이라 생각된다.[9]

王國維는 위의 ≪宋元戲曲史≫에서 〈鉢頭〉가 魏晉南北朝 시대의 北朝 시기에 龜茲 등의 나라를 통하여 중국으로 들어온 歌舞戲라고 여기고 있으며, '鉢頭'라는 단어는 西域 외국어의 번역음으로서, 國名이나 地名 혹은 人名 중의 하나일 것이라고 주장하였다. 그러면서 그는 '鉢頭'라는 단어의 발음이 ≪北史 · 西域傳≫에 보이는 拔豆國[10]의 '拔頭'와 비슷한

8) 魏晉南北朝의 五胡十六國 시대에 鮮卑族이 세운 국가로 지금의 內蒙古 중부와 山西省 북부 지역에 해당한다. ≪漢語大詞典≫, 1132쪽, 漢語大詞典出版社, 1995.

9) 蓋魏 · 齊 · 周三朝, 皆以外族入主中國, 其與西域諸國, 交通頻繁, 龜茲 · 天竺 · 康國 · 安國等樂, 皆于此時入中國, 而龜茲樂則自隋唐以來, 相承用之, 以迄于今. 此時外國戲劇, 當與之俱入中國, 如≪舊唐書 · 音樂志≫所載〈鉢頭〉一戲, 其最著之例也. 案〈蘭陵王〉 · 〈踏搖娘〉二舞, 舊≪志≫列之歌舞戲中, 其間尙有〈鉢頭〉一戲. ……, ≪樂府雜錄≫謂之鉢頭, 此語之爲外國語之譯音, 固不待言, 且于國名 · 地名 · 人名三者中, 必居其一焉. 其入中國, 不審在何時. 案≪北史 · 西域傳≫有拔豆國, 去代五萬一千里, ……, 隋唐二≪志≫, 卽無此國, 蓋于後魏之初一通中國, 後或亡或隔絶, 已不可知. 如使〈鉢頭〉與拔豆爲同音異譯, 而此戲出于拔豆國, 或由龜茲等國而入中國, 則其時自不應在隋唐以後, 或北齊時已有此戲, 而〈蘭陵王〉 · 〈踏搖娘〉等戲, 皆模倣而爲之者歟? 王國維著, ≪宋元戲曲史≫, 6쪽, 長沙, 岳麓書社, 1998.

10) ≪北史 · 西域傳≫에는 西域의 75개 국을 간략히 설명하고 있는데, 그 중의 한 국가로서 拔豆國이 보인다. ≪二十四史全譯≫ ≪北史 · 西域傳≫, 卷97, 2663쪽, 漢語大詞典出版

점에 착안하여, 〈鉢頭〉가 西域의 拔豆國에서 淵源하고 있다고 여겼다. 그런데 안타깝게도 拔豆國은 魏晉南北朝 시기 이후 역사에서 사라져 隋唐의 역사서에서 보이지 않는다. 거기다가 ≪北史·西域傳≫에 보이는 拔豆國에 대한 설명은 너무 간략하여 拔豆國의 歌舞戱나 樂舞에 대한 증거로서의 기록은 전혀 보이지 않는다. 이러한 이유 때문에 王國維는 〈鉢頭〉의 淵源을 拔豆國으로 생각하면서도 확실하게 단정을 하지는 못하였다.

王國維의 이러한 논의 이후 〈鉢頭〉의 淵源에 대한 논의는 의견이 분분하다. 먼저 姚寶瑄은 王國維의 주장에 거의 전적으로 동의하면서 더욱 구체적으로 〈鉢頭〉의 淵源을 西域에서 찾았다. 그는 '鉢頭'가 'Badak'의 音譯으로, 곧 'Badak Shan'의 앞 부분에 해당되는 발음이고, 뒷 부분의 'Shan'의 音譯은 '山'이라고 하면서, 현재 아프카니스탄 東北 국경 내의 바타크山에 해당된다고 보았다. 그에 의하면, Badak山의 북쪽에는 城이 하나 있는데, '鉢鐸'이라고 부르고, 西域 '鉢鐸創那國(바다크샤나국)'[11]의 수도이며, 大夏國의 이전 수도이다. 그리고 기원전 2세기 유목민족인 月氏國이 匈奴 등에게 패하여 서쪽으로 이주하면서 大夏國을 몰아내고 바다크를 점령하여 자신들의 수도로 하였다고 한다. 이러한 점에 근거하여 姚寶瑄은 '鉢頭'가 地名(수도명)인 동시에 國名으로서, 바다크에 도읍을 정하였던 大月氏族은 일찍이 중원 지역과 교류를 하였으며, 그들의 〈鉢頭〉 歌舞戱도 중원으로 전래되었다고 주장하였다.[12]

그러나 王國維의 拔豆國 주장은 이후 많은 곡학자들에게 증거가 없는 부정확한 것이라고 부정되었는데, 여기서는 대표적인 주장을 소개하기로 한다. 먼저 唐代 歌舞戱의 전문가인 任半塘은 그의 ≪唐戱弄≫에서 王

社, 2004.

11) 玄奘法師, ≪大唐西域記≫, 권덕주옮김, 343쪽, 12권, 우리출판사, 1994.

12) 姚寶瑄, 〈試析古代西域的五種戱劇〉, ≪文學遺産≫, 1986年 第5期, 61-62쪽, 上海古籍出版社.

國維의 '拔豆國說'이 단지 발음만 비슷할 뿐 다른 근거가 없다고 하였다. 임반당은 먼저 〈鉢頭〉가 〈大面〉과 마찬가지로 희극의 한 종류인 '類名'으로, 희극의 구체적 하나의 劇名인 '戲名'이 아니라고 주장하였다. 그러면서 그는 '鉢頭'라는 두 글자를 〈大面〉이라는 단어와 함께 본다면, '鉢頭'가 복장 중 머리 부위의 특수한 표현이라고 여겼다. 그는 그러한 증거로서 西域國의 하나인 疏勒國 出身의 唐代 彗琳이 쓴 ≪一切經音義≫라는 책에서 〈鉢頭〉를 〈蘇莫遮〉와 〈渾脫〉 및 〈大面〉과 같은 종류로서 여기고 있는 사실을 들었다. 곧 그는 '蘇莫遮'와 '渾脫'이라는 글자가 본시 머리에 쓰는 모자를 의미하는 것이고, '大面'이라는 것도 머리 부위에 쓰는 것이기 때문에, '鉢頭'라는 글자도 머리 부위 장식일 것이라고 여겼다. 그렇지만 이러한 점에도 불구하고 임반당은 '鉢頭'가 音譯에서 나오지 않았다고 확신하지는 못했다. 그는 〈弄婆羅門〉이라는 歌舞戲의 名稱 중 '婆羅門'이 梵語인 'braman'의 음역이고, 또한 ≪羯鼓錄≫에 보이는 〈鉢羅背〉와 ≪唐會要≫에 보이는 〈撥洛背陵〉 등의 樂曲名이 모두 音譯에서 나왔다는 사실 때문에, '鉢頭'라는 두 글자가 음역일 가능성도 제법 있다는 애매한 태도를 취하였다.[13]

임반당 이후 王國維의 拔豆國 音譯說은 여러 희곡 학자들에 의해 부정되었다. 먼저 鮑音은 '鉢頭'가 '比塔'와 발음이 비슷하고 〈鉢頭〉戲를 '比塔國'戲라고도 하는데, 唐代의 歌舞戲로서 〈鉢頭〉는 대개 8세기에 형성되었던 原몽고인의 '타타르'戲라고 주장하였다.[14] 또한 賈作林은 '撥頭'라는 어휘가 西域의 拔豆國과는 전혀 관련이 없는 완전한 중국의 본토 언어로서, '缺陷'이나 '不正'의 의미를 지닌다고 보았다.[15] 그리고 楊琳은 '鉢頭'라는 어휘가 외국어의 음역과는 무관한 것으로, 歌舞戲를 출 때 무도자가 散髮

13) 任半塘, ≪唐戲弄≫, 295-296쪽, 上海古籍出版社, 1984.

14) 鮑音, 〈摩訶兜勒·悖挐兒·撥頭〉, ≪赤峰學院學報≫ 第28卷 4期, 9쪽, 2007.

15) 賈作林, 〈光明日報〉, 2011年 4月 8日.

을 표시하기 위해 머리 위에 착용하는 散髮用 道具라고 주장하였다.[16]

王國維를 비롯한 이상의 중국의 학자들은 비록 〈鉢頭〉의 淵源과 어휘의 근원에 대해 각기 다른 주장을 하였지만, 이들은 모두 〈鉢頭〉가 西域에서 기원하고 있다는 西域起源說을 부정하지는 않았다. 그러나 중국의 몇몇 학자들과 현재 〈鉢頭〉가 세계에서 유일하게 전해지고 있는 日本에서는 〈鉢頭〉의 淵源을 주로 印度에서 찾고 있는데, 여기서는 그러한 印度起源說을 간략히 살피기로 한다.

중국의 희곡 학자들 중 〈鉢頭〉의 印度起源說을 주장하는 이로는 王寧을 들 수 있다. 그는 우선 '鉢頭'라는 어휘가 西域과 중국 북방 많은 소수민족 언어 중에 모두 존재하는 단어로서, '勇士'와 '健兒' 및 '英雄'의 함의를 지닌 단어라고 보면서, 〈鉢頭〉가 西域에서 전래된 것이지만 그 淵源을 印度라고 여겼다. 그는 그 증거로서 두 가지를 들었다. 우선 그는 唐代에 〈鉢頭〉가 '婆羅門樂'에 속했으니, 그것이 印度에서 기원함을 보여주는 증거라고 여겼다. 그리고 그는 '鉢頭'라는 발음으로부터 〈鉢頭〉가 西域을 경유하여 중국에 전래된 공연 유형일 것이며, 여러 민족 언어 중에 보이는 이 단어의 발음이 유사하다는 사실에 근거하여, 西域은 그 최초의 淵源이 아니라 중간역이거나 중간고리일 가능성이 매우 크다고 여겼다.[17]

日本의 학자들 중 〈鉢頭〉의 印度起源說을 주장하는 대표로는 高楠順次郎(1866-1945)을 들 수 있다. 그는 〈鉢頭〉가 印度의 ≪Rig Veda≫와 ≪Atharva Veda≫ 중 Pedu王 白馬(Paidva)가 奮戰하여 毒蛇를 물리친 고사의 공연에서 비롯되었다고 주장하였다.[18] 주지하다시피 ≪리그베다≫와 ≪아타르바베다≫는 고대 印度 브라만교 경전 중의 하나이다. 그런데 高楠順次郎의 고증에 의하면, ≪리그베다≫에는 〈拔頭舞讚歌〉 두 首가

---

16) 楊琳, 〈古漢語外來詞硏究中存在的問題〉, ≪南開語言學刊≫, 105쪽, 2010年 第1期.

17) 王寧, 〈唐戲鉢頭別解〉, ≪藝術探索≫, 67-69쪽, 2008年 4期.

18) 向達著, ≪唐代長安與西域文明≫, 56쪽, 重度出版社, 2009.

있다고 한다. 그리고 고대 印度 전설에 司馬의 神은 國王 拔頭의 경건함을 매우 칭송하였는데, 拔頭王이 독사에게 괴롭힘을 당하는 것을 불쌍히 여기고는, 白馬를 보내주어 독사를 제압했다고 한다.[19] 곧 여기에서 高楠順次郞은 '鉢頭'라는 어휘의 발음이 'Pedu'와 비슷함에 착안하여, 〈鉢頭〉가 印度에서 淵源했다고 본 것이다.

위에서 우리는 〈鉢頭〉의 淵源을 西域起源說과 印度起源說로 나누어 살펴보았다. 그렇다면 이들의 주장 중 어떠한 것이 더욱 설득력이 있는 것일까? 무릇 淵源에 관한 문제는 정확한 답을 찾기가 쉽지 않다. 그것은 문화의 淵源에는 반드시 시기적으로 고대로 거슬러 가야 하며, 또 고대의 특정 문화에 관한 자료가 부족하기 때문일 것이다. 그럼에도 불구하고 고대 동서문화의 교류와 융합 및 변용을 특징으로 하는 西域文化의 관점에서 바라본다면, 필자는 王寧의 印度起源說이 더욱 설득력을 지닌 논의라고 여긴다. 그것은 王寧이 앞에서 제시한 두 가지 증거가 충분하지는 않지만, 당시 西域文化의 특색이 동서문화의 교류와 융합 및 變容이기 때문이다. 물론 〈鉢頭〉의 淵源을 印度라고 하더라도, 印度의 〈鉢頭〉舞가 西域에 전래되어서는 새로운 모습으로 융합하고 변용되어 중국에 전달하는 중간고리의 역할을 하였으리라 여겨진다. 이러한 점에서 볼 때 앞서 印度의 〈鉢頭〉舞가 白馬와 毒蛇의 투쟁고사였지만, 중국에 전래될 때는 이미 西域에서 勇士와 猛獸의 투쟁고사로 變容되었을 가능성이 크다고 여겨진다.

또한 〈鉢頭〉 고사와 비록 직접적으로 연관은 없지만, 이러한 西域文化의 특징을 대표적으로 보여주는 龜茲樂과 龜茲樂舞를 통하여, 우리는 〈鉢頭〉가 印度에 기원을 하고 있을 가능성이 크지만, 西域에서 융합과 변용의 과정을 거쳐 중국에 전래되었으리라 여겨진다. 그것은 龜茲는 西域에서 樂舞가 가장 뛰어났던 국가로서, 중국에 전래된 龜茲의 樂舞인 〈蘇莫遮〉와 〈柘

19) 王寧, 〈唐戲鉢頭別解〉, ≪藝術探索≫, 69쪽, 2008年 4期.

枝舞〉 및 〈胡旋舞〉 등은 西域 예술가가 외래문화의 정수를 흡수한 후 종합하고 융합해 낸 것으로, 이들 樂舞에서는 印度와 페르시아 문화의 그림자를 볼 수 있기 때문이다.[20] 이러한 이유 때문에 중국의 유명한 음악이론가인 楊陰瀏는 ≪中國古代音樂史≫에서 외국음악은 대부분 龜玆를 통하면서 구자음악과 융화된 후 중원으로 전래된 듯하며, 구자가 접촉한 외래문화 중에는 印度文化의 영향을 더욱 많이 받았을 것이라고 하였다.[21]

이상에서 살핀 바와 같이 〈鉢頭〉의 淵源은 일반적으로 西域起源說과 印度起源說로 논의되었다. 일반적으로 중국 학자들은 西域起源說을 주장하였으며, 王國維의 拔豆國 기원론은 대표적이다. 이에 비해 日本의 학자들은 주로 印度起源說을 주장하는데, 高楠順次郎은 그 중의 대표적인 학자이다. 그리고 중국의 王寧도 〈鉢頭〉가 印度에서 기원했으며, 西域은 〈鉢頭〉의 전래 과정 중에 중간고리의 역할을 했을 것이라고 주장했는데, 비교적 설득력이 있다고 여겨진다. 몰론 印度-西域-중국이라는 이러한 전래 과정에서 西域은 단지 전달자의 역할만 한 것이 아니라, 스스로 외래문화와 交流하고 融合하며 變容하는 역할을 하였기 때문에, 중국의 입장에서는 印度文化에 못지 않게 龜玆國을 대표로 하는 西域文化의 영향을 지대하게 받았다고 말할 수 있겠다.

4. 〈鉢頭〉의 내용적 성격

〈鉢頭〉가 전래된 魏晉南北朝 시기는 중국 역사상 교류와 대융합의 시기이다. 그 중에서도 北朝 시기 龜玆를 대표로 하는 西域은 동서문화의 교류와 융합 및 변용의 交叉路 역할을 하였던 지역으로서, 印度와 아랍

20) 王功恪, ≪龜玆古國≫, 90쪽, 重度出版社, 2008.

21) 楊陰瀏, ≪中國古代音樂史≫, 215쪽, 人民音樂出版社, 2005.

등의 樂舞文化를 中原에 전해주던 중간고리의 역할을 훌륭히 해냈다. 그렇다면 본시 외국의 樂舞였던 〈鉢頭〉는 전래되는 과정에서 복합적 문화 의미를 함께 지니고 전래되었을 것인데, 여기서는 이러한 복합적 문화의미를 〈鉢頭〉의 내용적 성격을 중심으로 살피기로 한다.

역대로 희곡 학자들은 〈鉢頭〉의 내용을 크게 보아 네 가지 관점에서 논하였다. 곧 인간과 맹수의 格鬪故事, 嘲弄과 嘲笑의 戱弄故事, 불교를 배척하는 反佛故事, 驅儺逐疫의 巫儺性 故事가 바로 그것이다. 여기서는 〈鉢頭〉의 내용을 이들 네 가지 관점에서 살펴보고, 아울러 이들 네 가지 관점의 의미와 의의를 살피기로 한다.

표면적으로 볼 때 〈鉢頭〉의 내용은 인간과 맹수 곧 호랑이의 격투고사이다. 극 중의 분위기는 비록 분노와 비애로 가득하지만, 무도자는 아버지를 죽인 호랑이에 대한 복수를 실현함으로써 극의 결말을 맺는다. 그런데 〈鉢頭〉 중 인간과 맹수의 격투고사는 앞에서 살핀 바와 같이, 高楠順次郎의 고증에 의하면, ≪리그베다≫ 중 印度의 전설에 나오는 白馬와 毒蛇의 格鬪에서 기원한 것이다. 그리고 이러한 〈鉢頭〉의 고사는 西域으로 전래되면서 백마와 독사의 격투가 勇士와 호랑이의 격투로 바뀌는 文化變容의 과정을 거쳤을 가능성이 컸다.

또한 〈鉢頭〉는 이렇듯이 수입된 외래 희극이 중국에서 정착한 歌舞戱로서의 성격을 분명히 보여주지만, 중국에도 본시 이와 똑같이 인간과 호랑이의 격투를 핵심 내용으로 하는 散樂百戱가 있으니, 곧 漢代의 角抵戱인 〈東海黃公〉이 그것이다. 다만 〈鉢頭〉와 〈東海黃公〉은 그 고사의 내용이 비슷하나, 〈鉢頭〉와 〈東海黃公〉 사이에는 전혀 연관이 없다. 〈鉢頭〉는 외국에서 전래된 歌舞戱이고, 〈東海黃公〉은 순수한 중국의 산악백희이다. 그럼에도 불구하고 〈鉢頭〉와 〈東海黃公〉의 고사가 비슷한 것은 아마 인간과 맹수의 격투고사가 고대의 어느 지역에서나 발생할 수 있는 상당히 보편적인 성격의 내용이기 때문이라고 생각된다.

魏晉南北朝 시기 北朝에서 전래되어 唐代에 특히 흥성했던 〈鉢頭〉는 인간과 맹수의 격투고사로서, 일반적으로 극 중에는 분노와 비애의 분위기로 충만하지만, 경우에 따라서는 唐代에 유행한 戱弄類의 準戱劇 형식으로 공연되기도 하였다. 이러한 점은 우리가 앞에서 唐代의 시인 張祜가 남긴 〈容兒鉢頭〉라는 樂舞詩를 통하여 확인할 수 있었다. 唐 玄宗의 생일을 축하하는 千秋節에 공연된 〈鉢頭〉는 분노와 비애의 분위기로는 적합하지 않기 때문에, 웃음소리 가득한 祝壽의 분위기 아래에서 詩에서 말한 것처럼 〈弄鉢頭〉라는 戱弄類의 형태로 공연되었을 것으로 추측된다. 그리고 이러한 점은 당시 대표적인 歌舞戱라고 할 수 있는 〈踏搖娘〉도 경우에 따라 전혀 다른 성격으로 공연되었으니, 충분한 가능성이 있다고 여겨진다. 곧 〈踏搖娘〉은 때와 장소에 따라 여러 가지 다른 모습으로 공연되었으니, 어떤 때는 술을 경계하는 것을 주제로 하는 笑劇의 형식으로 공연되고, 어떤 때는 남녀 불평등에 대한 비판을 주제로 하는 悲劇의 형식으로 공연되기도 하였던 것이다.

이러한 戱弄類의 歌舞戱는 당대에 상당히 유행하였으니, 일례로 〈弄婆羅門〉·〈弄孔子〉·〈弄假官〉·〈弄參軍〉·〈弄假婦人〉 등이 대표적이다. 그리고 이들 戱弄類 歌舞戱에서 조롱과 조소의 대상은 그 명칭에서 볼 수 있듯이, 브라만(승려)와 孔子 및 관리와 같이 사회적 지위가 높은 인물이거나 혹은 '假婦人'처럼 여성으로 변장한 우스꽝스러운 남성 인물이다. 그러면 이러한 戱弄類의 하나로서 간주할 수 있는 〈弄鉢頭〉는 어떠한 극적 의미를 지니고 있는가? 이에 대해 王寧은 戱弄類가 현실생활 중 비교적 사회적 신분이 높은 형상에 대한 嘲弄과 嘲笑를 통하여 심리상의 發泄과 釋放을 얻는 것이며, 이런 점에서 〈弄鉢頭〉의 고사 내용은 영웅스러운 勇士에 대한 조롱과 조소라고 주장하는데,[22] 상당한 설득력이 있는 주장이

22) 王寧, 〈唐戱鉢頭別解〉, ≪藝術探索≫, 69쪽, 2008年 4期.

라고 여겨진다. 물론 여기서의 〈弄鉢頭〉는 인간과 맹수의 격투고사로서 悲哀로 충만한 위에서 언급했던 〈鉢頭〉와는 歌舞戲로서의 본질이 전혀 다른 것으로, 또다른 諧謔的인 성격을 보여주는 것이다.

魏晉南北朝 시기는 종교적인 면에서 볼 때 印度의 불교문화가 西域을 거쳐 대량으로 전래되던 때이다. 그런데 이러한 불교문화가 대량으로 중국에 전래될 때 토착민들의 격렬한 저항을 받기도 했다. 또한 국왕이 佛像과 佛經을 불태우고 승려들을 환속시켰던 三武一宗[23]이라는 네 차례의 廢佛 중 두 번의 廢佛이 불교가 극성했던 北魏와 北周에서 발생했다. 곧 北魏의 太武帝는 도교의 군주가 되어 승려들을 모두 환속하게 하고 불상과 불경들을 모두 불태우도록 조칙을 내렸다. 또 北周의 武帝는 불교 사원을 정리하여 사원 소유의 장원을 빼앗아 국가 재정의 건전화를 꾀하려고 하였으며, 불교 승려의 숙청을 시도하여 불교 교단을 정리하고 탄압을 가하였다.[24]

그런데 외래 歌舞戲인 〈鉢頭〉는 바로 이 北朝의 시기에 西域을 통하여 중원에 전래되었으니, 賈作林은 〈鉢頭〉가 이러한 廢佛의 분위기 아래에서 실제로는 西域 反佛의 도구로써 전래되었을 것이라고 주장하였다. 그는 두 가지 증거를 들었다. 먼저 그는 '撥頭'라는 어휘가 '부정'이나 '결함'의 뜻으로 중국의 본토 언어라고 하였다. 그리고 그는 西域의 敦煌 莫高窟에 부처가 전생에 주린 호랑이를 위하여 자신의 몸을 희생하여 굶주린 호랑이를 살렸다는 고사(王子舍身飼虎)가 그려진 점을 상기시키며, 호랑이를 죽이는 고사인 〈鉢頭〉에는 反佛의 색채가 매우 진하다고 주장하였다.[25] 賈作林의 이러한 주장은 歌舞戲의 형성을 당시의 사회·문화적 상

23) 중국에서, 불교를 탄압한 北魏의 太武帝, 北周의 武帝, 唐의 武宗, 後周의 世宗을 이르는 말

24) 鎌田茂雄著, 鄭舜日譯, ≪中國佛敎史≫, 104-109쪽, 경서원, 1996.

25) 賈作林, 〈光明日報〉, 2011年 4月 8日.

황과 연관시켜 파악한 것으로 주목할만 하다. 그러나 아버지에 대한 복수를 위해 호랑이를 죽인 〈鉢頭〉의 고사를, 부처가 전생에 자신의 몸을 희생하여 굶주린 호랑이를 살린 불경 속의 고사와 대비시키며, 〈鉢頭〉를 反佛의 도구라고 한 점에서 그의 주장은 조금은 지나친 비약이라고 여겨진다.

〈鉢頭〉의 내용적 성격에 대한 위 세 가지의 관점은 주로 〈鉢頭〉의 표면적 내용을 중심으로 살펴본 것이다. 그렇다면 이 〈鉢頭〉의 짧은 고사 속에는 어떠한 내용이 숨어 있다고 볼 수 있을까? 이를 위해 우리는 〈鉢頭〉와 같은 시기에 흥성했던 〈踏搖娘〉과 〈蘭陵王〉 공연에 담긴 이면적 의미를 살펴보는 것도 한 방법이라 여겨진다. 그런데 〈踏搖娘〉과 〈蘭陵王〉에는 驅儺逐疫의 巫儺文化가 세속적 오락의 공연 속에 담겨있으니,[26] 마치 우리의 〈강강수월래〉에도 驅儺逐疫의 巫儺文化가 세속적 오락의 공연 속에 담겨있는 것과 진배없다. 다만 범박하게 말하자면 중국 봉건사회의 唐代 시기에 巫儺活動은 점점 이전의 본래 종교적 취지를 잃고 社火百戲와 交融하여 세속화된 오락적 경향을 드러내었을 뿐이다.[27]

또한 〈鉢頭〉의 이면적 의미에 담긴 驅儺逐疫의 巫儺文化를 살피기 위해서는 고대 日本의 〈鉢頭〉 공연을 살피는 것도 한 가지 방법이다. 翁敏華에 의하면, 〈鉢頭〉는 〈蘭陵王〉과 함께 日本에서 왕왕 대형의 祭祀活動에 공연되었다. 예를 들면 유명한 '春日若宮御祭'는 그 제사의 원인이 1136년에 크게 유행한 日本 瘟疫과 기근 때문이라고 한다. 곧 災厄을 물리치고 豊年을 기도하기 위해 당시의 崇德 天皇은 이러한 제사활동을 시행하는데 동의하였던 것이다.[28] 이러한 점에서 보면 중국의 〈鉢頭〉도 본

26) 〈踏搖娘〉은 근본적으로 驅儺逐疫의 活動인 〈踏歌〉를 계승하고 있고, 한국의 〈蘭陵王〉인 〈大面〉과 日本의 〈蘭陵王〉이 驅儺舞임을 통하여 중국의 〈蘭陵王〉도 이면적으로는 巫儺文化의 모습을 보인다.

27) 周華斌, ≪中國戲劇史論考≫, 253쪽, 北京廣播學院出版社, 2003.

28) 翁敏華著, ≪中日韓戲劇文化因緣硏究≫, 106쪽, 學林出版社, 2004.

시 그 이면에 驅儺逐疫의 巫儺文化를 내포하고 있다고 말하는 것도 지나친 주장은 아니라고 여겨진다. 다만 唐代의 〈鉢頭〉가 巫儺文化的 흔적을 감추고 세속적이고 오락적인 경향을 드러낸 것은 시대의 변화에 따른 巫儺文化의 변화라고 볼 수 있겠다.

이상에서 우리는 〈鉢頭〉의 내용적 성격을 네 가지 관점에서 살펴보았다. 우선 표면적으로 보았을 때 중국의 〈鉢頭〉는 인간과 맹수의 격투고사였으며, 印度 ≪리그베다≫ 속의 전설에서 白馬와 毒蛇의 격투고사가 西域을 거치는 동안 文化變容의 과정을 통해 중국에 전래되었을 가능성이 크다고 여겨진다. 그리고 이렇게 수입된 외국 歌舞戲는 그 고사의 내용상 중국의 〈東海黃公〉과 비슷하나, 둘 사이에는 전혀 연관이 없는 것이다. 또한 〈鉢頭〉의 극 중 분위기는 일반적으로 분노와 비애로 충만하였는데, 唐代의 시인 張祜가 남긴 〈容兒鉢頭〉라는 樂舞詩에서는 웃음소리 가득한 〈弄鉢頭〉로 공연되었으리라 여겨진다. 그리고 이때의 〈弄鉢頭〉는 당대 유행했던 戲弄類의 歌舞戲로서, 해학성을 그 본질로 하는 것이라 여겨진다.

한편 〈鉢頭〉가 西域에서 전래된 魏晉南北朝 시기는 불교를 배척하는 종교전쟁식의 法難이 자주 발생하던 시기이다. 그런데 西域의 莫高窟에는 부처가 전생에 자신의 몸을 희생하여 굶주린 호랑이를 살렸다는 불경 속의 유명한 고사가 그려져 있다. 이와 비교한다면 〈鉢頭〉는 아버지의 복수를 위해 호랑이를 죽이는 고사이다. 여기서 호랑이를 중심으로 이 두 고사가 상치됨을 근거로, 학자에 따라서는 〈鉢頭〉를 反佛의 도구로 해석하기도 하나, 이것은 조금은 지나친 비약이라 여겨진다. 또 〈鉢頭〉와 함께 흥성했던 〈踏搖娘〉과 〈蘭陵王〉은 모두 驅儺逐疫의 巫儺文化를 지니고 있다. 게다가 日本의 〈鉢頭〉는 제사활동에서 공연되어 자체적으로 驅儺逐疫의 巫儺文化를 내포하고 있다. 이러한 점에 근거하면, 중국의 〈鉢頭〉도 이면적으로는 驅儺逐疫의 巫儺文化的 요소를 본시 지니고 있으리라 여겨진다.

5. 日本의 〈鉢頭〉

魏晉南北朝 시기에 西域에서 전래되어 隋唐까지 흥성하였던 외래 歌舞戲인 〈鉢頭〉는 중국희곡발전사에서 희곡 형성의 토대를 이루는 공헌을 하고는 역사가 진행됨에 따라 이내 사라져 버렸다. 그러나 당시 日本은 중국의 대륙문화를 수입하기에 힘써, 18 차례에 걸쳐 遣隋使와 遣唐使를 파견하여[29] 중국의 樂舞를 받아들였다. 그리고 수입된 중국의 이들 樂舞 중에는 〈鉢頭〉도 포함되어 있으며, 이것은 세계에서 유일하게 남아있는 것으로 지금도 공연하고 있으니, 외래 歌舞戲인 〈鉢頭〉의 원래 모습을 살펴보는 데 상당한 문화적 가치를 지니고 있다.

日本의 〈鉢頭〉는 〈拔頭〉·〈撥頭〉·〈髮頭〉 또는 〈馬頭〉라고 불리며, 중국식의 歌舞戲가 아니라 樂舞의 모습을 하고 있다. 또 〈鉢頭〉의 고사 내용은 白馬와 毒蛇의 투쟁으로, 舞蹈者는 혼자서 춤추는 獨舞의 형식으로 붉게 散髮을 한 무서운 모양의 가면을 쓰고, 손에는 23 센티미터 정도의 북채를 잡고 공연한다.[30] 바로 이와 같이 日本의 〈鉢頭〉가 공연 내용과 형식에 있어서 중국의 〈鉢頭〉와는 전혀 다르기 때문에, 高楠順次郎을 비롯한 대부분의 日本 학자들과 중국의 任半塘 같은 이는 日本의 〈鉢頭〉가 중국의 〈鉢頭〉와는 연관이 없는 것으로, 印度에서 전래되었다고 주장한다.[31]

그렇다면 日本의 〈鉢頭〉는 정말 중국과는 아무 연관이 없는 것일까?

---

29) 前揭書, 102쪽.

30) 河竹繁俊著, 李應壽譯, ≪日本演劇史≫, 127쪽, 청우출판사, 2001.

31) 任半塘, ≪唐戲弄≫, 302-303쪽, 上海古籍出版社, 1984.

우선 현재 日本 〈鉢頭〉의 공연 형식을 보면 그 중에는 중국에서 전래된 흔적을 볼 수 있다. 먼저 舞蹈者는 공연 시 西域에서 전해온 胡服을 입고, 西域人을 상징하는 深目高鼻의 무서운 가면을 쓰고 등장하며, 머리는 散髮을 하고, 손에는 맹수를 제압하는 무기를 상징하는 북채를 들고 등장한다. 뿐만 아니라 日本의 〈鉢頭〉라는 단어의 발음과 문자가 중국의 〈鉢頭〉와 비슷하기 때문에, 王寧은 이상의 여러 사실에 근거하여 日本의 〈鉢頭〉가 중국에서 전래되었을 것이라고 주장하였다.[32] 그런데 앞서 언급했듯이 중국의 隋唐 시기에 18 차례에 걸쳐 遣隋使와 遣唐使를 파견하여 중국의 樂舞를 수입하였고, 〈鉢頭〉와 같이 당시에 성행했던 중국의 歌舞戲인 〈蘭陵王〉도 당시 중국에서 日本으로 전래되어 지금도 공연되고 있는 사실을 상기한다면, 日本의 〈鉢頭〉는 중국에서 전래된 것이라고 여겨진다.

西域에서 중국을 거쳐 日本에 전래된 〈鉢頭〉는 왜 중국의 〈鉢頭〉와는 다른 모습을 보여주는가? 이것을 이해하기 위해서 우리는 日本의 사회문화발전사를 살피는 것이 중요하다고 여겨진다. 日本의 역사상 나라(奈良) 시기(710-784)와 헤이안(平安)시기(794-1192)는 중국의 문물을 받아들임에 있어서 전혀 다른 모습을 보인다. 나라 시기에는 唐의 문물을 적극적으로 받아들였다. 그러나 安史의 亂 후 遣唐使를 폐지한 후의 헤이안 시기는 해외문화를 더 이상 대량으로 유입하지 않았던 귀족문화의 시기로서, 日本式 특징이 짙은 이른바 國風文化가 될 수 밖에 없었다.[33] 그리하여 외국에서 전래된 外來樂舞는 점점 日本 민족화되기 시작하였다. 중국에서 전래된 樂舞를 정리하고 개조하여 變容시켜서 日本 궁정과 민간의 예술 자양분이 되도록 만들었던 것이다. 그리고 이러한 점은 헤이안 시기에 이르러 日本의 민족사회가 法制를 완비시키는 등 독립의식을 지녔으

32) 王寧, 〈唐戲鉢頭別解〉, ≪藝術探索≫, 70쪽, 2008年 4期.

33) 이에나가 사부로(家永三郞) 지음, 李領옮김, ≪日本文化史≫, 92쪽, 까치, 1999.

며, 이로 말마암아 외래문화에 대해 日本化로의 개조를 진행하였다는 점을 배경으로 하고 있다. 그리하여 중국에서 전래된 樂舞는 다소간 日本 풍격에 맞게 형식이 개조되고 규모가 축소되었다.[34]

그러면 日本의 〈鉢頭〉에 보인 文化變容을 구체적으로 살피기 위해, 여기서는 隋唐 시기에 西域과 중국 및 日本에 유행하였던 西域 儺戲 〈蘇莫遮〉를 살펴보자. 〈蘇莫遮〉는 〈乞寒胡戲〉라고도 불리우며 페르시아에서 전래된 歌舞戲다. 그리고 〈蘇莫遮〉는 공연 시 풍년을 祈求하고 災厄을 물리치는 내용을 표현하기 위하여, 공연자가 대형 가면을 쓰고, 알몸을 드러내며 서로 물을 뿌리면서 진행하는 群衆性 歌舞戲이다. 이러한 〈蘇莫遮〉는 당시 西域의 龜茲와 康國에서 성행하였고, 이후 중원에 전래되어, 왕들의 사랑을 받기도 하였으니, 武則天과 그녀의 아들 中宗은 특히 좋아하였다고 한다.[35]

그런데 〈蘇莫遮〉는 이후 日本에 전래되어 지금까지 日本의 민간에서 유행하는데, 이전 중국의 모습과는 전혀 다르다. 곧 日本의 〈蘇莫遮〉는 중국에서 보이던 群衆性 歌舞戲가 한 사람이 춤을 추는 獨舞로 바뀌었고, 공연 시 半裸의 윗몸 모습이 도롱이를 쓰는 것으로 바뀌었으며, 왼손에는 북채를 들고 공연하는 모습으로 바뀌었다. 곧 日本의 〈蘇莫遮〉는 중국에서 전래되었지만 文化變容을 거쳐 전혀 새로운 모습으로 바뀌었다. 특히 이러한 文化變容 중 중요한 것은 日本 〈蘇莫遮〉의 내용이 중국의 〈蘇莫遮〉와는 완전히 다르다는 점이다. 곧 日本의 〈蘇莫遮〉 樂舞가 표현한 것은 고대 日本의 한 太子가 江邊에서 洞簫 악곡을 부르자, 山神이 튀어나와 악곡에 맞추어 춤을 춘다는 내용이라고 한다.[36] 〈蘇莫遮〉가 이렇듯이 文化變容을 하였다는 관점에서 볼 때, 日本의 〈鉢頭〉 또한 중

34) 金秋著, ≪古絲綢之路樂舞文化交流史≫, 224-225쪽, 上海音樂出版社, 2002.

35) 王功恪, ≪龜玆古國≫, 99-100쪽, 重度出版社, 2008.

36) 金秋著, ≪古絲綢之路樂舞文化交流史≫, 227쪽, 上海音樂出版社, 2002.

국의 〈鉢頭〉와는 전혀 다른 모습으로 나타난 것은 충분한 가능성이 있는 것이라고 여겨진다. 곧 현재 전해지고 있는 日本의 〈鉢頭〉는 文化變容의 과정을 거쳐 중국의 〈鉢頭〉와는 전혀 다른 모습을 보이고 있는 가능성이 크다고 여겨진다.

이상에서 우리는 현재 세계에서 유일하게 전해지고 있는 日本 〈鉢頭〉에 대해 간략하게 살펴보았다. 日本의 〈鉢頭〉는 중국의 〈鉢頭〉와는 전혀 다른 모습을 보여주어, 혼자 춤추는 獨舞의 樂舞 형식으로 나타나고, 그 내용은 白馬와 毒蛇의 격투 고사이다. 이러한 이유 때문에 학자들은 日本의 〈鉢頭〉가 중국의 〈鉢頭〉와는 전혀 연관이 없는 것으로, 印度에서 직접 전래되었다고 주장하였다. 그러나 日本은 헤이안 시대에 이르러 민족적 독립의식이 강하게 나타나, 중국에서 수입한 樂舞를 자신들에게 맞는 독립적인 國風文化로 變容시키는 과정을 행하였다. 곧 이러한 이유로 중국에서 전래된 日本의 〈鉢頭〉는 중국의 〈鉢頭〉와는 전혀 다른 모습을 보여주고 있다고 여겨진다. 일례로 西域과 중국 및 日本에서 성행했던 西域儺戱인 〈蘇莫遮〉는 중국에서 日本으로 전래된 후 완전한 文化變容이 이루어졌으며, 그리하여 日本의 〈蘇莫遮〉는 母體인 중국의 〈蘇莫遮〉와는 전혀 다른 모습으로 바뀌었다. 이러한 점을 근거로 볼 때, 필자는 日本의 〈鉢頭〉가 중국의 〈鉢頭〉와 전혀 다른 양상을 보인 것은 바로 日本의 文化變容이 커다란 역할을 한 것이라고 생각한다.

6. 〈鉢頭〉의 의의

〈鉢頭〉는 魏晉南北朝 시기 西域에서 전래되어 隋唐 시기에 성행했던 歌舞戱로서, 〈踏搖娘〉 〈蘭陵王〉과 함께 중국 고전희곡의 형성기에 일정한 역할을 하였다. 역사 문헌 중의 기록에 의하면, 〈鉢頭〉는 西域에서 전래된 외래 희극으로, 아버지를 죽인 호랑이를 찾아 죽이는 복수를 핵심 내용으로 하였다. 그리하여 歌舞戱의 공연 중에는 분노와 비애로 충만하다. 그러나 당대 張祜의 〈容兒鉢頭〉라는 樂舞詩에는 〈鉢頭〉놀이하는 상황이 묘사되어 있는데, 당 현종의 千秋節을 祝壽하기 위한 공연 상황에 맞추어, 웃음소리 가득한 분위기에 공연되었음을 알 수 있다. 그리고 이러한 점은 〈鉢頭〉를 비롯한 당시 歌舞戱들이 경우에 따라 달리 공연되는 점을 보여주는 것이다.

淵源에 있어서 〈鉢頭〉는 西域起源說과 印度起源說이 있다. 西域起源說은 王國維의 拔豆國說이 가장 대표적이었으며, 印度起源說은 대분분의 日本 학자들이 주장하는 것이다. 그런데 본문에서 살펴본 바와 같이 〈鉢頭〉는 印度에서 기원하여 西域을 경유하여 중국으로 전래되었다는 주장이 더 설득력이 있다고 생각된다. 곧 西域은 〈鉢頭〉의 전래 과정에서 중간고리의 역할을 한 것으로 생각된다. 다만 西域으로 전래된 〈鉢頭〉는 印度에서 흡수한 母體를 그대로 전한 것이 아니라, 龜玆 등을 비롯한 西域문화의 특색인 融合과 變容의 과정을 거쳤으리라 여겨진다. 일례로 ≪리그베다≫에 나오는 白馬와 毒蛇의 격투고사는 勇士와 猛獸의 격투고사로 바뀌었으리라 여겨진다.

〈鉢頭〉의 내용적 성격을 표면적으로 보았을 때 중국의 〈鉢頭〉는 인간과 맹수의 격투고사였으며, 이렇게 수입된 외래 歌舞戱인 〈鉢頭〉는 그 고사의 내용상 중국의 〈東海黃公〉과 비슷하나, 둘 사이에는 전혀 연관이 없는 것이다. 〈東海黃公〉은 중국 본래의 것으로 漢代의 散樂百戱이며, 이에 비해 〈鉢頭〉는 西域을 통해 전래된 외래 歌舞戱이다. 또한 〈鉢頭〉의 극 중 분위기는 일반적으로 분노와 비애로 충만하였는데, 경우에 따라서는 전혀 다른 모습을 보여주기도 했다. 일례로 張祜의 〈容兒鉢頭〉라는 樂舞詩 중의 〈弄鉢頭〉는 당대 유행했던 戱弄類의 準戱劇 形式의 歌舞戱로서, 해학성을 그 본질로 하는 것이라 여겨진다.

한편 〈鉢頭〉가 西域에서 전래된 魏晉南北朝 시기는 불교가 중국으로 전래되는 과정 중 불교를 배척하는 法難이 자주 발생하던 시기이다. 그런데 〈莫高窟〉의 壁畵에는 부처가 전생에 자신의 몸을 희생하여 굶주린 호랑이를 살렸다는 불경 속의 유명한 고사가 그려져 있다. 이에 비해 〈鉢頭〉는 아버지를 위해 호랑이를 죽이는 고사로서, 불경 속의 고사와 서로 어긋난다. 그리하여 학자에 따라서는 이러한 점을 근거로, 〈鉢頭〉를 反佛의 도구로 해석하기도 하는데, 이러한 점은 조금은 지나친 비약이라 여겨진다. 또한 〈鉢頭〉와 함께 당시에 흥성했던 〈踏搖娘〉과 〈蘭陵王〉은 모두 驅儺逐疫의 巫儺文化의 흔적을 지니고 있다. 게다가 日本의 〈鉢頭〉는 제사활동에서 공연되어 驅儺逐疫의 巫儺文化를 내포하고 있다. 이러한 점들에 근거하면, 중국의 〈鉢頭〉도 이면적으로는 驅儺逐疫의 巫儺文化的 요소를 본시 지니고 있었으나, 희극의 세속적 오락적 경향으로 말미암아 巫儺文化的 요소가 이면 속으로 숨어버린 것이라고 여겨진다.

日本의 〈鉢頭〉는 중국의 〈鉢頭〉와는 전혀 다른 모습을 보여준다. 日本의 〈鉢頭〉는 공연 시 북채를 들고 혼자 춤추는 獨舞의 樂舞 형식으로 나타나고, 그 내용은 白馬와 毒蛇의 격투 고사이다. 그리하여 日本의 대부분 학자들은 日本의 〈鉢頭〉가 중국의 〈鉢頭〉와는 전혀 연관이 없는 것으로, 印度에서 직접 전래되었다고 주장한다. 그러나 이러한 점은 日本의 사회문화발전사를 살피면 이해가 가능하였다. 곧 日本은 나라 시대에는 중국의 樂舞를 비롯한 대륙문화를 수입하는데 열중하지만, 헤이안 시대에 이르러서는 민족적 독립의식을 강하게 지녀, 중국에서 수입한 樂舞를 자신들에게 맞는 독립적인 國風文化로 變容시켰다. 곧 이러한 이유로 중국에서 전래된 日本의 〈鉢頭〉는 중국의 〈鉢頭〉와는 전혀 다른 모습을 보여주었다. 그러한 대표적인 예로서 당시 西域과 중국 및 日本에서 성행했던 〈蘇莫遮〉가 있다. 〈蘇莫遮〉는 본시 페르시아에서 전래되어 龜玆 등의 西域에 전래되었고, 西域에서 群衆性 儺戱로 유행하였다. 이후 西域의 〈蘇

莫遮〉는 중원으로 전래되었고, 나중에는 중국에서 日本으로 전래되었다. 그런데 日本에 전해진 〈蘇莫遮〉는 내용과 형식이 완전히 바뀌는 文化變容이 이루어져, 日本의 〈蘇莫遮〉는 母體인 중국의 〈蘇莫遮〉와는 전혀 다른 모습으로 바뀌었다. 이러한 점을 근거로 볼 때, 日本의 〈鉢頭〉 또한 중국의 〈鉢頭〉와 전혀 다른 양상을 보인 것은 文化變容의 결과일 가능성이 크다고 생각된다.

〈蘇幕遮〉

— 축제적 성격과 외래문화 수용양상을 중심으로

1. 〈蘇幕遮〉의 의미

〈蘇幕遮〉(〈蘇摩遮〉·〈蘇莫遮〉·〈颯磨茶〉로도 불린다)는 남북조 시기에 서역에서 전래되어 당나라 시기에 성행한 대형 축제성 가무희인 '潑寒胡戲'에 사용된 악곡이며, 동시에 '潑寒胡戲'의 代稱이다. 곧 〈蘇幕遮〉는 본시 歌舞戲에 사용된 악곡으로서 唐 崔令欽이 지은 ≪教坊記≫에도 보이나,[1] 이후 歌舞戲인 '潑寒胡戲'가 매우 흥성하자 아예 '潑寒胡戲'를 가리키는 歌舞戲를 의미하게 되었다. 〈蘇幕遮〉는 본시 서역에서 일정한 절기에 맞추어 공연하였던 민속활동으로 공연되었으며, 그 이면에는 종교적 의식성을 지니고 있다. 그러나 〈蘇幕遮〉는 서역에서 수입된 歌舞戲로서 중국의 풍속문화와 충돌을 일으켜 당 玄宗 開元 元年(713년)에 금지되었다. 그리하여 〈蘇幕遮〉는 이후 歌舞戲로서의 성격을 거의 잃고 음악과 무도의 성분으로서 남아 명맥을 유지하였다. 곧 〈蘇幕遮〉는 天寶 13년(754년) '改諸樂名'을 당해 곡조에 따라 각기 〈萬宇淸〉과 〈感皇恩〉의 중국식 이름으로 바뀌었으며, 악곡의 내용 면에 있어서도 황제의 공덕을 칭송하

1) ≪中國古典戲曲論著集成≫, 제1권 ≪教坊記≫, 15쪽, 북경, 中國戲劇出版社, 1982.

는 것으로서 이미 중국화 되었다. 그리하여 宋 시기에는 詞牌로도 사용되었고, 元 이후에는 曲牌로도 사용되었으며, 음악적 성격에 있어서는 조용하고 우아한 분위기를 특징으로 하여 완전히 중국화 되었다. 또한 이러한 〈蘇幕遮〉는 고려 시기에 〈感皇恩〉이라는 唐樂의 이름으로 우리나라에 전래 되었고, 아울러 일본에는 〈蘇莫者〉라는 이름으로 樂舞의 형식으로 전래 되어, 지금까지도 공연되고 있다.

본시 서역에서[2] 기원한 외국의 歌舞戲인 〈蘇幕遮〉는 중국 고전희곡의 형성기에 歌舞戲의 형식으로 〈踏搖娘〉·〈蘭陵王〉·〈鉢頭〉와 함께 중국 고전희곡의 형성에 일정한 기여를 하였다. 특히 〈蘇幕遮〉는 〈鉢頭〉와 함께 서역에서 전래된 歌舞戲로서 중국 고전희곡의 형성에 상당한 역할을 했다고 볼 수 있으니, 일례로 王國維는 ≪宋元戲曲史≫에서 서역에서 전래된 외국의 歌舞戲가 중국의 고전희곡 형성에 큰 영향을 끼쳤음을 지적하였다.[3]

한편 서역 歌舞戲인 〈蘇幕遮〉는 그 공연에 있어서 많은 참가자들이 서로 물을 뿌리는 행위를 그 핵심으로 한다. 그리고 이러한 물뿌리기 행위는 운남성의 소수민족인 傣族의 潑水節 축제로 지금도 공연되고 있으며, 태국과 미얀마 및 라오스 등에서도 이와 같은 물뿌리기 축제가 성행되고 있다. 특히 태국에서는 매년 4월 13일부터 시작하여 3일 내지 일주일 동안 일명 '쏭끄란' 축제가 거행되고 있고, 이러한 축제는 세계문화유산으로 등록되어 있다. 아마 이들 여러 나라의 거대한 물뿌리기 축제는 공연의 형식과 내용에 있어서 〈蘇幕遮〉와도 일정한 연관이 있으리라 여겨진다. 필자는 바로 이러한 점에 근거하여 본고에서 서역 歌舞戲인 〈蘇幕遮〉를 거대

2) 西域이란 개념에 대해서는 ≪漢書·西域傳≫에 기록된 西域 36國이나 50餘 國이 있었던 곳으로, 지금의 위구르 민족이 거주하는 지역을 가리키는 협의의 西域 개념과 唐代 중국의 대외교섭과 교류가 확대됨에 따라 印度(天竺)와 페르시아(波斯) 및 아랍(大食國)까지 포함하는 광의의 西域 개념이 있는데, 본고에서는 광의의 西域 개념을 따르고자 한다

3) 王國維著, ≪宋元戲曲史≫, 6쪽, 長沙, 岳麓書社, 1998.

한 축제라는 관점에서 파악하고자 한다. 〈蘇幕遮〉는 거대한 축제라는 점에서 같은 시기에 성행했던 〈踏搖娘〉·〈蘭陵王〉·〈鉢頭〉의 소규모 歌舞戲와는 커다란 차이를 보여준다. 〈蘇幕遮〉의 공연자들은 두 팀으로 나뉘어, 한 팀은 胡服을 입고 駿馬를 타고서 軍陣의 모습을 한다. 그리고는 기름 자루에 물을 담고서 북을 치고 깃발을 흔들며 물을 뿌린다. 다른 팀은 개 가면과 원숭이 가면 및 귀신 가면 등을 쓰고서 알몸 상태로 춤을 추고 노래하면서 물을 뿌린다. 또 공연 과정 중에는 琵琶와 箜篌 등의 악기를 천지를 흔들 정도로 성대하게 연주하여, 참가한 자들은 모두 열광적인 상태에 이른다. 이렇듯 방대한 규모의 축제적 성격을 핵심으로 하는 〈蘇幕遮〉는 공연자와 관중이 일체감을 느끼고, 웃음과 광기를 지닌 시끌벅적한 대규모의 군중성 축제라는 점에서, 중세 시기 서양의 로마 천주교에서 성행했던 카니발(축제)과 많은 비슷함을 보여주고 있다.[4]

〈蘇幕遮〉가 중국에 전래된 남북조 시기는 각각의 문화가 대규모로 서로 교류하고 융합하는 시기였다. 바로 이러한 시기적 특성으로 말미암아 서역에서 전래된 〈蘇幕遮〉는 중국에 전래되는 과정에서 문화교류와 문화융합 및 문화충돌·文化變容의 모습을 여실히 보여주고 있다. 〈蘇幕遮〉라는 서역문화는 중국에 진입하면서 중국의 중원문화와 여러 차례의 문화융합과 문화충돌 및 문화변용의 과정을 거치었다. 이러한 점에서 〈蘇幕遮〉는 외래문화에 대한 중국문화의 수용양샹의 변화를 잘 보여준다. 필자는 이러한 사실에 근거하여 〈蘇幕遮〉를 축제적인 성격과 함께 외래문화에 대한 중국의 수용양상이라는 두 가지 관점에서 파악하여, 〈蘇幕遮〉가 전체적인 희곡발전사에서 차지하고 있는 희곡사적 위상과 의미를 살피고자 한다.

4) 윤선자저, ≪축제의 문화사≫, 282쪽, 서울, 한길사, 2008.

2. 〈蘇幕遮〉의 기원

〈蘇幕遮〉의 기원에 대한 연구는 이제까지 여러 연구자들에 의해 진행되었다. 그러나 그들의 연구는 각각 자신들의 관점에 의한 주장일 뿐이어서, 〈蘇幕遮〉의 기원에 대해서는 확정적인 결론이 아직 없는 상황이다. 아마 이것은 〈蘇幕遮〉가 외국에서 전래된 것이고 비교적 오래된 것이어서 관련 자료가 적을 뿐 아니라, 〈蘇幕遮〉가 성행했던 당시에는 서역을 중심으로 많은 국가들의 문화교류가 있어서 어느 한 국가나 지역에서 발생했는가를 밝히는 것이 쉽지 않기 때문이리라 여겨진다. 여기서는 이제까지 이루어진 〈蘇幕遮〉의 기원에 대한 연구를 간략히 살피기로 한다. 〈蘇幕遮〉의 기원에 대한 주장은 일곱 가지로 대략 구분할 수 있다.

1) 페르시아 기원설: 페르시아설을 주장한 대표적인 이로는 유명한 역사학자인 岑仲勉(1886-1961)이 있다. 그는 일찍이 페르시아 사산왕조(224-642)의 세 가지 물뿌리기 고사가 〈蘇莫遮〉의 기원과 연관이 있다고 주장했다.[5] 그에 의하면 고사의 주요 내용은 不死之神을 모시는 것인데, 이러한 不死之神은 페르시아와 인도 등 고대 아리안인이 공통으로 받드는 神이다. 우선 잠중면은 〈蘇莫遮〉의 세 글자를 '蘇莫'과 '遮'로 분리하여, '蘇莫'는 술의 이름이고 '遮'는 曲을 의미한다고 말하였다. 그리고 그는 〈蘇莫遮〉의 '蘇莫'이라는 글자가 본래는 우주의 생명을 지닌 풀이지만, 이러한 풀을 이용하여 술을 만들면 不死之酒가 되어, '蘇莫'이 술의 이름이 되었다고 하였다. 이러한 점에서 '蘇莫'은 단순한 일반의 풀이 아니라, 성스러운 神性을 지닌 술의 이름으로 전환된다. 그리하여 그는 不死之神을 모시는 민속의 행사에 사람들이 서로 뿌리는 물은 '蘇莫'의 聖水를 상징한다고 여겼다. 이상에 의거하면 잠중면의 이러한 주장은 〈蘇幕遮〉가 신

5) 任半塘著, ≪唐戲弄≫, 574-578쪽, 상해, 上海古跡出版社, 1994..

성한 신에 대한 제사와 기도에서 기원하는 것이라고 볼 수 있다.

2) 인도 기원설: 인도설에 의하면 〈蘇幕遮〉는 고대 인도의 종교의식인 蘇摩祭에서 기원한 것이다. 이들의 주장에 의하면 고대 인도의 브라만교 제사 활동 중 가장 대표적인 종교의식이 蘇摩祭인데, '소마'(soma)는 인도 민간에서 술을 만드는 일종의 덩굴풀로서, 일정한 幻覺性을 지니고 있어 원시종교의 제사의식에 사용되었다. 고대 인도 브라만교의 근본경전인 ≪리그베다≫에 의하면, 蘇摩神은 신통력을 지녀 마귀와 질병 및 사악한 것들을 물리친다고 한다.[6] 이상을 근거로 하면 이러한 인도설은 위의 페르시아설과 기원하는 지역만 다를 뿐 내용상 거의 비슷하여, 〈蘇幕遮〉가 종교적 의식에서 기인하고 있음을 분명하게 부여준다.

3) 龜玆 기원설: 疎勒(지금의 新疆 喀什지역) 출신의 당나라 승려 惠琳이 807년 불경에 실린 어려운 단어의 음과 뜻을 설명한 ≪一體經音義≫에서 〈蘇幕遮〉는 西龜玆國에서 기원한다고 말하였다. 그는 〈蘇幕遮〉라는 말은 西戎 오랑캐의 말로서, 颯磨遮라고 말하는 것과 같다고 보았다. 그리고 그는 당시의 사람들이 이러한 〈蘇幕遮〉를 공연함으로써 사악한 재앙을 쫓아내니, 백성들을 잡아먹는 羅刹惡鬼의 재앙을 없앤다고 하였다.[7] 이와 같이 혜림은 〈蘇幕遮〉가 羅刹惡鬼의 재앙을 물리치는 종교적 기능을 지닌다고 보았으니, 그에 의하면 〈蘇幕遮〉는 驅鬼逐疫의 辟邪的 의식으로 실시되었으리라 여겨진다. 4) 高昌 기원설: 宋代 王明淸의 ≪揮塵錄≫에 의하면, 981년 宋의 조정에서는 王廷德과 白勛 등을 서역인 高昌國(지금의 吐魯番 지역)에 파견하여 高昌國의 풍속을 살피도록 하였다. 그런데 이들에 의하면 고창은 매우 덥고 건조한 지역이어서 寒食과 봄 가을의 社稷 제사인 春社와 秋社 및 冬至 때에 서로에게 물을 뿌리는

---

6) 李强·柯琳著 ≪民族戲劇學≫, 486-488쪽, 북경, 民族出版社, 2003.

7) 惠琳, ≪一體經音義≫41卷, 〈蘇幕遮〉는 ……, 이 놀이는 본시 西龜玆國서에 나온 것이다.(蘇幕遮, ……, 此戲本出西龜玆國.), 868쪽, 臺北, 大通書局,, 1985.

유희를 하고, 이것을 '壓陽氣'(陽氣를 누르는 것)라고 부르며, 질병이 없어지기를 기원했다고 한다. 그리고 물뿌리기 유희를 할 때 부인네들은 防水가 되는 기름 모자를 쓰고 유희를 하는데, 이 기름 모자를 〈蘇幕遮〉라고 불렀으며, 이후 이러한 유희를 〈蘇幕遮〉라고 불렀다고 한다.[8] 그리하여 이러한 이유로 〈蘇幕遮〉가 高昌國에서 기원한다고 보기도 한다. 고창 기원설 역시 〈蘇幕遮〉의 유희적 오락성을 강하게 보여주나, 근본적으로는 〈蘇幕遮〉가 종교성을 지닌 민속활동임을 그 기반으로 한다.

5) 康國 기원설: ≪舊唐書≫와 ≪新唐書≫ 등에 의하면 서역의 康國(지금의 우즈베키스탄 사마르칸트 지역)에서는 11월에 북을 치고 춤을 추며 추위가 오기를 기원하였으며, 서로 물을 뿌리며 이것을 유희로 삼았다는 기록이 보인다.[9] 중국 고대사 연구로 저명한 역사가인 方詩銘(1919-2000)은 ≪新唐書≫에 보이는 '薩末鞬' 혹은 '颯末建'이라는 단어와 玄奘의 ≪大唐西域記≫에 보이는 '颯秣建國'이라는 단어가 모두 사마르칸트(samar kand)의 중국어 音譯이라고 여겼다. 게다가 고대에서 중국의 악곡 이름은 대부분 그 유래된 나라의 이름을 차용하는 경우가 많으니, 일례로 高麗舞는 고구려에서 유래한 것이고, 龜兹舞는 龜兹에서 유래한 것이다. 이러한 점을 근거로 方詩銘은 〈蘇幕遮〉라는 악곡 역시 사마르칸트의 중국어 이름으로 康國에서 기원한다고 보았다.[10]

6) 이란 기원설: 중국의 유명한 역사학자이자 敦煌 전문가인 向達(1900-1966)에 의하면 〈蘇幕遮〉는 본시 이란에서 기원하여, 이후 인도와 龜兹에 전해졌으며, 중국의 〈蘇幕遮〉는 구자국을 통하여 전래되었다. 그는 자신 주장의 핵심 근거로서 〈蘇幕遮〉를 노래한 당나라 시인 張說의 '碧眼紫

8) ≪二十四史全譯≫, ≪宋史 · 高昌傳≫, 10470쪽, 북경, 漢語大詞典出版社, 2004.

9) ≪二十四史全譯≫, ≪新唐書 · 西域志≫, 4727쪽, ≪舊唐書 · 康國傳≫, 4568쪽, 북경, 漢語大詞典出版社, 2004.

10) 任半塘著, ≪唐戱弄≫, 583-584쪽, 상해, 上海古跡出版, 1994..

髥'(푸른 눈에 紫色 수염)을 제시하였다.[11] 그렇지만 이러한 이유로 〈蘇幕遮〉가 이란에서 전래되었다는 그의 주장은 조금 무리가 있어 보인다. 왜냐 하면 이란 사람 뿐만 아니라 서역의 기타 나라 사람들도 대부분 '碧眼紫髥'을 하고 있기 때문이다.

7) 로마 기원설: 〈蘇幕遮〉가 서양 문명의 寶庫인 로마에서 기원했다는 주장은 당나라 시인 張說의 詩句인 "〈蘇幕遮〉가 본시 '海西'의 오랑캐에서 나왔네"(摩遮本出海西胡)를 근거로 한다. 여기서의 '海西'는 ≪後漢書·西域傳≫에 의하면 당시의 大秦國 곧 로마를 의미한다.[12] 바로 이러한 점에 의거하여 〈蘇幕遮〉의 로마 기원설이 탄생하였다. 그러나 여기서의 '海西'가 구체적으로 어느 곳을 가리키는지에 대해서는 다른 주장이 제기되고 있으니, 이들에 의하면 당나라 시기의 '海西'는 로마가 아닌 서역 소수민족 지역을 가리킨다고 한다.[13] 이와 더불어 또 한 가지 〈蘇幕遮〉의 로마 기원설에서 논의되는 것이 있는데, 바로 〈蘇幕遮〉의 공연 시 행하여지는 나체문화이다. 〈蘇幕遮〉는 공연 시 서로 물뿌리는 행위를 핵심으로 하는데, 이 때 참가하는 부녀자들이 나체의 상태(상반신 나체로 여겨진다)로 참가하였다. 그리하여 논자들에 따라서는 이러한 나체문화가 나체적 인체미를 숭상하는 로마의 문화에서 기인한 것이라고 주장하였다.[14]

이상에서 〈蘇幕遮〉의 일곱 가지 기원설을 간략히 살펴보았다. 이들 일곱 가지 기원설을 지역적인 관점에서 전체적으로 살펴보면, 로마가 ≪後漢書·西域傳≫에 大秦國이라는 이름으로 보이는 점을 고려하면, 〈蘇幕遮〉는 모두 광의의 서역에 해당되는 지역에서 기원하고 있음을 알 수 있다. 이렇게 볼 때 〈蘇幕遮〉가 구체적인 어느 국가나 지역에서 기원한 것인

11) 向達著, ≪唐代長安與西域文明≫, 59쪽, 중경, 重慶出版社, 2009.

12) ≪二十四史全譯≫, ≪後漢書·西域傳≫, 1764쪽, 북경, 漢語大詞典出版社, 2004.

13) 柏紅秀·李昌集, 〈潑寒胡戱之入華與流變〉, ≪文學遺産≫ 2004年 第三期, 2004, 62쪽.

14) 姚春梅, 〈張說蘇摩遮與西域乞寒舞〉, ≪平原大學學報≫, 22卷 3期, 2005, 43쪽.

지는 확실하게 말할 수 없으나, 범박하게 보아 서역에서 기원하고 있다고 볼 수 있겠다. 그리고 문화적 성격에 있어서 볼 때 〈蘇幕遮〉는 넓은 의미의 종교적 민속활동의 의식이라고 볼 수 있다.

3. 〈蘇幕遮〉의 전래

서역에서 기원한 외래 歌舞戱인 〈蘇幕遮〉는 중국에 전래되었는데, 그러면 여기서는 〈蘇幕遮〉의 전래에 관한 제반 사항을 살피기로 한다. 곧 〈蘇幕遮〉는 중국의 어느 시기에 전래되었는지, 〈蘇幕遮〉 전래의 사회적 배경은 어떠했는지, 또한 전래 시기의 〈蘇幕遮〉는 어떠한 모습으로 공연됬는지, 그리고 당시 〈蘇幕遮〉의 공연은 무엇을 의미하고 있는지 등을 중점적으로 살피기로 한다.

먼저 〈蘇幕遮〉 전래 시기에 대해 살펴보자. 종전의 학계에서는 〈蘇幕遮〉가 중국에 최초로 전래된 시기에 대하여 대부분 ≪周書·宣帝紀≫에 실린 내용에 근거하여, 北周 宣帝 시기 大象 元年(579년)에 처음으로 중국에 전래되었다고 여겼다.[15] 그러면 ≪周書·宣帝紀≫에 실린 내용을 살펴보자.

> 12월 7일(甲子일)에 (황제께서는) 궁궐에 돌아오시어 正武殿에 나가 百官과 궁녀 및 封爵을 받은 內命婦와 外命婦들을 모아 놓고, 妓樂을 크게 벌였다. 또 오랑캐 사람들을 풀어 놓아 乞寒을 하게 하여 물을 뿌리며 놀이를 하고 즐기게 하였다.[16]

15) 대표적으로는 任半塘著, ≪唐戱弄≫, 567쪽, 상해, 上海古跡出版社, 1994.

16) 十二月, 甲子, 還宮, 御正武殿, 集百官及宮人內外命婦, 大列妓樂. 又縱胡人乞寒, 用水澆沃爲戱樂. ≪二十四史全譯≫, ≪周書·宣帝紀≫, 89쪽, 북경, 漢語大詞典出版社, 2004.

위의 문장은 길지 않지만 〈蘇幕遮〉의 본질적 모습을 여실히 보여주고 있으며, 특히 당나라 시기 〈蘇幕遮〉가 흥성했을 때의 모습과는 달리 〈蘇幕遮〉가 전래될 때의 초기 모습을 보여주고 있다. 먼저 여기서는 초기 〈蘇幕遮〉의 공연 장소과 관객을 분명하게 말하고 있다. 곧 북주 시기 〈蘇幕遮〉가 처음 전래되었을 때 공연 장소는 궁정이었고, 관객들은 궁중의 고관들인 百官과 궁녀 및 內命婦와 外命婦의 부인들이었다. 또한 위에 의하면, 北周 시기 〈蘇幕遮〉의 공연은 한 해가 끝나가는 12월에 실시되었고, 공연 주체는 오랑캐 곧 서역 胡人들이었다. 이러한 점은 이후 당나라 시기 〈蘇幕遮〉의 공연 주체에 많은 중국인들이 참여한 것과는 큰 대조를 이룬다. 그리고 위의 내용이 간략하여 정확하게 알 수는 없지만, 당시 북주 시기에 공연된 초기의 〈蘇幕遮〉는 '乞寒' 곧 추위를 기원하며 서로 물을 뿌리는 놀이를 하고 있다는 점에서 후세의 〈蘇幕遮〉와 같은 모습을 보여준다. 다만 북주 시기 초기의 〈蘇幕遮〉는 후세 〈蘇幕遮〉에 나타난 축제적 성격을 지니지 않고, 유희적 오락성을 위주로 한 소규모의 초보적 歌舞戲의 성격을 지닌다고 여길 수 있다.

그러면 북주 시기에는 어떠한 사회·문화적 배경 아래에서 이와 같은 서역의 외래문화를 받아들였는지 살펴보자. 주지하다시피 남북조 시기는 중국 역사상 문화의 교류와 융합이 성대하게 이루어진 시기이다. 위의 인용문에서 〈蘇幕遮〉를 관람한 북주의 宣帝에 앞서 북주의 武帝는 568년 돌궐족 왕의 딸인 아스나스(Ashinas) 공주를 皇后로 맞이하였다. 그리고 아스나스 공주는 시집올 당시 康國과 龜玆國 등 서역의 걸출한 음악 무용가 300여 명과 서역의 민족 특색을 분명히 지닌 樂舞를 가지고 왔으며, 그들의 공연은 長安을 크게 뒤흔들었다고 한다.[17] 바로 북주의 宣帝 시기에 외래문화인 〈蘇幕遮〉가 수입된 것은 이와 같은 문화교류의 기반이 있었

17) 王克芬著, ≪中國舞蹈發展史≫, 142쪽, 상해, 上海人民出版社, 2003.

기에 가능한 것이라고 여겨진다.

그런데 〈蘇幕遮〉가 북주 宣帝 때에 처음 중국에 전래되었다는 주장은 수정되어 최근에는 전래 시기가 더욱 앞당겨졌다.[18] 이 歌舞戲는 ≪宋書·41卷 后妃傳≫에 의하면 사실상 南朝의 劉宋 시기에 이미 전래되었다고 볼 수 있다. 그러면 ≪宋書·41卷 后妃傳≫에 나타난 내용을 살펴보자.

> 임금(劉宋 明宗)이 궁중에서 성대한 집회를 거행하였는데, 부인들로 하여금 나체로 보게 하며 즐기며 웃었다. (그런데) 황후(明恭王皇后)는 부채로 얼굴을 가리며 홀로 아무 말도 하지 않았다. (이에) 황제가 화를 내며 말하길, "친정 식구들이 乞寒 놀이를 하며 지금 모두 웃으며 즐기는데, 왜 홀로 보지 않소?" (이에) 황후가 대답하길, "즐기며 노는 일에는 그 방법이 본시 많은데 어찌 고종 사촌 자매들이 모여있는 자리에서 부인들의 몸을 나체로 드러나게 함으로써 즐거움을 삼습니까? 저희 친정 집 식구들이 기뻐하고 좋아하는 방식은 이와 다릅니다."[19]

위의 내용을 살펴보면 일찍이 남조 시기 송나라 명종(465-472 재위) 때에도 궁중에서 〈蘇幕遮〉가 공연되었으니, 北周 宣帝 시기보다 100년 이상 앞서서 이미 〈蘇幕遮〉가 전래되었다는 점을 알 수 있다. 그리고 위 문장의 핵심적인 내용으로서 여자들이 옷을 벗고 놀고 있다고 말한 점을 보면, 이것은 후세 〈蘇幕遮〉에 등장하는 여자들의 나체 물뿌리기 행위와 같은 것으로서, 본문 중의 '寒乞'이라는 단어는 〈蘇幕遮〉에서 추위를 기원하는 '乞寒'과 같음을 알 수 있다. 이러한 점에서 볼 때 우리는 서역의 외

---

18) 柏紅秀·李昌集, 〈潑寒胡戲之入華與流變〉, ≪文學遺産≫ 2004年 第三期, 2004, 62쪽.

19) 上嘗宮內大集, 而贏婦人觀之, 以爲歡笑. 后以扇障面, 獨無所言. 帝怒曰: "外舍家寒乞, 今共笑樂, 何獨不視?" 后曰: "爲樂之事, 其方自多, 豈有姑姊妹集聚, 而贏婦人形體, 以此爲樂? 外舍之爲歡適, 實與此不同也." ≪二十四史全譯≫, ≪宋書·卷41后妃傳≫, 108쪽, 북경, 漢語大詞典出版社, 2004.

래 歌舞戲인 〈蘇幕遮〉는 적어도 남북조 시기의 송나라 시기에 이미 전래되어 궁중에서 공연되고 있었음을 알 수 있다.

그러면 남북조 시기 南朝의 宋나라 시기에도 서역의 歌舞戲인 〈蘇幕遮〉가 전래될 수 있었던 사회·문화적 배경은 어떠했을까? 먼저 남북조 시기 남조의 송나라 시기에는 남·북방 민족간에 음악문화의 교류가 끊임없이 진행되었으며, 〈蘇幕遮〉가 전래되었던 明宗 시기보다 10여 년 전의 孝武帝(454-460 재위) 시기에는 궁정 음악 활동 중에 이미 胡伎를 사용하였다고 한다.[20] 그리고 문헌의 기록에 의하면 남조의 송나라 시기에는 胡樂과 胡舞가 유행하여 "西北 소수민족인 羌族과 胡族의 여러 雜舞(西傖羌胡諸雜舞)"가 유행하였다고 한다.[21] 이러한 점에서 볼 때 남북조 시기 송 명종 때에 서역의 歌舞戲인 〈蘇幕遮〉가 전래된 것은 문화교류라는 이러한 사회·문화적 배경 아래에서 가능했으리라 여겨진다. 다만 북주 시기보다 100여 년이나 앞서 〈蘇幕遮〉가 전래되었지만, 100여 년 사이 동안 〈蘇幕遮〉가 공연되었다는 문헌의 기록이 보이지 않을 뿐이다.

그러면 〈蘇幕遮〉 공연의 핵심적 사항인 '乞寒'과 나체 물뿌리기 행위에 대해 구체적으로 살펴보자. 위의 인용문에 의하면 '걸한' 곧 추위를 기원하는 의식 행위는 추운 겨울(11월 또는 12월. 여기서는 12월)에 이루어진다. 그렇다면 왜 추운 12월에 서로 간에 물을 뿌리며 추위를 기원하는 민속 의식을 행하였을까? 이러한 점은 〈蘇幕遮〉가 결코 단순한 오락적 유희가 아님을 분명하게 보여준다. 만일 단순한 오락적 유희라면, 더운 여름에 물뿌리기 놀이를 하는 것이 정상이기 때문이다. 즉 〈蘇幕遮〉의 공연에서 추운 12월에 서로 간에 물뿌리기 행사를 하는 것은 분명한 의미를 지니고 있는 것이다. 먼저 '걸한'에 대해서 살펴보자. '걸한'의 의미가 추위를 기원하는 것이라는 점에서 얼핏 들으면 무언가 모순되는 느낌이다. 그러

20) 李昌集, 〈蘇幕遮的樂與辭〉, ≪中國文化研究≫, 2004年 2期, 2004, 243쪽.

21) ≪二十四史全譯≫, ≪宋書·樂志≫, 19卷, 464쪽, 북경, 漢語大詞典出版社, 2004.

나 〈蘇幕遮〉가 서역에서 생겨난 것을 상기한다면, '걸한'과 서역의 기후와는 일정한 연관이 있음을 알 수 있다. 서역의 기후는 매우 건조하여 강수량이 매우 적다. 그리하여 서역 사람들은 농사를 짓기 위해 농업용수를 필요로 하는데, 이 농업용수는 빗물에서 나오기 보다는 주로 부근 雪山에서 녹아내리는 물에 의존한다고 한다.[22] 바로 이러한 점에서 설산에서 녹아 내려오는 물이 풍부하려면 자연히 겨울에 눈이 많이 오고 추워야 이듬해에 농업용수가 풍부해진다. 이러한 점에서 '걸한' 의식은 바로 물을 기원하는 기우제 의식과 궤를 같이 하는 것이다. 그러면 또 왜 '걸한' 의식은 추운 겨울(여기서는 12월)에 하는 것일까? 이것은 12월(11월도 포함)이 한 해가 끝나가는 시점임을 그 배경으로 하고 있다. 12월은 한 해의 끝이면서 동시에 새해를 기원할 수 있는 시기이다. 12월은 묵은 해를 보내고 새해를 맞이하는 시점이기 때문에, 묵은 해의 不正한 것을 털어버리고 새해의 희망을 기원할 수 있는 시기로서는 12월이 적합한 것이라고 여겨진다.

다음으로 물뿌리기 행위에 관해 구체적으로 살펴보자. 앞에서 말했듯이 추운 12월에 민속활동을 거행하면서 상호간에 물을 뿌려대는 행위는 단순한 오락성 유희가 아니라 일정한 의미를 지니고 있다. 즉 〈蘇幕遮〉의 핵심적 공연 행위인 물뿌리기 행위는 민속활동의 일정한 의식으로서 상징적 의미를 지니고 있는 것이다. 특히 공연자들이 물뿌리기 행위를 할 때 위의 인용문에 보인 바와 같이 부녀자들이 옷을 벗은채(상반신 나체로) 물뿌리기를 하는 것은 단순한 유희가 결코 아니라고 생각된다. 이러한 나체 물뿌리기 행위는 분명 일정한 의식행위로서 상징적 의미를 포함하고 있다. 〈蘇幕遮〉의 공연 시 물뿌리기 행위는 크게 보아 두 가지 상징적 의미를 지닌다고 여겨진다. 먼저 물뿌리기 행위는 비를 내리게 기원하는 행위를 상징한다고 볼 수 있다. 그리고 또 한 가지의 상징으로로서, 물뿌리

22) 仲高, 〈乞寒習俗與蘇莫遮〉, ≪龜茲學研究≫, 第1輯, 2006, 348쪽.

는 행위는 깨끗한 물인 '聖水'로써 한 해 동안의 더럽고 사악함을 씻어내는 것을 상징한다고 볼 수 있다. 〈蘇幕遮〉의 공연 중 물뿌리기 행위가 더럽고 사악함을 씻어내는 것을 상징하는 의미에 대해서는 다음의 4장에서 자세히 살피기로 하고, 여기서는 물뿌리는 행위가 비를 내리게 기원하는 상징적 의미를 지닌 것에 대해 살펴보자.

그런데 이러한 상징성을 이해하기 위한 핵심적인 고리는 바로 비가 내리기를 기원하면서 물을 뿌리는 행위가 결국은 고대 사회의 주술적인 성격을 지니고 있다는 점이다. 당시의 서역인들은 물뿌리기 행위 시 뿌려지는 물이 곧 비를 상징한다는 주술적 의미를 지닌다고 본 것이다. 즉 〈蘇幕遮〉의 물뿌리기 행위는 물로써 물을 부르는 儀式的 행위인 것이다. 이러한 점은 영국의 인류학자 프레이저에 의하면 類似의 법칙에 따른 同種呪術로서, 물뿌리는 행위가 비가 내리는 모습과 유사하다는 사실에 근거하여, 유사법칙에 따라 주술사는 단지 바라는 어떤 것을 모방함으로써 그 결과를 이끌어낼 수 있다고 추론하는 것과 같다.[23] 그렇다면 비가 내리기를 기원하면서 물뿌리기라는 의식적인 행위를 하는데, 왜 부녀자들이 나체의 상태로 물뿌리기 의식을 행해야 하는 것일까? 이를 이해하기 위해 〈蘇幕遮〉의 경우와 직접적인 연관은 없지만, 지구촌 곳곳에서 행하여지는 나체 기우제의 양상을 살펴보자. 일례로 인도에서는 가뭄이 심하게 지속될 경우 비의 神 인드라를 달래기 위해 여성들이 나체로 기우제를 지내고,[24] 2003년 3월 2일 호주에서는 여성 500여 명이 나체로 춤을 추고 노래를 부르며 비를 부르는 기우제를 거행하였다. 또 우리나라에서도 예전에 나체 기우제가 있어서, 경주 지역에서는 비가 오지 않으면 인근의 모든 巫女들이 백사장에 모여 속옷을 벗어버리고 亂舞를 추었다고 한다.[25] 그

23) 제임스 조지 프레이저, 이용대 옮김 ≪황금가지≫, 83-84쪽, 서울, 한겨레출판사, 2011.

24) 2004, 7, 5, 노컷뉴스.

25) 강원일보, 2005, 5, 3. 〈전통민속기행〉(61) 나체기우제.

리고 이러한 행위는 물과 同姓인 여성으로 하여금 陰氣를 발산하게 하여 가뭄을 해결하려던 생각에서 유래했다고 한다. 이상에서 예로 든 것들은 물론 서역에서 행하여진 것이 아니지만, 〈蘇幕遮〉의 물뿌리기 행위에 왜 부녀자들이 집단적으로 나체로 참여하는 이유에 대해 시사하는 바가 있다고 여겨진다.

이상을 근거로 남북조 시기 〈蘇幕遮〉의 전체적인 성격을 축제적인 관점에서 살펴보면, 이 시기의 〈蘇幕遮〉는 궁중 유희의 성격을 지닌 초보적인 가무희 단계의 것으로서, 축제적인 양상과는 일정한 거리를 두고 있다. 이것은 물론 당시의 〈蘇幕遮〉가 궁중에서 소수의 관객들을 위한 적은 규모의 초보적 歌舞戲이기 때문이다. 그러나 축제의 핵심적 성격이 오락적 유희성과 종교적 제의성이라는 사실에 근거하면,[26] 남북조 시기의 민속활동인 〈蘇幕遮〉는 근본적으로 유희성과 제의성을 함께 지니고 있다는 사실을 분명히 알 수 있다. 다만 유희성과 제의성의 결합이라는 축제의 관점에서 볼 때, 남북조 시기의 〈蘇幕遮〉 공연은 표면적으로는 유희성만을 지닌 오락적 행위처럼 보이며, 종교적 의식성은 깊은 내면에 잠재하고 있음을 알 수 있다.

이상에서 남북조 시기에 서역 歌舞戲인 〈蘇幕遮〉가 중국에 전래되었던 상황을 살펴보았다. 먼저 전래 시기에 있어서 이전의 학계에서는 보편적으로 北周 宣帝 시기에 전래되었다고 보았으나, 위에서 살펴본 바와 같이 〈蘇幕遮〉는 사실상 南朝의 宋나라 시기에 이미 전래되었다. 또한 남북조 시기에 서역의 외래 歌舞戲인 〈蘇幕遮〉가 전래될 수 있었던 배경에는 남북조 시기의 사회·문화적 특징인 외래문화와의 상호 문화교류가 기반이 되어 있었다. 그리고 남조 시기 송나라에서 공연된 〈蘇幕遮〉는 모두 궁정에서 胡人들에 의해 공연되는 특성을 지니고 있었다. 이러한 점은 이후 당

---

26) 김영순저, ≪축제와 문화콘텐츠≫, 57쪽, 서울, 다할미디어, 2006.

나라 시기에 이르러 〈蘇幕遮〉가 궁중 뿐만 아니라 민간에서 성대하고 시끌벅적하게 공연되고, 공연의 주체로 胡人 뿐만이 아니라 많은 漢族들이 참가했던 대규모의 군중성 축제가 된 것과는 그 성격을 달리하고 있음을 보여준다. 곧 같은 시기에 성행했던 〈踏搖娘〉·〈蘭陵王〉·〈鉢頭〉 등의 歌舞戲와는 다른 대규모적인 축제적 성격을 지닌 〈蘇幕遮〉의 특징은 더욱 개방적이고 높은 문화 수준을 자랑하는 당나라 시기에야 나타난다. 다만 축제의 관점에서 볼 때 남북조 시기의 〈蘇幕遮〉는 표면적으로는 소규모의 오락적 유희처럼 보이지만, 그 내면에는 종교적 의식성을 함께 지니고 있었다. 또한 〈蘇幕遮〉라는 외래문화에 대한 수용양상의 관점에서 볼 때, 남북조 시기의 〈蘇幕遮〉는 공연의 주체로 胡人이 그대로 등장하는 등 서역의 외래문화를 거의 그대로 수용하고 있음을 알 수 있다.

4. 〈蘇幕遮〉의 흥성

남북조 시기에 전래되어 궁중에서만 공연된 외래 歌舞戲 〈蘇幕遮〉는 문화적 개방성을 특징으로 하는 당나라 시기에 이르러 매우 흥성하였다. 〈蘇幕遮〉는 황제와 왕족 및 궁녀들을 위한 유희성 오락으로 궁중에서 공연되었을 뿐만 아니라, 민간에서도 수많은 사람들이 참가하는 거대한 규모로 공연되어 축제적 성격을 근본으로 하였다. 여기서는 당대 〈蘇幕遮〉가 공연된 장소를 중심으로 궁중과 민간으로 나누어 논하기로 한다.

먼저 궁중에서의 〈蘇幕遮〉 공연은 거의 전적으로 황제의 기호에 의한 것이라고 할 수 있다. 이는 남북조 시기의 〈蘇幕遮〉가 궁정에서만 공연되었던 것과 맥을 같이하는 것이다. ≪舊唐書 97卷·張說傳≫에는 다음과 같은 기록이 보인다.

측천무후(則天武后 684-701 재위) 말년부터 12월에 '발한호희(潑寒胡戲)'를 하였는데, 中宗(705-710 재위)은 일찍이 누각에 나가 그것을 구경하였다.[27]

위의 기록 중 '潑寒胡戲'는 서로 물을 뿌리며 추위를 기원하는 것으로서 〈蘇幕遮〉를 말하는데, 위에 의하면 당나라에 들어와 본격적으로 〈蘇幕遮〉를 애호한 사람은 측천무후이다. 그리고 그녀의 아들인 中宗 또한 위에 의하면 〈蘇幕遮〉를 좋아 하였으니, 문헌의 기록에 의하면 중종은 〈蘇幕遮〉를 매우 좋아했던 것같다. ≪舊唐書·中宗紀≫에는 다음과 같이 중종이 〈蘇幕遮〉를 관람한 사실을 기록하고 있으며, ≪新唐書·睿宗紀≫에도 중종의 뒤를 이은 睿宗이 〈蘇幕遮〉를 관람한 사실을 기록하고 있다.

神龍 원년(705) 11월 乙丑일에 (중종은) 洛陽城 南門에 가서 '潑寒胡戲'를 관람하였다.
京龍 3년(709) 12월 乙酉일에 (중종은) 여러 관서의 장관으로 하여금 醴泉坊에 가서 '潑胡王乞寒戲'를 보도록 명령하였다.
景云 2년(711) 12월 丁未일에 발한호희를 공연하였다.[28]

위의 인용문에 보이는 '潑胡王乞寒戲'는 앞에서 보인 '潑寒胡戲'와 완전히 같은 것으로 〈蘇幕遮〉를 가리키는 것이다. 다만 '潑胡王乞寒戲'라는

27) 自則天末年季冬, 爲潑寒胡戲, 中宗嘗御樓以觀之. ≪二十四史全譯≫, ≪舊唐書·권97·張說傳≫, 2510쪽, 북경, 漢語大詞典出版社, 2004.

28) 神龍元年十一月乙丑, 御洛城南門觀潑寒胡戲. ≪二十四史全譯≫, ≪舊唐書·中宗紀≫, 112쪽, 북경, 漢語大詞典出版社, 2004.
京龍三年十二月乙酉, 令諸司長官向醴泉坊看潑胡王乞寒戲. ≪二十四史全譯≫, ≪舊唐書·中宗紀≫, 118쪽, 북경, 漢語大詞典出版社, 2004.
景云二年十二月丁未, 作潑寒胡戲. ≪二十四史全譯≫, ≪新唐書·睿宗紀≫, 92쪽, 북경, 漢語大詞典出版社, 2004.

비교적 긴 歌舞戲 명칭에는 〈蘇幕遮〉 공연의 핵심적 주체로서 胡王이라는 공연자가 주체로 등장하고 있음을 분명히 보여주고 있는 것이다. 위의 기록에 의하면 중종은 당나라 西都인 長安城과 東都인 洛陽城에서 모두 〈蘇幕遮〉를 관람하였으니, 당시 〈蘇幕遮〉가 장안과 낙양에서 모두 공연되고 있었음을 보여준다. 특히 인용문에 보인 醴泉坊은 당시 당나라 수도 장안의 서북쪽의 구역으로서, 당시 서역인이 많이 거주하던 곳이다. 이로써 보면 당시 중종은 자신이 〈蘇幕遮〉를 매우 좋아하여, 당시 여러 관서의 장관으로 하여금 직접 醴泉坊에 가서 〈蘇幕遮〉를 관람하도록 시켰던 것같다.

중종이 〈蘇幕遮〉를 좋아했던 사실은 위의 역사서 뿐만 아니라 당시 문인의 저작에서도 더욱 분명히 나타나고 있으니, ≪全唐詩≫에 보인 張說의 〈蘇莫遮〉 4首는[29] 대표적이다. 여기서는 張說의 詩를 중심으로 당시 당나라 초기 〈蘇幕遮〉 공연의 모습을 살펴보자.

> 〈蘇幕遮〉는 본시 海西 오랑캐에서 나왔으니
> 유리색 보배같은 눈에 자주색 수염 지녔네.
> 황제의 은혜 온 세상에 펼쳐있다는 말 듣고
> 와서 노래하고 춤추며 기쁨과 즐거움 돋구네.
> 만만년 즐기세!
>
> 수놓은 옷을 입고 머리에는 두건을 두르며 보배로운 花冠 쓰고서
> 오랑캐 노래에 말타고 춤추어 구경거리 만드네.
> 스스로 물 뿌려 陰氣 이룰 수 있나니
> 금년 추울지 안추울지 걱정하지 않네.
> 만만년 즐기세!

29) 본시 張說의 〈蘇莫遮〉는 5 수이나 마지막 수는 〈蘇莫遮〉와 직접적인 관련없는 내용으로 玄宗의 生母인 昭成皇后를 追尊하는 것이므로 여기서는 다루지 않는다.

선달의 엉긴 陰氣 제왕의 누대에 쌓 이어
호쾌한 노래와 빠른 북소리에 추위가 실려오네.
기름 자루에 은하수 물 담아다가
祝壽하는 만년 술잔에 더 보태어 드리네.
만만년 즐기세!

찬 기운이 사람의 마음에 드는 것은 가장 즐거운 일이라
일부러 찬 물을 뜰 앞에 뿌리네.
오직 聖君께서 무한히 장수하시길 바라노니
영원히 새해로 낡은 해 이으소서.
만만년 즐기세![30]

위에서 인용한 詩는 張說이 中宗과 함께 〈蘇幕遮〉를 본 후 그 광경을 찬탄하면서 711년에 쓴 것으로서, 시적인 표현방식을 사용하여 당시 궁중에서 공연되었던 〈蘇幕遮〉의 모습을 보여주는 작품이다. 張說은 먼저 제1首에서 〈蘇幕遮〉가 '海西'의 오랑캐 나라에서 전해졌으며, 유리색 보배 같은 눈과 자주색 수염이 있는 서역의 胡人이 공연의 주체로서 공연하고 있음을 밝히고 있다. 이렇듯 당나라에 들어 와서도 궁중에서 胡人이 〈蘇幕遮〉의 공연 주체로 등장하고 있는 점은 남북조 시기에 궁중에서 공연되었던 〈蘇幕遮〉와 거의 똑같은 방식으로 공연되고 있음을 보여준다. 또한 張說은 제2首에서 〈蘇幕遮〉 공연 시의 복장이 훌륭함을 지적하고 있으니, 공연자인 胡人이 수놓은 옷을 입고 머리에는 멋진 두건을 두르며 보배같이 멋진 花冠을 쓰고 공연함을 보여준다. 아울러 張說은 '물을 뿌려 음기를 이룬다'라는 표현으로써 〈蘇幕遮〉의 핵심적 부분인 물뿌리기

30) 摩遮本出海西胡, 琉璃寶眼紫髯鬍. 聞道皇恩遍宇宙, 來將歌舞助歡娛. 億歲樂.
繡裝帕額寶花冠, 夷歌騎舞借人看. 自能激水成陰氣, 不慮今年寒不寒. 億歲樂.
臘月凝陰積帝臺, 豪歌急鼓送寒來. 油囊取得天河水, 將添上壽萬年杯. 億歲樂.
寒氣宜人最可憐, 故將寒水散庭前. 惟願聖君無限壽, 長取新年續舊年. 億歲樂. ≪全唐詩≫ 89卷, 246쪽, 臺北, 宏業書局., 1982.

동작이 공연되었음을 보여주고 있다. 그리고 제3首에서 張說은 〈蘇幕遮〉 공연 시 서역 지방의 특색을 지닌 호쾌한 노래 소리와 빠른 북소리가 들려오는 모습과 은하수 물로 비유되는 '聖水'를 '기름 자루'에 담고 공연하고 있음을 시로써 노래하고 있다. 그러면서 張說은 자신의 왕인 中宗의 비위를 맞추기 위해 〈蘇幕遮〉 공연 시 물뿌리기 놀이에 꼭 필요한 이러한 '聖水'를 中宗이 만 년 동안 살 수 있도록 아부하는 祝壽에 이용하고 있다. 그리고는 張說은 마지막으로 '찬 기운이 인간의 마음에 드는 것은 가장 즐거운 일'이라고 표현하여, 〈蘇幕遮〉의 기능이 결국에는 '乞寒' 곧 내년의 풍년을 위해 추위를 기원하는 것임을 밝히고, 이를 위해 차가운 물인 '聖水'를 궁정의 뜰 앞에 버리는 상징적인 의식을 진행하고 있음을 보여준다.

이상에서는 당나라 초기 궁정에서 공연되었던 〈蘇幕遮〉의 모습을 살펴보았다. 위에서 살펴본 바와 같이 서역의 외래 歌舞戲인 〈蘇幕遮〉는 본시 전래 초기에 대부분 궁중에서만 공연되었다. 그러나 이후 〈蘇幕遮〉의 공연은 궁중에서 민간으로 외연을 확대하여 본격적으로 축제적 성격을 지닌 대규모의 군중성 歌舞戲로 공연되었다. 그리고 민간에서의 〈蘇幕遮〉 공연 양상은 궁중에서와는 전혀 다른 양상으로 전개되었으니, 문헌의 기록을 중심으로 살펴보자. 먼저 幷州 淸源縣尉였던 呂元泰가 705년 11월 洛陽에서 〈蘇幕遮〉를 본 후, 706년 3월[31] 中宗에게 〈蘇幕遮〉의 금지를 상소한 글을 중심으로 살펴보자.

> 근래에 보아하니 고을과 동리마다 잇따라 渾脫隊를 하면서 좋은 말을 타고 오랑캐 옷을 입는데, 〈蘇幕遮〉라고 부릅니다. 깃발 세우고 북을 치며 서로 다투는 것은 軍陣의 형세이고, 날뛰고 뒤쫓으며 소란을 피우는 것은 전쟁의 형상입니다, ……, 어찌 반드시 알몸을 드러내고 길거리에

31) 向達著, ≪唐代長安與西域文明≫, 57쪽, 중경, 重慶出版社 2009 .

서 물을 뿌리며 북 장단에 춤추고 날뛰며 추위를 기원해야 합니까?[32]

위의 내용 중 우선 渾脫隊라는 단어에 대해 살펴보자. 李安寧에 의하면, 渾脫이라는 단어는 帽子라는 뜻을 지닌 新疆 위구르어인 'huotong'의 變音이라고 한다.[33] 여기서의 혼탈대는 혼탈 모자를 쓴 舞隊로서, 〈蘇幕遮〉의 공연시 舞蹈를 담당한 무리들을 가르킨다. 그런데 위의 인용문에 보인 〈蘇幕遮〉의 형상은 앞에서 살펴보았던 궁중에서 공연되었던 〈蘇幕遮〉와는 너무나 다르다. 위의 呂元泰의 상소문에 의하면, 민간에서 공연된 〈蘇幕遮〉는 방대한 규모의 축제를 연상시킨다. 위의 내용은 크게 보아 두 가지를 말하고 있다. 먼저 위의 문장은 거대한 〈蘇幕遮〉의 공연 형식을 말하고 있다. 곧 위에 의하면, 〈蘇幕遮〉의 공연은 狂氣를 띤듯 시끌벅적함을 특징으로 한다. 그리하여 〈蘇幕遮〉 공연 시 공연자들은 마치 軍陣의 형세처럼 서로 간에 깃발을 세우고 북을 치며 서로 다투고, 또한 마치 전쟁이 일어난듯 날뛰고 뒤쫓으며 소란을 피운다. 다음으로 위의 내용은 〈蘇幕遮〉 공연의 핵심적 행위를 말하고 있다. 즉 〈蘇幕遮〉는 앞에서 말한 바와 같이 기본적으로 서역 사람들의 종교적 민속활동인데, 그러한 민속활동 중 종교적 의식의 상징으로서 〈蘇幕遮〉의 공연자들은 알몸을 드러내고 서로 물을 뿌리며 추위를 기원하고 있는 것이다.

또한 疎勒 출신의 당나라 승려 惠琳은 ≪一切經音義≫에서 당시 〈蘇幕遮〉의 공연양상을 보여주고 있는데, 궁정이 아닌 민간에서 행하여진 〈蘇幕遮〉의 모습을 잘 보여주고 있다. 그리고 당나라의 段成式은 기이한 일들을 주로 기록한 그의 수필집 ≪酉陽雜俎≫에서 龜玆國의 〈蘇幕遮〉

32) 比見坊邑, 相率爲渾脫隊, 駿馬胡服, 名曰蘇莫遮. 旗鼓相當, 軍陣勢也, 騰逐喧譟, 戰爭象也,……,何必羸形體, 灌衢路, 鼓舞跳躍而索寒焉. ≪二十四史全譯≫, ≪新唐書·呂元泰傳 ≫, 2907쪽, 북경, 漢語大詞典出版社, 2004.

33) 李安寧, 〈龜玆舍利盒樂舞圖硏究〉, ≪新疆藝術學院學報≫, 2003年 12月 第1卷 第3期, 2003, 32쪽,

공연의 양상을 간략히 기술하고 있다. 그러면 여기서는 이 두 가지 문헌에 담긴 내용을 살펴보자.

> 〈蘇幕遮〉는 西戎의 오랑캐 언어로서 颯磨遮라고 말하는 것과 같다. 이 놀이는 본시 西龜兹國에서 나온 것인데, 지금도 이 곡이 있으며, 그 나라의 渾脫·〈大面〉·〈鉢頭〉의 종류이다. (공연 시) 혹은 짐승의 얼굴을 하기도 하고, 혹은 귀신 형상을 하며, 여러 가지 가면의 형상을 빌리었다. 혹은 진흙물을 행인들에게 뿌리기도 하며, 혹은 올가미를 가지고 사람을 얽어 가지고 잡음으로써 놀이를 하였다. 매년 7월 초에 공개적으로 이 놀이를 행하여 7일에야 멈추었다. 土俗에서 전하는 말에, 늘 이 방법을 가지고서 재앙을 물리쳤으니, 羅刹惡鬼가 사람을 잡아먹는 재앙을 쫓아냈다.
>
> 〈蘇幕遮〉는 또한 개 머리 가면과 원숭이 머리 가면을 쓰고서 남녀가 밤낮 없이 노래하고 춤추었다.[34]

먼저 慧琳의 ≪一切經音義≫에 의하면, 중국의 〈蘇幕遮〉는 본시 西龜兹國에서 기원한 것이며, 〈대면〉·〈발두〉와 같은 종류로서 모두 가면을 사용하는 歌舞戲이다. 또한 위에 의하면 구자국의 〈蘇幕遮〉는 매년 7월에 공개적으로 공연되며, 대규모의 국가적 민속활동으로 7일 동안이나 거행되었다. 특히 혜림이 ≪一切經音義≫를 쓴 시기가 807년 이라는 사실을 상기한다면, 구자국에서 〈蘇幕遮〉를 겨울이 아닌 여름에 거행한 것은, 713년 唐 玄宗이 중국이나 오랑캐를 막론하고 〈蘇幕遮〉를 금지시킨 결과

---

34) 蘇莫遮, 西戎胡語也, 正云颯磨遮. 此戲本出西龜兹國, 至今猶有此曲, 此國渾脫大面鉢頭之類야. 或作獸面, 或象鬼神, 假作種種面具形象. 或以泥水霑灑行人, 或持羂索搭鉤, 捉人爲戲. 每年七月初, 公行此戲, 七日乃停. 土俗相傳云, 常以此法禳厭, 驅趁羅刹惡鬼食啗人民之災也. ≪一切經音義≫, 卷41, 〈大乘理趣六波羅蜜多經音義〉, 868쪽, 臺北, 大通書局, 1985.
婆羅遮, 幷戴狗頭猴面, 男女無晝夜歌舞., 段成式, ≪酉陽雜俎·境異≫, 任半塘著, ≪唐戲弄≫, 582쪽, 상해, 上海古跡出版社, 1994, 재인용.

라고 여겨진다.[35] 위의 인용문에 따르면, 〈蘇幕遮〉는 공연 시 가면을 쓴 사람들이 많이 등장하는데, 이들은 개 머리 가면과 원숭이 머리 가면 및 귀신 가면을 쓰고 등장하며, 나찰악귀가 등장하는 것으로 보아 이 또한 가면을 쓰고 등장했을 가능성이 크다고 하겠다. 그런데 이렇듯 괴기스러운 여러 종류의 가면을 쓰고 〈蘇幕遮〉의 공연자들이 등장한다는 사실은 중세의 카니발 축제에서 여러 참가들이 그로테스크한(괴기한) 가면을 쓰고 등장한 점을 연상시킨다.[36]

또한 위의 인용문에는 〈蘇幕遮〉 공연의 기능과 아울러 공연 시 행하여지는 특이한 유희로서 올가미놀이가 보인다. 惠琳에 의하면, 〈蘇幕遮〉의 공연 기능은 재앙을 물리치는 것이며, 특히 땅이나 하늘을 다니면서 사람을 잡아먹는다는 악귀인 나찰악귀를 쫓아내는 것이다. 이러한 점은 〈蘇幕遮〉의 종교적·민속적 기능을 분명히 보여주는 것으로, 〈蘇幕遮〉가 표면적으로는 오락적 유희성을 보여주지만, 그 이면에는 驅鬼逐疫의 辟邪的儀式性을 지니고 있음을 보여준다. 그리고 이러한 벽사적 의식성이란 기능을 이루기 위해 위의 인용문에서는 물뿌리기 행위가 사용되는데, 앞의 3장에서 언급한 물뿌리기 행위와는 상징하는 의미가 다르다. 앞의 3장에서의 나체 물뿌리기 행위는 神에게 농업용수로 필요한 비를 기원하는 주술적 의미를 지닌 것인 반면, 여기에서의 물뿌리기는 더럽고 사악함을 깨끗이 씻어내는 것을 상징하는 것으로, 驅鬼逐疫의 벽사적 상징의식인 것이다. 이러한 점에서 볼 때 〈蘇幕遮〉의 공연에는 깊은 이면에 巫儺文化的 그림자가 잠재해 있다고 볼 수 있겠다. 그리고 이러한 관점에서 볼 때 위에서 보인 올가미놀이는 올가미로 잡아내는 행위가 혹시 나찰악귀와 같은 악귀를 쫓아내는 유희가 아닌가 여겨진다. 물론 올가미놀이가 여기서 구체적으로 어떠했는지를 알 수 없지만, 악귀를 물리치는 〈蘇幕遮〉의 기

35) 李昌集, 〈蘇幕遮的樂與辭〉, ≪中國文化研究≫, 2004年 2期, 2004, 245쪽.

36) 조성애, ≪축제문화의 제현상≫, 108쪽, 서울, 연세대학교출판부, 2006.

능과 연결시켜 보면 지나친 비약은 아니라고 여겨진다. 왜냐하면 여기서의 올가미놀이는 단순한 유희에 그치지 않고, 분명 상징성을 지닌 종교적 의식이라고 여겨지기 때문이다.

이상에서 서역에서 전래된 외래 歌舞戲인 〈蘇幕遮〉가 당나라 초기 흥성했을 때의 여러 양상을 살펴보았다. 먼저 당나라 초기 〈蘇幕遮〉의 흥성은 당시의 제왕들의 기호에 기인하였다. 측천무후와 중종 및 예종은 궁중에서 서역의 胡人들이 공연한 〈蘇幕遮〉를 관람하였다. 그리고 이들이 관람한 〈蘇幕遮〉는 이듬해의 풍년을 기원하기 위해 알몸을 드러낸 채(상반신 나체로) 서로 물을 뿌리는 행위를 핵심으로 하였는데, 단순한 오락적 유희성만을 지닌 것이 아니라, 그 이면에는 종교적 의식성을 지니고 있었다. 다만 궁정에서 공연된 이들 〈蘇幕遮〉는 소규모의 초보적 歌舞戲에 불과하여 축제적 성격을 지니지 못했다. 축제적인 관점에서 볼 때 〈蘇幕遮〉의 본격적인 모습은 민간에서 공연될 때 분명히 드러났다. 민간에서의 〈蘇幕遮〉 공연은 마치 전쟁이라도 터진듯 대규모로 공연되어, 공연되는 길거리에서 시끌벅적함과 狂氣를 느끼게 만들었으며, 공연 참가자들은 괴기스러운 가면을 쓰고 부녀자들이 나체로 서로 물을 뿌리는 공연을 하였다. 그리고 이러한 모습은 마치 서양 중세의 천주교 카니발을 연상시키에 충분하였으며, 축제적 성격의 핵심인 오락적 유희성과 종교적 의식성을 함께 지니고 있었다.

한편 외래문화에 대한 중국의 문화수용 양상의 관점에서 볼 때 당나라 초기 〈蘇幕遮〉의 궁중 공연에 있어서는 서역의 〈蘇幕遮〉를 거의 그대로 답습하였다. 공연의 주체로는 여전히 서역의 胡人이 등장하였고, 황제 등의 관람자는 단지 서역의 외래문화를 감상할 뿐이었다. 그러나 민간에서 공연된 〈蘇幕遮〉는 서역의 본 모습을 그대로 유지하지 않았다. 〈蘇幕遮〉의 공연 주체자는 더 이상 서역인이 아니라, 수많은 중국인이 직접 참가하여 서역의 문화를 흡수하고 융합하여 새로운 〈蘇幕遮〉를 탄생시켰다. 이러한 점에서 당나라 시기 민간에서 〈蘇幕遮〉가 흥성한 것은 단순한 문화교류를 넘어선 문화융합의 결과라고 말할 수 있다. 당나라 시기를 대표하는 樂舞인 十部樂에 龜玆樂을 비롯하여 西涼樂,, 高唱樂, 疏勒樂, 康國樂, 安國樂 등 서역의 樂舞가 여섯 개나 차지하고 있는 점은 이러한 문화교류와 융합이 얼마나 흥성했는지를 보여주는 단적인 증거이다.

5. 〈蘇幕遮〉의 금지

서역에서 전래되어 당나라 초기 매우 흥성하던 〈蘇幕遮〉는 뜻밖의 상황에 직면하게 된다. 당 현종은 開元 원년인 713년에 〈蘇幕遮〉의 공연을 금지시켰다. 당나라 초기 서역과의 문화교류와 문화융합의 결과 매우 흥성하였던 〈蘇幕遮〉는 생각지도 않은 문화충돌의 희생양이 된다. 중국 고전희곡의 형성기에 일정한 공헌을 하였던 〈蘇幕遮〉는 문화교류-문화융합-문화충돌의 과정을 걷게 되었다. 여기서는 이렇게 〈蘇幕遮〉가 금지되었던 상황을 중심으로 그 의미를 살피기로 한다. 〈蘇幕遮〉의 금지는 당시 세 관리의 上疏로부터 시작되었다. 먼저 앞에서도 인용한 幷州 淸源縣尉였던 呂元泰가 705년 11월 洛陽에서 〈蘇幕遮〉를 본 후, 706년 3월 中宗에게 〈蘇幕遮〉의 금지를 상소한 글을 살펴보자.

> 근래에 보아하니 고을과 동리마다 잇따라 渾脫隊를 하면서 좋은 말을 타고 오랑캐 옷을 입는데, 〈蘇幕遮〉라고 부릅니다. 깃발 세우고 북을 치며 서로 다투는 것은 軍陣의 형세이고, 날뛰고 뒤쫓으며 소란을 피우는 것은 전쟁의 형상입니다. 비단에 수놓은 옷 입는 것을 다투어 뽐내는 것은 여인들의 하는 일에 해를 끼치는 것이고, 가난하고 약한 사람에게서 거두는 것을 독려하는 것은 정치를 손상시키는 것입니다. (또) 오랑캐 옷을 입고 서로 좋아하는 것은 우아한 즐김이 못되고, 渾脫이란 칭

> 호는 아름다운 이름이 아닙니다. 어찌 예의의 나라에서 오랑캐의 습속을 본받을 수 있겠습니까? ≪詩經≫에서 말하길, “京城이 번성하니, 四方의 準則이네”라고 하였는데, 先王의 禮樂이 아닌데도 準則으로 사방에 보여주는 것은 제가 알지 못하는 바입니다. (또) ≪書經 · 洪範≫에서 말하길, “(임금이 政事를) 제대로 圖謀하면, 때에 맞추어 추위가 따라온다”라고 하였는데, 어찌 반드시 알몸을 드러내고 길거리에서 물을 뿌리며 북 장단에 춤추고 날뛰며 추위를 기원해야 합니까?[37]

위의 상소문에서 呂元泰는 당시에 시끌벅적하게 공연된 〈蘇幕遮〉가 중국의 습속과는 맞지 않은 것이라고 하여 금지할 것을 말하고 있다. 그는 먼저 〈蘇幕遮〉의 공연 양상에 대해 매우 부정적으로 묘사하고 있다. 민간에서의 〈蘇幕遮〉 공연은 위의 인용문에 보인 바와 같이 狂氣어린 축제처럼 거행되었다. 〈蘇幕遮〉의 공연에 참가한 자들이 서로 편을 나누어 깃발을 세우고 북을치며 軍陣의 형세처럼 다투었고, 날뛰고 뒤쫓으며 전쟁처럼 소란을 피웠다. 여원태는 이와 더불어 〈蘇幕遮〉의 공연이 사회와 국가에 피해를 끼치고 있음을 지적하였다. 그는 당시 〈蘇幕遮〉 공연에 참여한 자들이 다투어 자랑하듯 수놓은 비단옷을 입었으니, 이는 비단짜고 수놓은 여인들에게 고통을 끼치는 일이며, 〈蘇幕遮〉 공연을 위해 가난하고 약한 사람들에게서 공연 비용을 독촉하여 거두었으니, 이는 정치를 손상시키는 일이라고 지적히였다. 그러면서 여원태는 예의를 존중하는 당나라에서 오랑캐의 문화를 본받을 수 없다고 말하였다. 그리고 이러한 점의 근거로 그는 ≪詩經≫과 ≪書經≫에 나오는 문장을 들어 자신의 주장을 뒷받침하였다. 그는 먼저 ≪詩經≫에 나오는 “京城이 번성하니 四方의 準

37) 比見坊邑, 相率爲渾脫隊, 駿馬胡服, 名曰蘇莫遮. 旗鼓相當, 軍陣勢也, 騰逐喧譟, 戰爭象也, 錦繡誇競, 害女工也, 督斂貧弱, 傷正體也, 胡服相歡, 非雅樂也, 渾脫爲號, 非美名也, 安可以禮義之朝, 法胡虜之俗? 詩云: 京邑翼翼, 四方是則. 非先王之禮樂而示則於四方, 臣所未諭. ≪書 · 洪範≫曰: 謀時寒若.,何必羸形體, 灌衢路, 鼓舞跳躍而索寒焉. ≪二十四史全譯≫, ≪新唐書 · 呂元泰傳≫, 2907쪽, 북경, 漢語大詞典出版社, 2004.

則이네"라는 말을 근거로, 당나라의 문화가 번성하여 오랑캐의 준범이 되는 것이지, 先王의 禮樂이 아닌 오랑캐의 문화를 준범으로 사방에 보여줄 수는 없다고 주장하였다. 그리고 ≪書經≫에 나오는 "임금이 정사를 제대로 도모하면, 추위는 때에 맞추어 따라온다"라는 말을 근거로, 구태여 나체로 물을 뿌리며 길거리에서 추위를 기원할 필요가 없다고 주장하였다.

이와 같은 여원태의 상소문을 살펴볼 때, 서역문화로서 전래된 〈蘇幕遮〉는 중국의 중원문화와는 다른 문화적 마찰과 충돌을 일으키고 있음을 알 수 있다. 당나라 초기의 특성인 개방화로 인하여, 중원문화가 외래문화에 대하여 대규모로 교류하고 융합하던 길을 걸었던 것과는 달리, 유독 〈蘇幕遮〉라는 대형 歌舞戲에 대해서는 문화적 배척의 태도를 보여주었던 것이다. 그리고 중국 고전희곡 발전사에 있어서 희곡의 형성기에 일정한 기여를 했던 작품이 이렇듯 문화의 차이로 인하여 돌연 금지되는 것으로는 〈蘇幕遮〉가 대표적인 것이라고 하겠다. 이러한 점에서 〈蘇幕遮〉는 중국 고전희곡 발전사에서 외래문화에 대한 중국의 문화수용 樣相을 보여주는 대표적인 작품이다.

서역문화와 중원문화의 대규모 교류와 융합으로 흥성했던 〈蘇幕遮〉는 도리어 문화충돌로 인하여 금지하자는 상소문이 이어졌다. 여원태는 위에서와 같이 〈蘇幕遮〉의 금지를 주장하는 상소문을 올렸지만, 〈蘇幕遮〉를 매우 좋아하던 中宗은 여원태의 상소를 받아들이지 않았다. 이후 중종에 이어 예종도 〈蘇幕遮〉를 좋아하자, 睿宗 京雲2년 711년 당시 左拾遺 신분이던 韓朝宗이 睿宗에게 〈蘇幕遮〉를 금지하자는 상소문을 올리었으니, 여기서는 그의 상소문을 살펴보자.

> 예전에 (周의 大夫인) 辛有가 伊川 지역을 지날 때 (사람들이) 머리를 풀어 헤치고 제사지내는 것을 보고서 그 곳이 필히 오랑캐의 근거지일 것을 알았다. 지금의 '乞寒胡戲'인 〈蘇幕遮〉는 옛 것도 아니고 法度를 취한 것도 아니니, 어찌 오랑캐의 것이 아니겠습니까? 또 (〈蘇幕遮〉의

> 공연으로) 길거리가 시끌벅적하며, 모두들 皇太子께서 微服으로 〈蘇幕遮〉를 관람한다고 말합니다. 또 (지금) 匈奴가 客舍에 있으니, 刺客이 갑자기 나오면 큰 憂患은 예측할 수 없습니다. (이것은) 白龍이 물고기 껍질로 만든 옷을 입는 것과 같은 것으로, 심히 걱정됩니다. 하물며 (지금) 천체의 현상이 원래의 모습과 다르게 나타나고, 瘟疫이 계속되는데, 兵禍를 싫어하고 陰氣를 조장하는 것은 無益하다고 말할 수 있습니다.[38]

위의 상소문에서 韓朝宗은 외래문화에 대한 그의 멸시를 분명하게 보여준다. 그는 먼저 ≪春秋左氏傳≫에 나오는 고사를 인용하여 서역에서 전래된 〈蘇幕遮〉가 이전부터 중국에 있었던 것이 아니고, 또한 중국의 法度를 벗어난다고 지적하였다. 그는 周平王이 서울을 동쪽의 洛陽으로 옮길 때, 周나라의 대부였던 辛有가 낙양 근처인 伊水 지역을 지나다가, 머리를 풀고 들판에서 제사지내는 사람들을 보고 말하길, "앞으로 백년이 못가서 이 땅은 오랑캐 되놈이 살게 되겠구나."(平王之東遷也, 辛有適伊川, 見被髮而祭於野者, 曰不及百年, 此其戎乎)라는[39] 고사를 근거로 자신의 주장이 옳다고 여겼다. 위의 인용문에 의하면, 韓朝宗은 위에서와 같이 문화적인 관점에서 〈蘇幕遮〉의 금지를 주장했을 뿐만 아니라, 또한 〈蘇幕遮〉의 狂氣어린 시끌벅적한 공연이 현실적인 관점에서 無益하다고 판단하여 금지할 것을 주장하였다. 특히 그는 당시 황태자의 신분이었던 李隆基(후세의 당 현종)가 微服의 상태로 길거리에 몰래 나가 〈蘇幕遮〉를 관람하였는데, 이는 오랑캐인 匈奴가 客舍에 와 있는 상황을 감안하면, 언제 刺客이 갑자기 나타날지 알 수 없는 매우 위험한 상태라고 주장하였다. 그러면서 그는 이러한 상황을 임금처럼 신분이 높은 사람이 물

38) 昔辛有過伊川, 見被髮而祭, 知其必戎. 今乞寒胡, 非古不法, 無乃爲狄. 又道路籍籍, 咸言皇太子微服觀之. 且匈奴在邸, 刺客卒發, 大憂不測. 白龍魚服, 可深畏也. 況天象變見, 疫癘相仍, 厭兵助陰, 是謂無益. ≪二十四史全譯≫, ≪新唐書·張韋韓宋辛二李裵列傳≫, 2904쪽. 북경, 漢語大詞典出版社, 2004.

39) 文璇奎譯, ≪春秋左氏傳≫上, 322쪽, 서울, 明文堂, 2002.

고기 껍질로 만든 옷인 서민의 복장으로 微行한다는 '白龍魚服'의 고사를 인용하였다. 마지막으로 韓朝宗은 당시의 특별한 상황을 들어가며 〈蘇幕遮〉 공연을 금지해야 한다고 주장하였다. 그는 당시 천체 현상이 특이한 변화를 보이고 있으니 위험하고, 또한 사회적으로 전염병인 瘟疫이 계속되는 상황이기 때문에, 겨울에 차가운 물을 뿌려대며 陰氣를 조장하는 〈蘇幕遮〉의 공연은 금지되어야 한다고 주장하였다.

그러나 韓朝宗의 상소는 앞의 呂元泰의 상소와 마찬가지로 받아들여지지 않았다. 이것은 중종과 마찬가지로 당시의 황제인 예종 또한 〈蘇幕遮〉를 매우 좋아하였기 때문이다. 세 번째로 〈蘇幕遮〉의 금지를 상소한 이는 中書令이란 높은 관직을 맡고 있던 張說이다. 그는 앞서 711년 중종과 함께 〈蘇幕遮〉를 궁중에서 공연한 후, 〈蘇幕遮〉라는 詩로써 〈蘇幕遮〉에 대해 찬탄을 하였던 인물이다. 張說은 뜻밖에 713년 다음과 상소문으로 〈蘇幕遮〉의 금지를 주장한다.

> 臣이 듣건대, (晉나라의) 韓宣子가 魯나라에 갔을 때 周나라의 禮를 보고서 감탄하였고, 孔子가 齊나라와의 會盟에서는 倡優의 죄를 꾸짖었습니다. 列國도 이와 같건대, 하물며 (세계의 중심인) 우리나라는 어떻겠습니까? 지금 바깥 蕃國에서 和平을 請하며 사신을 골라 알현하기 바라나니, (제가) 바라는 바는 禮樂으로 접대하고 병사의 위세로써 보여 주시는 것입니다. 비록 (그들을) 오랑캐라고 말하지만 가벼이 할 수 없나니, 駒支의 말재주와 由余의 재능이 없을지 어찌 알겠습니까? 또 '潑寒胡戱'인 〈蘇幕遮〉는 옛 근거를 들어보지 못했으며, 나체의 발로 뛰어다니는 것에서 고상한 風德을 어찌 보겠습니까? (또) 물을 뿌리고 진흙을 던지는 것은 威容을 잃음이 심합니다. (이것들은) 법도가 魯나라의 禮와 맞지 않고, 외설스럽기가 齊나라의 倡優와 비견되오니, 아마 廟堂의 樂舞로써 먼 나라를 회유하는 意義와 酒肉으로 잔치하는 방법으로써 적군을 제압하는 禮法이 아니라고 여겨집니다.[40]

40) 臣聞韓宣適魯, 見周禮而歎, 孔子會齊, 數倡優之罪. 列國如此, 況天朝乎. 今外蕃請

위의 상소문에서 張說은 여러 가지 역사적 고사를 인용하며 〈蘇幕遮〉라는 오랑캐 문화는 중국의 법도와 예절에 맞지 않은 것이니, 모름지기 금지해야 한다는 자신의 주장을 펴고 있다. 그는 먼저 韓宣子適魯와 孔子會齊라는 두 가지 역사적 사실을 예로 들며 서역의 오랑캐 문화와 비교해 중국의 中原文化가 예의와 예악을 지니고 있다는 우월감을 드러내고 있다. ≪左氏春秋傳·昭公二年≫의 기록에 의하면, 韓宣子는 晉王의 명령으로 魯나라에 가서 周禮가 남아 있는 것을 보고 탄식하였다.[41] 또 ≪史記·孔子世家≫에 의하면 공자는 魯 定公 10년(기원전 500년) 齊나라 景公과의 會盟에 참석하였는데, 齊나라의 倡優들이 魯 定公 앞에서 예의에 맞지 않게 춤을 추며 희롱하자, 공자는 창우들의 잘못을 꾸짖고 제지하였다.[42] 그러면서도 張說은 아무리 오랑캐라고 하여도 무시할 수는 없다며, 駒支의 말재주와 由余의 재능을 가지고 있을 수 있으니, 무시해서는 안된다고 말한다. ≪左氏春秋傳·襄公二年≫의 기록에 의하면, 晉나라의 范宣子가 오랑캐 국가인 戎族 나라 군주의 아들 駒支를 잡으려 하자, 駒支는 뛰어난 언변으로 위험에서 벗어났다.[43] 또한 ≪史記·秦本紀≫에 의하면 秦穆公은 西戎 출신의 유여(由余)를 등용하여 서방 이민족의 12국을 통합하였으며, 영토를 1,000리에 이르도록 확장하여 서방의 패자(覇者)가 되었다고 한다.[44] 그리고 張說은 〈蘇幕遮〉를 금지해야 하는 구체적 이유를 든다. 그에 의하면, 〈蘇幕遮〉는 본시 중국에 유래가 없는 오랑캐 문화

和, 選使朝謁, 所望接以禮樂, 示以兵威, 雖曰戎夷不可輕易, 焉知無駒支之辯, 由余之賢哉. 且潑寒胡未聞典故, 裸體跳足, 盛德何觀. 揮水投泥, 失容斯甚. 法殊魯禮, 褻比齊優, 恐非干羽柔遠之義, 樽俎折衝之禮. ≪二十四史全譯≫, ≪舊唐書·卷97張說傳≫, 2510쪽, 북경, 漢語大詞典出版社, 2004.

41) 文璇奎譯,, ≪春秋左氏傳≫上, 554쪽, 서울, 明文堂, 2002.

42) 王利器主編,, ≪史記註釋≫, 卷2, 1413쪽, 西安, 三秦出版社, 1991.

43) 文璇奎譯,, ≪春秋左氏傳≫中, 294쪽, 서울, 明文堂, 2002.

44) 王利器主編,, ≪史記註釋≫, 卷11, 96-97쪽, 西安, 三秦出版社, 1991.

이고, 나체로 뛰어다니는 행위에서는 고상한 풍덕을 찾을 수가 없으며, 물을 뿌려대는 행위는 威容을 크게 잃고 있다. 그리하여 張說은 결국 이러한 〈蘇幕遮〉의 공연 양상이 魯나라의 예의와 맞지 않고, 나체로 뛰어다니는 행위의 외설스러움이 마치 공자가 꾸짖은 齊나라 창우들의 모습과 같으니, 중국의 예법과 예의에는 어긋난다고 보았다.

이상에서 呂元泰와 韓朝宗 및 張說 세 관리의 상소문을 살펴보았다. 이들이 〈蘇幕遮〉를 금지해야 한다고 주장하는 이유는 크게 보아 서역문화는 중국의 예법과 예악에 맞지 않는 오랑캐의 문화라는 점이었다. 곧 이제껏 문화교류와 문화융합의 결과 흥성하였던 〈蘇幕遮〉는 문화충돌의 양상을 보여 결국 금지되는 처지가 되었다. 물론 〈蘇幕遮〉를 금지해야 한다는 주장에는 당시 정국의 현실이 어수선하여 금지해야 한다는 주장도 포함되었으나 대의상 이것은 주된 것이 아니었다. 다만 앞의 두 사람이 상소한 것을 중종과 예종 두 임금은 받아들이지 않았지만, 당 현종은 張說의 상소를 받아 들여 다음과 같이 〈蘇幕遮〉 공연을 금지시킨다.

> 勅令: 섣달에 추위를 기원하는 〈蘇幕遮〉는 바깥 蕃國에서 온 것인데, 점점 물들어서 습속이 되었고, (그것을) 답습한 것이 이미 오래 되었도다. (공연 시) 살찐 말을 타고 가벼운 옷을 입으며, 오랑캐 옷을 다투어 자랑하면서, 고을과 동리를 가득 매워 우리의 풍속을 심히 해치구나. 朕은 (이렇듯 풍속을) 손상시키는 것을 바꾸어 淳朴함으로 돌아가고자 생각하노라. ……, 지금 이후 蕃國 지역과 중국을 막론하고 곧 금지를 선포한다.[45]

위의 칙령에서 〈蘇幕遮〉의 공연 시 고을과 동리를 가득 메웠다는 사실로 미루어, 현종 때에도 〈蘇幕遮〉가 매우 흥성했다는 점을 알 수 있다. 먼저 현

45) 勅: 臘月乞寒, 外蕃所出, 漸漬成俗, 因循已久. 至使乘肥衣輕, 競矜胡服, 闐城溢陌, 深玷華風. 朕思革頹弊, 返於淳朴. ……, 自今以後, 無問蕃漢, 卽宣禁斷. ≪唐會要≫, 권34, 李昌集, 〈蘇幕遮的樂與辭〉, ≪中國文化研究≫, 2004年 2期, 2004, 245쪽, 재인용.

종은 〈蘇幕遮〉가 주변 제후국인 蕃國에서 전래되어 이미 오래 동안 중국의 습속이 되었음을 인정하였다. 그러면서 현종은 〈蘇幕遮〉의 공연 양상이 중국의 淳朴한 풍속을 크게 해치고 있다는 점에서 금지해야 한다고 보았다. 그 근거로 그는 당시 〈蘇幕遮〉의 공연 시 공연의 주체자들이 살찐 말을 타고 가벼운 옷을 입는 등 사치스러운 모습을 보이고 있고, 또한 서역의 오랑캐 옷을 다투어 자랑하는 것을 들고 있다. 그리하여 현종은 이후 주변 제후국인 蕃國과 중국을 막론하고 〈蘇幕遮〉의 공연을 금지시켰다.

이상에서 서역에서 전래되어 매우 흥성했던 〈蘇幕遮〉가 갑자기 공연 금지되는 상황을 살펴보았다. 위에서 살피었듯이 〈蘇幕遮〉의 금지는 우선 지방과 중앙에 있던 세 명의 관리들의 上疏로부터 시작되었으며, 시간이 지남에 따라 상소하는 관리들의 신분도 점점 높아졌다. 그리고 上疏者인 呂元泰와 韓朝宗 및 張說이 〈蘇幕遮〉의 금지를 주장하는 가장 핵심적인 이유는 〈蘇幕遮〉라는 서역문화가 중국의 중원문화의 예법을 갖추지 못한 하류문화라는 점이다. 이러한 점에서 당 현종이 張說의 상소를 받아들여 〈蘇幕遮〉의 금지라는 칙령을 선포한 것은 일종의 문화충돌의 결과인 것이다.

6. 〈蘇幕遮〉의 변용

당나라 봉건 시기에 임금의 칙령은 거의 절대적이어서 중국 내에서 대규모의 군중성 축제식의 歌舞戲 공연은 불가능하였다. 그리하여 〈蘇幕遮〉는 더이상 歌舞戲로서의 성격은 유지할 수 없었다. 그렇다고 음악과 무도 등을 포함한 종합예술로서의 성격을 지닌 〈蘇幕遮〉가 이후에 완전히 자취를 감추고 사라지지는 않았다. 바로 축제적 성격의 대형 歌舞戲로서의 〈蘇幕遮〉는 이후 사라졌지만, 歌舞戲의 구성 요소인 음악과 무도 등은 歌舞戲에서 분리되었으며, 그리하여 이후에는 이전의 〈蘇幕遮〉와는 전혀 다른 모습으로 계속 명맥을 유지하였다. 이런 점에서 당 현종 이후의 〈蘇幕遮〉는 이전의 양상과는 전혀 다른 모습을 보여주어 文化變容의 길을 걸었다. 〈蘇幕遮〉는 중국 고전희곡 형성기의 歌舞戲라는 관점에서 볼 때, 먼저 서역에서 전래되고 이후 흥성하다가 뜻밖에 금지당하며 마지막에는 변화의 모습을 보여주었으니, 이는 문화교류-문화융합-문화충돌-문화변용이라는 다양한 과정을 겪은 것이다.

먼저 당 현종의 금지 이후 天寶 13년(754년) 조정에서 음악을 담당하던 太樂署에서는 당시의 供奉樂曲에 대하여 대규모로 改名을 하여, 胡曲 60여 수 중 50여 수의 이름을 중국식 이름으로 바꾸었다. 그리하여 歌舞戲 〈蘇幕遮〉의 음악 부분 또한 이름이 바뀌었으니, 金鳳調 〈蘇幕遮〉는 〈感皇恩〉으로, 太簇宮 沙陀調 〈蘇幕遮〉는 〈萬宇淸 〉으로 개명되었고, 다만 南呂宮 水調 〈蘇幕遮〉는 그대로 사용되었다.[46] 이름이 바뀐 후 음악의 악곡으로서의 〈蘇幕遮〉는 이전의 歌舞戲로서의 〈蘇幕遮〉와는 크게 바뀌었다. 이들 악곡으로서의 〈蘇幕遮〉는 대부분 순수한 음악 형식으로 사용되고 황제의 은혜에 감사하는 내용으로 바뀌어, 자연스럽게 궁정의 樂舞 형식으로 공연되었으며, 민간에서도 사용되었다.[47] 또한 당나라 이후 음악으로서의 〈蘇幕遮〉는 〈感皇恩〉이라는 이름으로 宋代에는 詞牌로 사용되고, 元代 이후에는 曲牌로 사용되어, 母體인 서역문화의 흔적을 찾아볼 수 없게 되었다. 이러한 점에서 당나라 이후 음악 성분으로서의 〈蘇幕遮〉는 완전한 문화변용의 길을 걷게 되었다고 볼 수 있다.

다음으로 歌舞戲 〈蘇幕遮〉의 舞蹈 부분인 渾脫의 변화를 살펴보자. 우선 혼탈은 무도의 성분으로서 다른 무도의 성분과 결합하여 새로운 무도 형식을 만들어내었다. 일례로 劍器渾脫은 대표적인 것으로, 중국 고대의 武舞로서 유명한 劍器와 혼탈이 결합한 것이다. 또한 혼탈은 민간 백희의

46) 王鳳霞, 〈從潑寒胡到蘇幕遮〉, ≪廣州大學學報≫, 4卷, 3期, 2005, 14쪽.

47) 常樂, 〈潑寒胡戲在唐代的禁斷與流變〉, Popular Science, 2009年 6期, 2009, 585쪽.

잡기와 결합되어 새로운 공연 양상을 만들어 내기도 하였다. 妓女인 石火胡의 공연으로 유명한 竿木渾脫이 대표적인 것으로, 石火胡는 百尺이나 되는 높은 장대 위에서 혼탈무를 추었다고 한다. 이밖에도 혼탈은 여러 가지 형태로 변형되어 사용되었으니, 양머리 가면을 쓴 羊頭渾脫, 玉免冠을 머리에 쓴 玉免渾脫, 唐樂으로서 술에 취한 胡人의 가면을 쓰고 등장하는 醉渾脫[48] 등이 있다. 이러한 점에서 〈蘇幕遮〉의 무도 부분인 혼탈 또한 문화변용의 길을 걸었다.

한편 서역에서 전래된 중국의 〈蘇幕遮〉는 우리나라와 일본에도 전해졌다. 중국의 〈蘇幕遮〉는 고려 시기에 〈感皇恩〉이라는 이름으로 악곡의 형식으로 전해졌고, 일본에는 당나라 승려 鑑眞和尙이 樂舞의 형식으로 전하여 지금도 〈蘇莫者〉라는 이름으로 공연된다.[49] 물론 고려와 일본에 전해진 〈感皇恩〉과 〈蘇莫者〉는 이들의 母體인 서역의 〈蘇幕遮〉와는 다른 성격을 지닌 것으로, 이들 또한 문화변용의 양상을 잘 보여주고 있다.

7. 〈蘇幕遮〉의 의의

〈蘇幕遮〉는 중국의 고전희곡 발전사에서 歌舞戲의 형식으로 초기 희곡의 형성에 일정한 역할을 한 것으로, 서역에서 전래된 대형 축제성 歌舞戲이다. 〈蘇幕遮〉의 기원으로는 페르시아 기원설, 인도 기원설, 龜玆 기원설, 高昌 기원설, 康國 기원설, 이란 기원설, 로마 기원설이 있었는데, 범박하게 보아 서역에서 기원하였다.

서역의 歌舞戲인 〈蘇幕遮〉는 이제까지의 학계에서는 일반적으로 남북조 시기의 北周 宣帝 시기에 전래되었다고 하였지만, 본문에서 살펴본 바

48) 金學主, ≪中國 古代의 歌舞戲≫, 244-245쪽, 서울, 명문당, 2001.

49) 萬凌艷, 〈略論潑寒胡戲在唐代的盛衰〉, ≪商洛學院學報≫, 20卷 4期, 2006, 89쪽.

와 같이 실제로는 그보다 100여 년이 앞선 南朝의 劉宋 시기에 전래되었다. 그리고 이와 같이 남북조 시기에 서역의 외래문화인 〈蘇幕遮〉가 전래될 수 있었던 것은 당시 서역과의 문화교류가 활발히 이루어진 결과였다. 또한 전래 초기의 〈蘇幕遮〉는 궁중에서만 공연되었고, 공연의 주체자는 중국인이 아닌 서역의 胡人이었다. 그리고 당시 공연된 〈蘇幕遮〉는 내용상에 있어서 추위를 기원하며 나체로 물을 뿌리는 행위를 중심으로 하였는데, 이는 단순한 오락적 유희가 아니라 일정한 종교성을 지닌 민속활동의 상징적 의식이었다. 곧 추위를 기원하는 것은 겨울에 춥고 눈이 많이 내려 이듬해 雪山에서 많은 물들이 녹아 내려와 풍년이 오기를 기원하는 것이었고, 나체 물뿌리기는 同種呪術의 행위로서 물뿌리는 행위를 비오는 것과 연관시키는 것으로, 일종의 나체기우제와 같은 상징적 의식행위였다. 또한 물뿌리기 행위는 부정하고 사악한 것을 씻어내는 것을 상징하기도 하였는데, 이러한 점에서 〈蘇幕遮〉의 공연은 사람을 잡아먹는 羅刹惡鬼를 물리치는 기능을 지니고 있었다. 그리하여 〈蘇幕遮〉의 오락적 유희성 속에는 驅鬼逐疫하는 辟邪的 儀式性이 함께 결합되어 있었다. 그리고 이러한 오락적 유희성과 종교적 의식성이 함께 결합된 점은 축제적 성격을 지닌 〈蘇幕遮〉의 성격을 잘 보여주는 것이다.

당나라 초기에 이르러 〈蘇幕遮〉는 매우 흥성하였으며 처음에는 주로 황제들의 기호에 의해 궁중에서만 공연되었다. 이후 곧 〈蘇幕遮〉는 민간에서 거대한 규모로 공연되었는데, 광기어린 분위기에 공연자와 관람자가 함께 참가하여 7일 간이나 시끌벅적한 모습을 보이는데, 이는 마치 서양 중세의 로마 천주교의 카니발 축제와 비슷하였다. 그리고 이러한 축제적 성격은 〈蘇幕遮〉의 성격을 대표하였는데, 공연의 주체자들은 원숭이 가면과 귀신 가면 및 나찰惡鬼 가면 등 다소 괴기한 가면을 쓰고 등장하였으며, 부인네들은 중원의 문화로는 상상하기 힘든 상반신 나체의 상태로 서로 간에 물을 뿌렸다. 또한 민간 공연에서의 이와 같은 〈蘇幕遮〉는 공연의 주체자로서 서역의 胡人이 아닌 수 많은 중국인이 참가하여 상당히 중국화되었다. 이러한 점에서 외래문화에 대한 중국의 수용양상이라는 관점에서 볼 때, 〈蘇幕遮〉의 흥성은 서역문화와 중원문화의 문화융합의 결과라고 할 수 있다.

그러나 이러한 〈蘇幕遮〉의 흥성은 세 명의 관리들이 금지를 주장하는 상소를 올려 점점 사라지게 되었으며, 마침내 당 현종은 713년 〈蘇幕遮〉를 금지시켰다. 그들은 〈蘇幕遮〉가 보여주는 서역문화가 중국 중원문화의 예악과 법도에 맞지 않으니, 마땅히 금지시켜야 한다고 주장하였다. 곧 〈蘇幕遮〉라는 서역문화는 중원문화와의 문화충돌로 인하여 원래의 역동적인 축제적 모습을 잃고 중국의 고전 희곡사에서 사라지게 되었다.

당 현종의 〈蘇幕遮〉 공연 금지 이후 대형 축제성 歌舞戲로서의 〈蘇幕遮〉는 중국에서 더이상 나타나지 않았다. 대신 〈蘇幕遮〉의 음악과 무도 부분이 각기 분리되어 새로운 모습으로 명맥을 유지하였다. 곧 음악으로서의 〈蘇幕遮〉는 순수한 음악으로서 주로 황제의 은혜를 칭송하는 것으로 변하였고, 이후 송나라 시기에는 詞牌로 사용되고 元代 이후에는 曲牌로 사용되는 등 母體인 서역 歌舞戲의 모습을 찾기 힘들게 되었다. 또 〈蘇幕遮〉의 무도 부분인 渾脫은 전통적으로 전해 내려온 칼춤인 劍器와 결합하여 劍器渾脫이 되기도 하고, 민간 백희인 잡기와 결합하여 竿木渾脫이 되는 등 새로운 무도의 모습을 만들어냈다. 이러한 점에서 당 현종 이후의 〈蘇幕遮〉는 이전의 〈蘇幕遮〉와는 성격을 완전히 달리하는 문화변용의 길을 걸었다. 그리고 중국의 〈蘇幕遮〉는 고려와 일본에 전해졌는데, 이것들 또한 母體인 서역의 歌舞戲와는 달리 악곡과 樂舞의 형식으로 전해졌으며, 문화변용의 결과라고 하겠다. 그리하여 외국문화에 대한 중국의 문화수용의 양상이라는 관점에서 이상을 다소 도식적으로 말하면, 중국의 〈蘇幕遮〉는 문화교류-문화융합-문화충돌-문화변용의 과정을 통하여, 전래된 후 흥성하다가 이후 금지되고 다시 새로운 길을 걸었다.

제 3부

중국 고전희곡 발전상의 여러 양상

竹竿子

1. 竹竿子의 의미

竹竿子는 송대 궁정의 樂舞나 잡극의 공연 시 출현하는 공연 도구이며, 공연 시 주로 參軍色이 竹竿子를 잡는다.[1] 이 때문에 儀物인 竹竿子는 사람인 參軍色과 자주 혼용되어 사용되는데, 여기에서도 이러한 일반적인 용례를 따라 竹竿子를 본래의 의미인 儀物을 가리킬 뿐만 아니라, 경우에 따라서는 竹竿子를 잡는 參軍色으로도 가리키기로 한다.

竹竿子는 희곡 발전사에 있어서 작은 儀物에 불과하지만 도리어 제법 많은 사람들의 관심을 끌었다, 일례로 王國維는 ≪宋元戱曲史≫에서, 任半塘은 ≪唐戱弄≫에서 각기 竹竿子를 언급하였으며,[2] 근년에는 희곡 학자인 寒聲·京李虎·翁敏華·康保成·黎國韜·黃竹三·馬國鈞 등이 竹竿子에 관심을 보였다.[3] 그것은 竹竿子 곧 參軍色이 송·금 시기 궁정

1) 參軍色만이 竹竿子를 잡는 것은 아니니, 일례로 조선의 ≪樂學軌範≫ 3권의 〈抛毬樂〉에서는 기녀 두 사람이 竹竿子를 잡고 있다. 이혜구역주, ≪新譯樂學軌範≫, 220쪽, 국립국악원, 2000.

2) 王國維, ≪宋元戱曲史≫, 61쪽, 百花文藝出版社, 2002.
任半塘, ≪唐戱弄≫, 996쪽, 上海古籍出版社, 1984.

3) 寒聲, 〈從宋金樂舞隊戱線刻圖看三晉文化〉, ≪中華戱曲≫, 第10輯, 1991.
京李虎, 〈竹竿子參軍色考論〉, ≪山西師大學報≫, 第19卷 1期, 1992.
翁敏華, 〈從竹竿子看戱劇由祭壇走向戱壇的脚步〉, ≪中日韓戱劇文化因緣硏究≫, 學林

의 樂舞나 잡극 공연에서 빠뜨릴 수 없는 중요한 인물이기 때문이다. 다만 이전에는 사료의 기록이 부족하고 간단하여 竹竿子의 신분·지위·작용 등이 뚜렷히 파악되지 못했다. 그러나 근년에 몇몇 희곡문물이 발견되어 이러한 부족함을 어느 정도 보충할 수 있게 되었다.

고대 중국에는 여러 가지 동식물 토템이 유행이었는데, 대나무도 식물 토템의 하나였다. 바로 竹崇拜 관념은 竹竿子의 기초 토대이다. 그러면 이러한 죽숭배 관념은 어떠한 방식으로 竹竿子의 성격에 영향을 끼쳤는가? 또한 竹竿子라는 명칭은 송대에 처음 보이지만, 기실 竹竿子는 송대에 불쑥 나타나지는 않았을 것이다. 그러면 竹竿子의 내원은 무엇인가? 또한 竹竿子는 시간과 공간 상에서도 상당히 광범위하게 보인다. 비록 원·명·청 시기에는 竹竿子라는 칭호 대신 戱竹이라는 칭호가 사용되나 기실은 같은 것이며, 지금도 농촌의 제사희극에서는 이러한 竹竿子가 이름을 달리하여 나타난다. 또한 竹竿子는 공간상으로도 일본과 조선에 전해졌는데, 특히 조선의 ≪樂學軌範≫에는 그림과 함께 竹竿子에 대한 설명이 보인다. 이러한 각각의 竹竿子는 여러 형상을 보여주고 있는데, 이러한 점은 무엇을 의미하고 있는가?

무엇보다도 본문의 핵심은 竹竿子의 기능과 의미에 대한 논의이다. 일반적으로 竹竿子는 송대 궁정 樂舞나 잡극에서 배우의 등장과 퇴장을 담당하는 등 공연을 지휘하고 배치하는 감독의 역할을 하며, 아울러 공연 도중 致語와 口號를 담당하는 기능을 지니고 있다. 그러나 이것은 竹竿子의 기능을 표면적으로 말하고 있는 것이다. 곧 竹竿子의 기능에는 이보

出版社, 2004.
康保成, 〈沿門逐疫的道具-竹竿子〉, ≪儺戱藝術源流≫, 廣東高等教育出版社, 1999.
黎國韜, 〈樂官與戱劇表演-竹竿子補證〉, ≪古代樂官與古代戱劇≫, 廣東高等教育出版社, 2004.
黃竹三, 〈掌竹 · 前行·竹竿子·竹崇拜〉, ≪戱曲文物研究散論≫, 文化藝術出版社, 1998.
馬國鈞, 〈竹崇拜的儺文化印迹〉, ≪民族藝術≫, 第4期, 1994.

다 더욱 근본적인 의미가 있다고 여겨진다. 이러한 이유 때문에 강보성은 竹竿子를 沿門逐疫의 道具라고 말하고 있는 것이다. 그러면 竹竿子의 더욱 근본적인 기능은 어떻게 형성되었고, 왜 竹竿子는 송대 궁정의 樂舞나 잡극 공연에서 필수적인 儀物이 되었을까? 그리고 竹竿子의 근본적인 의미는 중국 희극의 기원과 형성에 있어서 어떠한 의미를 지니고 있는 것일까?

2. 竹崇拜의 文化背景

송대의 樂舞나 잡극 공연에 왜 진행자가 손에 竹竿拂子를 들어야 하고, 나아가 竹竿拂子가 竹竿子라는 이름을 얻게 되었는가? 이것은 중국의 상고 시대부터 이미 존재했던 대나무 숭배의 문화현상에 까지 거슬러 올라가야 한다.

대나무는 고대의 중국 및 동아시아에 있었던 많은 토템숭배 중의 하나이다. 먼저 여기서는 대나무 토템 중의 대표라고 말할 수 있는 竹王전설을 살펴보자. ≪後漢書≫ 卷116의 '西南夷列傳'에는 다음과 같은 기록이 보인다.

> 夜郎國에 당초 한 여자가 遁水에서 빨래를 하고 있었는데, 세 마디 크기의 큰 대나무가 발 사이로 흘러 들어왔다. 대나무 가운데서 울음소리가 들려 대나무를 쪼개어 보니 한 사내 아이가 있어서 그를 데리고 와 키웠다. 애가 자라서는 재주와 무예가 뛰어났으며, 그는 스스로 夜郎侯로 즉위하였으며, 竹을 성씨로 하였다.[4]

4) 夜郎者, 初有女子浣于遁水, 有三節大竹流入足間, 聞其中有號聲, 剖竹視之, 得一男兒, 歸而養之. 及長, 有才武, 自立爲夜郎侯, 以竹爲姓. ≪後漢書今注今譯≫, 下冊, 2336쪽, 岳麓書社, 1998.

위의 내용은 漢 武帝 때의 이야기로서 夜郎國은 서남쪽의 오랑캐 국가이다. 그런데 竹王의 고사는 상당히 토템적 내용이다. 위의 夜郎이 어떤 族屬의 나라인지는 확실하지 않으나 대나무에서 탄생한 竹王에 대한 숭배와 제사는 곧 대나무에 대한 숭배와 제사이다. 그리고 이 고사는 후세에 까지 오래 전해져 청대에 까지 貴州省·雲南省·廣西省·四川省·湖北省 일대에는 竹王을 기리는 竹王三郎神廟가 있었다고 한다.[5]

그런데 이러한 대나무 토템은 각 씨족 부락과 민족이 교류하고 융합하는 과정 중에 새로운 토템을 형성하였으니, 대나무토템과 용토템이 결합한 竹龍토템과 대나무토템과 뱀토템이 결합한 竹蛇토템은 대표적인 복합토템이다. 그리고 이러한 복합토템은 새로운 의미를 창출하였다. 곧 대나무토템이 용토템과 결합하면서 대나무토템은 새롭게 용토템의 의미를 흡수하였다. 이리하여 대나무토템은 용토템이 지니고 있던 비와 관련된 의미도 지니게 되었다. 이에 竹神은 비를 내릴 수 있는 능력을 지니게 되었고, 사람들은 가뭄이 들 때 竹神에게 비를 내려주기를 기도하였다. 唐대의 韓愈가 竹神에게 비를 내려주기를 간청했던 〈祭竹林神文〉은 대표적인 경우라고 할 수 있다. 그리고 이렇듯이 용과 대나무를 연계하는 토템관념이 지금도 몇몇 소수민족 중에는 남아 있으니, 일례로 貴州省 雷山의 苗族은 竹龍토템이 자기 종족의 시조신이고 보호신이라고 믿는다.[6]

그러면 대나무는 어떠한 근거로 이렇게 숭배되었는가? 고대의 중국인들은 대나무를 靈性을 지닌 神物로 여겼다. 그리고 대나무의 이러한 영성은 주로 迎神과 驅邪라는 두 방면으로 표현되었다.[7] 그런데 대나무에 대한 이러한 관념은 우리들이 쉽게 이해할 수 있는 것이라고 하겠다. 그것은 지금도 우리나라의 무당들이 降神儀式을 행할 때에는 대나무를 사용하

---

5) 전게서 2337쪽.

6) 陳菊香, 〈竹文化與戲曲〉, 22쪽, ≪岱宗學刊≫, 第12卷 3期, 2008.

7) 陳菊香, 〈竹文化與戲曲〉, 22쪽, ≪岱宗學刊≫, 第12卷 3期, 2008.

고 있고, 또 爆竹이라는 단어 자체에서 나타나듯이 고대의 爆竹은 대나무를 이용하여 사악한 귀신을 쫓는 습속에서 나왔기 때문이다. 고대의 중국에서도 대나무는 일찍이 여러 신들이 오르내리는 神物로 여겨졌다. 楚人들이 대나무를 숭배하고 爆竹으로 驅邪했던 사실은 일찍이 梁代의 ≪荊楚歲時記≫에 보이고, 竹筵로 점을 치고 대나무를 쪼개어 점을 쳤다.[8] 또한 대나무는 '桃枝'라는 異名이 있고, 심지어는 껍질이 노랗고 반들반들한 대나무를 '桃枝竹'이라고 부르는데,[9] 이 또한 복숭아 나무의 避邪 기능을 대나무가 지니고 있다고 여긴 결과이다.

영성을 지닌 神物인 대나무는 驅邪할 수 있는 능력을 지녔다고 여겨져 고대의 喪葬儀式에 광범위적으로 사용되었고, 아울러 어린 아이의 厄을 없애며 질병과 마귀를 제거하는 것 등에 사용되었다.[10] 고대에 부모의 喪을 당하면 竹杖을 사용하는데, 苴杖이라고 이름하였다. 지금도 浙江省과 江蘇省 일대의 습속에 喪禮 시에 손에 푸른 죽간을 들어야 하는데, 이를 '哭喪棒'이라고 말하며 苴杖의 변화로 보인다. 또 瑤族이나 운남의 佤族들은 喪禮에 대나무를 사용하는데,[11] 이는 대나무로 사악함을 쫓아내는 것을 의미한다. 이러한 점에서 대나무 숭배는 逐疫을 핵심적 내용으로 하는 고대의 巫儺와 기본적으로 맥락을 같이 하고 있다.

한편 巫儺的 의미를 강하게 지니고 있는 대나무 숭배 관념은 劉禹錫의 〈竹枝詞〉의 형성 과정과도 일정한 연관을 맺고 있다. 〈竹枝詞〉는 원래 고대 巴人의 민요인데, 연창시 한편으로는 竹枝(竹竿)를 흔들고, 한편으로는 노래하기 때문에 〈竹枝詞〉라고 부른다. 곧 〈竹枝詞〉의 연창에는 竹

---

8) 王兆乾, 〈貴池儺舞舞傘考析〉, 198쪽, ≪中華戲曲≫, 第12輯, 山西人民出版社, 1992.

9) 翁敏華, 〈從竹竿子看戲劇由祭壇走向戲壇的脚步〉, ≪中日韓戲劇文化因緣研究≫, 學林出版社, 2004.

10) 馬國鈞, 〈竹崇拜的儺文化印迹〉, 47쪽, ≪民族藝術≫, 第4期, 1994.

11) 翁敏華, 〈從竹竿子看戲劇由祭壇走向戲壇的脚步〉, 304쪽, ≪中日韓戲劇文化因緣研究≫, 學林出版社, 2004.

枝, 곧 대나무 가지가 반드시 필요하기 때문에, 〈竹枝詞〉는 대나무를 둘러싼 문화적 의미를 반드시 포함하게 된다. 劉禹錫은 中唐 시에 그 곳으로 귀양당하였는데, 그 곳의 풍속이 집집마다 巫鬼를 좋아하고 매번 제사를 지내면서 〈竹枝詞〉를 노래했다고 한다.[12] 그런데 당시의 劉禹錫이 들었던 〈竹枝詞〉는 원래 西南人들이 巫儺나 神事 중에 불렀던 노래의 가사이었다.[13] 곧 〈竹枝詞〉는 근원적으로 巫歌와 연관을 맺고 있는 것이니, 巫儺的 성격을 강하게 지니고 있는 대나무 숭배의 문화적 의미를 포함하고 있다.

이상에서 우리는 고대 중국 특히 남방의 대나무 숭배가 지니는 문화적 의미를 살펴보았다. 먼저 고대 중국에서는 대나무가 토템의 대상으로 숭배되었다. 우리는 夜郞國의 竹王故事를 통하여 고대 중국의 서남부에서 특히 대나무토템이 성행했던 것을 알 수 있었다. 그리고 이러한 대나무토템은 다른 토템, 일례로 용토템과 결합하여 새로운 복합토템을 형성하며 새로운 의미를 창출했다.

대나무 숭배관념의 핵심은 대나무가 靈性을 지닌 神物로서 迎神과 驅邪의 기능을 자체적으로 지니고 있는 것으로 인식된다는 점이다. 그리고 대나무 숭배의 이러한 성격은 逐疫을 핵심 내용으로 하는 巫儺와 기본적으로 같은 것이다. 그리하여 이러한 토대 위에서 대나무는 喪禮에 사용되었으며, 또한 당대 劉禹錫의 〈竹枝詞〉도 기본적으로 대나무 숭배의 巫儺的 성격의 연장선에서 형성되었다.

---

12) 康保成, 〈竹竿子再探〉, ≪文藝研究≫, 4輯, 106쪽, 2001.

13) 馬國鈞, 〈竹崇拜的儺文化印迹〉, 48쪽, ≪民族藝術≫, 第4期, 1994.

3. 竹竿子의 내원

竹竿子는 앞에서도 언급하였듯이 본시 하나의 儀物이지만, 또한 이 儀物을 쥐고 등장하는 인물인 參軍色을 의미하기도 한다. 그리고 송대 궁중의 樂舞에서 보인 竹竿子는 갑자기 출현한 것이 아니라 전대의 것을 계승하였다. 그러면 竹竿子는 도대체 무엇을 계승하였는가? 여기서는 전인의 논의를 기반으로 竹竿子의 내원을 살피기로 한다. 王國維의 ≪宋元戱曲史≫와 任半塘의 ≪唐戱弄≫에는 竹竿子의 기원에 대해 다음과 같은 간략한 기록이 보인다.

> 宋代 극을 공연할 때 叅軍色이 손에 竹竿子를 들어 인솔한 것은 또한 唐代에 协律郎이 麾를 들어 음악을 시작시키고 麾를 눕혀 음악을 끝내는 것과 서로 비슷하니, 고로 叅軍色을 또한 竹竿子라고 부른다.
>
> 竹竿子가 하는 바는 ≪周禮≫에서 旄人이 하는 바와 비슷하니, 竹竿子라는 물건이 혹시 旄에서 변하지 않았나 한다.[14]

위의 두 문장에서 왕국유는 唐대의 協律郎이 麾를 사용하여 음악을 조절한 것을 竹竿子의 내원으로 보고 있고, 任半塘은 王國維보다 시기적으로 더욱 빠르게 ≪周禮≫에서 旄人이 旄를 사용하여 음악을 조절한 것을 竹竿子의 내원으로 생각했다. 이로부터 우리는 王國維와 任半塘이 竹竿子 내원의 시기에있어서는 서로 큰 차이가 있으나, 竹竿子의 내원이 결국은 麾나 旄와 같은 깃발에서 비롯되었다는 공통적인 의견을 지니고 있음을 알 수 있다. 물론 여기에서 이들은 각기 음악을 조절하는 竹竿子의 본

14) 14) 宋代演劇時, 叅軍色手執竹竿子以句之, 亦如唐代協律郎之擧麾作樂, 偃麾樂止相似, 故叅軍亦謂之竹竿子. 王國維, ≪宋元戱曲史≫, 61쪽, 百花文藝出版社, 2002.
竹竿子所爲, 與周禮之旄人所爲近似, 竹竿子爲物, 或由旄演變而來. 任半塘, ≪唐戱弄≫, 996쪽, 上海古籍出版社,

질적인 기능과 竹竿子의 사물 형체에 근거하여 竹竿子의 내원을 생각하였으니 상당한 근거가 있다고 여겨진다. 그런데 이들의 주장은 너무나 소략한 것이어서 여기서는 좀 더 구체적으로 竹竿子의 내원을 살피고자 한다. 다만 竹竿子가 현실적으로 儀物과 參軍色이라는 두 가지의 의미로 사용되기 때문에 이들을 구분하여 그 내원을 각기 살펴보기로 한다. 먼저 參軍色의 내원을 알아보자.

송대 궁중의 樂舞에서 參軍色은 공연을 지휘하며, 아울러 황제의 수레를 引導하는 기능을 하고 있다. 곧 송대 궁중의 樂舞에서 參軍色은 禮官의 기능과 樂官의 기능을 함께 하고 있는 禮樂官의 신분으로 등장하고 있는 것이다. 그러면 이러한 기능면에서 송대의 參軍色은 무엇을 계승하고 있는가? 우선 결론적으로 말한다면, 의식을 引導하고 진행하는 禮官의 기능에서 본다면 參軍色은 太常과 司功參軍을 계승했고, 음악을 지휘하는 樂官으로서 기능으로 보면 參軍色은 協律郎을 계승했다고 볼 수 있다.[15] 먼저 史書에 보인 太常의 모습을 간단히 살펴보자. ≪後漢書≫ '百官志'에는 太常에 대해 다음과 같이 기록하고 있다.

> 太常은 太常卿 1인으로 俸祿은 2000石에 해당한다. 本注에서 말하노니: 禮를 行하는 儀式과 祭祀를 관장한다. 매번 제사 시에는 먼저 제사에서 필요로 하는 儀式을 奏請하고, 일을 행할 때에는 항상 天子를 引導한다.[16]

위의 내용은 간략하지만 太常의 기능을 명백히 보여주고 있다. 곧 太常의 임무는 禮儀와 제사를 관장하는 것으로 막중하다. 太常은 천자가 필

---

15) 黎國韜,, 〈樂官與戲劇表演-竹竿子補證〉, ≪古代樂官與古代戲劇≫, 333쪽, 廣東高等教育出版社, 2004.

16) 太常, 卿一人, 中二千石. 本注曰: 掌禮儀祭祀. 每祭祀, 先奏其禮儀; 及行事, 常贊天子. ≪後漢書今注今譯≫, 下冊, 2863쪽, 岳麓書社, 1998.

요로 하는 일을 행할 때 항상 천자를 引導하는 기능을 지니고 있는데, 이러한 太常의 引導 기능은 송대 궁정 樂舞에서 舞隊를 지휘하고 引導하는 參軍色의 기능과 비슷하다. 특히 太常의 '常'은 '裳'과 근원이 같으니, 太常은 자체적으로 깃발의 의미를 지니고 있다. 바로 太常은 깃발이라는 의미에서 나중에 禮樂官으로 의미가 바뀐 것이다.[17] 이것은 고대에 일을 행하거나 禮를 행할 때에는 반드시 먼저 깃발을 세웠어야 했기 때문이다. 이러한 점에서 太常의 기능은 송대 궁중 樂舞에 보인 參軍色의 기능과 매우 흡사하다.

太常과 竹竿子의 내재관계는 또한 參軍이라는 직책에서 찾을 수 있다. 중앙 정부에서는 太常이 예악을 관리하는 관리이지만, 지방 州郡 一級의 행정기구에서는 司功參軍이 예악을 관장하였다. 그리고 중앙의 太常이 醫卜·禮樂·學校의 여러 일을 관장한 점은 司功參軍의 직무와 거의 같다. 곧 이러한 점은 司功參軍이 지방의 太常이라는 점을 보여주는 것으로, 禮樂官이라는 기능상으로 볼 때 太常과 司功參軍 및 參軍色 三者가 일맥상통함을 보여주고 있다.[18]

한편 송대 樂舞 잡극의 공연 중 지휘와 引導를 담당하는 參軍色의 직책과 특색은 唐代 樂舞 지휘를 맡은 協律郎을 계승하고 있다. 協律郎은 이름에서 나타나듯이 음률과 절주를 어울리게 하고 통일시키는 사람이다.[19] 參軍色이 協律郎을 계승한다는 점은 앞서 王國維도 지적하였다. 協律郎은 漢代 協律都尉인 李延年에서 비롯되어 晉代에 協律校尉로 바뀌어 불리었으며, 北魏 때에는 協律中郎과 協律郎 등의 직책이 출현하였

17) 黎國韜,, 〈樂官與戱劇表演-竹竿子補證〉, ≪古代樂官與古代戱劇≫, 336쪽, 廣東高等教育出版社, 2004.

18) 黎國韜,, 〈樂官與戱劇表演-竹竿子補證〉, ≪古代樂官與古代戱劇≫, 336-338쪽, 廣東高等教育出版社, 2004.

19) 景李虎著, ≪宋金雜劇概論≫, 95쪽, 廣東高等教育出版社, 1996.

다.[20] 그리고 앞서 王國維의 지적처럼 協律郞이 음악을 조절하는 기능을 지니는 것은 그가 지니고 있던 麾와 유관하다. 곧 당대의 協律郞은 麾를 이용하여 음악을 지휘하고 조절하는 기능을 담당하였는데, 이러한 協律郞의 기능은 송대 參軍色에 의해 계승되었던 것이다.

이상에서 궁중의 樂舞 공연 시 竹竿子를 담당하던 參軍色의 내원을 살펴보았다. 그러면 竹竿子의 본원적 의미인 儀物로서 竹竿子의 내원을 살펴보자. 儀物로서의 竹竿子의 내원에 대해서는 앞서 王國維와 任半塘이 기능과 형체의 관점에서 지적했듯이, 고대의 깃발이 竹竿子의 기본적인 내원이라고 할 수 있다.

먼저 麾에 대해 살펴보자. 麾는 본시 군대의 깃발로서 작전을 지휘하는 기능을 지니었는데, 나중에는 樂舞의 지휘에 쓰이었다.[21] 이렇듯이 麾가 樂舞의 지휘에 쓰인 점은 기능상에서 볼 때 竹竿子의 기능과 일치한다. 그리고 고대의 讀音에 있어서 ≪集韻≫·≪漢書≫·≪史記≫ 등에 의하면, '麾'와 '戲'는 발음이 똑같다.[22] 그런데 송대의 竹竿子는 원·명·청 삼대에는 戲竹이라고 불리었다. 곧 戲竹의 '戲'는 指揮 기능을 지닌 '麾'에서 나온 것이라고 여길 수 있는 것이다. 그리고 또한 송대의 竹竿子를 竹竿拂子라고도 부르는데, 麾는 초기에 소꼬리를 죽간의 끝에 사용하여 형체가 '拂子'(총채)와 비슷하였으며, 일찍이 周 대에는 보편적으로 사용되었다.[23] 이러한 점에서 본다면 고대의 깃발인 麾가 기능이나 형체에서 竹竿子와 비슷하며, 아울러 발음에 있어서도 '麾'字가 원·명·청대의 竹竿子를 의미하는 戲竹의 '戲'자와 같다는 사실에 근거하여, 우리는 麾가 응당 竹

---

20) 黎國韜,, 〈樂官與戲劇表演-竹竿子補證〉, ≪古代樂官與古代戲劇≫, 338쪽, 廣東高等教育出版社, 2004.

21) 黎國韜,, 〈樂官與戲劇表演-竹竿子補證〉, ≪古代樂官與古代戲劇≫, 307쪽, 廣東高等教育出版社, 2004.

22) 康保成, 〈竹竿子再探〉, ≪文藝研究≫, 4輯, 105쪽, 2001.

23) 康保成, 〈竹竿子再探〉, ≪文藝研究≫, 4輯, 105쪽, 2001.

竿子의 내원의 하나라고 말할 수 있다.

한편 麾와 같은 군대의 깃발이 竹竿子의 근원적 내원이라고 한다면, 깃발은 이후 기능을 더욱 확대하여 麾에서처럼 樂舞의 지휘에도 쓰였는데, 이때 樂舞의 지휘에 쓰인 도구인 引舞器는 竹竿子의 직접적인 내원이 된다고 볼 수 있다. 곧 引舞器는 깃발과 竹竿子의 중간에서 깃발의 기능과 형체를 이어받아 竹竿子에게 이어주는 역할을 하였다. 그리고 이들 引舞器는 종류에 따라 旌·旄·帗·翿 등이 있으며 모두 竹竿子의 전신이라고 볼 수 있다. 이 중 旌은 麾 部類의 引舞器로서 그 형상이 貴州省 遵義縣 宋代 趙王墳石室墓 女樂浮彫 중의 竹竿子와 비슷하고,[24] 旄는 깃발 끝에 장식하는 것이 야크 꼬리이기 때문에 旄라고 부른다. 그리고 앞서 任半塘은 송대 궁중 樂舞에서 竹竿子의 기능과 旄人의 기능이 지휘하고 引導하는 점에서 유사하여, 旄를 竹竿子 내원의 하나라고 하였는데, 일리가 있어 보인다. 旄人은 본시 ≪周禮≫ 중의 樂官으로, 야크의 꼬리로 장식한 旄를 사용하여 先秦 시기에는 이미 樂舞를 지휘하였다.

또다른 引舞器인 帗(불)은 본시 五色의 비단 깃발을 가리키며 손자루가 있어서 춤추는 자들이 손자루를 잡고 춤을 추었다. 帗은 종이가 발명되기전 오색의 비단으로 오색 구름을 상징하여 이로써 天地 社稷에게 제사를 올렸는데, 先秦 時期에는 이를 帗舞라고 불렀다. 帗舞는 본시 荊楚 지방에서 성대한 제사를 지낼 때 사용한 춤으로 오랫 동안 전승된 巫覡 제사의 춤이다. 그리고 魏晉 이래 帗舞는 또한 拂舞라고도 불렸고, 隋대에 拂舞는 전통 4舞 중의 하나가 되었으며, 宋대에는 拂이 竹竿拂子라고도 불렸다.[25] 여기에서 우리는 引舞器인 帗이 손자루를 지닌 깃발로서 송대의 竹竿子와 상당히 비슷하며, 그 명칭의 변화를 통해서도 引舞器인

24) 黎國韜,, 〈樂官與戲劇表演-竹竿子補證〉, ≪古代樂官與古代戲劇≫, 313쪽, 廣東高等教育出版社, 2004.

25) 王兆乾, 〈貴池儺舞舞傘考析〉, 206쪽, ≪中華戲曲≫, 第12輯, 山西人民出版社, 1992.

帗이 竹竿子의 또다른 내원임을 알 수 있다. 뿐만 아니라 기능상에 있어서도 引舞器인 帗은 竹竿子의 기능과 일치한다. 곧 전하는 바에 의하면 楚 靈王은 巫祝의 道를 좋아하여 청결히 沐浴齋戒하고는 上帝에게 제사를 지낼 때 몸소 帗을 잡고서 춤을 추었다고 한다.[26] 그런데 이렇게 왕이 친히 帗을 잡고 직접 참여한 의식에는 반드시 樂舞를 지휘하고 引導하는 기능이 있었을 것이니, 여기서 引舞器인 帗의 기능은 竹竿子의 기능과 일치한다. 이러한 점에서 引舞器인 帗은 송대의 竹竿子에게 상당히 접근한 형태의 것이라고 말할 수 있다.

한편 우리는 引舞器인 帗의 초기 기능 면에서 주목해야 할 점이 있다. 그것은 바로 引舞器인 帗이 巫覡의 제사에 사용되었다는 점이다. 사실 竹竿子가 학자들에게 중시되는 까닭은 그것이 고대의 의식과 상관되기 때문이다. 竹竿子를 이해하면 의식과 희극의 관계를 이해하는 데 도움이 된다. 그런데 竹竿子의 전신 중의 하나라고도 말할 수 있는 引舞器인 帗은 바로 의식과 희극과의 관계를 이해하는 데 일정한 도움을 준다. 바로 竹竿子의 전신이랄 수 있는 引舞器인 帗이 원초적으로 제사의식과 유관하다는 점은 이후에 竹竿子가 근원적으로는 제사의식과 유관하다는 점을 내포하고 있다.

翿(도)는 纛(독)이라고도 불리우며 깃발에서 변한 것으로, 나중에 음악을 조절하는 引舞器로 발전하였으며, 음악을 조절하는 竹竿子의 기능과 비슷한 기능을 지녔다. 그런데 引舞器인 이 翿 또한 의식과 희극의 관계를 설명하는 데 일정한 도움을 준다. 그것은 引舞器인 이 翿가 喪葬의식이나 제사의식과 밀접한 연관을 지니고 있기 때문이다. 翿는 일찍이 先秦시기에 喪禮 儀式에 사용되었으며, 글자 자체에 있어서도 '翿'자에는 '壽'자가 들어 있어 깃발 아래에서 오래 살 것을 기도하는 제사의식을 포함하

26) 黎國韜,, 〈樂官與戲劇表演-竹竿子補證〉, ≪古代樂官與古代戲劇≫, 315쪽, 廣東高等教育出版社, 2004.

고 있기 때문이다.[27]

이상에서 우리는 儀物인 竹竿子 자체와 儀物인 竹竿子를 잡고 무대에 등장하는 參軍色이라는 두 방향에서 竹竿子의 내원을 살펴 보았다. 먼저 參軍色의 내원을 지휘하고 引導하는 禮樂官의 기능 면에서 살펴보았다. 그 결과 송대 궁중의 樂舞 중에 등장하는 參軍色은 太常과 司功參軍 및 協律郞을 계승한 것이었다. 이 중 의식을 지휘하고 引導하는 禮官의 신분에서 보면 參軍色은 太常과 司功參軍을 계승하였고, 음악을 지휘하는 樂官의 신분에서 보면 參軍色은 唐 대의 協律郞을 계승하였다.

儀物인 竹竿子 자체의 내원에서 볼 때 竹竿子는 先秦 時期 麾와 같은 깃발의 모양과 기능을 확대 계승한 여러 引舞器를 계승하였다. 이러한 점에서 儀物인 竹竿子의 내원은 가장 근원적으로는 麾와 같은 깃발이었고, 아울러 이를 확대 계승한 여러 引舞器들이다. 특히 이들 引舞器 중 帗과 翿는 모두 근원적으로 제사의식이나 喪葬의식과 밀접한 연관을 가지고 있었으며, 이러한 점은 나중에 송대의 竹竿子에도 이면적으로 영향을 미치는 것들이었다. 그리고 이렇게 竹竿子나 竹竿子의 前身들이 제사의식이나 喪葬儀式과 관련을 맺고 있는 점은 중국 희극의 발생·형성과 의식과의 관계를 이해하는 데 일정한 도움을 주는 것 들이었다.

4. 竹竿子의 形狀과 種類

竹竿子는 竹竿拂子라고도 불리며 송대 궁중의 樂舞에서 보이기 시작하여 원·명·청대에는 戱竹이라고 불리우며 무대 공연에 등장하였다. 또한 이러한 竹竿子는 송대에 이미 고려에 전래되었다. 이렇듯 竹竿子는 오

27) 黎國韜,, 〈樂官與戱劇表演-竹竿子補證〉, ≪古代樂官與古代戱劇≫, 320쪽, 廣東高等敎育出版社, 2004.

랜 시기에 걸쳐 무대에 등장하였으므로, 시대의 변천에 따라 竹竿子의 모습도 조금씩 변화를 보여준다. 여기서는 여러 竹竿子의 형체상의 특징을 근거로 하여 그 속에 담긴 의의를 살펴 보기로 한다.

竹竿子는 그 형체에 있어 크게 보아 끝머리에 먼지털이 모양의 장식이 있는 拂子形과 장식이 없는 非拂子形으로 나눌 수 있다. 이 중 拂子形은 송대 궁중의 樂舞에 사용되던 것으로, 竹竿子의 전형적인 모습이라고 할 수 있으며, 非拂子形에는 笏形·鞭形·傘形 등 여러 가지 형체가 있다.

먼저 拂子形의 竹竿子를 살펴보자. 그런데 중국에는 竹竿子의 형상에 대한 기록이 별로 남아 있지 않고, 다만 벽화 등에 竹竿子에 대한 형상만이 남아 있으며, 오히려 竹竿子를 수입했던 조선에 竹竿子의 형상에 대한 기록이 더욱 구체적이다. 1493년 조선의 成俔이 편찬한 ≪樂學軌範≫ 8卷에는 竹竿子의 모습이 그림과 함께 실리면서 다음과 같이 기록되어 있다.

> 竹竿子의 자루는 대나무로 만들고 붉게 옻칠하여 등나무 줄기 조각으로 싸매며, 下端은 蠟染을 들인 철로 장식을 한다.(무릇 儀物의 자루는 이와 같다) 나무 끝 부분을 조각하여 上端에 씌우고, 또 가는 대나무 가지 100개를 나무 끝머리에 끼우며, 아울러 붉게 옻칠하고 붉은 실로 묶는다. 그리고 매 대나무 끝마다 1寸 쯤을 金箔紙로 싸며 水晶 구슬을 꿰어 단다.[28]

위의 기록에서 우리는 조선에 전래된 竹竿子의 형상을 통하여 중국 竹竿子의 형상을 엿볼 수 있다. 그리고 근년에 山西省 高平縣에서는 露臺側面의 雜劇 線刻圖가 발견되었는데, 그 중에 參軍色이 손에 지니고 竹

---

28) 竹竿子, 柄以竹爲之, 朱漆, 以片藤纏結, 下端蠟染鐵妝(凡儀物柄同), 彫木頭冒于上端, 又用細竹一百個, 揷于木頭上, 幷朱漆, 以紅絲束之. 每竹端一寸許, 裹以金箔紙, 貫水晶珠. 成俔等編, ≪樂學軌範≫, 第三冊, 朝鮮京城古典刊行會影印, 昭和八年(1933)版, 1쪽.

竿子의 형상이 보이며, 그 竹竿子의 형상이 위의 ≪樂學軌範≫ 중의 竹竿子와 거의 같다.[29] 이러한 점에서 본다면 ≪樂學軌範≫ 중의 竹竿子는 拂子形 竹竿子의 典型을 보여주고 있다고 말할 수 있겠다. 사실 북송 시기 고려에서는 중국의 궁중 음악을 수입하여 唐樂이라고 불렀는데, 이때 竹竿子도 樂舞와 함께 고려에 수입되었던 것이다.[30]

한편 ≪樂學軌範≫은 竹竿子의 형체를 그림으로 보여 주고 있으며, 각 부위의 구체적인 크기도 기록하고 있으니, 木頭부터 下端까지는 7자 7치, 珠부터 木頭까지는 2자 8촌, 지름은 1치라 하였다. 이로부터 본다면 ≪樂學軌範≫ 속의 竹竿子의 전체 크기는 10자에 가까우니 상당히 크기가 큰 것임을 알 수 있다. 그리고 조선에 전래된 竹竿子는 붉게 옻칠을 하고 붉은 실로 細竹들을 묶는 등 자체적으로 상당히 巫儺적인 의미를 지니고 있는데, ≪樂學軌範≫의 竹竿子가 중국 拂子形 竹竿子의 전형임을 감안한다면, 우리는 竹竿子가 본시 巫儺的인 의미를 포함하고 있음을 알 수 있다.

그런데 위의 ≪樂學軌範≫의 기록에 의하면 竹竿子의 끝머리에는 붉게 옻칠하고 붉은 실로 묶은 100개의 細竹을 대나무 끝머리에 끼운다고 하였는데, 이것은 두 자루의 竹竿子를 두고 했을 가능성이 있다. 왜냐하면 원·명·청대 의 竹竿子 곧 戲竹은 무대 공연에 등장할 때 반드시 2人이 등장하여, 송대의 竹竿子가 1人이 등장하는 것과는 다르며, 또 ≪樂學軌範≫의 竹竿子 그림에는 竹竿子라는 세 글자 밑에 '二'라는 글자가 따로 적혀 있기 때문이다. 이 때문에 康保成은 위의 ≪樂學軌範≫ 속의 竹竿子의 형상이 송대의 竹竿子와 명대 戲竹을 절충한 것이든지, 아니면 竹竿子라는 명칭은 송대의 문헌에서 취한 것이지만, 實物은 명대의 戲竹일

29) 黃竹三, 〈掌竹 · 前行 · 竹竿子 · 竹崇拜〉, 324쪽, ≪戲曲文物研究散論≫, 文化藝術出版社, 1998.

30) 霍建瑜, 〈竹竿子與前行色考論〉, 83쪽, ≪清華大學學報≫, 2008年 第4期.

지 모른다고 생각하였다.[31]

拂子形 竹竿子가 竹竿子의 가장 일반적인 모습을 보여 주지만, 竹竿子는 시기에 따라 각각 모양을 달리하기도 하여 여러 非拂子形 竹竿子가 탄생하였다. 먼저 笏形 竹竿子가 있는데, 笏은 본시 大臣들이 조정에 나가 임금을 뵐 때 손에 드는 것이었다. 그러나 궁정의 의례 의식 중 笏은 점점 상징적이고 의식적인 기구로 변하였으며, 특히 樂官은 笏을 들고서 음악을 조절할 수 있었다.[32] 이러한 점에서 樂官이 사용하던 笏은 이미 竹竿子의 기능을 하였었다.

한편 竹竿子는 궁중의 樂舞에만 쓰일 뿐만 아니라, 시대의 변천에 따라 민간의 제사성 연극에도 사용되어, 지금도 농촌의 제사연극에서는 竹竿子가 사용된다. 일례로 儺戱가 지금도 성행하고 있는 安徽省 貴池縣에는 儺舞인 '舞傘'이 社祭의 형식으로 공연되는데, 여기에는 반드시 傘形의 竹竿子가 사용된다. 그리고 여기서의 傘은 여러 신들이 오르내리는 神木이며, 동시에 여러 신들이 거주하는 하늘을 상징하고 있다.[33] 우리는 여기에서 竹竿子가 降神하는 도구로 사용되고 있음을 분명히 알 수 있으니, 竹竿子가 그 근원에서부터 제사의식과 밀접한 연관을 맺고 있음을 알 수 있다.

鞭形 竹竿子는 竹竿子의 또다른 모습이다. 唐 대 궁정의 驅儺의식에서는 麻鞭을 사용하였으며, 河南省 溫縣의 宋墓에 보인 가늘고 긴 竹鞭은 이미 민간의 驅儺와 희극에 사용되어 새로운 형태의 竹竿子가 되었다.[34]

---

31) 康保成, 〈竹竿子再探〉, ≪文藝研究≫, 4輯, 109쪽, 2001.

32) 康保成, 〈沿門逐疫的道具-竹竿子〉, 155쪽, ≪儺戱藝術源流≫, 廣東高等敎育出版社, 1999.

33) 王兆乾, 〈貴池儺舞舞傘考析〉, 196-199쪽, ≪中華戱曲≫, 第12輯, 山西人民出版社, 1992.

34) 康保成, 〈沿門逐疫的道具-竹竿子〉, 162쪽, ≪儺戱藝術源流≫, 廣東高等敎育出版社, 1999.

특히 주목할 만한 것은 민간에서 원래의 鞭形 竹竿子 속에 銅錢을 끼워넣어 새로운 演唱形式을 창조해 냈으니, 곧 覇王鞭이 그것이다. 覇王鞭은 전국 각지에 유행한 연창형식으로, 연기자는 대나무나 가는 나무에 銅錢을 끼워넣은 鞭이나 花棍을 上下·左右로 흔들어대면서, 신체의 四肢나 등·어깨 等의 부위를 부단히 때려 소리를 낸다. 그리고 이와 비슷한 것으로 북경의 打連廂과 山東의 金錢蓮花落이 있다. 또한 秧歌에서도 공연 배우 중의 한 명이 왕왕 竹竿子를 잡고 있으니, 남자가 손에 드는 欒子가 覇王鞭과 같은 것으로, 송대 竹竿子의 변이이다. 그리고 道情에서 道士가 沿門하며 구걸할 때 簡子를 사용하는데, 簡子 또한 송대 竹竿子의 변형으로서, 이것들은 기능이나 형체 면에서 竹竿子와 비슷하다.[35]

이상에서 우리들은 竹竿子의 여러 유형들을 살펴보았다. 竹竿子에는 먼지털이형의 장식이 있는 拂子形과 장식이 있지 않는 非拂子形이 있었다. 그 중 拂子形 竹竿子는 송대 궁중 樂舞에 쓰이는 전형적인 竹竿子로서, 조선의 ≪樂學軌範≫에 비교적 상세히 그림과 함께 기록되어 있었다. 그리고 주목할 점은 竹竿子는 붉은 옻칠을 하고 붉은 실로 여러 細竹들을 묶는 등 巫儺的 성분을 지니고 있다는 사실이다.

竹竿子는 시대의 변천에 따라 형상도 변하여, 여러 가지 형태의 非拂子形 竹竿子를 보여주었다. 그 중 笏形 竹竿子가 나타나기도 했고, 傘形·鞭形 竹竿子가 나타나기도 했다. 이 중 傘形 竹竿子는 현재에도 安徽省 貴池縣의 社祭에 등장하여 竹竿子가 降神의 도구로 사용됨을 보여주었다. 그리고 鞭形 竹竿子는 唐·宋代 궁중이나 민간의 驅儺의식과 희극에 사용되었고, 이후에는 覇王鞭·打連廂·金錢蓮花落·秧歌 및 道情 등에 각각의 새로운 모습으로 등장하였다. 이러한 점에서 우리는 竹竿子가 지금까지도 여전히 미약하나마 새로운 모습으로 계속 유지되고 있음

35) 康保成, 〈沿門逐疫的道具-竹竿子〉, 164-177쪽, ≪儺戲藝術源流≫, 廣東高等教育出版社, 1999.

을 알 수 있다.

5. 竹竿子의 기능과 의미

송대 궁중의 樂舞와 잡극에서 보인 竹竿子는 공연의 과정 중에 필수적인 것이었다. 竹竿子는 왜 빠트릴 수 없는 중요한 역할을 담당하였는가? 여기서는 ≪東京夢華錄≫ 9卷 〈宰執親王宗室百官入內上壽〉에 보인 비교적 상세한 기록을 통하여, 공연 중에 竹竿子가 어떠한 기능을 하였으며, 아울러 이러한 기능이 어떠한 의미를 지니고 있는가를 살피고자 한다. 아래의 기록은 당시 天子의 생신날에 거행되었던 연회에서 보이는 歌舞와 雜劇 공연에 대한 내용이다. 孟元老의 기록에 의하면, 잔치는 천자에게 술을 아홉 차례 올리는 순서로 이루어졌고, 매 순배 마다 御酒와 宰臣酒 및 百官酒가 나온다. 이 공연에서 竹竿子는 4순배 때에 처음 등장하여 5순배와 7순배에 다음과 같이 등장한다.

> 4순배의 술 때는 앞에서의 의식처럼 춤이 끝나면 우스게거리를 공연한다. 參軍色이 손에 竹竿子를 잡고서 등장하여 頌辭를 念하고 頌詩를 낭송하며, 여러 雜劇色은 옆에서 화답한다. 參軍色이 다시 頌辭를 念하고 大曲의 박자에 따라 춤을 춘다.
>
> 5순배의 술 때는, ……, 參軍色이 竹竿子를 들고 頌辭를 念하고, 小兒隊舞를 이끈다. 小兒는 각기 나이가 열 두 셋인 애들 200여 명을 골라 네 줄로 세운다. ……, 參軍色이 頌辭를 드리고 아울러 물으면 小兒隊의 우두머리가 앞을 향해 頌詩를 올리며 雜劇 예인들은 모두 화답한다. 이러한 의식이 끝나면 음악을 울리고 群舞에 合唱하여 춤추고 노래한다. 또 마지막 노래가 끝나면 小兒隊의 우두머리는 앞을 향해 頌辭를 올리고 雜劇 팀을 이끌고 등장하여 1場 兩段을 공연한다. ……, 잡극의 공연이 끝나면 參軍色은 頌辭를 올리고 小兒隊를 배치하며 또 〈應天長〉 곡에

群舞를 추며 퇴장한다.

7순배의 술 때는, ……, 参軍色이 頌辭를 올리고 女童隊를 이끌고 등장한다. 女童들은 모두 수도 城門 근처에 살며 妙齡에 용모가 남보다 뛰어난 자 400여 명을 고른다. ……, 参軍色이 頌辭를 드리고 隊列에 물으면 杖子頭가 頌詩를 올리고, 춤을 추며 노래한다. ……, 女童이 頌辭를 올리고 雜劇 藝人을 이끌고 등장하여 1場 兩段을 공연한다. 공연이 끝나면 参軍色이 頌辭를 올리고 女童隊를 배치하며, 또 곡을 합창하면서 춤걸음에 따라 퇴장한다.[36]

위의 기록을 근거로 하여 송대 궁중의 樂舞에서 나타난 竹竿子 곧 參軍色의 기능을 요약하면 이렇게 말할 수 있다. 첫째, 竹竿子는 공연에서 舞隊를 이끌고 舞臺에 등장시키기도 하고(勾隊) 거꾸로 해산시키어 퇴장시키기도(放隊) 한다. 위에서 竹竿子는 小兒隊와 女童隊를 무대에 등장시키기도 하고 퇴장시키는 역할을 담당하였다. 둘째, 竹竿子는 공연에서 致語와 口號를 담당하였다. 南宋 史浩의 〈鄮峰眞隱大曲〉에 의하면, 致語는 일반적으로 4·6 騈文으로 주로 頌祝 내용의 詩贊體 문장이며, 口號는 7言 4句의 詩 등을 사용한다.[37] 셋째, 竹竿子는 공연 중 무대의 다른 등장인물과 대화를 하며 공연을 진행시킨다. 일례로 위에서 竹竿子는 小兒隊의 우두머리나 女童隊와 대화를 하여 小兒隊와 女童隊가 공연을 진

36) 第四盞, 如上儀, 舞畢, 發譚子, 参軍色執竹竿拂子, 念致語口號, 諸雜劇色打和, 再作語, 勾合大曲舞.

第五盞, ……, 参軍色作語問, 小兒班首近前進口號, 雜劇人皆打和畢, 樂作, 群舞合唱, 且舞且唱, 又唱破子畢, 小兒班首入進致語, 勾雜劇入場, 一場兩段. ……, 雜戲畢, 参軍色作語, 放小兒隊, 又群舞〈應天長〉曲子出場.

第七盞, ……, 参軍色作語, 勾女童隊入場. 女童皆選兩軍妙齡容艶過人者四百餘人, ……, 参軍色作語問隊, 杖子頭者進口號, 且舞且唱. ……, 女童進致語, 勾雜戲入場, 亦一場兩段訖, 参軍色作語, 放女童隊, 又群唱曲子, 舞步出場. ≪東京夢華錄全譯≫, 217쪽, 貴州人民出版社, 1997.

37) 翁敏華, 〈從竹竿子看戲劇由祭壇走向戲壇的脚步〉, 300쪽, ≪中日韓戲劇文化因緣研究≫, 學林出版社, 2004.

행시키도록 하였다. 이상을 간략히 말한다면 우리는 竹竿子가 송대 궁중의 樂舞에서 공연을 지휘하고 引導하는 핵심적인 역할을 하고 있다고 말할 수 있겠다.

그러면 竹竿子가 공연에서 지휘하고 引導하며 頌祝하는 기능은 어떠한 의미를 지니고 있는 것일까? 이 문제는 아무래도 표면적인 의미보다는 더 근원적인 의미로 소급해야 할 것 같다. 왜냐하면 앞에서 논의하였듯이 竹竿子는 그 기원에서부터 이미 자체적으로 巫儺的인 의미를 다분히 포함하고 있었기 때문이다. 곧 만약 자세히 살펴보면 송대 樂舞 중의 竹竿子에도 그 巫儺的 의미가 결코 완전히 없어지지는 않았으리라 생각된다.

우리는 竹竿子의 巫儺的 의미를 천착하기 위해 먼저 竹竿子를 송대에는 왜 竹竿拂子라고 불렀는지에 대하여 살펴보기로 하자. 麻國鈞은 이에 대해 掃壇靈竹의 神話로써 이 문제를 해석할 수 있다고 보았다. 그는 神話에 나오는 대나무가 神性을 지닌 靈竹으로서, 神壇 위의 불결한 것들을 깨끗이 쓸어버리는 기능, 곧 掃壇의 기능을 지니는 것에 주목하여, 이러한 靈竹이 바로 拂子(총채)라고 불린다고 생각하였던 것이다.[38] 곧 죽간불자라는 명칭은 그것의 작용이나 형태에서 착안되었고, 혹은 빗자루처럼 쓸 때의 動態에서 착안되었다.

이로부터 본다면 靈性을 구비한 神物인 竹竿子의 가장 근원적 작용은 不淨함을 제거하는 것, 곧 掃壇으로, 그 실질을 가지고 말한다면 바로 儺의 기능과 일치한다. 다만 竹竿子의 이러한 掃壇의 기능이 역사의 변천에 따라 淨場으로 바뀌었을 뿐, 그 근원적 의미는 그대로 계승되고 있다고 볼 수 있다. 고대사회에서 掃壇의 기능이 祭壇에서 이루어진 반면, 宋代에는 淨場의 기능이 궁중의 무대에서 행하여 졌을 뿐이기 때문이다. 掃壇靈竹이 神을 영접하고 공경한 반면, 竹竿子로 淨場함은 觀衆을 迎接

38) 馬國鈞, 〈竹崇拜的儺文化印迹〉, 50쪽, ≪民族藝術≫, 第4期, 1994.

하든지 또는 神尸에서 바뀐 극(또는 기타) 중의 인물을 영접하는 것이니, 다만 神尸는 巫覡이 분장하였고, 극(또는 기타) 중 인물은 배우가 분장했을 뿐이다. 곧 간단히 말하면 송대의 竹竿子는 원래의 祭儀用의 도구에서 희극의 도구로 변하였던 것이다.

물론 竹竿子가 이러한 巫儺的 의미를 지니는 것은 앞서 논의했던 대나무 토템의 모습을 보여주는 것으로, 지금까지 남아 있는 몇몇 소수민족의 습속은 이러한 점을 증명해 준다. 일례로 畲族에는 毛竹을 흔드는 습속이 있는데, 매년 음력 1월 30일 밤 아무리 바빠도 각 가정에서는 애들로 하여금 毛竹을 흔들러 가도록 시키는데, 그것은 그래야만 毛竹이 사악함과 요괴를 없애 아이들이 건강하게 성장하도록 보호한다고 생각하기 때문이다.[39]

竹竿子의 巫儺的 淨場의 의미는 송대 궁중 樂舞 공연의 儀物로서 뿐만 아니라, 지금까지 전해지는 祭祀戲劇인 賽祭에서도 확인할 수 있다. 河北省 武安縣 固義村의 臉子戲는 공연할 때 지금도 여전히 竹竿拂子를 사용하는데, 다만 竹竿拂子를 현지인들은 長竹(掌竹)이라고 부른다.[40] 극이 시작되면 長竹 곧 竹竿子는 竹竿拂子를 들고서 등장하여 '正冠, 拂塵, 亮相'의 의식을 행한다. 그런데 이 세 가지의 의식의 과정 중 拂塵이 가장 실재적인 의의를 지니니,[41] 곧 무대를 정결히 하여 공연을 준비하는 것이다. 바로 臉子戲의 竹竿子는 拂塵하는 기능을 하고 있는데, 이것은 竹竿子의 근원적 의미인 巫儺的 淨場의 의미를 계승하고 있는 것이다.

한편 죽간불자 곧 竹竿子의 근원적 기능이 掃壇 즉 淨場이니, 이러한 竹竿拂子 곧 竹竿子를 잡은 이는 앞의 臉子戲에서 처럼 技藝를 바치는

39) 馬國鈞, 〈竹崇拜的儺文化印迹〉, 52쪽, ≪民族藝術≫, 第4期, 1994.

40) 黃竹三, 〈掌竹 · 前行 · 竹竿子 · 竹崇拜〉, 312쪽, ≪戲曲文物研究散論≫, 文化藝術出版社, 1998.

41) 馬國鈞, 〈竹崇拜的儺文化印迹〉, 53쪽, ≪民族藝術≫, 第4期, 1994.

배우들 보다 반드시 먼저 등장해야 한다. 그리고 竹竿子는 송대 궁중의 樂舞에서 致語와 口號를 담당하였는데, 이 또한 竹竿子의 근원적 기능과 상통하는 것이다. 왜냐하면 致語와 口號는 기본적으로 頌祝과 恭敬의 의미를 포함하고 있는데, 竹竿子의 근원적 기능인 淨場 또한 神에 대한 恭敬과 頌祝을 가장 근본으로 하고 있기 때문이다. 바로 이러한 점에서 송대 궁중 樂舞 중의 致語와 口號는 神에 대한 일종의 祝辭가 변한 것으로서, 巫祝의 祝辭에서 기원함을 알 수 있다.

巫儺的 의미를 근원적으로 지니고 있는 竹竿子는 앞서 傘形竹竿子에서 살피었듯이 降神의 의미를 또한 지니고 있다. 송대에 들어와서는 도시경제가 크게 발달하여 희곡과 같은 공연예술이 상당히 성숙하였다. 그리하여 희곡의 공연에도 당연히 娛人의 요소가 娛神의 요소보다 이미 크게 강하였다. 그러나 분장하는 古人(각색)은 鬼神이 내려 앉은 것이라는 관념이 아직 변하지 않아, 배우를 神靈이 기탁한 '尸'라고 여겼다. 그리고 당시의 공연은 공연 전에 반드시 請神의 의식이 있었는데, 이러한 전통은 1950년대까지 지속되었다. 경극의 徽班과 漢班, 심지어는 社祭나 賽祭의 小戱들도 이와 같았으니, 극 중의 각색을 神靈의 降臨으로 여겼다. 이러한 宋人의 연극관념으로 인하여 배우는 황제에게 인사를 하지 않아도 죄가 되지 않았고, 교방의 배우들이 공연을 降神으로 여긴 관념이 송대에까지 유지되었던 것이다.[42]

그러면 竹竿子의 巫儺的 의미를 더욱 구체적으로 파악하기 위해 지금도 공연되고 있는 농촌의 일종의 제사연극인 賽祭를 살펴보자. 山西省 上堂地區의 賽祭와 河北省 固義村의 賽祭에서는 아직도 竹竿子가 前行과 長竹(掌竹)이라는 명칭으로 등장한다. 공연 중 이들 前行과 長竹 곧 竹竿子는 舞隊를 이끌고 등장시키며(勾隊) 퇴장시키니(放隊), 공연을 지

42) 王兆乾, 〈貴池儺舞舞傘考析〉, 210-212쪽, ≪中華戲曲≫, 第12輯, 山西人民出版社, 1992.

휘하고 배치하며 引導하는 기능이 송대 궁중 樂舞 중의 竹竿子의 기능과 같다. 또한 賽祭에서 竹竿子가 迎神할 때에는 頌讚詞를 念誦하는데, 이는 송대 궁중 樂舞의 致語와 극히 비슷하다. 다만 송대의 參軍色 곧 竹竿子는 주로 황제를 위하여 頌祝을 내용으로 하는 致語를 한 반면, 賽祭의 竹竿子는 神靈을 위하여 致語를 했을 뿐이다.

또한 賽祭 활동 중의 구체적인 과정 중에서 우리는 竹竿子의 巫儺的 의미를 파악할 수 있다. 賽祭의 상용 도구 중에는 대나무 빗자루가 있는데, 그것은 붉은 리본으로 몇 개의 대나무를 함께 묶은 것으로, 한 끝머리를 쪼개어 빗자루 모양으로 어지럽게 흩트린 것이다. 이 대나무 빗자루의 기능은 賽祭 戲班의 하나의 표지가 되는 것이며, 賽祭 활동 시에 賽班의 班主는 그것을 들고 대오의 제일 앞에서 賽祭의 시작을 알리는 선도가 된다. 그리고 대나무 빗자루를 들면 모든 妖怪나 魔鬼를 소탕하는 위력을 지니게 된다고 한다.[43] 곧 여기서의 대나무 빗자루는 사악함을 제거하는 위력을 지닌 巫儺性의 神物로서, 송대 궁중에서 樂舞를 지휘하던 參軍色이 수중에 지니던 도구인 竹竿子의 유산이라고 말할 수 있다. 이로부터 우리는 송대의 竹竿子가 裏面에 巫儺的 의미를 자체적으로 지니고 있으며, 단지 祭儀의 도구에서 藝術의 도구로 바뀌었음을 알 수 있다. 그리고 이러한 조그마한 儀物의 변천을 통하여 우리는 희곡의 기원과 형성이 祭祀儀式 등의 의식과 밀접한 연관이 있음을 알 수 있다.

이상에서 우리는 송대 樂舞 중의 竹竿子가 공연 중에 필수적인 것으로 舞隊를 引導하고 지휘하며 배치하는 핵심적인 역할을 하며, 공연 중에 頌祝을 내용으로 하는 致語와 口號를 담당한 점을 살펴보았다. 그런데 竹竿子의 이러한 기능은 表面的인 것이었다. 竹竿子는 이면적으로 더욱 근원적인 의미를 지니고 있었으니, 竹竿子는 巫儺的인 의미를 자체적으로

43) 景李虎著, ≪宋金雜劇槪論≫, 195쪽, 廣東高等教育出版社, 1996.

포함하였다. 곧 竹竿子의 근원적인 의미는 祭壇이나 무대의 淨潔함, 곧 淨場에 있었으며, 竹竿子의 이러한 의미는 대나무 토템에서부터 비롯되었다. 또한 竹竿子는 降神의 도구로 여겨졌으니, 竹竿子가 사용되었던 宋代에도 희곡의 공연이 곧 神靈들의 降神을 의미하는 것으로도 해석되었다. 그리고 竹竿子의 巫儺的 의미는 현재까지도 전해지고 있는 중국 농촌의 제사연극인 賽祭를 통해서도 확인할 수 있었다.

6. 竹竿子의 의의

이상에서 우리는 송대 궁중의 樂舞에서 사용되었던 儀物인 竹竿子의 내원과 대나무 숭배사상, 竹竿子의 형상과 종류 및 기능과 의미를 살펴보았다. 竹竿子는 비록 작은 儀物이지만 이를 통해서 제법 커다란 의미를 천착할 수 있었다. 곧 竹竿子의 존재와 변화는 중국 희곡의 기원과 형성이 祭儀와 밀접한 관련이 있음을 분명히 알 수 있었다.

먼저 대나무 숭배관념의 핵심은 대나무가 靈性을 지닌 神物로서 迎神과 驅邪의 기능을 자체적으로 지니고 있는 것으로 인식된다는 점이다. 그리고 대나무 숭배의 이러한 성격은 逐疫을 핵심 내용으로 하는 巫儺와 기본적으로 같은 것이다. 그리하여 이러한 토대 위에서 대나무는 喪禮에 사용되었으며, 또한 당대 劉禹錫의 〈竹枝詞〉도 기본적으로 대나무 숭배의 巫儺的 성격의 연장선에서 형성되었다.

우리는 儀物인 竹竿子 자체와 儀物인 竹竿子를 잡고 무대에 등장하는 參軍色이라는 두 방향에서 竹竿子의 내원을 살펴 보았다. 먼저 參軍色의 내원을 지휘하고 引導하는 禮樂官의 기능 면에서 살펴보았다. 그 결과 송대 궁중의 樂舞 중에 등장하는 參軍色은 太常과 司功參軍 및 協律郎을 계승한 것이었다. 이 중 의식을 지휘하고 引導하는 禮官의 신분에서 보면

參軍色은 太常과 司功參軍을 계승하였고, 음악을 지휘하는 樂官의 신분에서 보면 參軍色은 唐 대의 協律郞을 계승하였다.

儀物인 竹竿子 자체의 내원에서 볼 때 竹竿子는 先秦 時期 麾와 같은 깃발의 모양과 기능을 확대·계승한 여러 引舞器를 직접적으로 계승하였다. 이러한 점에서 儀物인 竹竿子의 내원에는 가장 근원적으로는 麾와 같은 깃발이 있고, 아울러 이를 확대 계승한 여러 引舞器들이 있다. 특히 이들 引舞器 중 帗과 翿는 모두 근원적으로 제사의식이나 喪葬의식과 밀접한 연관을 가지고 있었으며, 이러한 점은 나중에 송대의 竹竿子에도 이면적으로 영향을 미치는 것들이었다. 그리고 이렇게 竹竿子나 竹竿子의 前身들이 제사의식이나 喪葬儀式과 관련을 맺고 있는 점은 중국 희극의 발생·형성과 의식과의 관계를 이해하는 데 일정한 도움을 주는 것 들이었다.

竹竿子의 유형에는 먼지털이형의 장식이 있는 拂子形과 장식이 있지 않는 非拂子形이 있었다. 그 중 拂子形 竹竿子는 송대 궁중 樂舞에 쓰이는 전형적인 竹竿子로서, 조선의 ≪樂學軌範≫에 비교적 상세히 그림과 함께 기록되어 있었다. 그리고 주목할 점은 竹竿子는 붉은 옻칠을 하고 붉은 실로 여러 細竹들을 묶는 등 巫儺的 성분을 지니고 있다는 사실이다.

竹竿子는 시대의 변천에 따라 형상도 변하여, 여러 가지 형태의 非拂子形 竹竿子를 보여주었다. 그 중 笏形 竹竿子가 나타나기도 했고, 傘形·鞭形 竹竿子가 나타나기도 했다. 이 중 傘形 竹竿子는 현재에도 安徽省 貴池縣의 社祭에 등장하여 竹竿子가 降神의 도구로 사용됨을 보여주었다. 그리고 鞭形 竹竿子는 唐·宋代 궁중이나 민간의 驅儺의식과 희극에 사용되었고, 이후에는 覇王鞭·打連廂·金錢蓮花落·秧歌 및 道情 등에 각각의 새로운 모습으로 등장하였다. 이러한 점에서 우리는 竹竿子가 지금까지도 여전히 미약하나마 새로운 모습으로 계속 유지되고 있음을 알 수 있다.

송대 樂舞 중의 竹竿子는 공연 중에 필수적인 것으로 舞隊를 引導하고 지휘하며 배치하는 핵심적인 역할을 하였다. 뿐만 아니라 공연 중에 竹竿子는 頌祝을 내용으로 하는 致語와 口號를 담당하였다. 그런데 竹竿子의 이러한 기능은 표면적인 것이었다. 竹竿子는 이면적으로 더욱 근원적인 의미를 지니고 있었으니, 竹竿子는 巫儺的인 의미를 자체적으로 포함하였다. 곧 竹竿子의 근원적인 의미는 祭壇이나 무대의 淨潔함, 곧 淨場에 있었으며, 竹竿子의 이러한 의미는 대나무 토템에서부터 비롯되었다. 또한 竹竿子는 降神의 도구로 여겨졌으니, 竹竿子가 사용되었던 宋代에도 희곡의 공연이 곧 神靈들의 降神을 의미하는 것으로도 해석되었다. 그리고 竹竿子의 巫儺的 의미는 현재까지도 전해지고 있는 중국 농촌의 제사연극인 賽祭를 통해서도 확인할 수 있었다. 그리하여 이러한 조그마한 儀物의 변천을 통하여 우리는 희곡의 기원과 형성이 祭祀儀式 등의 의식과 밀접한 연관이 있음을 알 수 있다.

打夜胡

1. 打夜胡의 의미

打夜胡는 고대 한족의 세시풍속으로 황하와 장강 유역에서 유행하던 것으로, 음력 12월이 되면 거리의 빈민들과 거지들이 3-5 명씩 무리를 이루어 神鬼와 判官·鐘馗 및 竈王 등의 가면을 쓰고 징과 북을 치며 沿門逐疫을 해주고 구걸을 하던 민속행위이다. 이러한 打夜胡는 宋代에 이미 상당히 보편화되었으며, 지역에 따라서는 음력 12월 1일에 시작하여 12월 24일에야 그쳤다.[1] 그리고 이러한 打夜胡의 민속은 宋代 이후 明·淸代에도 계속 이어졌다.

고대 鄕人儺의 기본형식인 沿門逐疫에서 기인한 打夜胡는 戱曲 發生의 선상에서 상당히 중요한 연결고리의 역할을 담당한다. 곧 고대 종교의식의 일부분을 담당했던 鄕人儺가 역사의 변화 발전을 거치며 說唱藝術과 地方戱를 산생시킨 과정에서 일정한 핵심적인 역할을 하였다. 바로 沿門逐疫의 고대 종교의식이 說唱藝術과 地方戱 등의 민간예술로 변화 발전하는 과정에서 打夜胡는 일정한 연결고리의 역할을 하였던 것이다. 이러한 점에서 고대의 민속행위였던 打夜胡는 종교문화와 민속문화 및 說唱과 희곡예술의 기원과 발전상에서 일정한 의미를 지닌다고 볼 수 있다.

---

1) ≪中國風俗辭典≫, 上海辭書出版社, 1991, 25쪽.

한편 打夜胡는 그 명칭에 있어서 시대에 따라 조금씩 변화를 보여준다. 魏晉南北朝 시대에는 打夜胡의 '夜胡'와 발음이 같은 '邪呼'가 고대 鄕人儺의 沿門逐疫의 전통을 보여준다. 그리고 唐代에는 打夜胡와 발음이 같은 打夜狐 등의 명칭이 보이며, 北宋代에는 打夜胡라는 명칭이 보편적으로 사용된다. 또 南宋代에는 打夜呵와 打野泊이라는 명칭 등이 打夜胡의 의미를 계승하는 민속으로 전해진다. 이렇듯 打夜胡라는 민속행위의 명칭은 시대에 따라 일정한 변화를 보여주고 있다.

그런데 시대에 따른 이러한 명칭 변화는 명칭상의 와전인가 아니면 시대 발전에 따른 일정한 의미를 지니고 있는 것일까? 이 문제는 구체적으로는 민속언어학이 이와 가장 접근해 있지만 시간적으로 장기간을 대상으로 하기 때문에 명확한 답을 구하기가 쉽지 않을 것이다. 다만 여기에서는 打夜胡라는 민속언어를 중심으로 기존의 견해를 살펴보고 이들의 주장이 얼마나 설득력이 있는지를 살피고자 한다. 이러한 점에서 打夜胡는 언어학, 戱劇學, 민속학과 종교 및 儺戱 등 여러 방면과 서로 연관을 맺고 있다. 바로 본문은 시대 변화에 따른 打夜胡의 명칭 변화를 중심으로 하여 거기에 담긴 종교사적·연극사적·민속학적 의미를 살피고자 하며, 특히 시대 변화와 고대 중국의 연극사적 의미를 천착하는데 중점을 두고자 한다.

2. 時代別 樣相

1) 魏晉南北朝 時代

宋代에 보편적으로 유행한 打夜胡란 민속행위는 宋代에 돌연 발생한 것이 아니라 기실 전대의 것을 계승한 것이며, 직접적으로는 魏晉南北朝

시대의 邪呼 민속을 이어받은 것이다. 그런데 이러한 관점은 최근에야 정설로서 확립된 것으로, 이전에는 ≪辭源≫의 해석에서 알 수 있듯이 唐代의 打夜狐에서 비롯한 것으로 보았다.[2] 곧 1980년대 후반 儺戲熱을 타고 周華斌과 康保成 등이 나희에 대한 관심을 가지면서 宋代의 打夜胡는 魏晉南北朝 시대의 邪呼에서 기인함을 밝히었다. 여기에서는 이들의 주장을 근거로 打夜胡 세 글자 중 두 글자인 夜胡와 발음이 같은 邪呼를 중심으로 魏晉南北朝 시대 沿門逐疫의 민속적 양상을 살피기로 한다.

邪呼와 비슷한 단어는 魏晉南北朝 시대 이전에도 사용되었다. 漢代 이전의 전적인 ≪淮南子≫에서는 '邪許'로, ≪呂氏春秋≫에서는 '輿謣' 등에서도 사용되었는데, 이것들은 모두 발음이 邪呼와 같은 것으로, 기실은 모두 邪呼와 같은 의미로서 노동할 때 노동자들이 함께 화창하는 메김소리로 사용되었다.[3] 그러나 沿門逐疫의 의미로서 邪呼라는 단어가 보인 것은 魏晉南北朝 시대이다. ≪南史·曹景宗傳≫에는 다음과 같은 기록이 보인다.

> (조경종은) 사람됨이 술을 좋아하고 오락을 좋아하였다. 음력 12월에 집에서 사람을 시켜 邪呼 驅儺를 행하여 집집마다 돌아다니며 술과 먹을 것을 구걸하도록 하였다. 본래는 놀이로 생각했는데 부하들 중에 경박한 이들이 많아 남의 부녀자를 희롱하고 재산을 약탈하였다. 황제가 그 사실을 제법 알자 조경종은 두려워하여 그만두었다.[4]

위의 조경종 고사는 ≪梁書·曹景宗傳≫에도 똑같은 내용의 고사가 실려 있는데, 다만 邪呼가 발음이 같은 野虎로 되어 있으며, 분명히 전대의

2) 周華斌著, ≪中國戲劇史新論≫, 237쪽, 北京廣播學院出版社, 2003 .

3) 康保成著, ≪儺戲藝術源流≫, 18쪽, 廣東高等教育出版社, 1999.

4) "爲人嗜酒好樂, 臘月, 于宅中使人作邪呼逐除, 遍往人家乞酒食. 本以爲戲, 而部下多剽輕, 因弄人婦女, 奪人財貨. 帝頗知之, 景宗懼乃止."

沿門逐疫을 계승한 것이다. 그리고 위에 보인 邪呼와 野虎의 구나행위는 宋代 打夜胡 중의 '夜胡'와 발음이 같을 뿐만 아니라, 구나행위의 형식과 내용도 기본적으로 똑같음을 알 수 있다. 곧 宋代의 打夜胡는 魏晉南北朝 시대의 邪呼逐除에서 기인하였음이 분명하다. 商朝시기부터 전해 내려온 沿門逐疫의 형식은 周代에 종교의식의 약화와 인륜의식의 강화 단계를 거쳤으며 또 진한 시대에는 종교적 儺儀 儺禮로 변화하여 비교적 엄숙하고 장중한 모습을 지녔다. 그러나 魏晉南北朝시대에 이르러서는 위의 고사에 나타나듯 이러한 엄숙하고 장중한 나례의식에 일정한 변화가 생기었다. 곧 음력 12월에 조경종은 전대의 沿門逐疫을 계승한 '邪呼逐除'를 실시하였는데, 자신의 부하들 중에 경박한 무리들이 많아 남의 집 부녀자를 희롱하기도 하고, 심지어는 남의 재화를 약탈하는 일이 발생하기도 하였다. 이것은 오락을 좋아하는 그의 기질과도 유관한 것이지만, 魏晉南北朝의 沿門逐疫 민속인 邪呼逐除가 전대와는 달리 오락 성분을 농후하게 지니고 있고, 아울러 걸식 행위를 동반함을 보여주는 것이다. 곧 우리는 魏晉南北朝 시대의 邪呼逐除에서 종교적 沿門逐疫과 技藝의 沿門乞食 및 오락성분이 초보적으로나마 결합되어 있는 모습을 살필 수 있다.

한편 魏晉南北朝 시대 沿門逐疫은 위의 邪呼逐除에서 직접적 모습을 볼 수 있지만 당시의 유관 문헌에서도 우리는 魏晉南北朝 시대 邪呼逐除와 비슷한 양상을 살필 수 있다. 당시의 세시풍속을 전하는 梁나라 宗懍의 ≪荊楚歲時記≫에는 다음과 같은 기록이 보인다.

> 12월 8일은 臘日인데, 속담에서 말하길, 臘鼓가 울리면 봄풀이 솟기 시작한다고 한다. 마을 사람들은 다같이 장구를 치며 호두(胡頭)를 쓰고, 또 금강역사(金剛力士)로 분장하고서 역귀들을 쫓아내었다.[5]

5) "十二月八日, 爲臘日, 諺言, 臘鼓鳴, 春草生. 村人竝擊細腰鼓, 戴胡頭, 及作金剛力士以逐疫."

위의 내용은 민간의 驅儺儀式을 간단히 서술하고 있지만 위진남북조 시대의 驅儺가 기본적으로 선진 이전 고대의 구나의식을 계승하고 있음을 명확히 보여준다. 곧 음력 12월에 타악기를 치며 가면을 쓰며 분장을 하고서 역귀를 쫓는 모습은 고대의 驅儺儀式과 기본적으로 같은 것이다. 다만 우리는 魏晉南北朝 시대의 驅儺儀式에는 이전과는 다른 일정한 변호가 생긴 것을 알 수 있을 것이다. 먼저 장구(細腰鼓)가 이전의 儺儀에서는 쓰이지 않던 외국에서 들어온 악기이며, 호두(胡頭)는 아무래도 胡人의 모습에 가까운 가면이라고 여겨진다. 또 金剛力士는 金剛杵를 들고 악귀를 물리치는 불교의 護法神이니, 魏晉南北朝 시대에는 서역에서 들어온 불교의 영향이 민간의 驅儺儀式에도 큰 영향을 끼쳤음을 알 수 있다. 그러나 위의 ≪荊楚歲時記≫의 기록을 통하여 우리는 魏晉南北朝 시대에는 기본적으로 고대의 구나의식을 계승한 구나의식이 성행하였음을 알 수 있다. 이러한 점을 통하여 볼 때 우리는 위의 기술에서 직접적으로 邪呼라는 단어를 사용하지 않았지만 邪呼逐除와 궤를 같이하는 구나의식의 양상을 볼 수 있다.

그러면 왜 魏晉南北朝 시대의 구나의식에는 邪呼라는 단어를 사용하였는가? 이것은 아무래도 역귀들에게 공포감을 주는 큰 소리를 내서 역귀를 쫓아야 한다는 믿음에서 비롯되었을 것이다. 그러나 구체적으로 설명하기 위해서는 언어학적 접근과 종교 민속학적 접근이 필요할 것같다. 먼저 언어학적인 관점에서 보면, 周華斌에 의하면, 邪呼라는 단어는 사람들이 놀랄 때 크게 내뱉는 소리로서 普通話의 '喲', '喲嗬'에 해당한다고 한다.[6] '邪呼'와 '喲嗬'는 모두 雙聲으로 통하는 단어이며, 음이 서로 비슷하고 뜻 또한 서로 같거나 비슷하다고 보았다. 康保成은 지금의 河南 방언에서 큰소리로 부르짖는 것을 邪呼라고 부르며 왕왕 자각하지 못한 부르

6) 周華斌著, ≪中國戲劇史論考≫, 235쪽, 北京廣播學院出版社, 2003 .

짖음에 사용된다는 점에 주목하였다. 그는 任鈞澤의 ≪河南方言詞滙≫에서 邪呼가 동사로 쓰이고 보통화의 '吼'와 의미가 서로 비슷하며, 어느 일에 대하여 神經過敏이나 혹은 생각을 거치지 않고 부르는 것을 말한다는 점에 근거하여 邪呼가 무의식적인 부르짖음이라고 보았다.[7]

한편 종교 민속학적인 관점에서 邪呼라는 단어는 고대 구나행위의 가장 원시적 행위이며, 아울러 儺文化 발생의 근원이라 여겨진다.[8] 이는 邪呼逐除가 고대 구나행위에서 아무 것도 사용하지 않고 목소리로 축역하는 것을 상기하면 당연한 것으로 여겨진다. 언어학자와 인류학자의 연구에 의하면, 인류가 語義 기능을 지닌 언어를 가지기 전에 종교언어의 단계를 지녔으며, 최초의 巫術言語는 야수의 울음소리와 비슷한 것이라 한다.[9] 곧 인류는 구나행위의 초기에 무서운 소리로써 역귀를 물리칠 수 있다는 소리숭배 사상을 지녔는데, 이것이 바로 고대 구나행위의 가장 원시적인 형태인 것이다. 그리고 이러한 원시적인 소리숭배적 구나행위에서 차츰 나무나 무기 등을 휴대한 구나행위로 발전하였다.

이상에서 우리는 宋代의 打夜胡가 魏晉南北朝 시대 沿門逐疫의 형식인 邪呼逐除에서 기인함을 살펴보았다. 邪呼와 打夜胡의 夜胡는 글자가 다르지만 발음이 같고 구나행위의 형식과 내용 또한 같은 것이었다. 다만 魏晉南北朝 시대의 邪呼逐除는 한편으로는 선진 시기 이전 고대의 驅儺習俗을 계승하면서도 한편으로는 새로운 모습을 보여주었다. 곧 魏晉南北朝 시대의 邪呼逐除에는 고대의 沿門逐疫에 沿門乞食의 형식이 추가되었고, 또 구나행위가 이전의 엄숙하고 장중함 분위기에서 상당히 오락적인 성분을 농후하게 가미하고 있음을 알 수 있었다. 곧 魏晉南北朝 시

7) 康保成著, ≪儺戲藝術源流≫, 18쪽, 廣東高等教育出版社, 1999.

8) ≪戲曲研究≫, 42輯, 康保成, 〈從"打夜胡"的被誤解看儺文化的起源〉, 195쪽, 文化藝術出版社, 1992.

9) ≪戲曲研究≫, 42輯, 康保成, 〈從"打夜胡"的被誤解看儺文化的起源〉, 195쪽, 文化藝術出版社, 1992.

대의 邪呼逐除에는 逐疫과 乞食 및 娛樂의 세 요소가 초보적으로나마 결합되어 있음을 보았다. 또 邪呼라는 단어의 사용에 있어서도 언어학적 종교 민속학적 접근을 통해본 결과, 邪呼라는 단어의 사용에는 고대 원시 구나행위의 소리숭배 사상이 들어 있었고, 현대의 방언에도 邪呼가 비슷한 의미로 사용됨을 알 수 있었다.

2) 唐代

魏晉南北朝 시대 邪呼逐除를 비롯한 구나행위는 唐代에 들어와 더욱 대규모로 성행하였다. 특히 唐代에서는 魏晉南北朝 시대의 邪呼라는 단어가 宋代의 打夜胡라는 단어로 바뀌는 데 결정적인 기여를 했다고도 볼 수 있다. 그것은 宋代 打夜胡의 夜胡와 똑같은 글자의 夜胡라는 단어가 唐代에 처음에 등장했기 때문이다.

그러면 먼저 宋代 打夜胡의 전신으로 이야기 되었던 打夜狐에 대한 논의를 살펴보자. 打夜狐란 단어는 ≪舊唐書·敬宗紀≫ 寶歷2년 條에 다음과 같이 보인다.

> 임금은 심야에 스스로 여우 잡기를 좋아하여 궁중에서는 이것을 打夜狐라고 불렀다.[10]

또 宋代 楊彦齡은 ≪楊公筆錄≫에서 위의 문장을 근거로 하면서 다음과 같이 말하였다.

> 唐 敬宗은 擊毬를 잘 하였다. 밤이 깊어지면 여우 잡는 것을 즐거움으로 삼았다. 그리하여 민간에서는 이 때문에 연말에 驅儺하는 것을 打夜

10) "帝好深夜自捕狐狸, 宮中謂之打夜狐.".

狐라고 부른다.[11]

唐 敬宗은 중당 대의 임금으로 寶歷2年은 826년 이며, 당시 궁중에는 ≪舊唐書·敬宗紀≫의 기록처럼 심야에 여우잡는 것을 打夜狐라고 불렀다. 그런데 宋代의 楊彦齡은 위의 기록에서 보이는 것처럼 당 경종이 심야에 하는 여우 잡는 놀이를 歲暮驅儺와 연관시켰다. 물론 宋代 沿門逐疫의 행위인 打夜胡의 夜胡와 당 경종의 심야 여우잡이 놀이인 打夜狐의 夜狐가 발음이 같기 때문에 자연스럽게 연관시켰으리라고 생각된다. 그러나 여우를 妖怪로 생각하는 관념은 일찍이 魏晉南北朝 시대 志怪와 筆記 및 唐代의 전기 작품 중에 자주 보이니, 이러한 종류의 고사는 당시 민간에 크게 전해졌었다.[12] 그러나 실질적인 내용상에서 볼 때 둘 사이에는 연관관계가 없어 보인다. 이러한 점을 상기한다면 당경종의 심야 여우잡이 놀이와 唐代 민간의 歲暮驅儺 행위는 둘 사이의 발음만 같지 실제 내용은 각기 다른 것이라고 여겨진다. 결국 宋代 楊彦齡의 주장은 일단 牽强附會라고 여겨진다.

宋代 打夜胡의 夜胡와 글자와 같은 단어는 晩唐 시기 敦煌의 驅儺 습속을 보여주고 있는 〈兒郞偉〉와 〈進夜胡詞〉에 처음으로 등장한다. 여기에서는 그 중 구나 행위자의 唱詞인 〈進夜胡詞〉 한 수를 중심으로 살피기로 한다.

聖人의 福祿은 귀중한 것, 만고에 짝하기 힘들어라.
사악한 도적을 남김없이 없애고, 儺鬼를 모두 쫓으리라.
동방에 한 역귀 있으나, 봄날에 나오지 못하도록 하리요,
서쪽에 한 역귀 있으나, 가을날 죽게 하리라.
남쪽에 한 역귀 있으니, 두 눈이 태양처럼 붉고,

---

11) "唐敬宗善擊毬. 夜,艾 自捕狐狸爲樂, 謂之打夜狐. 故俗因謂歲暮驅儺爲打夜狐."

12) 周華斌著, ≪中國戱劇史論考≫, 233쪽, 北京廣播學院出版社, 2003 .

북쪽에 한 역귀 있으니, 온 몸이 漆黑같네.
네 문에 모두 역귀 있으나, 하나도 남김없이 잡으리라.
……, ……
해마다 해마다 夜胡兒는, 긴 머리에 우대와 보살핌을 받네.[13]

위의 돈황 구나행위의 唱詞에서 우리는 먼저 마지막 문장에 주목하게 된다. 그것은 夜胡兒 중의 夜胡라는 단어가 宋代 打夜胡의 夜胡와 완전히 일치하기 때문이다. "해마다 해마다 夜胡兒는 긴 머리에 우대와 보살핌을 받네(歲歲夜胡兒, 長頭沾優恤)"이것은 夜胡兒가 구나행위를 해마다 거행하며, 아울러 구나행위가 끝나면 그 댓가로 특별한 우대와 보살핌을 받음을 말하고 있다. 곧 이것은 宋代 打夜胡의 모습과 똑같은 것이다. 곧 돈황의 구나습속은 魏晉南北朝 시대의 邪呼逐除를 계승하고 있으며 宋代 打夜胡의 전신임을 보여준다. 그리고 여기에서 보인 夜胡兒는 〈進夜胡詞〉의 敦煌文獻 2569쪽의 다른 창사에서는 野胡兒로 되어 있으며, 〈兒郞偉〉의 3552쪽에서는 野狐兒로 되어 있으니, 夜胡와 野胡 및 夜狐는 발음이 같은 것으로서 唐代에는 서로 통용되었음을 알 수 있다.[14]

그러면 마지막 문장은 어떠한 의미를 지니고 있는가? 곧 夜胡兒 중의 夜胡는 단지 邪呼逐除의 邪呼가 발음이 같아서 訛傳된 것인가, 아니면 邪呼에서 夜胡로의 민속언어의 변화는 시대 변화에 따른 정치적·사회적·문화적 상징적 의미를 지니고 있는 것일까? 여기에서는 먼저 기존의 견해를 살펴보기로 하자. 康保成에 의하면 위의 夜胡는 魏晉南北朝 시대의 邪呼와 같은 것으로서 큰 소리를 내서 역귀를 쫓는 것이라고 보았다.[15]

---

13) "聖人福祿重, 萬古難儔匹. 剪孽賊不殘, 驅儺鬼無失. 東方有一鬼, 不許春時出, 西方有一鬼, 便使秋天卒. 南方有一鬼, 兩眼赤如日, 北方有一鬼, 渾身黑如漆. 四門皆有鬼, 擒之不遺一. ……, ……. 歲歲夜胡兒, 長頭沾優恤.".

14) 周華斌著, ≪中國戱劇史論考≫, 231쪽, 北京廣播學院出版社, 2003 .

15) 康保成著, ≪儺戱藝術源流≫, 20쪽, 廣東高等教育出版社, 1999.

곧 강보성은 夜胡와 邪呼는 발음이 같아서 訛傳된 것으로 그 변화 속에는 무슨 의미가 존재하지 않은 것이라고 보았다. 이와는 달리 周華斌은 민속언어의 변화 속에는 일정한 의미가 담겨 있다고 보았다. 그에 의하면 위의 〈進夜胡詞〉 중의 사악한 도적(孽賊)은 역귀와 같은 것으로, 당시 唐人의 中原 정통관념에 의하면 孽賊은 변방의 야만민족과 胡人을 포괄하는 것으로 그들을 胡兒라고 멸시하였으며 妖物이나 怪物로 여겼다고 한다. 또 野胡 라고 부르는 것은 변방 野外의 오랑캐 애들을 가리키는 것으로 그들을 역귀와 도적에 비유한다고 하며, 구나행위는 통상 밤에 특히 除夜에 거행되기 때문에 夜胡라고 부른다고 하였다.[16] 그러면 이들의 주장 중에 누구의 주장이 더 설득력이 있는가?

먼저 우리는 민속언어의 일반적 속성을 상기할 필요가 있다고 여겨진다. 곧 민속언어는 일반 민중들의 습속이 된 언어로서 오랜 기간을 통하여 굳어진 민속현상이 쉽게 변하기 힘들듯이, 시대적 민속현상을 보여주는 민속언어 또한 일반적으로 쉽게 변하지 않는 특성을 지니고 있다. 만일 이러한 점을 감안한다면 邪呼에서 夜胡 혹은 野胡로의 변화에는 일정한 정치사회적 문화적 의미를 포함한다는 주화빈의 주장이 더 설득력이 있다고 여겨진다. 이러한 점에 근거하여 본다면 당시 중국의 변방이던 서역의 돈황 지역에서 행해지던 구나의식에는 자연스럽게 당시의 정치사회적 상황을 보여주는 민속언어인 夜胡 혹은 野胡가 사용되었음을 추측할 수 있다. 나희 발전사에 의하면 돈황은 張議潮가 甘州 지역을 수복한 후 상당히 특색을 지닌 敦煌儺가 형성된 곳이었다.[17] 특히 돈황에는 민간나와 함께 軍儺가 흥성했던 점을 상기한다면 周華斌의 주장이 더욱 설득력이 있어 보인다. 이러한 점에서 본다면 邪呼에서 夜胡 혹은 野胡로의 변화에는 당시 중국과 西域과의 문화교류와 충돌이 반영되어 있다고 볼 수 있겠

16) 周華斌著, ≪中國戲劇史論考≫, 232쪽, 北京廣播學院出版社, 2003 .

17) 錢茀著, ≪儺俗史≫, 59쪽, 廣西民族出版社, 上海文藝出版社, 2000.

다.[18] 이러한 점 때문에 아마 金學柱교수님도 위의 구절은 안녹산의 난을 겪은 후 당 후기의 정서를 대변한다고 할 수 있다고 보았던 것같다.[19]

이상에서 우리는 唐代의 구나습속을 통하여 宋代 打夜胡라는 민속언어가 직접적으로는 唐代 그 중애서도 만당 시대 夜胡 혹은 野胡에서 기인하였음을 살피었다. 비록 혹자에 따라서는 중당 시대에 이미 打夜狐라는 단어가 등장하여 宋代의 打夜胡와 연관을 시켰으나 이것은 견강부회로 여겨진다. 唐 敬宗이 심야에 여우잡기를 좋아하는 것을 표현하는 단어인 打夜狐와 宋代 歲暮驅儺를 의미하는 打夜胡와는 발음만 같을 뿐 실질적인 내용은 다르기 때문이다. 그리고 唐代 특히 만당 시대 돈황에서 흥성했던 구나습속의 唱詞인 〈兒良偉〉와 〈進夜胡詞〉에서는 魏晉南北朝 시대의 邪呼가 夜胡 혹은 野胡로 변화 하였는데, 이것은 당시 시대상황을 반영하는 민속언어의 모습을 보여주는 것으로, 중국과 서역과의 문화적 교류와 충돌을 반영하고 있는 것이라고 생각된다.

3) 宋代

魏晉南北朝 시대 邪呼逐除에서 비롯한 宋代 打夜胡의 구나의식은 唐代 돈황에서 새로운 의미가 추가된 夜胡 혹은 野胡라는 단어를 생성시켰으나 아직까지는 앞에 '打'라는 글자가 첨가된 민속언어인 정식의 打夜胡가 아니었다. 바로 打夜胡라는 세 글자의 정식 단어는 북송 대에 이르러서야 수도인 卞梁에 정식으로 나타난다. 그러면 북송 시대 打夜胡가 처음 보인 ≪東京夢華錄≫ 十二月條의 기록을 살펴보자.

> 이 달(음력 12월)에 들어서면서 가난한 이들 서너 명이 한 무리가 되

18) 周華斌著, ≪中國戲劇史論考≫, 238쪽, 北京廣播學院出版社, 2003 .

19) 金學柱著, ≪中國의 戲曲과 民間演藝≫, 57쪽, 明文堂, 2002.

> 어 婦人과 神鬼로 분장하고서 징을 치고 북을 치며 대문을 따라 돈을 구걸하였으니, 당시 풍속에서는 打夜胡라고 불렀으며, 역귀를 쫓는 방법이다.[20]

우리는 위의 기록에서 북송 대 유행했던 打夜胡의 일반적 모습을 볼 수 있다. 곧 구나의식은 음력 12월에 거행하며, 구나의식의 행위자는 주로 貧者 즉 거지들이며, 징과 북을 치면서 婦人과 神鬼로 扮裝하고서 돈을 구걸하였다. 그런데 이러한 모습은 魏晉南北朝 시대와 唐代에 거지들이 구나의식을 담당한 乞儺의 모습과 거의 비슷하다. 곧 음력 12월에 거지들이 분장하고 징과 북을 치며 沿門逐疫하며 구걸하는 양상은 기본적으로 같다. 다만 ≪南史·曹景宗傳≫에서 구나의 댓가로서 酒食을 구걸하는 것에서 宋代에는 돈을 구걸하는 것으로 바뀌었으며, 분장인물에 婦人이 첨가되었다.

한편 北宋代에 성행했던 打夜胡의 歲暮驅儺는 南宋代에도 乞儺의 형식으로 민간에 매우 성행하였다. 남송의 모습을 보여주는 ≪夢粱錄≫ 十二月條에는 위의 ≪東京夢華錄≫ 十二月條와 거의 독같은 내용의 다음과 같은 글이 보인다.

> 이날로 들어서면 시가에 가난한 거지들이 네댓 명씩 떼를 지어 神鬼·判官·鐘馗·小妹 등의 모습으로 분장하고 징을 치고 북을 두드리며 집집마다 찾아다니면서 돈을 구걸하였는데, 세상에선 이것을 打夜胡라고 불렀으며, 역시 驅儺의 뜻이 있는 것이다.[21]

위의 기술은 북송 시기 打夜胡의 양상과 거의 비슷하지만 세모 구나에

---

20) "自入此月, 卽有貧者三數人爲一火, 裝婦人神鬼, 敲鑼擊鼓, 巡門乞錢, 俗呼爲打夜胡, 亦驅祟之道也."

21) "自此入月, 街市有貧丐者, 三五人爲一隊, 裝神鬼判官鐘馗小妹等形, 敲鑼擊鼓, 沿門乞錢, 俗呼爲打夜胡, 亦驅儺之意也".

등장하는 분장인물에 있어서 더 세분화되었음을 보여준다. 곧 남송 시기의 打夜胡에는 민간의 설화 속에 등장하는 判官과 鐘馗 및 小妹의 신들이 등장하였다. 이들은 거의 특수한 성격에 특수한 외모의 소유자들이며, 등장인물이 다채로와서 이러한 驅儺는 그 행사 자체만으로도 훌륭한 가면무희가 되었을 것이다. 특히 여기서의 小妹는 鐘馗의 누이동생임이 분명하며, 민간에서 환영받던 대표적인 민간신이다. 이를 통하여 볼 때 우리는 宋代의 打夜胡가 이전의 唐代까지와는 확연히 다른 여러 민간신을 사용하였음을 알 수 있다.

남송 시대에는 또한 打夜胡의 명칭에 있어서 주목할만한 변화가 있었으니 바로 打夜呵의 등장이다. 打夜呵의 등장은 沿門逐疫 중심의 驅儺史에 있어서 큰 변화가 있었음을 의미하며, 宋代가 전체적인 戲劇史에서 전환기적 역할을 하였듯이, 南宋代에 등장한 打夜呵는 打夜胡의 명칭 변화에 있어서 이전의 양상과는 질적인 변화를 가져왔다. 그러면 구체적으로 어떠한 변화가 생겼는지를 살펴보자. 남송의 ≪武林舊事≫에는 다음과 같은 기록이 보인다.

> 혹 路岐라는 자들이 있는데 勾欄에 들어가지 않고 단지 마음대로 노닐만한 넓은 곳에서 공연을 하는 사람이며, 그것을 打夜呵라고 부른다. 이들은 또 기예가 좋지 못한 자들이다.[22]

또 남송의 ≪稿簡贅筆≫에는 다음과 같은 기록이 보인다.

> 지금의 기예인 중에서 저자 가게에서 공연하는 것을 打野泊이라고 부르는데, 모두 정처가 일정하지 않음을 말한다. 지금은 打夜呵라고 부른다.[23]

---

22) "或有路岐, 不入勾欄, 只在耍鬧寬闊之處做場者, 謂之打野呵. 此又藝之次者."

23) "今之藝人, 于市肆做場, 謂之打野泊, 皆謂不着所. 今謂打野呵."

위의 ≪武林舊事≫의 기록은 남송 시대에 소위 路岐라는 것이 등장하였음을 말하고 있다. 위의 기록에 의하면 路岐는 기예가 뒤쳐졌기 때문에 宋代에 형성되었던 최초의 상업적 공연장인 勾欄에 들어가지도 못하고 넓은 공터에서 공연을 하였으며, 당시에는 打夜呵라고 불렀다고 한다. 물론 여기서의 打夜呵는 打夜胡와 발음이 같은 것으로서 打夜胡의 성격을 기본적으로 계승한 것이라고 할 수 있다. 그런데 打夜胡에서 打夜呵로의 변화는 단순히 명칭 변화를 의미하는 것을 넘어서 질적인 변화를 내포하고 있다. ≪東京夢華錄≫ 十二月條의 기록에서와 같이 가난한 농민들은 농한기를 이용하여 당시의 수도인 卞梁에 가 驅儺를 해주고 돈을 구걸하였다. 이것은 한편으로는 당시 도시민들의 구나 심리에 부응한 것이지만 다른 한편으로는 구나행위로써 일정하게 생계를 유지할 수 있었다. 곧 그들의 구나행위는 일정하게 상업성을 지니고 있었다. 그러나 그것은 연말에나 하는 세시적인 행사였다. 立春이 되어 농번기가 되면 농민들은 다시 농촌으로 돌아갔지만, 일부의 사람들은 도시인들의 오락 수요에 부응하며 생계를 유지하기 위하여 도시와 시장 등에 남아 직업적 유랑예인이 되었으니,[24] 이들이 바로 路岐이다. 곧 打夜胡에서 打夜呵로의 변화에는 공연 행위자의 양상이 沿門逐疫의 逐疫人에서 상업적 技藝人으로 변화되는 질적인 변화를 의미하고 있다. 이에 打夜胡의 명칭에도 자연스럽게 변화가 생겼으니, 打夜呵와 打野泊이 등장하게 된 것이다. 여기서의 '野'字는 露天의 野外 공간을 의미하니, 野呵는 노천 공연에서의 呵唱(웃으며 노래하는 것)을 뜻하고, 野泊은 고정적 거처가 없음을 뜻한다. 이러한 점은 위의 ≪稿簡贅筆≫에서 路岐가 저자 가게에서 공연하는 것을 打野泊이라고 부르는데, 이것은 路岐의 정처가 일정하지 않음을 의미하며, 打夜呵라고도 부른다고 하는 기록에서도 분명히 알 수 있다.

24) 周華斌著, ≪中國戲劇史新論≫, 138쪽, 北京廣播學院出版社, 2003 .

그러면 打夜胡와 打夜呵의 차이를 더욱 구체적으로 살펴보자. 우선 공연의 시기가 서로 다르다. 打夜胡는 세모구나의 행사이기 때문에 연말에 행해지는 데 비하여, 打夜呵는 도시인들의 오락 수요에 부응하기 때문에 일정한 공연 시기가 없다. 또 공연 장소에 있어서도 打夜胡는 沿門逐疫의 성격을 유지하고 있기 때문에 人家의 대문 앞에서 행해졌지만, 打夜呵는 위의 기록에서 보이듯이 사람들이 많이 모이는 공터나 저자 가게 등에서 공연을 하였다. 또 공연의 성격에 있어서도 차이를 보여주니, 打夜胡는 魏晉南北朝 시기의 邪呼逐除부터 전해 내려온 沿門逐疫의 성격을 계승하고 있기 때문에 종교적 성격을 강하게 지니고 있는데 비해, 打夜呵는 沿門逐疫의 성격을 벗어버리고 상업적 기예의 성격을 지닌다. 뿐만 아니라 공연행위자의 모습도 자연스럽게 바뀌었으니, 打夜胡의 구나 행위자는 구나심리에 부응하면서 초기 상업화적 양상을 지니는 비직업적 공연자인 반면, 打夜呵의 공연자는 도시인의 오락 수요에 부응하는 전문 직업적 유랑예인의 모습이다. 곧 打夜胡에서 打夜呵로의 변화는 범박하게 이야기 하면 종교에서 예술로의 전환을 의미한다. 打夜呵의 등장은 打夜胡의 종교적 외피를 벗고 완전히 상업적 기예로서 남송인의 면전에 기예가 출현하였음을 의미한다. 그리고 이러한 점은 동서의 戲劇문화에 공통적으로 나타나는 거의 규율화된 현상으로서, 打夜呵의 출현은 중국 戲劇史의 새로운 이정표를 보여준다고 하겠다.

한편 打夜胡의 명칭 변화를 중심으로 살펴본 고대 중국 戲劇史의 변모의 모습은 우리의 농악이 발전 되어온 궤적과도 거의 일치한다. 우리의 농악이 초기에 豐農을 祝願하는 종교적 祝願農樂에서 시작하여, 공동의 생산활동을 효율적으로 달성하기 위한 勞作農樂으로 발전하였고, 다시 걸립패가 마을을 돌며 고사굿을 치고 돈이나 곡물을 받는 乞粒農樂으로 발전하였으며, 마지막으로는 전문적이고 직업적인 풍물패가 관람자에게 판굿과 연희를 보여주는 무대예술적 풍물굿인 演藝農樂으로 발전한 점과 거의 비슷하다.[24] 특히 이들이 변화하는 과정에서 가장 핵심적인 역할을 했던 연결고리로서 路岐와 걸립패가 등장했던 것은 주목할 만하다.

이상에서 우리는 宋代 打夜胡의 명칭 변화를 중심으로 그 속에 담긴 의미를 살펴보았다. 먼저 打夜胡라는 명칭은 북송 시대에 들어와서야 처음으로 등장하였다. 그리고 宋代의 打夜胡는 魏晉南北朝 시대 邪呼逐除와 唐代의 夜胡와 같은 민간의 乞儺를 계승하였다. 곧 打夜胡는 음력 12월에 貧者 너댓 명이 婦人과 神鬼로 분장하고서 징과 북을 치며 대문을 따라 돈을 구걸하는 것이었다. 특히 남송 시대의 打夜胡에는 북송 시대에 비하여 분장인물이 더욱 세분화되었다. 남송 시대에는 神鬼와 判官·鐘馗·및 小妹와 같은 여러 民間神들이 등장하였다. 이렇게 분장인물이 세분화된 것은 戱劇史的 각도에서 볼 때 확실히 발전된 양상을 보여주는 것이라고 여겨진다. 打夜胡의 명칭 변화에 있어서 주목할 점은 남송 시대에 등장한 打夜呵라는 명칭이다. 打夜呵의 등장은 또한 고대 중국 戱劇史上 최초의 직업적 기예인인 路岐의 출현과 함께 나타났다. 打夜胡에서 打夜呵로의 명칭 변화는 이전의 명칭 변화와는 다른 질적인 변화를 의미하였다. 곧 打夜胡에서 打夜呵로의 변화는 공연행위자가 沿門逐疫의 逐疫人에서 商業的 技藝人으로 바뀌는 질적인 변화를 의미하였다.

4) 明·淸代

위에서 살피었듯이 남송 시기 打夜胡에서 打夜呵로의 명칭 변화는 종교적 沿門逐疫에서 상업적 전문기예로 공연의 성격이 바뀌었음을 의미하였다. 그러면 打夜胡라는 본래의 沿門逐疫적 민속행위는 완전히 사라졌는가? 물론 그렇지 않다. 路岐가 등장한 후 고대 중국 戱劇은 크게 보아

25) 拙稿, 〈秧歌와 農樂 比較研究〉, ≪中國人文科學≫, 第32輯, 2006年.

두 가지 부류로 각기 다른 길을 갔다. 곧 일반적으로 도시에서에서는 路岐를 위시한 상업적 전문 戱劇의 길을 따랐고, 교통이 불편하여 다른 곳과 교류가 적었던 농촌에서는 宋代의 打夜胡처럼 여전히 종교적 沿門逐疫의 성격을 위주로 하는 戱劇이 계속 이어졌다. 그리하여 明·淸代에 이르러서도 宋代의 打夜胡는 주로 농촌을 중심으로 공연되었으니 明 孝宗 때의 ≪八閩通志≫와 淸代 方以智의 ≪通雅·諺原≫에 보이는 다음의 기록은 이 사실을 증명해 준다.

> 除夜의 逐疫活動을 마을 사람들은 打夜狐라고 부르는데, 곧 옛 鄕人儺의 뜻이다.[26]
>
> 지금 사람들은 疫鬼 쫓는 것을 打夜胡라고 부르는데, 野胡로 訛傳되었다.[27]

명대 ≪八閩通志≫의 八閩은 福建省의 별칭이니, 이에 의하면 명대의 복건성에서는 除夜에 逐疫活動을 하였는데, 이를 打夜狐라고 부르는 것으로, 고대 鄕人儺의 의미를 지니는 것이라고 한다. 그런데 여기서의 打夜狐는 고대 鄕人儺의 의미를 계승하고 있는 것이니, 종교적 沿門逐疫 활동을 말하는 것이며, 여우 잡이와는 전혀 관계가 없는 것으로 바로 宋代의 打夜胡를 의미한다. 또 청대 方以智의 기술처럼 당시 청대에서는 역귀 쫓는 활동을 打夜胡라고 불렀다고 하니, 明淸대에도 宋代의 打夜胡가 계속 이어졌음을 알 수 있다.

한편 明·淸 시대의 打夜胡는 또한 조금 변화된 형식을 보여주기도 하는데, 跳竈王과 跳土地 및 跳鐘馗 등이 있으며 명성이 가장 큰 것은 急脚子이다.[28] 이 중 竈王과 土地 및 鐘馗는 일찍이 宋代부터 민간의 사랑

26) "除夜逐疫, 郡人謂之打夜狐, 卽古者鄕人儺之意也" ≪八閩通志≫.

27) "今民稱跳鬼爲打夜胡, 訛爲野胡." ≪通雅·諺原≫.

28) 錢茀著, ≪儺俗史≫, 60쪽, 廣西民族出版社, 上海文藝出版社, 2000.

을 받던 민간신이니, 민간신이 沿門逐疫의 활동에서 중요한 역할을 담당했음을 알 수 있다. 그러면 이들에 대한 청대 顧鐵卿의 ≪淸嘉錄≫ 기록을 살펴보자.

> 12월 초하룻날 이면 거지 너댓 명이 한 패가 되어 竈公과 竈婆로 분장하고, 각기 대나무 가지를 들고 문 앞 마당에서 시끄럽게 굴며 돈을 구걸하기 시작하여 24일이 되어서야 그만두는데, 이것을 跳竈王이라고 부른다.
>
> 거지가 헤어진 갑옷을 입고 鐘馗로 분장하여 집집마다 찾아다니며 뛰고 춤추면서 역귀를 쫓아 주었다. 역시 12월 초에 시작하여 그믐날 저녁이 되어서야 그쳤는데, 이것을 跳鐘馗라고 부른다.[29]

위의 기록에 의하면 청대의 跳竈王은 宋代의 打夜胡와 거의 똑같다. 음력 12월에 貧者 너 댓 명의 무리들이 沿門逐疫하여 돈을 구걸하는 민간 乞儺의 모습은 완전히 같다. 다만 竈公과 竈婆의 民間神만이 새로운 분장인물로 바뀌었고 이들이 대나무 가지를 들고 있는 점이 다를 뿐이다. 跳鐘馗 역시 마찬가지이다. 다만 鐘馗가 분장인물로 등장하며 거지 모습을 나타내기 위해 헤어진 갑옷을 입는 점만이 다를 뿐이다. 또한 急脚子는 호북성 沔陽 일대에서 유행한 한족의 세시풍속이다. 매번 음력 4월 28일에서 5월 초까지 민간에서 4명의 팀으로 머리에 무서운 모습의 가면을 쓰고 징을 울리며 집집마다 돌아다니며 역귀를 쫓고 대신 돈을 받았다. 전체의 풍속활동, 예를 들어 길을 재촉하는 것, 마을을 돌아다니는 것, 걸음걸이가 총망하기 때문에 急脚子라고 부른다.[30] 急脚子 또한 宋代의 打夜胡와 진배없다. 가면을 쓰고 沿門逐疫을 하고 그 댓가로 돈을 받는 것은

---

29) "月朔, 乞兒三五人爲一隊, 扮竈公竈婆, 各執竹枝, 噪於門庭以乞錢, 至二十四日止, 謂之跳竈王."
"丐者衣壞甲胄, 裝鐘馗, 沿門跳舞, 以逐鬼, 亦月朔始, 届除夕而止, 謂之跳鐘馗."

30) ≪中國風俗辭典≫, 上海辭書出版社, 1991, 66쪽.

똑같다. 다만 구나행위의 일자만이 다를 뿐이니, 음력 4월말 여름이 시작될 때 구나행위가 이루어지는 것이 다르다.

이상에서 우리는 明·淸代에도 宋代의 打夜胡가 계속 전해졌음을 살피었다. 다만 宋代 路岐가 등장한 후 明·淸代의 打夜胡는 주로 농촌을 중심으로 계속 이어졌다. 이것은 아무래도 교통과 경제 및 문화상의 차이로 인하여 농촌에서는 종교적인 沿門逐疫을 위주로하는 打夜胡가 명맥을 유지할 수 있었던 것같다. 또 明·淸代에는 宋代의 打夜胡와는 조금 다른 형식의 것이 등장하기도 하였는데, 跳竈王과 跳土地·跳鐘馗 및 急脚子 등이 새로 출현하였다. 이 중 竈王과 土地 및 鐘馗는 민중의 사랑을 받은 민간신인데, 새로운 형식의 打夜胡에서 구나행위의 주재자로 등장하였다.

5) 打夜胡에서 地方戲로

宋代의 打夜胡는 종교적 沿門逐疫을 핵심으로 하는 민간의 乞儺 형식이다. 그리고 이러한 乞儺 형식은 明·淸代에 이르러서는 跳竈王과 跳土地·跳鐘馗 및 急脚子와 같은 乞儺藝術을 산생시켰다. 그런데 종교적 沿門逐疫을 핵심으로 하던 乞儺인 打夜胡는 시대의 변화에 따른 발전 과정에서 자신의 생존을 위해서 시대와 지역에 따라 각기 다른 표현형식을 보여 주었다. 어떤 것은 단지 沿門逐疫의 간단한 말만 있었고, 어떤 것은 설창 형식을 동반하였으며, 어떤 것은 가무에 고사를 공연하여 戲劇의 雛形이 되었다. 이 중 중국의 고대 戲劇발전사에서 주목할만한 점은 打夜胡라는 乞儺藝術이 이후 중국의 戲曲을 형성하는데 막대한 공헌을 하였던 많은 說唱藝術 및 地方戲와 일정한 血緣關係를 형성하고 있다는 사실이다.

먼저 打夜胡의 종교적 沿門逐疫은 시대의 변화에 따라 일반적으로 종교 색채가 점점 약화되어 어떤 것은 이미 상업적 구걸로 바뀌었고 이에 적지 않은 沿門逐疫이 沿門唱曲으로 대체되었다.[31] 그리고 打夜胡는 역사의 발전과정에서 외래종교 특히 불교의 영향을 많이 받았으니, 민간의 乞儺인 打夜胡는 자연스럽게 불교적 說唱藝術인 蓮花落의 형성에 지대한 영향을 끼쳤다. 곧 沿門乞食的 성격을 자체적으로 지니고 있는 打夜胡는 沿門乞食의 說唱樣式인 蓮花落과 쉽게 결합되었다.

또 많은 民間說唱과 가무형식, 예를 들면 각지에 유행하고 있는 秧歌는 打夜胡의 종교적 沿門逐疫이 沿門唱曲으로 바뀌었던 것의 전형이다. 왜냐하면 秧歌의 실제 공연 형식은 대부분 집집마다 돌아다니며 沿門逐疫하고 그 댓가로 구걸하던 흔적을 지니고 있기 때문이다.[32]

沿門逐疫을 핵심으로 하면서 沿門乞食과도 결합된 모습을 보이고 있는 打夜胡는 說唱樣式인 蓮花落이나 秧歌의 형성 뿐만 아니라 18세기 중반 地方戱의 흥성에도 큰 역할을 하였다. 설창형식이 진일보하여 代言의 형식을 취하면서 공연을 했으니, 바로 戱劇이 산생된 것이다. 곧 評劇·越劇·花鼓戱·黃梅戱 등은 모두 打夜胡와 明·清代 打夜胡의 또다른 형식인 急脚子·跳鐘馗·跳竈王 등 乞儺예술과 혈연관계를 지니고 있으니, 이들 극종의 生育과 형성의 과정에는 뚜렷한 관련이 있다.[33] 먼저 評劇의 발전과정을 보면 크게 다섯 단계로 나눌 수 있다. 곧 첫째, 對口蓮花落 단계로 河北 지방 농촌의 蓮花落이 彩扮(對口蓮花落)으로 발전된 형식 둘째, 拆出 단계로 對口蓮花落이 동북 二人轉의 영향을 받은 형식 셋째, 唐山落子(곧 平腔 梆子戱) 단계 넷째, 奉天落子段階 다섯째, 評劇段階이다.[34] 이로써 보면 우리는 評劇의 형성 과정에서 초기에 打夜胡와

31) 康保成著, ≪儺戱藝術源流≫, 24쪽, 廣東高等教育出版社, 1999.

32) 拙稿, 〈秧歌와 農樂 比較研究〉, 282족 참조, ≪中國人文科學≫, 第32輯, 2006年.

33) 錢茀著, ≪儺俗史≫, 61쪽, 廣西民族出版社, 上海文藝出版社, 2000.

34) ≪中國戱曲劇種代辭典≫, 32쪽, 上海辭書出版社, 1995.

혈연관계를 지닌 蓮花落이라는 說唱藝術이 중요한 역할을 했음을 알 수 있다. 또 越劇은 浙江의 민간 落地唱書의 형식에서 기원하였으며, 花鼓戱의 형성에도 乞儺的 연문걸식이 중요한 역할을 하였으며, 黃梅戱도 형성의 과정에 沿門逐疫 및 蓮花落과 혈연관계를 지니고 있다.[35]

이상에서 우리는 沿門逐疫을 핵심으로 하는 打夜胡가 시대의 변화에 따라 說唱藝術과 地方戱의 흥성에 큰 기여를 했음을 알 수 있다. 곧 乞儺藝術의 특색을 지닌 打夜胡는 蓮花落이라는 說唱藝術과 혈연관계를 지니고 있고, 또 청대 중기 이후 評劇·越劇·花鼓戱 및 黃梅戱 등 地方戱의 형성과도 혈연관계를 지니고 있다.

3. 打夜胡의 의의

打夜胡는 고대 중국인의 세시풍속으로 음력 12월에 貧者들이 너댓 명씩 무리를 이루어 神鬼와 鐘馗 등으로 분장하고서 沿門逐疫을 해주고 연문걸식을 하던 민속 습속이다. 그런데 이러한 打夜胡가 중국의 고대 戱劇 발전사에서 상당히 중요한 연결고리의 역할을 했으니, 打夜胡라는 沿門逐疫과 沿門乞食의 습속이 후세 說唱藝術과 地方戱의 형성에 큰 역할을 하였다.

먼저 宋代의 打夜胡는 魏晉南北朝 시대 沿門逐疫의 형식인 邪呼逐除에서 기인하였다. 邪呼와 打夜胡의 야호는 글자가 다르지만 발음이 같고 구나행위의 형식과 내용 또한 같은 것이었다. 다만 魏晉南北朝 시대의 邪呼逐除는 한편으로는 선진 시기 이전 고대의 驅儺習俗을 계승하면서도 한편으로는 새로운 모습을 보여주었다. 곧 魏晉南北朝 시대의 邪呼逐除

35) 康保成著, ≪儺戱藝術源流≫, 24쪽, 廣東高等敎育出版社, 1999.

에는 고대의 沿門逐疫에 沿門乞食의 형식이 추가되었고, 또 구나행위가 이전의 엄숙하고 장중함 분위기에서 상당히 오락적인 성분을 농후하게 가미하고 있음을 알 수 있었다. 곧 魏晉南北朝 시대의 邪呼逐除에는 逐疫과 乞食 및 오락의 세 요소가 초보적으로나마 결합되어 있음을 보았다. 또 邪呼라는 단어의 사용에 있어서도 언어학적·종교적·민속학적 접근을 통해본 결과, 邪呼라는 단어의 사용에는 고대 원시 구나행위의 소리숭배 사상이 들어 있었고, 현대의 방언에도 邪呼가 비슷한 의미로 사용됨을 알 수 있었다.

宋代의 打夜胡라는 민속언어는 唐代의 구나 습속을 통하여, 직접적으로는 唐代 그 중에서도 만당 시대 夜胡 혹은 野胡에서 기인하였다. 비록 혹자에 따라서는 중당 시대에 이미 打夜狐라는 단어가 등장하여 宋代의 打夜胡와 연관을 시켰으나 이것은 견강부회로 여겨진다. 唐 敬宗이 심야에 여우잡기를 좋아하는 것을 표현하는 단어인 打夜狐와 宋代 歲暮驅儺를 의미하는 打夜胡와는 발음만 같을 뿐 실질적인 내용이 다르기 때문이다. 그리고 唐代 특히 만당 시대 돈황에서 흥성했던 구나 습속의 唱詞인 〈兒良偉〉와 〈進夜胡詞〉에서는 魏晉南北朝 시대의 邪呼가 夜胡 혹은 野胡로 변화 하였는데, 이것은 당시 시대상황을 반영하는 민속언어의 모습을 보여주는 것으로, 중국과 西域과의 문화적 교류와 충돌을 반영하고 있는 것이라고 생각된다.

그런데 打夜胡라는 명칭은 북송 시대에 들어와서야 처음으로 등장하였다. 물론 宋代의 打夜胡는 魏晉南北朝 시대 邪呼逐除와 唐代의 夜胡와 같은 민간의 乞儺를 계승하였다. 곧 打夜胡는 음력 12월에 貧者 네댓 명이 婦人과 神鬼로 분장하고서 징과 북을 치며 대문을 따라 돈을 구걸하는 것이었다. 특히 남송 시대의 打夜胡에는 북송 시대에 비하여 분장인물이 더욱 세분화되었다. 남송 시대에는 神鬼와 判官·鐘馗·및 小妹와 같은 여러 民間神들이 등장하였다. 이렇게 분장인물이 세분화된 것은 戱劇

사적 각도에서 볼 때 확실히 발전된 양상을 보여주는 것이라고 여겨진다. 打夜胡의 명칭 변화에 있어서 주목할 점은 남송 시대에 등장한 打夜呵라는 명칭이다. 打夜呵의 등장은 또한 고대 중국 戲劇史上 최초의 職業的 專門 技藝人인 路岐의 출현과 함께 나타났다. 打夜胡에서 打夜呵로의 명칭 변화는 이전의 명칭 변화와는 다른 질적인 변화를 의미하였다. 곧 打夜胡에서 打夜呵로의 변화는 공연 행위자가 沿門逐疫의 逐疫人에서 商業的 技藝人으로 바뀌는 질적인 변화를 의미하였다.

宋代의 打夜胡는 明·淸代에도 계속 전해졌다. 다만 宋代 路岐가 등장한 후 明·淸代의 打夜胡는 주로 농촌을 중심으로 계속 이어졌다. 이것은 아무래도 교통과 경제 및 문화상의 차이로 인하여 농촌에서는 종교적인 沿門逐疫을 위주로하는 打夜胡가 명맥을 유지할 수 있었던 것같다. 또 明·淸代에는 宋代의 打夜胡와는 조금 다른 형식의 것이 등장하기도 하였는데, 跳竈王과 跳土地·跳鐘馗 및 急脚子 등이 새로 출현하였다. 이 중 竈王과 土地 및 鐘馗는 민중의 사랑을 받은 민간신인데, 새로운 형식의 打夜胡에서 구나행위의 주재자로 등장하였다.

한편 沿門逐疫을 핵심으로 하는 打夜胡는 시대의 변화에 따라 說唱藝術과 地方戲의 흥성에 큰 기여를 했다. 곧 乞儺예술의 특색을 지닌 打夜胡는 蓮花落이라는 說唱藝術과 혈연관계를 지니고 있고, 또 청대 중기 이후 評劇·越劇·花鼓戲 및 黃梅戲 등 地方戲의 형성과도 혈연관계를 지니고 있다.

秧歌와 農樂 비교
—그 起源을 중심으로

1. 秧歌와 農樂의 비교

秧歌와 農樂[1]은 각각 고대 中國과 韓國 농경문화의 산물로서 유구한 역사를 지니고 있으며, 희극의 발전사에 있어서 각기 일정한 역할을 하고 있다. 또한 이들 秧歌와 農樂은 비록 국적을 달리하고 있지만 그 起源과 공연형식 및 성격에 있어서 많은 유사성을 지니고 있다.

秧歌는 그 의미에 있어서 광의의 秧歌와 협의의 秧歌로 구분할 수 있다. 먼저 광의의 秧歌는 실제로는 '鬧秧歌'를 合稱한 것으로, 혹은 '走會' '出會' '鬧社會' '鬧紅火'라고도 부르며, 모두 절기나 각종 민간 집회의 演藝 중에 나타난 방대한 모든 舞隊를 가리킨다.[2] 이에 비한다면 협의의 秧歌는 고대 中國에서 주로 정월 대보름을 전후로 하여 행하여졌던 많은 社火 활동 중의 한 종목을 가리키며, 본문에서의 秧歌라는 의미도 바로 협의의 秧歌를 가리킨다. 협의의 秧歌는 社火 활동의 참가자 무리가 각

---

1) 農樂이란 명칭이 옳은지에 대해서는 많은 논란이 있다. 일례로 農樂이란 명칭을 대신하는 것으로는 '풍물' '풍장' '매구' '두레' '걸궁' '걸립' '굿' '매굿' 등이 있으나 여기서는 가장 일반적인 명칭인 農樂을 사용한다.

2) 張華著, ≪中國民間舞與農耕信仰≫, 14쪽, 吉林教育出版社, 1992

자 여러 각색으로 분장하여 노래하고 춤추는 형식으로 진행되며, 맨 땅에서 공연되는 徒步秧歌(혹은 地秧歌라고 부름)와 다리에 긴 막대를 묶고 걸어가면서 공연하는 高蹺秧歌 두 가지로 나누어진다.

그런데 이렇게 고대 社火 중의 가무 형식에서 발전한 秧歌는 시대의 발전에 따라 많은 변화를 가져오면서 中國 희극의 발전사에 있어서 제법 중요한 역할을 담당했다. 곧 秧歌는 中國 희극 발전사에 있어서 일정한 연결고리의 역할을 하였다고 볼 수 있고, 또한 中國 희극 발전의 각 단계에서 일정한 모습을 보여주고 있다. 먼저 秧歌는 소형의 民間歌舞에서 시작하여 一男一女의 각색으로 간단한 고사를 공연하는 가무희의 형식으로 발전하였고, 대략 淸 중엽에는 生·旦·丑·末의 行當으로 분화되어 간단한 고사를 공연하는 地秧歌의 형태로 발전하였으며, 淸 말엽에는 梆子戱의 영향으로 大戱로 발전하였다. 그리고 이러한 과정에 있어서 秧歌는 民間歌舞, 가무희, 민간소희 등의 모습으로 中國 희극발전의 일정한 연결고리를 담당하였다.

한편 中國의 秧歌와 비슷한 韓國의 공연양식으로는 農樂을 들 수 있다. 물론 현재 中國과 韓國에서 각기 보여지는 秧歌와 農樂의 모습은 상당한 차이를 보여준다. 秧歌는 지금 中國人들의 건강을 위한 무도형식으로 자리잡고 있고, 農樂은 사물놀이로까지 변화하고 있다. 그러나 조금만 시대를 거슬러 올라가 보면 秧歌와 農樂은 많은 유사성을 보여준다.

일반적으로 시대의 발전에 따른 農樂의 성격과 형식에도 많은 변화를 보이지만 農樂이 祝願農樂, 勞作農樂, 乞粒農樂, 演藝農樂의 모습으로 발전하였다는 점에 있어서는 의견이 일치한다. 곧 農樂은 초기에는 豐農을 축원하는 祝願農樂의 모습에서 출발하여, 공동의 생산활동을 효율적으로 달성하기 위한 노작農樂으로 발전하였고, 다시 걸립패가 마을을 돌며 고사굿을 치고 돈이나 곡물을 걷는 걸립農樂으로 발전하였으며, 마지막으로는 전문적이고 직업적인 풍물패가 관람자에게 판굿과 연희를 보여주는 무대예술적 성격의 풍물굿인 연예農樂으로 발전하였다.

본 논문은 많은 공통점을 지닌 秧歌와 農樂을 공연문학적 관점에서 비교하고자 하는데서 출발하였다. 그리고 이를 위해 구체적으로 秧歌와 農樂의 起源과 전체적인 공연양상 및 연극적 의미를 상호 비교하며 천착하고자 하며, 여기서는 먼저 이들 秧歌와 農樂의 起源을 중심으로 살피고자 한다.

그러나 사실 韓國이나 中國을 막론하고 문학양식이나 공연양식의 起源 문제만큼 의견이 분분한 것도 드문 것 같다. 이것은 起源 문제라면 자연스럽게 상고시대까지 거슬러 올라가게 되어 관계자료가 절대적으로 부족하기 때문이다. 秧歌와 農樂의 起源문제도 마찬가지이다. 이들의 起源에 대해서도 확실한 정론이 없다고 보아야 할 것이다. 다만 여기에서는 이들 秧歌와 農樂의 起源으로 논의되는 대표적인 학설인 勞動說과 祭儀說을 중심으로 살펴보기로 한다.

2. 秧歌의 起源

1) 勞動說

勞動說은 문학이나 예술의 起源을 설명할 때 거론되는 대표적인 주장으로, 秧歌의 起源을 논의할 때도 예외가 아니다. 그리고 秧歌 起源의 勞動說과 연관되어 항상 거론되는 것이 바로 村田樂이다. 일례로 王克芬은 秧歌가 농업 勞動생활에 起源을 두고 있다고 말하면서, 秧歌가 宋代의 村田樂을 계승하고 있다고 보았으며,[3] 翁敏華는 中國의 秧歌와 花鼓,

3) 王克芬著, ≪中國舞踊史≫, 高勝吉譯, 175쪽, 교보문고, 1991

일본의 田樂·田遊 및 韓國 農樂의 내원에 대해 많은 학자들이 中國 송대의 村田樂과 유관하다고 여기고 있음을 지적하였다.[4] 村田樂은 農村의 勞動생활을 표현한 民間歌舞로서 향토색이 매우 짙은 것이다. 宋代의 范成大가 음력 정월 보름날 남송의 수도였던 臨安의 提燈節의 정경을 묘사한 詩에 "들에서 도롱이와 삿갓 쓰고 村田樂을 춤추며, 시가지에는 맑은 악기 소리(村田簑笠野, 街市管絃淸)"라는 구절이 있는데, 앞구 밑에 스스로 '村田樂'이라고 주를 달고 있다.[5] 이것으로 보아 村田樂은 농민의 분장으로 도롱이를 입고 풀로 짠 삿갓을 쓰고 추는 무용인 듯하다.

秧歌의 起源을 農村 勞動生活의 표현인 村田樂에서 찾는 것은 秧歌가 최고로 흥성했던 淸代 문인들의 기록에서도 자주 보인다. 일례로 吳錫麒는 자신이 쓴 ≪新年雜咏抄≫에서 "秧歌는 南宋 元宵節 때의 村田樂이다 (秧歌, 南宋元宵之村田樂也)"라고 분명히 밝혔으며, 翟灝는 ≪通俗編≫에서 다음과 같이 秧歌가 村田樂에서 기인하고 있음이 분명하다고 하였다.

> 지금 또 秧歌라는 것이 있는데, 본시 논밭에서 점심을 나르는 여자가 부르는 노래이며, ≪武林舊事≫元夕條 舞隊 중의 '村田樂'이 바로 이것이다. (南方의) 강소성과 절강성에서 여러 각색으로 잡다하게 분장하여 춤을 추고 있는 것들은 그 (본래의) 뜻을 잃었으며, 장강 이북에서는 오히려 예전의 풍습을 보존하고 있다.[6]

위에 의하면 청대의 秧歌는 본시 農村의 논밭에서 여인네들이 부르는 일종의 勞動歌舞로서, ≪武林舊事≫元夕條에 보인 정월 대보름의 사화

---

4) 翁敏華著, ≪中日韓戱劇文化因緣硏究≫, 242쪽, 學林出版社, 2004

5) 王克芬著, ≪中國舞蹈發展史≫, 256쪽, 上海人民出版社, 2003

6) 今又有秧歌, 本饁婦所唱也. ≪武林舊事≫元夕舞隊之'村田樂'卽此. 江浙間雜扮諸色人跳舞, 失其意. 江北猶存舊風, 周貽白著, ≪中國戱曲發展史綱要≫, 507쪽 재인용.

활동인 舞隊의 한 종목인 '村田樂'을 계승하고 있다. 그리고 翟灝에 의하면, 당시 강남에서는 村田樂의 본래의 의미가 사라지고, 오히려 강북의 秧歌에서 村田樂의 풍습을 보존하고 있다. 秧歌가 村田樂에서 기인한다는 주장은 이들 吳錫麒와 翟灝 뿐만 아니라 청대 項朝棻의 ≪秧歌詩序≫ 중에도 나타나고 있다.

> 秧歌는 남송 元宵節(정월 보름날) 舞隊 중의 村田樂이다. 등장하는 인물로는 파계승, 난봉꾼, 花鼓잽이, 납화(拉花)[7]잽이, 농부, 고기잡이 여자, 멍청이 장사꾼이다. 이들은 등불로 장식된 거리를 활보하면서 구경꾼들의 웃음을 자아낸다.[8]

여기에서 項朝棻 또한 秧歌가 정월 대보름날 행사인 사화 중의 한 종목인 村田樂을 계승하고 있다고 단정적으로 언급하고 있다. 그리고 그에 의하면, 당시 秧歌에 등장하는 인물들은 파계승, 난봉꾼, 멍청이 장사꾼 등 주로 희극적 인물이라고 말하고 있는데, 이러한 점은 희극성을 특징으로 하는 秧歌의 일반적 성격과 부합한다.

이상에서 우리는 秧歌가 農村의 勞動生活을 표현한 民間歌舞인 村田樂에서 起源하고 있다는 주장을 살펴보았다. 그렇다면 秧歌 起源에 있어서 勞動說의 핵심인 村田樂의 구체적 모습은 어떠한가? 우선 ≪武林舊事≫ 元夕條의 舞隊에 村田樂의 이름이 보이지만, 거기에는 정월 보름날 공연되는 사화의 다른 종목들과 함께 이름만 보일뿐이어서 구체적 모습을 볼 수 없다. 다행인 점은 남송시기의 中國 화가인 梁楷가 그린 〈村田樂圖〉가 후세에 일본에 넘어가게 되었는데, 15세기 중엽의 한 일본인이 〈村田樂

---

7) 秧歌 무용단 속의 여자를 가리킴.

8) 秧歌, 南宋燈霄舞隊之村田樂也, 所扮有花和尙, 花公子, 打花鼓, 拉花姊, 田公, 漁婦, 裝態貨郞. 雜踏燈街, 以博觀衆之笑. 于平著, ≪中國古典舞與雅士文化≫, 206쪽 재인용, 吉林敎育出版社.

圖〉의 면모를 자신의 일기에 생생하게 묘사해 두었다는 것이다.[9] 그러면 그의 일기를 살펴보자.

> 淸岩에게 만나 뵈어 기쁘다고 문안 인사를 드리자, 梁楷가 그린 인물도를 그의 벽에 걸었다. 그것은 시골 사람들이 무더기로 모여 공연장을 만들어 村田樂을 공연하는 모습이었다. (그 중) 한 사람은 큰 키에 수척한 모습으로 자작나무 껍질을 말아서 만든 관에 짚신을 신고서는, 거친 베옷에 짧은 바지를 입고서 小鼓를 울리고 있었으며, (또다른) 한 사람은 큰 얼굴에 몸집이 비대한 모습으로 사슴 가죽으로 만든 모피를 입고서 손으로 박판을 치고 있었다. (그리고) 또 한 사람은 큰 눈과 커다란 수염에 푸른색의 웃옷을 입고 긴 소메를 드리우면서, 배회하며 춤을 추었는데, 노인들 예닐곱 명이 그 옆을 감돌면서 혹은 웃고 혹은 찬탄했으며, 모두 농기구를 차고 있었다. 또 어린애가 물소를 타고 앞 언덕을 지나면서, 공연장에서 춤추는 사람을 뒤돌아 보았는데, 그 정묘한 모습은 사랑스러웠다. 淸岩이 "이것은 村田樂圖이다."라고 말하자, 나는 "이 村田樂은 귀로는 들었으나 눈으로는 보지 못했던 것인데, 오늘 보게 되니 마치 내 자신이 저절로 그 공연장에 들어간 것 같으며, 자신도 모르게 박수를 치게 되었읍니다"라고 말했다.[10]

위의 인용문은 비록 村田樂圖라는 그림을 보고 써낸 것이지만 남송 시기 村田樂의 모습을 생생하게 묘사하고 있다. 우리는 위의 일기를 통하여 당시 村田樂의 角色行當, 등장인물의 대략적인 인원 수와 그들의 의상, 공연에 사용되는 악기 등을 추측할 수 있다. 곧 위의 인용문에 의하면, 남송의 村田樂은 단순한 가무에서 벗어나 이미 각색이 서너 명으로 분화된

9) 翁敏華著, ≪中日韓戱劇文化因緣硏究≫, 242쪽, 學林出版社, 2004

10) 問淸岩相接悅, 掛其壁以梁楷之所畵人物. 其所爲也, 野客群聚設場爲樂, 有一人長身癯瘁, 樺冠草履, 疏布短袴而鳴小鼓; 其一人大面豊偉, 着鹿皮裘而手拍板子, 其一人大目長髥, 被碧色衣垂長袖, 低回爲舞, 老艾繞其旁六七人也, 或笑或嘆, 咸佩農器. 又有小童, 騎水牛過前坡而回顧舞場者, 其精妙可以愛也. 淸岩曰: 此村田樂圖也. 余曰: 此樂也耳聽目未見之也, 今觀之如身自入其場者, 不覺爲之拍手也.

歌舞小戱의 모습을 보이고 있고, 이들 등장인물들의 의상이나 성격 또한 일정하게 정형화된 양상을 보여주고 있으며, 아울러 공연 시에는 小鼓와 拍板 등의 반주 악기가 사용되었음을 알 수 있다.

이상에서 우리는 秧歌의 勞動起源說과 밀접히 연관된 송대 村田樂의 양상을 살펴보았다. 그러면 송대의 村田樂은 어떠한 발전과정을 거치며 청대에 흥성했던 秧歌로 변화되었는가? 여기에서 우리는 변화의 중간단계라고 할 수 있는 원·명대 村田樂의 양상을 살펴볼 필요가 있다. 그러나 원·명대 村田樂의 모습을 보여주는 기록은 거의 전하고 있지 않다. 다만 朱凱의 元雜劇 〈劉玄德醉走黃鶴樓〉[11] 第2折에는 당시 공연되었던 사화 속의 농민생활을 모방하여 춤추고 노래하는 대목이 보이는데, 추측건대 송대의 村田樂을 계승하여 발전시킨 것이라고 생각된다.[12] 그러면 그 부분을 살펴보자.

> 禾旦: ……오빠, 제가 동쪽 마을을 지나다가 社火를 몇 가지 보았어요. 악기를 부는 사람은 불고 있고, 춤추는 사람은 춤추며, 북치는 사람은 북을 쳤지요. 제가 총명하지도 못한데 하나 하나 모두 기억해 왔어요.
> 正末: 동생 말한건, 나도 마침 그쪽 동쪽 마을을 지나다가 사화를 몇 가지 보았지. 나도 그들의 사화를 모두 배워 왔어.
> 禾旦: 오빠, 저는 못 보았으니 한번 해보시지요.
> 正末: 내가 말하는 것을 들어봐. 노래한다.
> [叨叨令(도도령)]
> 대머리 아가씨 우물가에서 두레박을 탕탕 부딪치며 물을 긷네.
> 禾旦: 장님 아가씨는 보리 말리는 곳에서 절구를 찧지요.
> (正末 노래한다) 장님 아가씨 보리 말리는 곳에서 쿵쿵하며 절구를 찧네.

11) 朱凱가 썼다고도 하나 작자 미상이라는 설도 있다. 삼국시대의 赤壁戰 이후에 유비가 吳에서 빌린 荊州를 놓고 황학루에서 연회를 열어 周瑜와 담판하는 사건을 다룬 것이다.

12) 王克芬著, ≪中國舞踊史≫, 高勝吉譯, 145쪽, 교보문고, 1991

禾旦: 그 머슴 놈들은 손에 채찍을 들고서 갈기지요.

(正末 노래한다) 그 머슴놈 손에 채찍을 들고서 휙휙하는 소리가 나게 갈기네.

禾旦: 목동은 물소를 거꾸로 타고서 소리지르지요.

(正末 노래한다) 그 목동 물소를 거꾸로 타고서 야야하고 소리지르네.[13]

인용문은 극 중에서 살기 좋은 農村生活을 잠시 묘사하는 부분으로, 주인공을 비롯한 남녀가 당시 사화 중에서 춤추고 노래하는 농민의 모습을 보여주고 있다. 그런데 추측건대, 위의 인용문 중 '악기를 부는 이는 악기를 불어대고, 춤을 추는 사람은 춤을 추어대며, 북을 추는 사람은 북을 쳐대는' 모습과, 노래로써 공연의 모습을 표현한 '물긷기' '쌀찧기' '채찍치기' '방우(放牛) 등 農村생활적인 民間歌舞는 오늘날의 秧歌와는 그리 닮지 않아 보이나 송대의 村田樂을 계승하여 발전시킨 것이 아닌가 생각된다.[14] 그리고 이러한 民間歌舞인 村田樂은 明代에도 계속 전해진 것으로 생각되나 문헌상의 기록은 별로 보이지 않으며, 다만 朱有燉의 〈黃鐘醉花陰〉이란 散套에 "축하하고 축하해요, 함께 村田樂을 춤추지요(賀賀賀, 一起舞起村田樂)"란 기록이 보인다.[15]

---

13) (禾旦云) ……伴哥兒. 我打東莊裏過來, 看了幾般兒社火, 吹的吹, 舞的舞, 擂的擂, 不是我聰明, 我一般般都記將來了也. (正末云) 伴姑兒道, 我恰纔打那東莊頭過來, 看了幾般兒社火, 我也都學他的來了也. (禾旦云) 伴哥兒, 我不曾見, 你試學一遍咱. (正末云) 試聽我說一遍咱. (唱)

[叨叨令] 那禿二姑在井口上將轆轤兒乞留曲律的攪. (禾旦云) 瞎伴姐在麥場上, 將碓兒搗也搗的. (正末唱) 瞎伴姐在麥場上將那碓臼兒急并各邦的搗. (禾旦云) 那小厮們手拏着鞭子, 哨也哨的. (正末唱) 小厮兒他手拏着鞭桿子他嘶嘶颼颼的哨. (禾旦云) 牧童兒倒騎着水牛, 叫也叫的. (正末唱) 那牧童兒便倒騎着箇水牛呀呀的叫. 隋樹森著, ≪元曲選外編≫, 第3冊, 840쪽, 中華書局, 1987

14) 王克芬著, ≪中國舞踊史≫, 高勝吉譯, 145쪽, 敎保文庫, 1991

于平著 ≪中國古典舞與雅士文化≫, 207쪽, 吉林教育出版社, 1992

15) 王克芬著, ≪中國舞蹈發展史≫, 256쪽, 上海人民出版社, 2003

한편 村田樂의 모습을 생동적으로 보여주는 것으로 1983년 李開方과 李安福이 〈陝北秧歌 史料의 重大發見〉이란 글에서 소개한 陝北 甘泉 宋金 古墓 중의 두 개의 舞蹈 畵像 벽돌을 빠드릴 수 없다. 벽돌에는 對襟[16]식으로 짧은 汗衫 웃옷을 입고, 바지가랑이의 통이 크고 허리에 달라붙은 바지를 입었으며, 머리에는 두건을 동여맨 남자 청년이, 두 손에 비단으로 만든 繡球를 받쳐들면서, 즐거움이 넘치는 모습으로 몸을 비틀며 춤을 추는 모습이 생동적으로 조각되어 있다. 그런데 조각의 춤추는 형상에서 몸을 기울이고 허리를 비틀며, 무릎을 구부리고 다리를 치켜들며, 무늬새긴 비단을 끌어당기는 자세와 걸음걸이는 지금도 여전히 유행하고 있는 陝北의 秧歌춤과 매우 흡사하다.[17] 이것은 바로 宋金代 村田樂의 기본 무도형상이라고 볼 수 있으며, 秧歌가 村田樂을 계승하고 있는 유력한 증거라고 할 수 있겠다.

이상에서 우리는 秧歌의 勞動起源說을 대표하는 유력한 증거로서 남송 때부터 시작된 農村의 民間歌舞인 村田樂을 중심으로 살펴보았다. 곧 秧歌는 農村의 농업勞動과 연관되어 탄생한 村田樂을 계승하고 있기 때문에 秧歌의 起源도 農業勞動에서 비롯되었을 것이라고 여겼다. 또한 송대의 인물로서 秧歌의 起源과 종종 결부되어 논의되는 이가 있으니, 바로 소동파다. 송대의 소동파는 農村생활에 많은 관심을 지녀 農村에 관한 많은 詩를 남겼다. 그리고 소동파가 秧歌의 起源과 결부되어 논의되는 것은 지금까지 전해지는 많은 秧歌[18] 중에서 河北省의 지방 희곡 극종의 하나인 定縣秧歌가 대표적이다. 定縣秧歌는 河北省 保定 이남과 石家莊 이북의 광대한 農村에 유행되고 있는데, 定縣에서 起源하였기 때문

16) 中國식 웃옷의 두 섶이 겹치지 않고 가운데에서 단추로 채우게 되어 있는 것.

17) 王克芬著, ≪中國舞蹈發展史≫, 256쪽, 上海人民出版社, 2003

18) 上海辭書出版社의 ≪中國戲曲劇種大辭典≫에 의하면 秧歌라는 구체적인 극종만 20여 종이 있고 사실상 秧歌와 똑같은 采茶戲, 花鼓戲 등을 합하면 전체 극종에서 차지하는 秧歌의 비중이 매우 높다.

에 定縣秧歌라고 부르며 현지에서는 습관상 '大秧歌'라고 부른다.

그런데 定縣秧歌의 起源에 있어서는 두 가지 설이 있다. 첫 번째는 1933년 '中華平民敎育促進協會'의 李景漢이 편찬한 ≪定縣社會概況調查≫에 따르면, "전설에 의하면 秧歌의 起源은 송대의 소동파가 엮어낸 것이다. 定顯의 북부 黑龍泉 부근의 농민들은 주로 벼농사로써 생계를 유지한다. 소동파가 定州를 다스릴 때 논에서의 그들의 勞動이 매우 힘든 것을 보고, 그들을 위하여 가곡을 엮어, 그들로 하여금 모내기할 때 부르도록 시켜 그들이 피로를 잊도록 만들었으니, 이것이 바로 秧歌 명칭의 起源이다." 두 번째는 민간전설에 의하면 멀리 송대 이전에 定縣 黑龍泉 부근의 몇 마을에 民間小曲이 퍼져있었다. 북송 때 소동파가 一次 순시 도중에 그 곡을 즐겨 하여, 일찍이 小曲에 塡詞하고 잘못된 부분을 고쳐 농민들이 모내기할 때 부르도록 하였으니, 그러므로 또한 '蘇秧歌'라고도 부른다.[19] 이상의 두 가지 설은 모두 전설에 근거한 것으로 확실한 근거가 있는 것은 아니다. 그러나 두 가지 설은 두 가지 점에서 의의를 지닌다. 첫째 두 가지 설 모두 송대의 소동파에서 定縣秧歌의 起源을 찾고 있는데, 이러한 점은 村田樂이 송대에 起源한다는 사실을 상기한다면 시기적으로 송대라는 일치성을 갖게 된다는 사실이다. 둘째 두 가지 설 모두 定縣秧歌의 起源을 농민들의 모내기 勞動에서 비롯된 것으로 보았다.

秧歌의 勞動起源說과 관련하여 마지막으로 언급해야 할 것은 소위 秧歌의 南方전래설이다. 사실 현재 中國에서 秧歌라고 하면 대부분 北方에서 유행하고 있는데, 秧歌라는 용어의 사용에는 주의를 기울여야 한다. 왜냐하면 청대의 문헌에는 南方에도 秧歌가 유행하고 있다고 하였으나,[20] 南方보다는 北方에 秧歌가 훨씬 더 유행하였으며, 南方과 北方의 秧歌

19) 이상의 소동파와 연관된 내용은 ≪中國戲曲劇種大辭典≫, 104쪽 참조, 上海辭書出版社, 1995

20) 康保成著, ≪儺戲藝術源流≫, 49쪽 참조, 廣東高等敎育出版社, 1999

는 근본적으로 이름만 같지 실질이 너무나 다르기 때문이다. 일례로 南方秧歌가 모내기 때 공연하고 노래를 위주로 한데 비해, 北方秧歌는 농한기나 신년 때의 일종의 연예성 공연으로 춤을 중시하고 있는 것이다. 그러면 南方秧歌와 北方秧歌의 이러한 차이성을 염두에 두고 秧歌의 南方전래설을 살펴보자. 淸代 光緒年間 山西省 忻州와 直隸州 知州인 安徽 桐城人 方戊昌은 ≪牧令經驗方≫에서 다음과 같이 南方의 秧歌가 北方으로 전래되었다고 주장하였다.

> 秧歌는 원래 南方에서 벼씨를 뿌리고 모내기할 때 농부가 부르는 노래로 비록 저속한 단어이지만 제법 일리가 있다. 그리하여 北方에서는 결코 벼씨를 뿌리거나 모내기를 하지 않는데도 秧歌가 크게 흥성하였는데, 음탕하고 외설스러운 말이 아닌 것이 없고 사랑의 도피를 하거나 사사로이 몰래 결혼 약속을 한 이들을 위하여 정욕을 곡절히 표현해냈다. (그리하여) 과부와 처녀들이 秧歌를 들으면 그리운 마음이 생겨지고, 어린 남자애들도 또한 순수한 마음을 해치게 되었으니 풍속과 민심에 크게 관련이 있게 되었다. 山西에서는 설과 명절 때가 되면 몰염치한 사람과 하는 일없이 빈둥거리는 건달들이 남녀로 분장하여 마을과 거리를 따라 섞여 노래를 부르는데, 남녀노소가 미친 듯이 분주히 다니며 보고 듣는 꼴이 가장 추악하다.[21]

위의 인용문은 본시 南方 安徽 출신인 方戊昌이 北方인 山西에서 관리생활을 하면서 北方에서도 秧歌가 흥성한 것을 보고 秧歌에 대한 자신의 견해를 밝힌 것이다. 위에 의하면 秧歌의 언어는 음탕하고 외설스러운 것이어서 풍속과 민심을 크게 해치는 것이다. 사실 中國에서는 이러한 이유

21) 秧歌原是南省種稻插秧農夫所歌, 雖俗詞俚語, 頗有道理. 乃北省幷不種稻, 幷不插秧, 大興秧歌, 無非淫詞褻語, 爲私奔私約者曲繪情慾. 寡婦處女入耳戀心, 童男亦鑿傷元眞, 于風俗人心大有關係. 晉省逢年逢節, 寡廉鮮恥, 游手好閑之人, 裝扮男女, 沿村走街混唱, 老少男女若狂, 趨走觀聽, 最爲可惡. 上揭書, 50쪽 재인용.

로 秧歌를 여러 차례 금령으로 금지시키기도 하였다.[22] 그러나 이보다도 위의 인용문에서 주목해야 할 점은 두 가지이다. 곧 秧歌는 본시 南方에서 벼씨를 뿌리고 모내기를 할 때 농부가 부르는 노래라는 주장과 이러한 南方의 秧歌가 나중에 北方으로 전래되었다는 그의 주장이다. 그런데 秧歌가 본시 南方에서 벼씨를 뿌리고 모내기할 때 부르는 노래라는 그의 주장도 秧歌의 南方전래설과 일정한 연관을 맺고 있다. 왜냐하면 方戊昌의 주장대로 北方인 山西에서는 결코 벼씨를 뿌리거나 모내기를 하지 않은데도 南方의 秧歌가 크게 흥성하였기 때문이다. 또 한 가지 위의 인용문에서 주목할 것은 北方의 山西秧歌가 설과 명절 때에 공연되었다는 사실로서, 南方秧歌가 벼농사 시기에 공연되는 점과 공연시기상 차이를 보여준다는 사실이다. 이러한 두 가지 이유 때문에 우리는 方戊昌이 당시 목격한 南方秧歌와 北方 秧歌가 실제로 서로 같은 것인지, 아니면 이름만 秧歌이지 사실은 서로 다른 것인지 의문을 갖게 된다. 우리는 위의 인용문을 근거로 확실한 판단을 하기는 어렵지만, 아마 方戊昌이 살았던 당시에도 南方秧歌와 北方秧歌는 상호 비슷한 점을 지니기도 하지만, 실제로는 이름만 서로 같은 秧歌이지 다른 것이라고 보아야 할 것 같다. 그리하여 강보성은 北方秧歌가 실제로는 서역용어 '姎歌'의 俗記이며, 秧歌는 상고시대의 鄉人儺와 서역의 民間歌舞가 서로 결합한 것으로 보았다.[23] 그렇다면 그의 秧歌의 南方전래설은 어떻게 보아야 하는가? 이 또한 확실한 근거가 없는 것으로 보아야 할 것 같다. 왜냐하면 남북의 秧歌가 너무나 큰 이질성을 보여 주어 함께 비교할 수 없기 때문이다. 그리고 바로 이러한 점에서 秧歌의 南方전래설은 학자들에 의해 부정되기도 한다.[24]

이상에서 우리는 秧歌의 勞動起源說을 살펴보았다. 먼저 秧歌의 勞動

22) 翁敏華著, ≪中日韓戲劇文化因緣研究≫, 244쪽, 學林出版社, 2004

23) 康保成著, ≪儺戲藝術源流≫, 71쪽, 廣東高等教育出版社, 1999

24) 康保成著, ≪儺戲藝術源流≫, 50쪽, 廣東高等教育出版社, 1999

起源說은 송대의 民間歌舞인 村田樂과 크게 관련되어 있었다. 곧 청대 문인들의 기록에 의하면 청대에 흥성했던 秧歌는 村田樂을 계승하고 있는 것으로 파악되는데, 村田樂이 송대 農業勞動과 연관된 民間歌舞라는 점에서, 秧歌의 起源 또한 자연스럽게 農業勞動과 연결되었다. 그리고 村田樂의 구체적인 모습은 남송시기의 화가 梁楷가 그린 〈村田樂圖〉의 면모를 생생하게 묘사한 한 일본인의 일기와 朱凱의 元雜劇 〈劉玄德醉走黃鶴樓〉에 상당히 구체적으로 나타났으며, 특히 陝北 甘泉 宋金 古墓 중의 두 개의 舞蹈 畵像 벽돌에 보인 村田樂의 형상은 지금도 성행하고 있는 陝北의 秧歌춤과 매우 흡사한 모습을 보여주었다. 또한 秧歌의 勞動起源說은 소동파와도 일정한 연관을 맺은 것으로 이야기된다. 곧 소동파가 勞動으로 인한 농민들의 수고를 덜어주기 위하여 河北의 定縣秧歌를 만들었다는 주장이다. 이러한 주장은 비록 민간전설에 근거한 것으로 확실한 것이 아니지만 秧歌 발생상의 일정한 시사점을 주었다. 곧 秧歌의 勞動起源說에 의한다면 秧歌는 村田樂이 발생하고 소동파가 살았던 송대에 起源했으리라고 여겨진다. 마지막으로 秧歌의 南方전래설 또한 秧歌의 勞動起源說과 일정한 연관을 맺고 있다. 곧 秧歌의 南方전래설에 의하면 秧歌는 본시 南方에서 벼씨를 뿌리고 모내기를 할 때 부르는 勞動歌舞인데, 이것이 北方에 전래되어 北方秧歌가 되었다는 것이다. 그러나 南方秧歌가 벼농사와 연관된 것에 비해, 北方秧歌는 벼농사와는 관계없이 신년이나 명절에 공연되어 사실상 南方秧歌와 北方秧歌는 명칭만 같은 秧歌이지 서로 다른 것으로 생각되니, 秧歌의 南方전래설은 잘못된 주장이라 여겨진다.

2) 祭儀說

祭儀說은 문학이나 예술의 起源을 논의할 때 勞動說과 함께 거론되는 대표적인 주장이며, 특히 秧歌와 같이 한 국가나 민족의 민속연희의 뿌리를 거슬러 올라가 보면, 거의 모두 원시적 종교의식을 동반한 祭儀說로 귀결되는 것이 보편적인 현상이다.

秧歌의 祭儀起源說을 다룸에 있어 먼저 몇몇 秧歌 자체의 이름을 통하여 秧歌의 起源을 살펴보자. 蔚縣秧歌는 河北省 지방희곡 극종 중의 하나인데, 처음에는 '賽'라고 불렀고 이후에는 '踏歌'라고도 불렀다고 한다.[25] 그런데 '賽'라는 단어는 자체적으로 신의 가호에 감사하여 제사를 올린다는 '賽神'의 의미를 지니고 있어, 자연스럽게 '迎神賽社'와도 연결된다. 또 '踏歌'라는 단어는 우리나라의 지신밟기와 비슷한 것으로 거기에는 祭神的 의미가 포함되어 있는 것으로, 제사에서 희극으로 발전하는 과정 중의 중요한 연결고리의 역할을 하고 있다.[26] 이렇게 볼 때 우리는 秧歌의 起源을 논의함에 있어서는 자연스럽게 상고시대의 제사의식인 祭儀로 거슬러 올라가게 된다.

祭儀說의 관점에서 볼 때 농경생산과 서로 의존하는 舞蹈文化로서의 秧歌는 최초에는 모내기를 하는 사람의 흥을 돋우기 위한 것이 아니라, 農神에게 풍년을 기원하는 제사활동이라고 말할 수 있다.[27] 그리고 고대에 豐農을 기원하는 대표적인 제사활동으로는 蜡祭가 있으니, 秧歌의 起源을 祭儀적인 관점에서 소급해가면 이러한 蜡祭가 秧歌의 남상이라고 말할 수 있겠다. 그러면 이러한 고대 豐農祭의 모습을 ≪詩經≫과 ≪禮記≫를 중심으로 살펴보자.

以我齊明 우리집 제사용 곡식과
與我犧羊 우리집 순색의 양 잡아

25) ≪中國戲曲劇種大辭典≫, 111쪽, 上海辭書出版社, 1995

26) 翁敏華著, ≪中日韓戲劇文化因緣研究≫, 16쪽, 學林出版社, 2004

27) 于平著, ≪中國古典舞與雅士文化≫, 207쪽, 吉林教育出版社, 1992

以社以方 토지신과 사방의 신께 제사드리네.
我田旣臧 우리집 농사 잘됨은
農夫之慶 농부들의 즐거움이네.
琴瑟擊鼓 거문고 비파 뜯고 북을 치면서
以御田祖 農神을 맞이하여
以祈甘雨 단비내려 주십사 치성드리네.
以介我稷黍 우리집 농사 잘되게 하여
以穀我士女 우리 식구 배불리 먹여주소서.

위의 인용문은 ≪詩經·小雅·甫田≫으로 풍년을 바라면서 토지신과 사방의 신들에게 제사를 지내는 내용의 詩이다. 그런데 이 시의 핵심은 바로 '御田祖(農神맞이)'에 있으며, 이것은 바로 고대 豐農祭 행사인 迎神賽社의 활동이라고 말할 수 있다. 그리고 '御田祖' 하기 위해서 집안의 제사용 곡식과 순색의 양을 바치고 아울러 거문고와 비파를 뜯고 북을 쳐댔던 것이다. 그리하여 이러한 민간의 豐農祭는 이후에 일정한 예의로 규범화되었으니, 이것이 바로 고대의 蜡祭이다. 그러면 다음으로 ≪禮記·郊特性≫에 나타난 豐農祭의 모습을 살펴보자.

만물은 하늘을 근본으로 하고 사람은 조상을 근본으로 하니, 이는 조상의 신으로써 上帝께 배향하는 것이다. 郊祭라는 것은 크게 근본에 보답하고 처음으로 돌아가는 것이다. 천자의 蜡祭에 있어서는 八神[28]에게 제사지내니, 神農氏가 처음으로 蜡祭를 지냈다. 蜡라는 것은 索(찾는다)이란 뜻으로, 매년 12월에 만물의 혼령을 불러모아서 향응하는 것이다.[29]

---

28) 先嗇(농업의 조신), 司嗇(고래의 농업지도자), 百種(백곡의 정령), 農(여러 농업의 신), 郵表畷(밭 가운데에 있는 오두막집의 신이나 밭길의 신), 禽獸(농경에 관계가 깊은 짐승), 猫虎(고양이와 범의 신), 坊水庸(제방과 도랑의 신)을 가리킨다.

29) 萬物本乎天, 人本乎祖, 此所以配上帝也. 郊之祭也, 大報本反始也. 天子大蜡八, 伊耆氏始爲蜡. 蜡也者, 索也. 歲十二月, 合聚萬物而索饗之也.

위의 인용문에는 고대에 행해졌던 豊農祭인 蜡祭의 유래와 내용 및 의미가 드러나 있다. 위에 의하면 蜡祭는 神農氏인 伊耆氏가 처음 시행하였다고 하니, 蜡祭는 바로 농경생산의 산물인 것이며, '蜡'는 '索'(찾는다는)의 의미로, 매년 12월 추수가 끝난 후 풍년을 이루는데 일정한 공을 세운 만물의 혼령을 전부 찾아 불러모아 그들의 은혜에 감사를 표시하며 향응을 베푼다고 한다. 바로 이러한 점에서 우리는 祭儀的 성격을 지닌 蜡祭가 秧歌의 남상이라고 말할 수 있겠다. 다만 시대가 변해감에 따라 秧歌의 이러한 祭儀的 의미는 점점 퇴색해가고 오락적인 놀이문화로 바뀌었던 것이다.

한편 秧歌의 뿌리를 거슬러 올라가면 秧歌는 위에서 언급한 蜡祭의 豊農祭的 의미를 지니고 있을 뿐만 아니라, 儺祭의 辟邪逐疫的 의미도 지니고 있음을 발견할 수 있다. 그리고 秧歌의 이러한 辟邪逐疫的 의미는 고대에 집집마다 찾아다니며 疫鬼를 몰아내는 의식을 행했던 沿門逐疫의 鄕人儺에 그 뿌리를 두고 있는데, 이러한 점은 沿門逐疫하며 구걸행위를 할 때는 반드시 蓮花落이나 秧歌와 같은 小曲을 노래했어야 하는 사실이 단적으로 반증하고 있다.[30] 또한 이렇듯이 秧歌가 鄕人儺의 의미를 계승하고 있는 사실은 民國 吉林의 ≪臨江縣志≫에도 그러한 내용이 보이고 있고,[31] 아울러 얼마전까지도 유행했던 陝北의 秧歌 중에도 그러한 궤적을 쉽지 않게 찾을 수 있다고 한다. 곧 楡林縣 寧堡鄕과 米脂縣 郭辛莊의 老秧歌는 '神會秧歌'라고 부르며, "매년 음력 설날의 행사 전에 秧歌隊는 神會 會長의 인솔 하에 神廟를 알현하고, 다음날에야 비로소 집집마다 다니면서 신년을 축하하는데, 군중들은 이것을 '沿門子'라고 부

30) 康保成, ≪儺戱藝術源流≫, 27쪽, 廣東高等教育出版社, 1999

31) "(정월) 13일 백성들이 龍燈놀이 ,龍船놀이, 秧歌의 여러 연희를 하여 17일에 비로소 끝내는데, 이것은 ≪論語≫ 鄕黨篇의 '鄕人儺'의 뜻이다.(十三日, 人民耍龍燈龍船秧歌諸戱, 十七日始罷, 此鄕黨篇鄕人儺之義也)" 전게서 26쪽 재인용

르며, 재난이 없고 吉祥과 平安을 바란다"고 하니,[32] 여기서의 '沿門子'가 곧 鄕人儺의 辟邪逐疫 활동이 분명하다.

이상에서 우리는 秧歌가 고대의 중요한 두 가지 제사인 蜡祭와 儺祭에 그 뿌리를 두고 있음을 살피었다. 그렇다면 우리는 자연스럽게 다음과 같은 의문을 가지게 된다. 곧 北方의 秧歌에는 아직도 祭儀性의 흔적이 남아 있지만 南方의 秧歌에는 왜 秧歌의 본원적 성격인 종교적 祭儀性이 거의 사라져 버렸는가? 우리는 이러한 문제를 해결하기 위해서는 앞서도 언급했던 南方秧歌와 北方秧歌의 차이를 다시 한번 상기시킬 필요가 있다. 곧 南方秧歌와 北方秧歌는 명칭만 같았지 사실은 서로 다른 성격을 지녔다. 南方秧歌는 벼농사 철에 공연한 民間歌舞인데 비하여, 北方秧歌는 벼농사 철과는 상관없이 주로 설날이나 명절에 공연한 民間歌舞인 것이다. 그리하여 이러한 차이점에 근거한다면 南方秧歌는 그 起源上에 있어서 勞動說이 타당하여 祭儀性을 거의 지니지 않은 반면, 北方秧歌는 祭儀起源說이 더욱 타당하다고 여겨진다. 다만 현재 전해지고 있는 秧歌가 대부분 北方秧歌인 점을 감안한다면, 전체적인 秧歌의 起源은 祭儀說이 더 타당하지 않을까 여겨진다.

한편 秧歌는 명칭상에 있어서 여러 가지로 불리어 '秧歌'라는 명칭 외에, 北方에서는 지역에 따라 '陽歌' '姎哥' '央歌' '羊高' '鴦哥' 등으로 불리고, 南方에서는 '英歌' '因歌' '鶯歌' 등으로 불린다. 그런데 이러한 秧歌의 많은 명칭 또한 秧歌의 祭儀起源說과 일정하게 연관되어 있는데, 그 중 '陽歌'라는 명칭은 대표적이다. 곧 '陽歌'라는 명칭은 北方에서 쓰이는 명칭으로 南方의 勞動性 秧歌와 구별하기 위하여 사용된다. 일례로 巫允明은 秧歌의 전래와 변이를 논하면서 陝北지역 한 노인의 기억을 인용하여, 그들의 조상들은 秧歌를 '陽歌'라고 불렀으며, 최소한 陝北지역의 秧歌는

32) 전게서 49쪽.

고대 제사에 사용된 일종의 儀式性 舞蹈라고 하였다.[33] 그리면서 巫允明은 두 가지를 그 증거로서 들었다. 첫째 秧歌隊의 우두머리인 '傘頭'가 손에 들고 있는 '傘'을 '日照'라고 부르고 있는데, 天神이 복을 내리는 器物이라는 뜻이거나, 혹은 '紫微星劉秀'[34]가 손으로 떠받들었던 '黃鑼'일거라는 등의 말을 하고 있다. 곧 여기서는 '傘'에 祭儀적 상징성이 부여된 것을 말하고 있다. 둘째 그는 '陽歌'활동에 참가하는 인원수도 28星宿에 따라 정하며, 아울러 공연 시에는 고정적인 노선과 동작이 있음을 들었다. 이뿐만 아니라 학자에 따라서는 秧歌의 명칭이 응당 '陽歌'여야 한다면서, '陽歌'가 상고 인류의 태양숭배에서 起源하고 있다고 주장하고 있는데,[35] 이 또한 北方秧歌가 모름지기 祭儀의식에서 起源하고 있음을 말한 것이다.

秧歌의 명칭에 있어서 '陽歌'라는 명칭 뿐만 아니라 'औ哥'라는 명칭도 秧歌의 祭儀起源說과 연관되어 논의되는데, 康保成의 주장이 대표적이다. 곧 康保成에 의하면 현재의 秧歌는 西域의 民間歌舞인 '姎哥'가 漢族 지역으로 유입되면서 상고시대의 鄕人儺 곧 沿門逐疫 활동과 서로 결합한 것으로, 더 구체적으로 말하면 위구르족의 民間歌舞인 '姎哥偎郎'과 漢族의 元宵節 社火 舞隊이 서로 결합한 산물이며, 그 생산지는 대략 新疆 東部에서 青海省·甘肅省·內蒙古 南部와 陝西省·山西省 北部이고, 산생시기는 대략 宋代로 보았다. 그리고 그는 秧歌가 동남쪽으로 전파되는 과정 중에 '陽歌' '英歌' '迎閣' 등의 명칭을 사용하다가 최후에는 이해하기 쉬운 秧歌로 정했으며, 南方에서는 본시부터 벼농사와 유관한 명실상부한 秧歌라는 명칭이 있었기 때문에, 이렇게 남하된 극종의 명칭을 '秧

33) 朱萬曙, 卞利 主編, ≪戱曲民俗徽文化論集≫, 458쪽, 安徽大學出版社, 2004

34) 紫微는 황제가 거처하는 별자리이며, 劉秀는 後漢 光武帝의 이름이다.

35) 康保成, ≪儺戱藝術源流≫, 56쪽, 廣東高等敎育出版社, 1999

歌燈' '花燈' '花鼓' '采茶'라고 불렀다고 주장하였다.[36] 본시 서역의 民間歌舞인 '姎歌'가 한족의 元宵節의 社火와 결합하면서 秧歌를 탄생시켰으니, 자연스럽게 秧歌에 祭儀性이 첨가되었다는 것이다. 그런데 앞에서 언급하였듯이 秧歌는 본시 豐農祭인 蜡祭와 辟邪逐疫의 儺祭에서 起源하였다고 하였으니, 강보성의 이러한 주장은 기본적으로 합당하다고 여겨진다. 특히 서역은 자고로 '歌舞之鄉'이란 美稱을 누렸듯이,[37] 中國의 소수민족 중 가무로서는 으뜸이었으며, 漢代 張騫이 서역을 개발한 이후로는 서역지역의 樂舞가 끊임없이 중원에 전래되어, 中國 고대의 무도 발전에 커다란 영향을 끼쳤던 사실을 상기한다면,[38] 康保成의 주장은 개연성이 커 보인다. 다만 서역의 姎歌는 언제 탄생하였고, 구체적으로 어떠한 내용이었으며, 어떠한 과정을 통하여 어느 시기에 한족 지역에 전파되었는지, 그리고 그의 주장대로 秧歌는 北方에서 南方으로 전래되었는지에[39] 대해서는 결론을 보류하는 것이 나을 것 같다.

그러면 다시 논의의 시각을 달리하여 秧歌의 기본적인 특징과 실제 공연형식을 중심으로 秧歌의 祭儀起源說을 살펴보자. 먼저 秧歌의 기본적인 특징과 실제 공연형식을 말하자면 대략 다음과 같은 몇 가지로 압축할 수 있겠다.

1) 통상 元宵節 전후에 北方 農村에서 공연되는 희극적 요소를 지닌 공

36) 전게서, 71쪽

37) 王克芬著, ≪中國舞蹈發展史≫, 343쪽, 上海人民出版社, 2003

38) 王寧寧, 江東, 杜曉青 著, ≪中國舞蹈史≫, 60쪽, 文化藝術出版社, 1998

39) ≪中國戲曲劇種大辭典≫185쪽에 의하면 山西省 太原秧歌의 형성에는 두 가지 설이 있는데, 그 중 한 가지의 설은 다음과 같다. 곧 靑初 康熙 황제가 강남을 순시할 때 揚州 등지의 秧歌가 특히 아름다운 것을 보고는 北方인이 그 聲調를 모방하여 演唱하도록 명령을 내려, 이에 南方의 秧歌가 산서에 전해졌다. 그리고 현재의 太原秧歌의 劇目으로부터 보면 확실히 南方에서 전해진 작품이 있다. 만일 이것이 사실이라면 秧歌의 北方전래설에도 문제가 있다고 생각된다.

연이다.

2) 秧歌隊의 형식은 걸으면서 노래하고 춤추는 것이며 선두와 후미의 구분이 있다.

3) 秧歌隊 각색의 명칭과 인원수는 같지 않으나 대부분 희곡의 生·旦·淨·丑에 해당되는 인물이 등장한다.

4) 실제 공연형식은 대부분 집집마다 돌아 다니며 沿門逐疫하고 그 대가로 구걸하는 흔적을 지닌다.

5) 일반적으로 童子扮裝과 여자가 남자로 분장하는 경우가 있으며 내용은 주로 청춘 남녀간의 농담이다.

6) 악기로는 징과 북이 모두 사용되나 북이 비교적 중요하다.

여기에서 秧歌의 특징을 간략히 열거해 보니 놀랍게도 우리의 農樂과 너무 흡사함을 알 수 있겠다. 특히 4)번의 실제 공연형식은 秧歌의 祭儀性을 보여주는 대표적인 것으로, 우리의 農樂에도 그대로 그 습속이 남아있다. 그리고 공연과정을 더 정확히 표현하면 謁廟—排門子—踩街—驅瘟儀式의 네 과정을 거치는데, 지금의 新秧歌에서는 謁廟와 驅瘟儀式을 일반적으로 행하지 않는다. 謁廟란 秧歌隊의 우두머리가 秧歌隊를 이끌고 마을의 廟堂을 찾아가 신께 재배하는 것이고, 排門者는 집집마다 찾아가 辟邪逐疫의 의식을 해주고 주인으로부터 돈과 곡식 등을 받는 것이며, 踩街는 秧歌隊가 춤을 추며 거리를 누비는 것을 말하며, 마지막인 驅瘟儀式은 秧歌隊가 瘟神을 마을 밖으로 좇아내어 강물에 빠뜨리는 의식이다.[40] 특히 이 중에서 驅瘟儀式은 秧歌의 辟邪逐疫的 성격을 대변해주는 것으로, 秧歌가 蜡祭 뿐만 아니라 또한 儺祭를 그 起源으로 하고 있음을 상징적으로 보여주는 것이며, 秧歌의 起源으로는 勞動說 보다는 祭

40) 張華著, ≪中國民間舞與農耕信仰≫, 16쪽, 吉林教育出版社, 1992

儀說이 더 합당하다는 유력한 증거라고 하겠다.

이뿐만 아니라 秧歌가 蜡祭와 儺祭를 起源으로 하고 있는 증거는 더 있다. 張華는 그 증거로써 秧歌를 고대의 악무 자료와 대조해 보면 秧歌의 공연형식 중에는 다음과 같은 매우 오랜 흔적을 발견할 수 있다고 주장하였다. 첫째, 秧歌隊의 우두머리인 傘頭가 공연 종목을 지정하는 형식은 宋代 宮廷 樂舞 중 '勾隊' '放隊'의 역할을 맡은 '竹竿子'와 일맥 상통한다. 둘째, 등장인물 중 '捞毛(기둥서방이나 건달)'와 '藥大夫(약장사)'가 손에 들고 있는 말총으로 만든 먼지자루와 '老牛錘(소꼬리로 만든 총채인듯)'는 고대에 소꼬리를 잡고 춤을 추었던 '소꼬리' 및 西周 시대의 무도인 〈旄舞〉[41]의 旄(야크의 꼬리털)과 모종의 관계가 없을 리 없다. 셋째, 秧歌와 함께 자주 공연되는 高蹺에 있어서는 고대부터 있었다는 확실한 증거가 있으니, ≪列子·說符篇≫에, "宋나라에 세상을 떠돌아다니는 사람이 있었는데, ……, 자기 몸의 배가 되는 길이의 나무 막대기 두 개를 정강이에 묶고서 빨리 걷기도 하고 달리기도 했다.(宋有蘭子, ……, 以雙枝長倍其身, 屬其脛, 幷趨幷馳)"라는 것은 바로 이 高蹺를 가리킨다.[42] 그런데 張華의 이러한 주장은 일리가 있다고 여겨진다. 왜냐하면 傘頭와 竹竿子는 역할이 거의 같을 뿐만 아니라, 앞에서도 언급했듯이 '傘'에는 일정한 祭儀的 상징성이 내포되어고 있는 것이고, 고대의 '竹' 또한 토템대상 중의 하나로서 辟邪進慶의 일정한 祭儀적 상징성을 내포하고 있는 것이며,[43] 또한 '捞毛'와 '藥大夫'가 손에 들었던 것도 ≪呂氏春秋·古樂篇≫에서 葛天氏가 음악을 연주할 때 세 사람이 잡았던 '소꼬리'나 西周 시대의 춤인 〈旄舞〉의 '야크꼬리'과 비슷한 형상으로, 모두 풍년과 수렵의 성공을 기원하는 祭儀的 상징성을 지니고 있으며, ≪列子·說符篇≫에 이미 高

41) 서주의 귀족 자제들이 추었던 제사무악으로 야크의 꼬리를 들고 추는 춤.

42) 張華著, ≪中國民間舞與農耕信仰≫, 18쪽, 吉林教育出版社, 1992

43) 翁敏華著, ≪中日韓戲劇文化因緣研究≫, 303쪽, 學林出版社, 2004

蹺[44]가 나오는 것으로 보아 秧歌의 起源이 상고시대로 까지 소급될 수 있기 때문이다.

이상에서 秧歌의 祭儀起源說을 살펴보았다. 먼저 秧歌 자체의 명칭에 있어서 河北省의 定縣秧歌는 '賽'와 '踏歌'라고도 불렀는데, 이러한 명칭은 迎神賽會나 우리나라의 지신밟기와 같은 제신적 의미를 지녔다. 그리고 이러한 제신적 의미는 고대의 豐農祭인 蜡祭와 辟邪逐疫의 행사인 儺祭에 까지 소급되어, 秧歌의 起源은 바로 蜡祭와 儺祭라고 할 수 있었다. 이 중 蜡祭의 유래와 의의는 ≪詩經·小雅·甫田≫과 ≪禮記·郊特性≫에 잘 나타나 있었는데 농경문화의 산물인 秧歌에 자연스럽게 계승되었으며, 秧歌에서 儺祭의 흔적은 鄕人儺에서의 沿門逐疫의 활동이 秧歌에 결합된 것을 통하여 살필 수 있었다. 그리고 이러한 점에서 秧歌에는 蜡祭와 儺祭의 성격이 상호 결합되어 나타나고 있음을 알 수 있었다. 그러나 秧歌의 이러한 祭儀性은 모든 秧歌에 공통적으로 보인다고 말할 수 없다. 그것은 南方秧歌는 논농사와 관련된 것으로 祭儀性이 거의 보이지 않았기 때문이다. 이런 점에서 南方秧歌와 北方秧歌는 명칭만 같은 秧歌이지 실제로는 다른 것으로 보는게 낫다.

秧歌는 명칭상에 있어서 여러 가지로 불리었는데, '陽歌'와 '姎哥'라는 명칭은 秧歌의 祭儀性과도 일정한 관련을 맺었다. 곧 '陽歌'라는 명칭은 南方의 勞動性 秧歌와 구별하기 위한 호칭이며, 최소한 陝北 지역의 秧歌는 고대 제사에 사용된 儀式性 무도였다. 또 '姎哥'라는 명칭은 康保成에 의하면 서역의 民間歌舞인데, 한족의 元宵節 社火와 결합하여 秧歌를 형성시켰으니, 秧歌는 祭儀性을 지니게 되었다. 무엇보다도 秧歌의 기본 특징과 실제 공연형식을 중심으로 秧歌를 살펴보면 秧歌의 祭儀性이 분명히 드러났다. 특히 공연과정에서 謁廟와 排門子 및 驅瘟儀式은 秧歌의

44) 학자에 따라서는 高蹺가 학토템이즘이라고 여기기도 한다.

祭儀起源說을 입증하는 유력한 증거였다. 그리고 이와 함께 秧歌隊의 우두머리인 傘頭가 공연종목을 지정하는 형식, 등장인물 중 '撈毛' '藥大夫'가 손에 쥐고 있는 말총채, ≪列子·說符篇≫에 보이는 高蹺의 흔적은 秧歌가 蜡祭와 儺祭를 그 起源으로 하고 있는 또다른 증거라고 할 수 있었다.

3) 秧歌의 勞動起源說과 祭儀起源說의 의의

이상에서 우리는 秧歌의 勞動起源說과 祭儀起源說을 함께 살펴보았다. 그러면 秧歌의 起源說로는 어느 것이 타당한가? 위에서 살펴본 바와 같이 우리는 秧歌의 起源說로 祭儀說이 더 타당하다고 생각한다. 그것은 秧歌의 실제 공연형식에서 살펴본 바와 같이 秧歌에는 아직도 蜡祭와 儺祭를 대표로 하는 祭儀적 상징성이 그 흔적을 분명히 보여주고 있기 때문이다. 그리고 이러한 점은 민속적 연희양식의 起源문제에 있어서는 어느 민족이나 나라를 막론하고 거의 대부분 祭儀說로 귀결되는 보편적 현상과 부합한다.

그렇다면 秧歌의 祭儀起源說은 秧歌의 起源설에 관한 문제를 충분히 해결해주는가? 꼭 그렇다고 볼 수 없을 것 같다. 우선 앞에서도 살펴본 바와 같이 秧歌는 北方秧歌가 대표적이지만, 청대에는 南方에도 분명히 秧歌가 존재하였으며, 이 南方秧歌의 起源은 차라리 勞動說이 더 타당하다고 생각되기 때문이다. 다음으로 秧歌 起源에 있어서 祭儀說만이 배타적으로 작용을 하고 있는지도 궁금하다. 왜냐하면 일반적으로 어느 나라를 막론하고 민속연희의 起源에 있어서는 祭儀說이 대표적인 자리를 차지하지만, 그렇다고 꼭 독점적인 자리를 차지한다고 보기 힘들기 때문이다. 그것은 문화현상의 起源과 발전은 일원적이기 보다는 다원적으로 보는 것이 더 타당하다고 여겨지기 때문이다. 그러하기 때문에 우리는 秧歌의 起源에 있어서도 祭儀說이 타당하다고 보지만, 그 외의 勞動說이나 유희설 등을 완전히 배제할 수는 없는 것이다. 다만 문제는 이들 勞動說이나 유희설이 秧歌起源의 자리에 일정한 자리를 차지할 수 있다고 가정한다면, 祭儀說과 이들 勞動說이나 유희설 사이의 비중이나 상관관계가 어떻게 되는지도 공구해야 하리라 생각된다. 특히 祭儀에는 종교성과 함께 축제성을 구비하는 것이 일반 민속연예의 일반적 특성이다. 하나의 민속연희가 祭儀性을 起源으로 하고 있다고 해서 유희적인 놀이를 추구하는 축제성을 배제하지 않는 것이다. 어떤 관점에서 보면 祭儀적 의식 또한 유희본능을 근저로 한 祝祭儀式의 또다른 모습이라고 볼 수 있기 때문이다. 일반적으로 어느 나라를 막론하고 민속연희는 발생 초기에 있어서는 엄격한 질서의 표현인 종교적 祭儀의식의 기반 위에서 무질서의 표현인 축제라는 요소를 일부분이나마 유기적으로 흡수 결합시켰다가, 사회가 발전함에 따라 종교적 祭儀의 요소는 퇴화되고 상대적으로 축제적인 요소가 강하게 나타나 놀이로 分化되었던 것이다. 이런 점에서 볼 때 秧歌라는 민속놀이는 그 起源에 있어서도 놀이적 요소인 축제성을 어느 정도 포함하고 있다고 보아야 할 것이다. 바로 종교적 祭儀와 勞動 및 유희적 축제성은 그 起源상에서 상호 독립적이고 배타적으로 작용하기 보다는 함께 혼합체로서 다원적으로 작용했을 가능성이 크며, 시대의 변화에 따라서 서로 分化되지 않았나 여겨진다. 이러한 점에서 秧歌의 祭儀起源說은 일방적이라기 보다는 지배적이라고 표현하는 것이 나을 듯하다.

3. 農樂의 起源

中國의 秧歌와 비교하여 農樂의 起源에 대해서는 몇 가지의 주장으로 나누어 이야기되기는 하지만,[45] 학술상의 논의에 있어서는 거의 정설이 정

45) 農樂의 起源과 관련된 주장으로는 勞動說과 祭儀說 외에 대표적인 것으로 軍樂說과

해진 상태인 것 같다. 그리고 農樂의 起源과 연관된 문헌자료도 그리 많지 않은 것 같고, 또 아무래도 비전공자인 탓이겠지만 農樂의 起源과 유관한 논문도 많이 볼 수 없었다. 그리하여 農樂의 起源에 관한 논의는 아무래도 간단하게 논하고자 한다.

1) 勞動說

中國 秧歌의 起源과 마찬가지로 農樂의 起源도 일반적으로 勞動說과 祭儀說로 나누어진다. 農樂의 勞動起源說은 農樂의 起源을 勞動생산과의 직접적인 연관 하에서 찾는다. 곧 農樂은 고대의 농민들이 勞動생산의 고통을 덜기 위하여 만든 것이므로, 農樂의 起源은 勞動에 있다는 주장이다. 이것은 마치 中國 秧歌의 勞動起源說과 똑같은 논리이다.

農樂의 勞動起源說을 구체적으로 살피자면 응당 우리는 두레農樂(곧 勞作農樂)에서 그 근거를 찾아야 한다. 두레는 고대의 農村에서 勞動생산의 효율과 農村사회의 협동을 위하여 부락 단위로 조직한 모임이며, 주로 농번기의 모내기에서 김매기를 마칠 때까지 시행된다. 두레勞動은 마을 전체의 이앙·관개·제초·수확 등의 주요작업에 동원되며, 작업에 앞서 논두렁에 農旗(두레기)를 세우고, 農樂에 맞추어 작업에 들어간다. 이 때 農樂은 일꾼들의 피로를 덜게 하고 서로의 일손을 맞추어 준다. 바로 두레의 기능 가운데 가장 특징적인 것은 고달프고 힘든 농사일을 신명나는

佛敎關係說이 있다. 군악설은 半農半軍인 고대의 농민이 전시에 적을 막아내기 위하여 사용한 것이 農樂이라는 주장이며, 그 흔적으로 農樂놀이 중의 각종 陳法과 풍물대의 服色, 지휘체계 등을 든다. 그러나 이러한 흔적은 農樂이 이루어진 후 후세에 가미된 것으로 보인다. 또 불교관계설은 조선시대 불교의 탄압으로 사원이 재정상의 어려움을 당하자 사찰의 건립이나 重修, 寺畓 등을 장만하기 위하여 化主僧이 민가를 방문하면서 사용했던 것이 바로 農樂이라는 주장이며, 그 흔적으로는 오늘날도 小鼓를 法鼓라고도 부르고 고깔을 쓰고 공연하며 악기로써 바라를 사용하는 것을 들고 있다. 그러나 이 또한 후세에 불교적 습속이 農樂에 가미된 것으로 起源과는 다른 성격의 것이라고 생각된다.

놀이와 결합했다는 점이다. 곧 勞動과 놀이가 일정하게 유기적인 관계를 맺으며 결합했다는 사실이다. 물론 여기서 勞動과 놀이를 결합시켜주는 기능을 담당했던 것이 바로 農樂이었다. 農樂이 있는 두레는 작업을 하러 갈 때 두레의 깃발과 농기구를 앞세우고, 그 뒤에 장구 꽹과리 풍물잡이들이 따랐다. 이렇듯이 農樂은 두레에 부속된 필연적인 것이었으므로, 農樂의 발전은 두레의 변화와 밀접한 연관을 지녔다.[46]

그런데 두레는 조선 후기 이앙법이 전개되면서 비로소 보편적인 농민의 생활풍습으로 정착되어, 농민문화의 풍물을 발전시키는 데 결정적인 역할을 하였다. 문제는 여기에 있다. 그렇다면 이앙법이 들어오기 전에는 農樂이 없었는가? 그렇지 않아 보인다. 이런 점에서 農樂의 勞動起源說은 中國 秧歌의 勞動起源說과 마찬가지로 결정적인 한계를 지니고 있다고 보아야 할 것 같다. 이것은 지금 거의 정설로 굳어지고 있는 農樂발달의 역사를 살펴보면 農樂 勞動起源說의 한계는 확실히 드러난다. 곧 農樂은 시대의 변화에 따라 내용·형식·구조·연희의 목적과 기능에 있어 일정한 변화를 보여주니, 祝願農樂—勞作農樂(두레農樂)—乞粒農樂—演藝農樂의 순서로 발전하고 변화하였다.[47] 이러한 견해를 따르자면 農樂의 勞動起源說을 대표하는 두레農樂은 결코 農樂의 起源으로 타당하다고 볼 수 없다. 그리하여 우리는 마치 中國 秧歌의 祭儀起源說처럼 農樂의 起源에 있어서도 祭儀起源說이 더욱 타당한 것이라고 생각한다.

2) 祭儀說

農樂의 起源은 일반적인 민속연희의 起源과 마찬가지로 저 멀리 상고시대까지 거슬러 올라가야 한다. 곧 당시의 농민들은 농사를 지은 후 하

46) 鄭昞浩, ≪農樂≫, 24쪽, 열화당, 1986

47) 鄭昞浩, ≪農樂≫, 21쪽, 열화당, 1986

늘에 感謝祭를 지내고 새로운 해의 풍년을 기원했으니, 祭天儀式이 바로 이것이다. 그리고 祭天儀式을 거행할 때는 원시적인 집단 춤이 동원되었고, 아울러 타악기 등이 사용되었으리라고 여겨지니, 이것이 바로 農樂의 起源이라고 추측할 수 있겠다. 그런데 ≪三國志魏志東夷傳≫은 三韓 시대 夫餘·高句麗·濊·馬韓의 가무에 대한 기록을 싣고 있는데, 이러한 기록들에는 農樂의 起源과 연관되는 祭天儀式을 보여주는 것들이 있으니 이들을 중심으로 살펴보자.

> 부여국은 殷曆 正月[48]에 하늘에 지내는데, 國中大會로서 연일 음주가무를 하며 迎鼓라 부른다.
>
> 고구려는 그 백성들이 가무를 즐기고 온 나라의 마을에서는 밤늦도록 남녀가 떼를 지어 모여 서로 얼굴을 마주하며 노래하고 노닐었다. ……, 10월에는 하늘에 제사를 지내며 國中大會를 열었는데 東盟이라 한다.
>
> 濊는 항상 10월에 하늘에 제사를 지내는데 주야로 음주가무를 하며 舞天이라고 한다.
>
> 馬韓에서는 항상 5월에 播種이 끝나면 鬼神에게 祭祀를 지내는데, 떼를 지어 모여 노래하고 춤추며 술을 마시길 밤낮을 쉬지 않는다. 그 춤은 수십 명이 함께 일어나고 서로 따르며, 땅을 낮게 밟고 높이 밟으며, 서로 손발을 맞추었다. (그) 절주는 (中國의) 鐸舞와 비슷하였으며, 10월에 농사가 끝나면 또한 이와 같이 하였다. (그들은) 귀신을 믿어 國邑에서는 각기 한 사람을 뽑아 천신에 대한 제사를 주관하게 했는데, 그를 天君이라 불렀다. 또 모든 나라에는 각기 別邑이 있어 이를 蘇塗라 한다. (거기에는) 긴 장대에 방울과 북을 달고 귀신을 섬긴다. 모든 도망자가 이곳에 이르면, 모두 돌려보내지 않아 도둑질하기를 좋아했다.[49]

48) 동지가 있는 달의 다음달로 당시의 曆法으로는 12월에 해당된다.

49) 夫餘國, 以殷正月祭天, 國中大會, 連日飮酒歌舞, 名曰迎鼓.
高句麗, 其民喜歌舞, 國中邑落, 暮夜男女, 群聚相就歌戲, ……, 以十月祭天, 國中大會, 名曰東盟.
濊, 常用十月節祭天, 晝夜飮酒歌舞, 名曰舞天.
馬韓常五月, 下種訖, 祭鬼神, 群聚歌舞飮酒, 晝夜無休, 其舞數十人, 俱起相隨, 踏地低

위의 인용문은 많은 학자들이 삼한시대에서 農樂의 起源을 찾는 유력한 증거이다.[50] 논의의 편의를 위해 먼저 부여국의 迎鼓, 고구려의 東盟, 濊의 舞天의 祭天儀式에 대해 살펴보자. 祭天儀式은 한마디로 한 해의 농사에 있어 하늘의 은혜에 감사하는 추수감사제적 성격이라고 말할 수 있다. 이러하기 때문에 祭天儀式은 일종의 農祭인 것이다. 당시 농업은 국가에 있어서 너무나 중요한 행사이므로 거국적인 祭天儀式을 행하였으니, 위의 인용문에 보인 '國中大會'가 바로 그것이다. 국중대회는 한해의 농사를 거두게 해준 신께 감사를 드리고 다음의 농사가 잘되게 해달라고 굿을 하면서 노래부르고 춤을 추는 행사이면서, 국가 단합을 위한 정치적인 기능도 수행했던 것으로 보인다. 다만 부여에서는 殷曆 정월에, 고구려에서는 10월에 거행한 것은 그만한 이유가 있었을 것 같다. 10월은 가을걷이를 하는 시기이고, 殷曆 正月(12월)은 겨울에서 봄으로 넘어가는 때이니, 이러한 행사는 신석기시대 이래의 농업사회 굿놀이였음을 알 수 있다.[51] 특히 부여의 迎鼓라는 명칭은 명칭 자체에 이미 신을 맞이하면서 북을 치고 풍악을 울렸던 절차가 암시되어 있으니[52] 일종의 맞이굿이라고 볼 수 있다. 그렇기 때문에 우리는 이와 같은 祭天儀式에서 農樂의 濫觴을 볼 수 있다고 생각한다.

특히 馬韓에 대한 위의 기록은 더욱 자세하여, 천신에게 제사지내는 사람을 별도로 두어 天君이라고 부르고, 蘇塗라는 이름의 別邑을 정해 장

昂, 手足相應, 節奏有似鐸舞, 十月農功畢, 亦復如 之. 信鬼神, 國邑各立一人主祭天神, 名之天君. 又諸國各有別邑, 名之爲蘇塗. 立大木顯鈴鼓, 事鬼神. 諸亡逃至其中, 皆不還之, 好作賊. ≪二十四史全譯≫, ≪三國志·魏志·東夷傳≫, 네 나라 각각 533쪽, 535쪽, 540쪽, 543쪽, 漢語大詞典出版社, 2004

50) 한상수, 〈農樂의 起源에 관한 考察〉, 252쪽, ≪人文科學論集≫, 第26輯, 大田大學校 人文科學研究所, 1998

51) 조동일저, ≪韓國文學通史≫, 제1권, 72쪽, 지식산업사, 1994

52) 조동일저, ≪韓國文學通史≫1卷, 83쪽, 지식산업사, 1994

대를 세워 거기다가 방울과 귀신을 섬겼다는 대목은 나라 무당이라고 할 수 있는 종교적 지도자가 있어서 굿을 주관함을 의미한다. 馬韓에 대한 위의 기록 중 農樂의 성격과 연관되는 것은 크게 세 가지이다. 첫째, 파종과 추수시기인 5월과 10월에 귀신에게 제사를 지낸다. 둘째, 이때는 수십 명이 함께 춤울 추는데, 같이 땅을 낮게 밟고 높이 밟으며 서로 손발을 맞춘다. 셋째, 中國의 鐸舞와 비슷한 춤을 춘다. 그러면 한 가지씩 農樂의 성격과 결부하여 살펴보자. 먼저 5월 파종과 10월 추수의 계절에 귀신에게 제사를 지낸다함은 무당들이 司祭한 洞祭굿과 地神밟기를 연상케 한다.[53] 다음으로 수십 명이 함께 춤을 출 때, 함께 땅을 낮게 밟고 높게 밟으며 손발을 서로 맞추는 동작은 일정한 상징성을 지닌 祭儀的 동작으로 여겨진다. 김욱동에 의하면 이것은 다음해에 농작물이 잘 자라도록 呪術的으로 기원하는 행위라고 한다. 그리고 이러한 呪術的 행위가 농경풍습으로 전해 내려온 민속놀이가 바로 널뛰기이며, 농작물이 높이 자라도록 비는 행위라고 하였다.[54] 만일 우리가 이러한 해석을 받아들인다면 인용문 중 땅을 높고 낮게 뛰는 模擬 농경행위는 農樂의 성격과 부합한다고 볼 수 있다. 마지막으로 鐸舞와 비슷한 춤을 추는 것에 대해 살펴보자. 鐸舞는 中國 漢代에 만들어진 춤으로, 中國의 六朝 시대 舞踊 중의 雜舞와 雅舞에서 雜舞에 속하는 무용이다. 木鐸을 손에 들고 춤을 추는 中國의 민간잡희의 하나인 이 춤은 푸에블로(Pueblo) 인디언들이 옥수수 추수감사제에 허리에 방울을 차고 손에 래틀(Rattle)을 흔들면서 군무하는 모습을 방불케 하며, 우리의 農樂隊가 제각기 악기나 小鼓를 들고 群舞하는 모습과도 같은 것이라고 할 수 있다.[55]

그렇다면 우리는 위에서와 같은 내용에 의거하여 農樂의 起源을 최소

53) 鄭昞浩, ≪農樂≫, 20쪽, 열화당, 1986

54) 김욱동저, ≪탈춤의 미학≫, 185쪽, 현암사, 1997

55) 金昷慶著, ≪韓國民俗舞踊硏究≫, 20쪽, 螢雪出版社, 1991

한 三韓 時代에까지 소급해도 괜찮을까? 추측컨대 위의 기록들은 農樂의 모습과 정확하게 부합하지는 않지만, 우리는 이상의 기록이 農樂의 起源을 담보할 수 있는 본질적 모습을 충분히 보여준다고 말할 수 있을 것 같다. 그러한 점에서 위의 기록에 나타난 바와 같이, 農樂의 공연에는 귀신께 제사지낼 뿐만 아니라, 주술적 상징성을 갖춘 동작들이 동원되었으므로, 農樂의 起源은 祭儀起源說이 勞動起源說 보다 훨씬 더 타당성을 지닌다고 볼 수 있다.

한편 앞에서 언급한 바와 같이 農樂이 시대의 변화에 따라 祝願農樂—勞作農樂—乞粒農樂—演藝農樂으로 발전해 왔다는 것이 지배적인 견해인 점을 감안한다면, 農樂의 祭儀起源說을 인정하는 것은 타당성을 지닌 것이라고 생각한다. 더 구체적으로 살펴보면 祝願農樂에는 당산굿(洞祭), 서낭굿, 마당밟기, 지신밟기, 기우제 등이 있는데, 이것들은 모두 祭神의 상징적 祭儀性을 지니고 있다. 일례로 마을 사람들이 마을의 안녕과 농사의 풍년을 기원하며 행하였던 마을굿인 洞祭에서, 祭官이나 祝官이 등장하여 祭儀적 행사를 거행하면서 農樂을 공연하였던 것은 대표적인 것이다.

한편 農樂의 祭儀起源說에 대한 또다른 증거는 農樂을 가리키는 명칭 중 '굿'이나 '埋鬼'라는 용어가 많이 포함되고 있다는 사실이다. 이러한 명칭 중 '굿'이라는 단어가 사용된 것에는 '마당굿' '매굿' '매구굿' '동네굿' '굿물' '액맥이굿' '칠석굿' '당산굿' '판굿' '農樂굿'이 있는데, '굿'은 본시 巫俗에서 행하는 巫儀를 의미하여 神과의 交感을 전제로 하는 것이며, '埋鬼'는 명칭 자체의 의미처럼 辟邪進慶의 뜻을 지닌다. 곧 이들 명칭들은 자체적으로 종교祭儀적 의미를 지니는 것으로 農樂의 祭儀起源說을 입증해주는 것들이라고 볼 수 있다.

3) 農樂의 勞動起源說과 祭儀起源說의 의미

이상에서 農樂의 勞動起源說과 祭儀起源說을 간략하게 살펴보았다. 먼저 勞動起源說은 農樂의 起源을 勞動생산과의 직접적인 연관 하에서 찾는 것으로, 주로 고대의 農村 자치조직인 두레를 중심으로 한 두레農樂에서 그 근거를 찾았다. 곧 두레農樂은 고달픈 농사일을 신명나는 놀이와 결합시킨 것으로 농민들의 수고를 덜어주는 기능을 하였다. 그러나 두레가 조선시대에야 들어온 것을 감안하면 農樂의 勞動起源說은 타당해 보이지 않았으며, 특히 農樂의 발전단계를 祝願農樂—勞作農樂(두레農樂)—乞粒農樂—演藝農樂으로 여기는 학계의 지배적인 견해는 勞動起源說을 부정하는 또다른 반증이었다.

農樂의 祭儀起源說은 農樂의 起源을 고대 삼한시대의 祭天儀式에서 찾았다. ≪三國志魏志東夷傳≫에 실린 夫餘의 迎鼓, 高句麗의 東盟, 濊의 舞天 등의 祭天儀式은 일종의 추수감사제로서 農祭였으며, 특히 馬韓에 대한 기록에서 우리는 이미 農樂의 성격과 기본적으로 부합하는 모습을 살필 수 있었다. 이러한 점에서 農樂의 祭儀起源說은 타당성을 지녔으며, 아울러 農樂의 또다른 명칭으로서 '굿' 이나 '埋鬼'가 사용된 점은 農樂의 祭儀起源說을 뒷받침하는 것이라고 볼 수 있었다.

그렇다면 農樂의 起源에 있어 祭儀起源說만이 독점적인 지위를 차지하는 것일까? 이것은 앞서 中國 秧歌의 起源에 있어서 살펴본 바와 같이 꼭 그렇다고 볼 수 없을 것 같다. 왜냐하면 農樂이 起源할 당시에는 祭儀와 勞動과 놀이가 그렇게 분명하게 분리되지 않았다고 생각하기 때문이다. 祭儀에는 종교적인 엄숙함 뿐만 아니라 축제적인 유희성이 결합되기 때문이다. 이런 점에서 우리는 문화발전의 일원론적인 사고를 경계해야 한다고 생각한다. 곧 農樂의 起源은 祭儀와 勞動과 놀이가 함께 역할을 하는 혼합체적인 모습에서 진정한 起源을 찾을 수 있다고 생각한다. 물론

이 중 祭儀의 역할이 주된 것이지만 절대적이라고는 말할 수 없을 것 같다.

4. 秧歌와 農樂의 비교 의의

이상에서 中國의 秧歌와 우리나라의 農樂을 勞動起源론과 祭儀起源론의 관점에서 살펴보았다. 우선 勞動起源說은 中國의 秧歌나 우리나라의 農樂이 충분한 근거를 확보하지 못하고 있다. 먼저 秧歌의 勞動起源說은 中國의 秧歌가 송대의 農村 民間歌舞인 村田樂을 계승하고 있다는 사실과 민간전설이지만 송대의 소동파가 농민들의 수고를 덜어주기 위해 秧歌를 제작했다는 주장을 주된 근거로 삼고 있다. 그러나 이러한 관점은 秧歌 중 일부에 불과하는 南方秧歌에는 적용할 수 있으나, 秧歌가 훨씬 더 유행하였던 北方秧歌에는 적용할 수 없었다. 이러한 점에서 秧歌의 勞動起源說은 南方秧歌에서만 유효하다고 볼 수 있으며, 일반적인 秧歌를 대표하는 北方秧歌에서는 유효하지 못하다. 이것은 秧歌가 자체 명칭에서 '賽'나 '踏歌'라고 불리듯 제신적 의미를 지녔고, 이러한 제신적 의미는 고대의 蜡祭와 儺祭에 까지 소급되었기 때문이다. 그리고 秧歌의 상징적 祭儀性은 秧歌의 실제 공연형식을 중심으로 살펴보면 더욱 분명히 나타났다. 곧 이전의 秧歌에는 謁廟와 驅瘟儀式 등의 상징적 祭儀性이 분명히 존재하였던 것이다. 이러한 점에서 秧歌의 起源은 祭儀起源說이 더욱 타당했다.

우리나라 農樂의 勞動起源說은 주로 두레를 중심으로한 두레農樂에서 그 근거를 찾았다. 곧 農樂의 勞動起源說은 농업勞動에 있어서 농민들의 고통을 덜어주기 위하여 農樂이 사용되었다는 점을 그 근거로 하였다. 그리고 이러한 점은 中國 秧歌의 勞動起源說과 같았다. 그러나 두레는 이앙법이 들어온 조선시대에야 정착되었는데, 이미 삼한시대에 祭天儀式이 거행되었으니, 이러한 제천의식은 農樂의 起源을 담보하였다. 이러한 점에서 農樂의 勞動起源說은 祭儀起源說에 자리를 양보했어야 했다.

그렇다고 中國 秧歌나 우리 農樂의 起源을 祭儀說에서만 찾는 것은 적합해 보이지 않는다. 그것은 秧歌나 農樂을 막론하고 초기 起源에 있어서는 祭儀와 勞動과 놀이가 분리되지 않았던 혼합체적인 양상으로 일정한 작용을 함께 하였기 때문이다. 이것은 고대 민속 연희의 起源에 있어서는 祭儀性에 종교적 경건성과 축제적 유희성이 결합되어 있는 보편적 현상과도 부합된다. 곧 문화발전은 일원론적으로 변화하고 발전한다기 보다는 다원론으로 변화하고 발전하기 때문이다. 물론 민속 연희의 起源에 있어서 祭儀적 요소가 지배적인 역할을 하지만 절대적이고 배타적인 역할을 한다고 볼 수 없는 것이다.

본문은 中國의 秧歌와 우리의 農樂을 전체적으로 비교하면서 조망하고자 하는 일환으로 쓰여졌다. 때문에 앞으로는 秧歌와 農樂 공연의 전체적인 양상을 비교해 보고자 하며, 특히 秧歌와 農樂 중에 드러난 연극성을 상호 비교하고자 한다.

제 4부

중국 고전희곡의 성격

戱曲公演의 審美的 特性

1. 戱曲公演의 審美的 特性의 의미

中國의 전통극인 戱曲은 뚜렷한 심미적 특성을 지니고 있으며, 서구에서 수입된 근대의 話劇과 美學的 성격에서 큰 차이를 보여주고 있다. 곧 戱曲은 舞臺創作의 수법상에서 사실적인 방법에 의존하기 보다는 비사실적인 虛擬的 수법을 기본적으로 사용하고, 舞臺公演上 時間과 空間의 운용에 있어서도 상당히 자유로운 모습을 보여준다. 그리고 戱曲은 이러한 虛擬的 수법과 자유로운 時空間의 운용을 통하여 觀客과의 直接交流를 추구하며, 아울러 俳優는 舞臺 위에서 스타니슬라브스키를 대표로 하는 사실주의 연극에서 중시하는 體驗的 요소와 브레히트를 대표로 하는 敍事劇의 表現的 요소를 모두 구현한다.[1]

1980 연대에 中國의 연극계는 서구에서 들여온 자신들의 話劇이 어려움에 처하자 이를 타개하기 위하여 여러 가지 방법을 강구하였는데, 그들은 전통극인 戱曲의 장점을 話劇에 도입하여 창조적으로 결합시키고자 노력하였다. 곧 그들은 사실주의적인 話劇의 한계를 극복하기 위하여, 時空間의 제한을 받지 않고 소위 제4의 벽이 없이 觀客과의 直接交流가 가

1) 이에 대한 논의는 中國의 戱曲 학자들 사이에 이견이 존재하기도 하는데, 이는 5章에서 구체적으로 논하기로 한다.

능한 전통적 戲曲公演의 劇場性을 추구하자고 호소하기도 했고, 새로운 극장형식과 舞臺方式을 탐색하기도 했으며, 多聲部構造 등 작품의 새로운 구조형식을 세우고자 노력하였다.[2] 특히 高行健은 이들의 대표로서, 그는 만일 戲曲藝術 전통을 창조적으로 話劇의 藝術에 융합한다면, 머지않은 장래에 세계 연극 舞臺에 戲曲傳統에 부끄럽지 않는 주목할만한 現代中國學派가 출현할 것이라고 장담하기도 하였다.[3] 그리고 이러한 점은 물론 자신들의 전통극인 戲曲의 장점을 충분히 인정하는 것이며, 아울러 이러한 바탕 위에서 동양극과 서양극을 창조적 융합하고자 하는 그들의 의지를 나타내고 있다.

본문은 이렇게 동양극과 서양극의 장점을 창조적으로 결합하여 새로운 제3의 연극양식을 만들고자 했던 中國의 1980연대 연극의 정체성을 파악하는 것을 목표로 하면서, 먼저 이것의 토대가 된 戲曲舞臺上의 公演美學의 특성을 살피는데 중점을 두고자 한다. 이를 위해 먼저 戲曲 公演上의 가장 기본적인 원칙인 虛擬的 수법과 時空間 表現上의 자유로움이 어떠한 美學적 특성을 지니고, 또한 이러한 특수한 수법은 어떻게 생성되었으며 아울러 어떠한 의미를 지니는지 살피고자 한다. 그리고 이러한 바탕 위에서 戲曲이 추구했던 觀客과의 直接交流가 어떠한 의미를 지니고, 아울러 20세기 연극계를 대표했던 스타니슬라브스키를 대표로 하는 體驗派와 브레히트를 대표로 하는 表現派와의 비교를 통하여 中國의 戲曲이 어떠한 美學的 특성을 지니고 있는지를 천착하고자 한다.

---

2) 應群, 〈話劇創新思潮初探〉, ≪戲劇觀爭鳴集≫, 一冊, 161쪽, 北京, 中國戲劇出版社, 1988.

3) ≪戲劇觀爭鳴集≫, 一冊, 54쪽, 北京, 中國戲劇出版社, 1988.

2. 虛擬手法

虛擬手法은 戲曲公演의 가장 기본적인 원칙으로서, 주로 俳優의 손짓과 身體動作에 의지하여 俳優가 觀客에게 보여주고자 하는 時空環境과 情景 및 角色의 내심을 사실적 재현의 방법이 아닌 비사실적이고 변형된 模擬를 통하여 表現하는 수법이다. 그리고 이 때 俳優는 이러한 虛擬手法을 통하여 사라진 대상물을 환원시키며, 觀客은 俳優의 形體動作을 자신의 상상과 연상을 통하여 그 대상의 존재를 감지한다.

戲曲의 虛擬手法은 또한 提煉 정도의 차이에 따라 藝術과 생활의 관계에 있어서 각기 다른 층차를 보여준다. 곧 몇몇 虛擬動作은 生活動作의 형태에 접근하고 있으니, 문을 열고 닫으며 계단을 오르고 내리는 動作이 그러한 일례이고, 몇몇 虛擬動作은 生活動作에 대한 모방에서 벗어나 生活動作의 형태를 다른 정도로 바꾸니 말을 타고 수레를 타는 動作이 그러한 경우이다. 이렇듯 戲曲 虛擬手法의 제련과 운용은 생활논리와 舞臺論理라는 두 방면의 제약을 받으며, 戲曲이 虛擬手法을 운용하여 추구한 것은 물리적 의미상의 형태·중량·질량의 진실이 아니라, 心理學 의미상의 정서·감각·분위기의 진실이고, 마찬가지로 觀客이 俳優의 虛擬手法을 통하여 감상한 것은 心理學 의미상의 정서·감각·분위기로부터 획득한 진실감이다. 이런 점에서 볼 때 戲曲俳優가 虛擬手法을 선택하고 운용한 최종 목적은 일상의 形態動作을 모방하는 데 있지 않고, 극중 인물의 내심세계를 보여주는 데 있다.

舞臺上 戲曲公演의 가장 구체적이고 가장 핵심적인 虛擬手法은 바로 程式으로 체현된다. 그리고 戲曲의 程式은 詩歌·音樂·舞蹈·美術 등 제반 藝術 文化要素가 종합적으로 戲曲에 스며든 결과이다. 이들 요소들은 戲曲藝術에 흡수되어 同化·통일되는 과정 중에, 형식을 중시하는 자신들의 특징으로써 戲曲의 종합형태에 영향을 미쳤고, 戲曲이 엄격한 형식규

범을 지니도록 만들었으니, 이 형식규범이 바로 程式이다. 그리하여 戲曲의 程式은 戲曲形式의 국부적인 현상이 아니라 총체적인 특징이 되었고, 그것은 이미 戲曲의 藝術 表現규율의 하나가 되어 각종 表現素材에 대한 藝術制煉을 제약하고 종합 藝術形態의 각 부분에 구현된다.[4]

한편 戲曲의 程式은 엄격한 형식규율 가운데 藝術的 形式美를 추구하며, 그 과정 중에 藝術的 진실과 생활진실 사이의 모순과 대립을 통일시킨다. 그리고 戲曲의 程式은 구체적 인물형상의 묘사에 있어서 인물의 褒貶에 대해 중요한 작용을 하여, 만일 한 인물을 칭송하고자 하면 각종 유효한 程式을 운용하여 가장 정확한 형식으로 그를 表現해낸다. 이렇듯 程式은 戲曲의 形式美와 심미상에서 큰 의미를 지닐 뿐만 아니라, 더욱 중요한 것은 程式이 인물의 感情과 내심을 表現하는 데 중요한 수단이라는 사실이다. 곧 程式은 戲曲의 虛擬手法을 보여주는 가장 구체적인 수법으로 戲曲의 形式美를 보여주지만, 角色의 感情과 정신을 表現하는 데서 더 큰 의미를 찾을 수 있다.

또한 美學的 입장에서 볼 때 虛擬手法을 사용한 소위 意象戲劇인 戲曲의 舞臺形象 창조의 방법은 아리스토텔레스의 模倣說에 근거한 소위 摹象戲劇인 서구의 話劇과는 전혀 다른 모습을 보여주고 있는데, 이것은 전통 美學思想인 소위 物感說의 결과라고 볼 수 있다.[5] 이에 의하면 物感說은 音樂의 본질로부터 이야기 되기 시작하여 詩歌와 舞蹈 등에 까지 언급되었으며, 객체 사물에 대하여 思想이나 感情上에서 사람들이 느낀 바가 있으면 詩歌·音樂·舞蹈와 같은 문예형태의 형식을 취하여 문예작품이 탄생한다고 여겼다. 곧 物感說에서 가장 핵심적인 것은 객체 사물에 대한 인간의 주체적 感情과 思想이 藝術創造에 주도적인 작용을 하고, 아울러 藝術의 주체와 객체가 상호 융합한다는 사실이다. 여기에서 物感

4) 張庚 郭漢城主編, ≪中國戲曲通論≫, 167쪽, 上海文藝出版社, 1989

5) 이하 物感說에 대한 논의는 전게서 ≪中國戲曲通論≫180-219쪽을 근거로 함.

說은 藝術反映의 방식에 있어서 模倣說과는 완전히 다르다. 物感說은 藝術家에게 객체 물상을 내심으로 흡수하고, 다시 주체적 感情과 思想의 가공과 개조를 통하여, 주체와 객체가 하나가 되는 소위 物我一體·物我交融의 藝術形象을 창조하게 만든다. 그리고 戱曲文學의 각도에서 보면 唐詩와 宋詞를 대표로 하는 詩歌意象은 戱曲意象의 전신으로, 詩歌意象은 戱曲文學에 직접 진입하였던 것이다. 그러나 戱曲은 綜合藝術이어서 戱曲意象은 단지 문학의 영향에만 의지해서는 창조해낼 수 없었으며, 이러한 意象美學이 전체적인 문예영역에 전면적으로 작용한 후에야 戱曲意象이 진정으로 생성될 수 있었다. 그리고 戱曲은 구체적으로 인물형상을 이와같이 意象化시켜 창조할 때 자신의 意象化 규율을 지녔는데, 이 중 가장 핵심적인 것은 神似의 추구였다. 곧 虛擬手法을 사용한 意象戱劇인 戱曲은 인물형상을 만들 때 神似를 先決條件으로 삼았고, 神似의 수요에 근거하여 외부형태를 선택 가공하고, 심지어는 객관 사물에 대하여 藝術的 변형처리를 가하여 인물의 정신면모를 돌출시키는 것을 중요하게 여겼다.

그러면 이와 같은 戱曲의 虛擬手法은 어디에서 연유하여 생성되었는가? 구체적인 관점에서 보자면 우리는 먼저 戱曲 형성에 절대적인 영향을 끼친 音樂과 舞蹈 및 이들이 결합된 歌舞戱에서 虛擬手法의 단서를 찾을 수 있다. 우선 音樂은 자체적인 성격으로 인하여 節奏感을 본질적인 핵심으로 하고 있는데, 이러한 節奏感은 구체적 현상을 사실적으로 보여주는데 큰 제약을 받고, 인물의 內心과 感情을 表現하기에 적합하다. 곧 音樂은 자체적으로 사실적인 再現보다는 虛擬的인 表現에 적합한 藝術장르이다. 舞蹈 또한 마찬가지이다. 舞蹈는 자체적으로 비록 사실을 보여주는 再現的 성분을 音樂 보다는 많이 지니고 있지만, 舞蹈 또한 音樂性을 기반으로 하고 있어 虛擬的인 表現에 더 적합한 藝術장르이며, 舞蹈 중에 그 感情의 表現이 포도를 딸 때의 기쁨 등 구체적 대상을 지닐 때 虛擬的 舞蹈 表現手法이 나타난다. 바로 戲曲의 虛擬手法은 戲曲의 핵심요소인 이러한 音樂과 舞蹈의 성격에서 기인한다고 볼 수 있다. 특히 舞蹈의 虛擬動作은 虛擬舞蹈라고도 부르는데, 일찍이 戲曲이 형성되기 전에 舞蹈藝術 중에서 형성되고 성숙되어 지금까지도 舞蹈公演 중의 表現수단이 된다. 또 唐宋 시기 戲曲이 程式으로 형성되기 이전에 일찍이 民間舞와 宮廷舞 및 祭祀舞의 세가지 舞蹈가 있었는데, 기록에 의하면 中國에서 舞蹈가 탄생할 때 이미 간단한 虛擬公演이 있었다고 한다.[6] 그리하여 伏羲氏의 樂舞인 〈鳳來〉와 神農氏의 〈扶犁〉는 모두 노동하며 수확하는 것을 칭송하였는데, 노동의 動作을 模擬하였기 때문에 舞蹈 중에서는 노동의 대상인 논밭과 공구를 쓰지 않고 간단한 虛擬動作으로써 表現했다고 한다. 또 이러한 바탕 위에서 音樂과 舞蹈 및 연극성의 결합으로 형성된 歌舞戲는 戲曲의 虛擬手法을 더욱 뚜렷이 보여준다.[7] 일례로 우리는 戲曲의 발생과 연원관계가 있고 北朝와 隋唐시기에 성행한 歌舞戲인 〈踏搖娘〉과 〈鉢頭〉에서 이미 虛擬手法이 사용됐으리라고 짐작할 수 있다. 곧 〈踏搖娘〉에서 술주정뱅이인 남편이 부인을 때리고 싸우는 모습을 함으로써 웃고 즐겼다는 부분이나 〈鉢頭〉에서 아버지의 시신을 찾기 위해 여덟 굽이의 산을 넘어가는 부분은 분명 虛擬的인 動作을 사용하여 表現했을 것이다.

戲曲의 虛擬手法은 音樂과 舞蹈 및 歌舞戲에서 그 연원을 찾을 수 있을 뿐만 아니라 戲曲의 제재와 고사 서술방식에 지대한 영향을 끼친 說唱藝術에서도 그 흔적을 쉽게 볼 수 있다. 곧 說唱藝術은 고사의 전개과정 중에 간단한 虛擬動作을 사용하였는데, 이러한 虛擬手法이 의심할 여지없이 戲曲 중에 들어왔던 것이다. 특히 說唱에서 時空環境을 虛擬的으로 表現하는 수법은 戲曲에 들어와 단지 俳優의 노래와 대사로써 時空環境

---

6) 藍凡著, ≪中西戲劇比較論稿≫, 129쪽, 學林出版社, 1992.

7) 金學柱, ≪中國古代의 歌舞戲≫, 37쪽 참조, 明文堂, 2001

을 자유롭게 바꾸고 넘나들 수 있었다. 또한 전통 說唱藝術 중의 간단한 虛擬動作이 戱曲에 차용되기도 하였는데, 일례로 說唱 중의 하나인 山東快書의 〈武松打虎〉에서는 武松이 보자기를 어깨에 메는데, 俳優는 이때 손을 어깨에 걸치는 虛擬動作으로 보자기를 메는 動作을 대신한다.[8]

한편 논자에 따라서는 中國의 戱曲이 虛擬手法을 채용한 것을 역사상 성행했던 전문 戱曲俳優들의 모임인 班社와 戱曲 公演體系 등의 외부적 조건에서 그 원인을 찾기도 한다. 藍凡의 주장은 대표적인 것으로, 그는 戱曲 公演체제의 유동성과 民間戱班 公演場所의 누추함 및 호족 카페트戱曲의 享樂性을 戱曲이 虛擬手法을 채용하게 된 요인 중의 하나라고 지적한다. 곧 그에 의하면 戱曲은 형성 초기부터 公演이 주로 民間戱班의 형식으로 나타나 도처로 유동하는 특성을 지녔고, 또 물질조건이 박약하고 경제조건이 충분하지 못한데다가 교통 또한 불편하여 俳優의 기본 복장과 많은 舞臺設備를 구비하기 힘들어 자연 俳優의 虛擬動作을 사용하여 대체하였다. 그리고 그는 民間戱班이 대부분 농촌과 소도시의 露天廣場에서 公演하는 등 公演場所가 누추하였으며, 아울러 宮廷戱班과 士大夫家班은 비록 우월한 물질조건과 기술조건을 지녔지만, 대부분 귀족 사택의 대청 카페트 위에서 향락과 사교수단의 公演을 하여 별다른 舞臺裝置를 사용하지 않았다는 사실이 戱曲이 虛擬手法을 사용한 원인 중의 하나가 되었다고 여겼다. 그러나 이러한 그의 주장은 단편적인 것으로 부분적인 면에서는 옳지만 전체적인 면에서는 수긍하기 힘들다. 당시의 班社에는 유랑극단이 아닌 극단이 있었으며, 이들은 장기간 大都와 杭州에 거주한 戱班들로서 舞臺公演시 모두 虛擬手法을 사용하였으며, 그들이 舞臺裝置를 별로 사용하지 않았던 것은 물자조건이 부족해서가 아니라, 거꾸로 지나치게 사실을 추구하게 되는 舞臺장치의 사용이 戱曲의 虛擬

8) 藍凡著, ≪中西戱劇比較論稿≫, 159쪽, 學林出版社, 1992.

的인 수법과 모순을 일으켜 虛擬性을 파괴하기 때문이라고 여겨진다.

이런 점에서 볼 때 戱曲이 虛擬手法을 사용한 것은 보다 근원적인 것으로 文化的 哲學的인 점과도 큰 연관을 지닌 것으로 여겨진다. 먼저 文化的인 면에서 보면 戱曲의 虛擬手法은 단순히 戱曲 장르에만 그치지 않고 中國 고대 文化의 전반적인 경향이라는 점을 주목할 필요가 있다. 곧 戱曲 형성에 막대한 영향을 끼쳤던 詩歌와 繪畫 歌舞 및 書法 등 中國의 古代文化는 대부분 대상인 객체의 사실적인 묘사보다는 藝術主體의 思想과 感情을 중시하는 意象·意境의 추구를 최고의 경지로 삼았던 것이다. 이러한 각도에서 보면 戱曲은 당시 文化의 일부분이고 더구나 여러 藝術장르의 성격을 흡수하였기 때문에 戱曲이 비사실적인 虛擬手法을 추구한 것은 자연스러운 것이라고 여겨진다.

한편 戱曲이 虛擬手法을 사용하게 된 근원을 탐구하다 보면 결국은 文化의 핵심인 철학적인 면과도 일정한 연관을 찾을 수 있는데, 멀리는 先秦諸子의 宇宙論과 天人論 및 禮樂論까지 소급된다. 곧 宇宙論的인 면에서 莊子의 〈齊物論〉에 보이는 '無形之形'과 老子의 '有生于無' 등의 虛實과 形神에 관한 宇宙認識論이 戱曲의 원리로 작용하여 虛實相生의 公演原則을 만들어냈다. 또 天人論的인 면에서 고대 中國인들은 서구인들과는 달리 合一을 추구하였는데, 이러한 天人合一의 哲學思想은 여러 文化영역에 영향을 끼쳤으며, 戱曲도 이러한 思想의 영향 아래에서 物我交融·情景交融의 表現手法을 지니게 되었다. 禮樂論에 있어서도 고대인들은 윤리식의 思想으로써 藝術을 창조하여 '言志緣情'의 藝術思想을 형성하였으며, 이러한 결과로 고대의 전통藝術이 藝術形態上에서 거의 모두 藝術主體의 주관적 表現을 중시하고 사실의 재현을 중시하지 않는 '寫意'라는 길을 걷게 되었다. 그렇다면 결국은 이러한 점을 종합적으로 볼 때 先秦諸子의 宇宙論과 天人論 및 禮樂論의 영향으로 형성된 戱曲의 虛實相生수법과 物我交融수법 및 '寫意'를 중시하는 경향은 戱曲이

虛擬手法을 사용하게 된 철학적 근저라고 볼 수 있다.

이상에서 우리는 舞臺上 戲曲公演의 가장 기본적인 원칙인 虛擬手法의 성격과 특징 및 근원에 대하여 살펴보았다. 虛擬手法은 俳優와 觀客의 가운데서 俳優의 기교화된 動作을 觀客의 상상 및 연상으로 이어주는 연결고리로서 일반적으로 작용하였으며, 舞臺上 가장 구체적이고 핵심적으로는 程式의 방법을 통하여 구현되었다. 그리고 이때 俳優의 虛擬動作은 形式美를 추구할 뿐만 아니라, 角色의 내재적 感情과 思想을 보여주는데서 더 큰 의미를 지녔다. 한편 美學的인 관점에서 볼 때 藝術對象의 객관적이고 사실적인 재현보다는 藝術主體의 思想과 感情의 表現을 중시한 意象戲劇인 戲曲의 虛擬手法은 주체의 통제 속에서 주체와 객체가 하나되는 物我一致·情景交融의 수법을 형성하였는데 이는 소위 物感說의 결과였다. 그리고 中國 고대의 여러 藝術장르와 당시의 文化 철학적인 요소들 또한 戲曲이 虛擬手法을 사용하는데 일정한 영향을 끼쳤는데, 고대의 音樂 舞蹈 歌舞戲 및 說唱藝術 등은 戲曲이 虛擬手法을 사용하는데 막대한 직접적인 영향을 끼쳤으며, 고대 中國文化가 '意象'·'意景'를 중시한 점과 宇宙論·天人論·禮樂論 등 철학적인 면에서 탄생한 虛實相生·物我交融·'寫意'의 수법 등은 戲曲 虛擬手法의 來源으로 작용하였다.

3. 時空間의 자유로움

戲曲 舞臺上의 時空間의 자유로움은 虛擬手法과 함께 戲曲 公演上의 대표적인 특성이다. 戲曲 舞臺上의 時間은 생활상의 時間과는 달리 자유롭게 신축할 수 있는 心理時間으로, 舞臺時間의 안배는 완전히 극 정절의 수요에 의해 결정되며, 俳優의 唱·念·做·打 등의 公演에 의해 表現된다. 곧 舞臺上의 時間處理는 時間 自體를 再現하기 위한 것이 아니라,

그 時間 중 인물의 행동과 성격 및 내심을 表現하는데 중점을 둔다. 마찬가지로 戱曲의 舞臺空間은 극중 인물이 舞臺 위에 있든 없든 객관적으로 존재하는 話劇의 空間이 아니라, 劇情의 수요에 따라 끊임없이 변화하는 心理上의 空間이다. 그리하여 話劇에서는 俳優와 空間과의 관계가 제약과 피제약의 관계로서 空間 앞에서 俳優는 시종 피동적이며, 그의 일체 행동은 空間의 제약을 받는 반면, 戱曲에서는 俳優와 空間과의 관계가 주재와 피주재, 창조와 피창조의 관계로서 空間 앞에서 俳優는 시종 능동적이며, 그의 일체 행동은 空間의 제약을 거의 받지 않는다. 곧 話劇의 舞臺空間은 舞臺 세트에 의해 창조되는 물리적 空間으로 劇情의 空間이 객관적이고, 그 空間의 크기는 觀客이 시각에 의지하여 감지하는 空間의 크기와 기본적으로 같은 반면, 戱曲은 일반적으로 一卓兩椅라 하여 일반적으로 세트를 거의 사용하지 않고, 觀客의 시각에만 의지하지 않으며, 觀客의 心靈에 호소한다. 종합하자면 바로 戱曲에서의 舞臺 時空間은 추상적인 時空間으로 心理的인 時空間이며, 상대적으로 안정적이고 고정적이며 명확한 話劇의 時空間과는 달리, 불안정하고 비고정적이며 불명확한 時空間이다.

그리고 戱曲舞臺의 이와같은 특성은 沈達人의 表現에 의하자면 고대 中國人들의 철학적 사유방식인 模糊化思維에 의해 결정되어, 戱曲에서의 舞臺 時空間의 자유로움을 무한하게 확대시켰다.[9] 이러한 이유로 비록 명대 劉輝吉이 〈唐明皇遊月宮〉을 公演할 때 月宮의 모습을 사실적으로 재현하기 위해 정교한 조명 세트를 사용하고, 淸代 李漁가 〈蜃中樓〉를 公演할 때 蜃氣樓의 모습을 사용하여 사실성을 추구하기도 했지만,[10]

9) 沈達人, ≪戱曲的美學品格≫, 47쪽, 中國戱劇出版社, 1996, 그에 의하면, 模糊化思維는 능동적이고 주체의 의식적인 模糊化處理를 통하여 사물의 속성과 한계를 확정적이고 분명한 상태에서 불확정적이고 불명확의 상태로 변화시킨다.

10) 張岱, ≪陶庵夢憶≫, 110쪽, 〈劉輝吉女戱〉, 劉輝吉은 羊角燈을 이용하여 특수 제작한 裝飾燈과 大型의 月宮裝置를 통하여 景物造型上에서 幻想的인 舞臺效果를 거두었다.

이러한 재현성 舞臺裝置가 전체 戱曲史에서 결코 주도적인 지위를 차지하지 못한 것은 戱曲의 자체적 성격상 舞臺公演에 있어서 時空間의 자유로움을 추구하는 본질적인 특성에 기인한 것이다.

한편 戱曲舞臺에서의 時空間은 각기 강렬한 주관적 색채를 지닌 心理時空間이지만, 실제 舞臺公演에서는 이들 독립된 時間과 空間이 심령을 통해 융합되어 통일체가 된다. 時間과 空間은 서로 스며들고, 특히 空間은 유동적인 時間의 과정 중에 융합되어 절주화된 空間을 이루며, 時間과 空間은 공동의 내재구조와 운동절주를 지니게 된다. 그리고 이러한 과정 중에 時間이 주도적인 역할을 하는 '以時制空'의 관계를 보여주는데, 이는 話劇에서 空間이 우도적인 지위를 차지하는 '寓時于空'의 관계와는 대비되는 것이며, 戱曲構造上에서의 소위 點線式構造도 바로 이러한 '以時制空'의 결과이다.[11]

또한 戱曲 時空間의 무한한 자유로움은 虛擬手法과 결합하여 독특한 형식을 만들었으니, 소위 上下場에 의한 分場制가 그것이다. 上下場은 戱曲舞臺의 가장 오래되고 가장 간단한 형식으로, 戱曲舞臺의 진실성과 話劇舞臺의 진실성을 구분시키는 출발점이다. 그리고 여기에는 한 가지 특징이 있는데, 俳優가 걸었던 舞臺空間은 만일 한번 더 걸으면 원래의 空間이 사라진다는 사실이다. 예를들어 俳優가 虛擬動作으로 舞臺를 처음 한 바퀴 돈 것이 산을 의미했다면, 두 번째 虛擬로 舞臺를 돈 것은 물일 수도 있는 것이다. 그리하여 上下場은 舞臺 時空間의 변화와 劇情發展의 연결과 근거가 되어, 인물의 끊임없는 上下場을 통하여 戱曲의 정경은 자유롭게 변화할 수 있고, 정절도 자유롭게 발전할 수 있다. 이런 점에서 上下場에 의한 分場制는 戱曲 舞臺時空間과 情節 發展의 핵심인 것이다.

구체적인 내용은 拙稿, 〈明代士大夫家班硏究〉 참조. 作家出版社, 1996.

11) 鄭傳寅著, ≪中國戱曲文化槪論≫, 429쪽, 武漢大學出版社, 1993.

이런 점에서 戱曲 分場制의 형식은 話劇의 分幕制와 뚜렷한 차이점을 보여준다. 分幕制는 상대적으로 고정되고 제한된 舞臺 위에서 정절을 조직하여, 현실생활의 모습에 따라 생활의 진실감을 갖춘 정경을 창조하고, 俳優가 角色에 진입할 것을 유도한다. 俳優는 舞臺 위에서 반드시 舞臺美術이 설계한 환경으로써 행동의 합리적 근거를 삼고, 이 규칙을 어기면 舞臺生活의 진실감을 파괴한다. 이러한 分幕制의 時空處理 방법은 필연적으로 극의 구조를 고도로 농축시키고 집중시키며, 舞臺空間도 상대적으로 근엄하고 폐쇄적이다. 서양의 舞臺에서 한때 매우 성행하였던 액자舞臺와 환각세트는 이러한 것을 대표한다.

이에 비한다면 戱曲의 分場制는 舞臺를 유동적인 空間으로 여기어 극의 정절이 舞臺上에서 끊임없이 전개되고 발전되게 만들며, 俳優가 주로 물질환경의 유도에 의지하여 角色의 情景에 진입하는 것이 아니라, 자신의 특수한 虛擬的 公演에 의지하여 角色의 생활에 진입한다. 또 分場制는 일반적으로 分幕制보다 훨씬 많은 몇십 場으로 이루어져 있고, 分幕制처럼 엄격한 규범과 제약을 받지 않기 때문에 分場制의 時空處理 방법은 매우 자유롭다. 다만 이러한 分場制 형식은 戱曲에만 존재하는 것이 아니라 서양에서도 일찍이 나타났는데, 세익스피어의 舞臺와 브레히트 敍事劇의 舞臺處理 방법은 대표적인 것이다. 세익스피어의 舞臺는 戱曲의 上下場처럼 俳優에 의해 時空間이 자유롭게 처리되어, 인물의 등장으로 시작하여 인물의 퇴장으로 舞臺가 처리되었으며, 처음부터 끝까지 한 번도 중단이 없이 舞臺 뒤쪽에 있는 두 개의 출입구를 이용하여 인물들은 쉴새 없이 등장하고 퇴장하였다. 장면의 전환은 극히 간편하였으며, 장면의 수에 제한을 받을 필요가 없었다. 그리고 도구도 별로 이용되지 않았고, 극히 암시적이고 상징적인 몇몇 도구로 충족되었다. 극장의 특이한 구조로 해서 장면의 변화는 자유자재였지만, 장소가 달라질 때는 푯말로 표시하거나, 또는 '여기가 아든 숲이구나'와 같은 敍述的인 臺詞로 처리되었다. 舞臺 위에 의자나 탁자 같은 것이 놓여지면 실내장면이요, 승마화를 신고 등장하면 使者요, 왕이 무장하고 등장하면 戰場이요, 한 두그루의 樹木이 있게 되면 舞臺 전체는 숲이 되는 것이다.[12] 이렇듯 세익스피어극의 舞臺時空 처리는 인물의 上下場이 환경변화와 정절발전의 핵심이고 舞臺空間은 자유로운 유동성을 지녀, 戱曲 分場制의 舞臺時空 처리와 전체적인 면에서는 거의 비슷하다. 그러나 세익스피어극의 장면 변화가 아무리 빈번해도 각각의 한 場의 각도에서 본다면 舞臺空間은 여전히 고정적이어서 分幕制와 상통하는데, 이것은 舞臺構造의 원칙에 있어서 戱曲의 핵심이 虛擬인데 비해 세익스피어극의 핵심은 寫實이기 때문이다.[13] 브레히트의 敍事劇 또한 극본과 舞臺上 時間과 空間의 일치를 핵심으로 하는 전통적인 三一致의 법칙을 철저히 깨뜨리고 자유롭게 時空間의 변형을 추구한 점은 戱曲과 접근해 있으나, 戱曲이나 세익스피어의 극과는 달리 上下場으로 분장하는 방법을 취하지 않았고, 또한 장면변화가 비록 매우 크지만 각각의 한 장에 대해 말하자면 여전히 時空間이 고정적인 점에서 戱曲과는 다르다.[14]

戱曲 舞臺 時空間 처리의 자유로움은 舞臺 公演의 時間과 空間上에 있어서 특이한 형식을 가져왔다. 먼저 空間上에 있어서 현실생활에서는 볼 수 없는 다양한 複合空間을 보여주었으니, 竝列空間·合同空間·斷層空間·交叉空間 등이 그것이다. 이 중 竝列空間은 둘 혹은 둘 이상의 空間을 둘 또는 둘 이상의 公演舞臺로 여기면서 동시에 舞臺에 올리는 것을 말하는데, 淸代 花部인 〈張古董借妻〉가 대표적인 것으로, 城內와 城外의 竝列空間에서 동시에 행동이 발생하여 戱曲衝突을 더욱 첨예화시키는 表現手法이며, 合同空間은 竝列空間이 좌우 방향의 복합인데 비하

12) 이상은 金在枏, ≪세익스피어전집≫, 1678-1679쪽에서 인용함. 을지서적, 1987.

13) 黃克保著, ≪戱曲公演硏究≫, 57쪽, 中國戱劇出版社, 1992.

14) 전게서, 58쪽.

여 전후 방향의 複合空間으로, 전방의 空間이 후방의 空間을 차단한다는 전제가 필요한 투명한 空間이며, 京劇 〈烏龍院〉에서 宋江이 잃어버린 公文주머니를 찾기 위해 급히 움직이는 일련의 유동적인 空間이 모두 後方舞臺의 閻惜蛟의 寢室空間과 서로 重疊되는 것이 대표적인 것으로, 戱曲에서 자주 사용된다. 또 斷層空間은 戱曲舞臺에서 잘 사용하지 않은 空間形式인데, 일층과 이층 및 이것들을 연결하는 층계가 세 요소로 필요하며, 수직방향으로 중첩된 두 空間이 마치 단층을 경과하듯이 위치가 옮기어져서는 수평방향의 병렬로 되는 複合空間으로, 呂劇인 〈姊妹易嫁〉에서 일층과 이층에 대한 舞臺처리가 대표적이다. 交叉空間은 절단되어 서로의 거리가 비교적 먼 둘 혹은 둘 이상의 空間이 서로 교차되는 空間으로, 〈拜月亭〉에서 蔣世隆男妹와 瑞蘭母女가 재난을 피해 도망가는 중에 흩어지면서, 그들 네 사람이 같은 時間 안에 노래하면서 가는데, '八'字 路線으로 교차된다. 이 때 그들은 비록 어깨를 스치면서 걸어도 피차간에는 도리어 '보아도 보이지 않고' '들어도 들리지 않으니', 이것은 그들이 각자 다른 장소에서 식구를 찾고 있음을 표시한다.[15]

戱曲舞臺上 空間觀念의 자유로움이 이와같은 複合空間이라는 戱曲舞臺 空間處理의 독특한 기법을 가져왔다면, 戱曲舞臺上 時間觀念의 자유로움은 소위 '有話則長, 無話則短'이라는 戱曲舞臺 時間處理의 독특한 기법을 가져왔다. '有話則長, 無話則短'은 戱曲舞臺上의 時間處理가 생활의 논리에 제약받지 않고, 舞臺論理에 따라 이루어짐을 가리키는 것으로, 극 중 정절상의 모순충돌이 심각하거나 중요한 부분일 경우, 비록 현실생활에서는 일례로 一分도 안되는 아주 짧은 時間에 이루어진 것이라도, 舞臺上에서는 30분이나 되는 긴 時間 동안 公演해 내어야 하고, 반대로 극 중 정절상의 모순충돌이 별로 없거나 중요하지 않은 부분일 경

15) 欒冠樺, ≪戱曲舞臺美術概論≫, 73-77쪽, 文化藝術出版社, 1994.

우, 비록 현실생활에서는 일례로 며칠 동안에 이루어진 것이라도, 舞臺上에서는 아주 짧은 時間에 公演해 내어야 함을 말한다.

그러면 戲曲이 舞臺 時空間의 처리에 있어 자유로움을 취하게 된 기법은 어디에서 연유한 것인가? 이것에 대한 논의는 戲曲이 虛擬手法을 사용하게 된 내력과 일정한 연관을 맺고 있어 상당 부분 중복되기 때문에 여기에서는 간단히 그 구체적 연유를 살펴보기로 한다. 戲曲舞臺의 자유로운 時空間 처리수법은 우선 고대 歌舞戲와 說唱藝術에서 그 근원을 찾을 수 있다. 이것은 隋代의 歌舞戲인 〈鉢頭〉에 보인 '山有八折, 故曲八疊'의 기록에서와 같이, 여덟 겹의 산을 넘나드는 時間과 空間의 과정을 나타낼 때, 時空處理上에서 虛擬的인 수법으로 자유롭고 간단하게 表現했을 것이라는 점에서 쉽게 알 수 있다. 그리고 이러한 時空처리의 방법은 서술체적인 방식을 사용한 說唱에서 더욱 광범위하게 사용되었는데, 戲曲은 형성 초기에 늘 說唱에서 제재를 흡수하고 동시에 구조형식을 받아들였다. 그리하여 說唱 중의 서술요소는 전통적인 上下場形式·虛擬手法·풍부한 舞蹈隊形 변화 및 각종 무술기예와 결합하여 舞臺 公演형식의 중요한 부분이 되었으며, 이러한 바탕 위에서 舞臺 時空間處理의 자유로움은 자연스럽게 계승되었다.

그러나 戲曲이 舞臺 時空間의 처리에 있어 자유로운 기법을 사용하게 된 것은 단순히 歌舞戲나 說唱藝術의 특성을 계승했다는 점만으로는 충분하지 못하며, 虛擬手法의 사용과 마찬가지로 中國 고대의 전체적인 文化와 철학적 요소의 영향을 벗어나기는 힘들다. 이는 中國의 고대 회화·詩詞·音樂·무용·건축에서 表現된 時空觀念이 戲曲의 時空觀念과 전체적인 면에서 너무나 흡사하다는 사실에서 쉽게 짐작할 수 있다. 곧 이들 여러 藝術장르는 藝術對象의 객관적이고 사실적인 묘사나 재현보다는 藝術主體의 주관적 思想과 感情을 表現하는 방식을 더욱 중시하였고, 藝術 주체인 인간의 주도 아래 주체와 객체가 융합되는 物我一體의 경지를 추구하였던 것이다. 그리하여 戱曲 또한 綜合藝術로서 자연 그러한 방식을 사용하여, 舞臺 時空間의 처리가 물질조건에 의해 이루어지는 것이 아니라, 俳優에 의해 이루어졌으며, 그의 唱·念·做·打 등 公演에 의해 신축성있게 表現되었던 것이다.

이상에서 우리는 虛擬手法과 함께 戱曲舞臺上 公演의 대표적인 수법인 자유로운 時空間處理의 성격과 특징 및 그 내원에 대하여 살펴보았다. 戱曲의 時空間은 話劇과는 달리 물질조건에 의해 처리되지 않고 俳優의 公演에 의해 자유롭게 처리되는 心理的 時空間이다. 그리하여 時空間을 창조하는 과정 중에 俳優와 時空間과의 관계는 창조와 피창조의 관계였으며, 時空間 처리상의 이러한 자유로운 성격은 虛擬手法과 결합하여 上下場에 의한 分場制를 탄생시켰다. 그리고 戱曲舞臺 時空間 처리의 자유로움은 舞臺空間上에서 竝列空間·合同空間·斷層空間·交叉空間 등 다양한 複合空間을 형성하였으며, 舞臺時間上에서도 '有話則長, 無話則短'이라는 수법을 만들어냈다. 또한 戱曲이 이렇게 舞臺上에서 자유롭게 時空間 처리를 한 것은 단편적인 계승이 아니라, 복합적인 연유에서 이루어진 것이다. 곧 戱曲은 歌舞戱와 說唱藝術의 영향을 받아들였지만, 이것은 부분적인 면이고, 전체적으로는 藝術主體의 意境을 중시하는 고대文化와 인간 위주이면서 인간과 객체와의 융합을 중시했던 철학적 요인의 영향 속에서 戱曲舞臺의 자유로운 처리가 형성되었다.

4. 觀客과의 直接交流

直接交流 방식을 지향한 俳優와 觀客과의 관계는 戱曲 舞臺公演의 성격과 목적을 명확히 보여준다. 戱曲 俳優는 觀客을 자신이 담당한 角色의 내심세계로 인도하여, 觀客으로 하여금 그와 함께 사고하고 판단하며

交流하고 호응하도록 만드는데, 이때 俳優는 觀客에게 한편으로는 인물의 생활정경을 펼치면서, 한편으로는 인물내심의 思想情感과 心理活動을 직접 觀客에게 털어놓고 그와 交流하기를 희망하며, 심지어는 觀客의 동정과 지지를 원한다. 그리하여 觀客은 劇을 관람하는 과정 중에 자신의 體驗과 경험 및 상상·연상을 동원하면서 자연적으로 적극적이고 능동적으로 舞臺公演의 창작에 참여하게 된다. 그리고 劇情이 요긴한 곳에 이르면 戱曲의 觀客은 왕왕 俳優의 唱腔과 節奏에 맞추면서 극중 인물의 행동과 운명에 긴장하며 관심을 가지고, 때를 놓치지 않게 俳優들의 公演에 갈채와 박수를 보낸다. 이때 박수와 갈채는 戱曲公演에서 필수불가결한 것으로, 俳優는 觀客들의 박수와 갈채를 통하여 觀客의 반응을 이해하고, 아울러 자기 公演의 한계와 척도를 조정하고 교정한다.

이러한 戱曲公演에서 觀客과 直接交流의 관건은 俳優와 角色과의 관계이다. 間接交流에서 俳優는 자신을 잊고 角色 중으로 녹아 들어가니, 舞臺에는 단지 角色만이 생활하고 俳優와 觀客間의 交流가 없는 반면, 戱曲에서 俳優는 觀客을 위하여 角色으로 분장하여 소위 '二重身分'의 역할을 하니, 俳優는 角色 중으로 사라지는 것이 아니라 角色을 창조하고 또한 觀客을 위해 창조하면서 觀客과 交流한다. 이렇듯 戱曲은 俳優와 觀客과의 관계에 있어 직접적인 交流를 추구하고 있는데, 이것은 戱曲公演이 추구하는 바를 명백히 보여주는 것으로, 서구의 일반적인 연극이 俳優와 觀客과의 관계에서 간접적인 交流를 추구한 것과는 대조를 이룬다.

한편 戱曲의 俳優들은 觀客에게 비밀을 간직하지 않도록 노력하여, 고사와 인물, 심지어는 인물내심의 비밀과 인물간의 모순을 모두 觀客에게 알리기도 하며, 어떤 때는 舞臺 위 적에게 알려서는 안될 말까지 觀客에게 알린다. 이 때문에 戱曲은 제재상 탐정소설이나 추리소설 같은 것을 사용하기에 적합하지 않다. 그러면 戱曲은 觀客과의 이러한 직접적인 交

流를 추구하기 위하여 구체적으로 어떠한 수법들을 사용하는가? 곧 自報家門·獨白·獨唱·傍白·傍唱을 가리키는 背躬 등이 觀客과의 직접적인 交流를 추구하기 위해 사용된 대표적인 수법들이며, 이것들은 브레히트의 敍事劇에서 소외효과를 거두기 위해 사용되었다.[16] 이 중 自報家門은 俳優가 등장하여 定場詩를 읊은 후 비교적 긴 念白으로 자신의 본적·신세 및 劇情과 사건의 개요를 觀客에게 직접 소개하는 것이고, 독백과 독창은 俳優의 내적 心理上의 비밀과 모순을 觀客에게 직접 알리는 대표적인 수법이다. 背躬은 公演過程 중에 俳優가 舞臺 위의 다른 俳優를 상대하지 않고 다만 觀客에게만 자신의 내심을 밝히는 일종의 傍白으로, 이때 背躬을 하는 俳優는 보통 긴 덧소매인 水袖를 들어올려 상대방 俳優의 시선을 막고 觀客에게 직접 자신의 내적 모순을 알린다.[17] 이렇듯 俳優가 角色의 신분으로 자신의 思想동기와 행동 목적을 觀客에게 직접 알리기 때문에 阿甲은 戲曲舞臺에서 背躬보다 '疏外效果'를 잘 돌출시키는 방법은 없다고 보았다.[18]

戲曲舞臺上 觀客과의 直接交流는 또한 戲曲의 소위 劇場性을 전제로 한다. 극장성은 俳優가 公演하고 있는 극이 현실 속의 사실이 아니라, 단지 극장에서 보여진 거짓이라는 것을 밝히는 바탕 위에서 公演이 이루어지는 것을 의미한다. 곧 戲曲의 俳優는 舞臺 위에서 자신이 맡은 角色은 이름이 무엇이고 어떠한 성격을 지닌 사람이며 지금 무엇을 하려고 한다는 사실 등을 觀客에게 말하면서, 자신이 지금 연극을 하고 있다는 것을 觀客에게 충분히 밝힌다. 이러한 극장성을 잘 보여주는 것으로 戲曲의 舞臺에는 특수한 '角色'이 있는데, 撿場人이라고 부르며 그는 公演過程 중 舞臺 위에서부터 밑에 까지 도구와 세트를 바꾸는 일을 책임지는 사람이

16) 李源洋著, ≪브레히트研究≫, 156-186쪽 참조, 두레신서, 1984.

17) 余漢東編著, ≪中國戲曲公演藝術辭典≫, 587쪽, 湖北辭書出版社, 1994.

18) ≪戲曲研究≫, 24輯, 李春熹, 〈和觀衆打交道〉, 61쪽, 文化藝術出版社, 1987.

다.[19] 그리고 그의 존재는 觀客들에게 舞臺는 곧 현실이 아니라, 단지 舞臺라는 사실을 충분히 환기시키는 역할을 하고 있고, 그는 公演過程 중에 소리없이 俳優들의 도구를 들어올리고 내리는데, 이러한 점은 觀客들에게 公演의 존재를 의식하게 만들며, 幻覺主義를 깨뜨리는 역할을 한다. 바로 戱曲의 극장성은 觀客을 舞臺 밖의 傍觀者가 아닌 舞臺 위의 참여자로 만드는 역할을 하고 있다.

그러면 舞臺公演上 戱曲의 觀客과의 직접 交流는 서구의 다른 체계의 戱劇과 비교하면 구체적으로 어떠한 다른점을 지니고 있는가? 사실주의 연극체계를 대표하는 스타니슬라브스키의 '제4의벽' 이론은 俳優의 公演이 舞臺 위에 닫히길 요구하고 현실생활에 逼眞할 것을 요구한다. 이 때문에 俳優는 觀客의 반응에 아랑곳하지 않고 觀客이 박수치든 싫어하든 그는 단지 '生活'하며, 기타 角色과도 '생활'하여 그의 적과도 交流하고 자아와도 交流하지만 유독 觀客과는 交流할 수 없다.[20] 곧 이러한 소위 體驗派는 舞臺上에서 추구한 것이 '觀客 앞에서의 孤獨'으로 觀客을 '第四의壁' 밖으로 고립시키고, 舞臺交流는 단지 角色간의 對應交流 뿐이며, 觀客은 俳優의 舞臺生活 창조에 참여하지 않고, 단지 방관의 대상으로서 '壁內'의 현실생활을 보고서 감동받고 共鳴을 일으킨다.[21] 또한 브레히트를 대표로 하는 소위 表現派는 觀客을 대하는 태도상에서 공개적으로 '제4의벽'을 제거하여 환각을 없애며 소위 '疏外效果'를 만들고자 하였다. 그는 俳優가 角色과 거리를 유지하여 觀客으로 하여금 理智로써 냉정하게 관찰하고 극중의 哲理를 깊이 사고하도록 요구하였다. 그리고 '疏外效果'의 방법으로 브레히트는 戱曲의 수법을 모방하여 고사를 서술하고 사건의 의의를 직접 설명하는 등 俳優와 觀客이 직접 交流하는 성분을 사

19) 盧昂著, ≪東西方戱劇的比較與融合≫,193쪽, 上海社會科學院出版社, 2000.

20) ≪戱曲硏究≫, 24輯, 李春熹, 〈和觀衆打交道〉, 49쪽, 文化藝術出版社, 1987.

21) 藍凡,≪中西戱劇比較論稿≫, 323쪽, 學林出版社, 1992.

용하였으나 이 또한 일정한 한도가 있다.[22] 이에 비한다면 戲曲舞臺上 俳優와 觀客과의 交流는 진정으로 직접적인 것이다. 戲曲은 自報家門으로써 직접 角色의 신분과 성격을 觀客에게 소개하고, 背躬으로써 직접 觀客에게 비밀스러운 劇情을 서술하며, 경우에 따라서는 劇情에서 벗어나 角色을 이탈하여 직접 觀客과 交流한다. 그리고 戲曲은 觀客의 理智에도 호소하고 아울러 觀客의 感情에도 호소하여 공명을 추구할 뿐아니라, 觀客의 상상과 연상 및 박수와 갈채를 필요로 하는 觀客參與型의 체계이다.

5. 體驗과 表現의 統一

藝術의 본성에 관한 이론으로서 模倣(再現)으로서의 藝術과 表現으로서의 藝術이라는 두 이론은 그리스 시대 이후 계속 논쟁거리로 이어져 왔듯이, 이와 비슷한 각도에서 演劇舞臺의 公演體系에 있어서 體驗과 表現의 논쟁은 이미 200년이 넘는 역사를 지녔다. 그리하여 이들 소위 體驗派와 表現派는 20세기에 들어와 최고의 수준으로 완성되었으니, 일반적으로 러시아의 스타니슬라브스키는 體驗派의 완성자로, 독일의 브레히트는 表現派의 완성자로 여겨졌다.

스타니슬라브스키의 體驗派이론은 체홉과 고르기의 사실주의 작품을 극작화하는 과정에서 형성되었고, 특히 체홉의 영향을 가장 많이 받았으며, '俳優와 角色간에는 바늘 하나라도 넣을 수 없어야 한다'라는 스타니슬라브스키의 말처럼 俳優와 角色의 일체감을 가장 핵심적인 것으로 여겼다.[23] 스타니슬라브스키는 俳優가 舞臺 위에서 公演할 때 觀客에게 전

22) 牛國玲著, ≪中外戲劇美學比較簡論≫, 199쪽, 中國戲劇出版社, 1994.

23) 藍凡著, ≪中西戲劇比較論稿≫, 278쪽, 學林出版社, 1992.

혀 신경을 쓰지 말고 오직 현실생활처럼 그대로 생활의 모습을 보여주기를 요구하였다. 그리하여 그는 觀客과의 관계에 있어서 소위 '第四의壁' 이론을 창조하였으며, 俳優의 公演은 마치 사실인 듯 觀客에게 幻覺作用을 일으켜 感情에 호소하고 결국에는 共鳴을 일으켜야 한다고 주장하였다. 이렇듯 그는 俳優와 觀客이 냉철한 理智를 포기하고 感情의 體驗에 빠지도록 요구하여, 俳優에게는 舞臺를 진실로 여기도록 요구하였고, 觀客에게는 극장에서 理智를 잠시 쉬게 하고 그의 感情體驗으로써 劇情의 비애와 희열을 느끼도록 요구하였다.

이에 비한다면 브레히트의 敍事劇을 대표로 하는 表現派理論은 아리스토텔레스 이래 전해져온 전통적 公演體系를 타파하는 과정에서 형성되었고, 브레히트는 '疏外效果'라는 자신의 독특한 수법을 만들었다. 그는 梅蘭芳의 京劇을 관람한 후 감동받아 中國 戲曲의 수법을 자신의 서사극 창조에 많이 차용하였으며, 舞臺上의 幻覺 打破를 주장하여 俳優가 角色과 분리되어 일정한 거리를 유지하고, 觀客은 感情에 끌려가기 보다는 냉정한 理智를 사용할 것을 핵심적으로 요구하였다. 그는 이렇듯 俳優에게 舞臺 위에서 방관자처럼 사건을 다루도록 요구하였고, 觀客에게는 극장에서 感情을 쉬게 하고 舞臺 위에서 발생한 사건에 대하여 매우 理智的으로 是非를 판단하도록 요구하였다.

한편 中國의 戲曲界에서는 話劇을 처음 도입한 후 줄곧 사실주의적인 연극관을 견지한 스타니슬라브스키의 體驗派의 이론을 따랐으나, 이후 體驗派와 表現派로 나누어져 있던 지구상의 두 가지 公演體制를 근거로 자신들의 고전극인 戲曲의 公演體系에 대해 이론적인 탐구를 진행하였다. 그리하여 中國의 戲曲 학자들은 각기 자신들의 주장을 내놓았는데, 일례로 焦菊隱 등은 戲曲이 體驗派의 公演體系에 속한다고 보았고, 朱光潛 등은 戲曲이 表現派의 公演體系에 속한다고 보았으며, 黃佐臨 등은 體驗과 表現의 결합이라고 보았다. 또 藍凡은 中國의 戲曲은 體驗派

나 表現派라는 서양극의 잣대로는 적합하지 않는 독특한 것으로, 形神兼備를 핵심으로 하는 '神形學派'라고 하였다.[24]

그러면 戱曲의 公演體系는 어떻게 보는 것이 객관적인 현실에 부합하는가? 먼저 우리는 戱曲의 公演動作 자체적이고 총체적인 각도에서 볼 때 體驗的 요소와 表現的 요소를 모두 지니고 있다는 점을 분명히 알 수 있다. 물론 작품의 성격에 따라서는 體驗的 요소와 表現的 요소가 차지하는 비율이 다르지만 일반적으로 보아서는 모두 두 가지 요소를 지니고 있다. 곧 戱曲의 公演體系는 體驗과 表現이 상호 결합하고 유기적으로 통일되는 체계라고 생각한 것이 타당하다고 생각된다. 왜냐하면 비록 公演節奏가 비교적 느리고 서정성이 풍부한 文戱의 작품인 경우에는 일반적으로 體驗的인 요소가 더 많이 보여진 반면, 舞蹈性이 비교적 강한 武戱公演의 경우 俳優의 주의력은 주로 身段과 鑼鼓·曲牌와의 배합에 집중되어 俳優의 體驗成分이 극에 비해 약화되고 表現의 성분이 더 많이 나타나지만, 그러나 戱曲의 전체적인 면에서 보면 俳優의 公演動作 자체에 體驗과 表現의 요소가 통일되어 나타나기 때문이다.

이러한 점은 戱曲이 體驗派와 表現派의 핵심적 이론의 성격을 모두 지니고 있다는 점에서 더욱 분명히 알 수 있다. 바로 戱曲의 公演에서 感情的 體驗과 程式的 表現의 모순관계를 해결해주는 방법으로 제시되는 '鑽進去-跳出來'는[25] 戱曲 公演의 핵심적인 성격을 명확히 보여주는 것으로, 體驗派와 表現派의 이론적 핵심을 모두 구비하고 있다. 주지하다시피 體驗派와 表現派 이론의 핵심은 俳優와 角色과의 관계설정이다. 곧 體驗派는 俳優가 角色 속으로 들어갈 것을 요구하고, 表現派는 俳優가 角色과 분리될 것을 요구한다. 그런데 戱曲公演의 기본적인 방법인 '鑽進去-跳出來'는 각기 俳優가 角色으로 들어갔다가(鑽進去) 다시 俳優가 角色

24) 藍凡著, ≪中西戱劇比較論稿≫, 285쪽, 學林出版社, 1992.

25) 黃克保著, ≪戱曲公演研究≫, 21쪽, 中國戱劇出版社, 1992.

에서 분리되는(跳出來) 과정을 모두 포함하고 있다. 다시 말하면 俳優는 戱曲을 公演할 때 먼저 자신이 맡은 角色에 빠져들어 感情的 體驗過程을 거친다. 그리고는 이러한 바탕 위에서 俳優는 다시 角色에서 빠져나와 최고의 形式美를 발휘하기 위하여 理智的 表現方法을 사용한다. 이러한 점에서 戱曲의 公演은 感情的 體驗과 理智的 表現이 고도로 통일되어 나타나는 公演體系를 지니고 있다고 볼 수 있으며, 이것은 戱曲이 體驗派와 表現派의 성격을 모두 구비하고 있는 점을 보여준다.

한편 戱曲의 公演이 총체적인 관점에서 體驗과 表現의 통일이라는 분명한 사실에도 불구하고, 戱曲의 公演體系에 있어서 俳優와 觀客과의 관계는 表現派적인 성격에 훨씬 가깝다는 사실을 부인하기 힘들 것같다. 왜냐하면, 戱曲의 觀客은 體驗派의 이론에서처럼 幻覺을 통하여 극 중의 사건 속으로 빨려들어가기 보다는 관찰자로서의 입장을 유지하는 성격이 매우 강하기 때문이며, 이는 브레히트가 敍事劇을 만들 때 戱曲의 이러한 성격을 차용했음이 충분히 증명해준다. 그러나 이러한 俳優와 觀客과의 각도만으로 戱曲을 表現派라고 부르는 것은 단편적이라고 생각되며, 이러한 점은 명대의 전문 女俳優인 朱楚生이 자신이 맡은 角色의 感情에 깊이 빠져 자신조차 잊어버리는 강한 內的體驗을 겪은 후 그 感情 때문에 결국에는 죽게 된[26] 극단적인 사실을 생각하면 戱曲公演의 강렬한 體驗的 요소 또한 부인할 수 없을 것이다.

6. 中國 古代戱曲 公演上 審美特性의 의의

戱曲은 舞臺 公演에 있어서 독특한 심미적 특성을 지니고 있는데, 虛擬

26) 拙稿, 〈明代職業戱班과 群衆性 戱曲活動에 관한 硏究〉, 中國人文學會, 22輯, 247쪽 참조.

手法·時空間處理의 자유로움·觀客과의 直接交流·體驗과 表現의 통일 등은 대표적인 것이다. 그리고 이들 여러 가지 특성은 戲曲의 公演에 단편적으로 작용하는 것이 아니라, 서로 유기적으로 결합되어 戲曲의 公演性格을 보여준다.

虛擬手法은 戲曲 舞臺公演의 가장 기본적인 원칙으로 俳優와 觀客 가운데서 俳優의 기교화된 動作을 觀客의 상상과 연상으로 이어주는 핵심적인 연결고리로서, 舞臺上 가장 구체적으로는 程式의 방법을 통하여 구현되었다. 또 藝術對象의 객관적이고 사실적인 재현보다는 藝術主體의 思想과 感情의 表現을 중시한 소위 意象戲劇인 戲曲의 虛擬手法은 주체의 통제 속에 주체와 객체가 하나가 되는 物我一致·情景交融의 수법을 형성하였는데, 이것은 소위 物感說의 결과였다. 그리고 虛擬手法은 그 형성에 있어 고대의 音樂과 舞蹈 및 歌舞戲와 說唱藝術의 전통을 계승하였으며, 아울러 意象·意境을 중시한 고대 中國文化와 虛實相生·物我交融 등 철학적 요인의 영향을 받아 이루어졌다.

戲曲의 舞臺公演에 있어서 時空間은 話劇과는 달리 물질조건에 의해 처리되지 않고 俳優의 唱·念·做·打 등의 公演에 의해 자유롭게 처리되는 心理的 時空間이다. 그리하여 時空間을 창조하는 과정 중에 俳優와 時空間의 관계는 창조와 피창조의 관계이며, 아울러 時空間 처리상의 이러한 자유로운 성격은 虛擬手法과 결합하여 上下場에 의한 分場制라는 형식을 탄생시켰다. 그리고 戲曲舞臺 時空間 처리의 자유로움은 舞臺空間에서 다양한 複合空間을 형성하였으며, 舞臺時間에 있어서도 '有話則長, 無話則短'이라는 수법을 이루었다.

觀客과의 交流에 있어 戲曲은 직접적인 방식을 사용하여 戲曲公演의 성격을 분명히 보여주었다. 俳優는 觀客에게 인물의 생활정경을 펼치면서 인물내심의 思想情感과 心理活動 및 감추어야 할 비밀 등을 직접 觀客에게 털어놓고 그와 交流하기를 희망하며, 심지어는 觀客의 동정과 지지를 원한다. 또 觀客은 극을 관람하는 과정 중에 자신의 體驗과 경험 및 상상·연상을 동원하여 능동적으로 舞臺公演의 창작에 참여하게 된다. 그리고 戲曲의 觀客과의 直接交流는 劇場性을 전제로 하였는데, 俳優가 公演하고 있는 것은 사실이 아니라 단지 연극이라는 것을 분명히 밝히는 바탕 위에서 公演이 이루어지는 것을 뜻하며, 撿場人은 이러한 극장성을 보여주는 대표적인 것이었다.

한편 戲曲의 公演體系는 스타니슬라브스키를 대표로 하는 소위 體驗派와 브레히트를 대표로 하는 表現派의 성격을 모두 지닌 것으로, 戲曲舞臺上의 公演은 근본적으로 體驗과 表現의 유기적 통일 속에서 이루어진다. 특히 戲曲俳優들이 感情的 體驗과 程式的 表現이라는 모순을 해결하기 위해 사용하는 방법인 소위 '鑽進去-跳出來'는 戲曲公演이 角色과의 合一과 分離를 동시에 요구하는 특성을 지니고 있는 점을 잘 보여주는 대표적인 것으로, 戲曲의 公演體系가 體驗派와 表現派의 성격을 모두 구비하고 있음을 알 수 있다.

明代의 士大夫家班

— ≪陶庵夢憶≫의 記述을 중심으로

1. 明代 士大夫家班의 의미

문학사조의 발전사에 있어서 晩明시기는 혁신의 시기였다. 이러한 사조의 영향 아래 중국의 散文發展史에는 뛰어난 재능과 선명한 개성을 지닌 한 무리의 산문작가들이 출현하였다. 그들은 性靈說을 주장한 袁宏道 등의 公安派나 鍾惺·譚元春 등 竟陵派의 장점을 兼有하였는데, 이들이 바로 明末 小品文의 작가로서, 王思任·祁彪佳·張岱 등은 대표적인 인물이고, 그들의 작품은 주로 山水園林을 묘사하였으며 언어는 청신하면서도 정교하다.[1]

明末 유행했던 小品文의 대표적 작가 중의 한 명인 張岱(1597-1689)는 대대로 벼슬한 士大夫 집안 출신으로, 일생동안 벼슬길에 나아가지 않았고 전통적인 사상에 얽매이지 않으면서 비교적 농후한 佛家思想을 지녔다. 그러나 그는 불교의 경건한 신도가 아니었으며, 또한 儒家的 집안에서 생장하였으나 禮敎의 속박을 받지 않은 편이었다. 또한 그는 交遊가 넓고 自然風光을 좋아하여 流浪다니기를 좋아했으며, 戱曲과 音樂을 애

1) 吳志達著, ≪明淸文學史≫, 525쪽, 武漢大學出版社, 1994

호하는 등 매우 높은 文學藝術的 素養을 지녔다. 그의 삶은 明의 멸망을 기준으로 전반기와 후반기로 나눌 수 있는데, 전반기에는 봉건 士大夫로서 호화롭고 사치스러운 풍류적 낭만생활로 점철되어 있다. 그러나 1645년 그의 나이 48세 때 淸軍이 남하한 후 國破家亡의 비통함을 느꼈으며 이후의 생활은 매우 힘들었다. 이리하여 그는 자신의 조국인 明이 멸망하기 이전의 호화로왔던 생활을 懷古하고 그리워 하였으며, 이같이 꿈같은 자신의 인생을 대변하듯 "夢"이라는 글자를 첨가하여 小品文集인 ≪陶庵夢憶≫을 저술하였다. 張岱는 또한 그가 죽기 전에 스스로 자신의 墓地銘을 써서 그의 삶의 내력을 보여주고 있는데, 여기서는 그 중의 일부분을 살펴보도록 한다.

> 四川人 張岱는 陶庵이 그의 號이다. 젊어서는 부잣집 귀공자로서 극도로 번화함을 좋아하고, 멋진 집을 좋아하고, 예쁜 侍女를 좋아하고, 잘생긴 侍童을 좋아하고, 화려한 옷을 좋아하고, 맛있는 음식을 좋아하고, 駿馬를 좋아하고, 화려한 燈을 좋아하고, 멋진 불꽃을 좋아하고, 戱曲을 좋아하고, 音樂을 좋아하고, 骨董品을 좋아하고, 花鳥를 좋아했다. 또한 거기에다가 茶를 마시고 橘을 먹기를 매우 좋아했고, 책벌레처럼 책을 읽고 시를 짓는 데에 매료되어 반평생을 바쁘게 보냈는데, 모두 한바탕 꿈이 되었도다. 나이 五十이 되어 나라가 망하고 집안이 파산나자 山中에 도피하여 거주하게 되었다. 남은 것이라고는 부서진 침상과 탁자, 끊어진 솥과 완전하지 못한 거문고, 몇 권의 남은 책, 하나의 부서진 벼루뿐이다. 그리고 거친 무명옷을 입고 푸성귀만 먹으며, 자주 끼니를 거르기도 한다. 이에 二十年 前의 일을 回顧해 보니 정말로 隔世之感이 느껴지구나.[2]

---

2) 蜀人張岱, 陶菴其號也. 少爲紈絝子弟, 極愛繁華, 好精舍, 好美婢, 好孌童, 好鮮衣, 好美飾, 好駿馬, 好華燈, 好煙火, 好梨園, 好鼓吹, 好古董, 好花鳥, 兼以茶淫橘虐, 書蠹詩魔, 勞碌半生, 皆成夢幻, 年至五十, 國破家亡, 避跡山居. 所存者, 破床碎几, 折鼎病琴, 與殘書數帙, 缺硯一方而已. 布衣蔬食, 常至斷炊. 回首二十年前, 眞如隔世. ≪琅環文集≫, 卷五, 〈自爲墓地銘〉, 馬美信 編選, ≪晩明小品文精粹≫, 71쪽, 復旦大學出版社, 再引用.

張岱는 칠십 살 때 쓴 이 墓地銘에서 자신의 지나치게 호화로운 생활을 솔직히 기술하였는데, 이러한 생활방식은 晩明 문인 중에서 상당히 보편적인 典型性을 지닌 것으로, 晩明 문학의 중요한 특징으로 이야기된다.[3] 이렇듯이 張岱의 ≪陶庵夢憶≫은 明이 멸망한 후 淸初에 지어진 것으로, 記憶과 懺悔를 통해[4] 번화했던 명말 士大夫의 생활모습을 생생히 보여주고 있으며, 자신의 조국에 대한 우국충절의 심정이 그 중에 기탁되기도 하였다. 구체적으로 거기에는 그가 流浪한 江南의 山水, 技藝家와의 交遊, 繪畵, 雜技, 說書 등의 상황이 기록되어 있어, 晩明의 사회생활을 이해하는 데는 좋은 자료가 된다. 그런데 이러한 그의 ≪陶庵夢憶≫에는 당시 晩明의 戱曲活動을 묘사한 小品文이 상당부분 포함되어 있으니, 전체 123편의 小品文 중 대략 4분의 1 정도인 30여 편은 당시의 戱曲 活動과 연관된 小品文들이며, 이들 小品文 중에는 중국 戱曲學史에서 상당히 중요한 자료가 포함되어 있다. 이에 여기에서는 명말의 戱曲活動을 생생히 보여주는 이들 小品文들을 중심으로 당시 번성했던 이들 여러 종류의 戱曲活動의 의의와 성격 등을 조명하고, 이를 통하여 다시 중국고전극의 발달에 대해 작가의 창작이 아니라 俳優의 公演이라는 관점에서 전체적인 조감을 진행하기로 한다.

2. 張氏家班

明代의 戱曲 公演은 公演조직의 주체와 성격에 따라 크게 보아 士大夫 가정에서 자신들의 오락적 욕구를 만족시키기 위해 俳優들을 구입하

3) 전게서, 75쪽

4) 지난 일을 멀리 생각하여 기억나면 기록하여 가지고 부처님 앞에 가서 하나하나 참회하였다. (遙思往事, 憶卽書之, 持向佛前, 一一懺悔) ≪陶菴夢憶·西湖夢尋≫, 張岱著, 〈自序〉, 20쪽, 作家出版社, 1996,

여 조직한 士大夫 家庭戲班(약칭으로 士大夫家班), 民間의 職業技藝人들이 자신들의 생계를 도모하기 위하여 조직한 民間 職業戲班, 궁정에서 公演했던 宮庭演劇, 그리고 자신들의 빼어난 기예 솜씨를 바탕으로 戲曲公演에 개별적으로 참가했던 娼妓들에 의해서 이루어졌다. 그런데 이 중 宮庭演劇과 娼妓들의 戲曲公演은 아무래도 戲曲발전의 전체적인 관점에서 볼 때 큰 비중을 차지하지 않으므로 士大夫家班과 民間 職業戲班은 사실상 고전극의 戲曲公演을 담당한 두 가지 축이라 할 수 있다. 그리고 이들 士大夫家班과 民間 職業戲班은 각기 서로 대조되는 성격과 특징을 지니면서 중국 고전극의 公演을 담당하였는데, 張岱는 ≪陶庵夢憶≫에서 비교적 상세히 명말 士大夫家班과 民間 職業戲班의 모습을 보여주고 있다.

일반적으로 明代 中期 이후에는 社會生産力이 비교적 현저하게 발전하여 農業과 手工業이 발전하고 都市가 흥성하여, 江南과 東南沿海의 手工業 部門에서는 資本主義的 萌芽가 출현하는 등 社會經濟的으로 空前의 번영을 이룬 것으로 이야기된다. 그리고 이러한 사회경제의 변화는 필연적으로 사회의 각 방면에 영향을 끼쳤으며, 明代 嘉靖 以前과 嘉靖 以後 사회 각 방면의 상황은 현저하게 달라진다. 이러한 상황은 명말에 이르러서는 더욱 현저하였으며, 商品經濟의 발전과 都市의 번영은 官僚나 士大夫·地主·巨商 등의 貪慾과 奢侈享樂을 크게 자극하였다.[5] 이리하여 곧 명말 南京과 北京 및 江南地區의 官僚와 士大夫들은 대부분 崑劇을 애호했고, 또 경제력을 배경으로 자신들의 가정에 俳優들의 조직인 戲班을 두어 수시로 戲曲을 감상하였다. 일례로 유명한 戲曲작가인 沈璟·屠隆·阮大鋮 등은 모두 자신의 집에 家班을 두어 창작과 公演을 함께 겸할 수 있었다.

5) 이상은 胡忌 劉致中著, ≪崑劇發展史≫, 135쪽 참조. 中國戲劇出版社, 1989

자신이 직접 家班을 소유한 張岱는 ≪陶庵夢憶≫ 중 열 편의 小品文에서 張氏家班·汪汝謙家班·包涵所家班·祁止祥家班·阮大鋮家班·朱雲崍家班·劉暉吉家班 등 당시 여러 士大夫家班의 모습을 생생하게 묘사하고 있다. 그러면 먼저 자신의 家班에 대한 설명을 하고 있는 [張氏聲伎]를 살펴보자.

> 우리 집안의 聲伎들은 前代에는 없었는데, 祖父께서 萬曆年間에 范長白·鄒迪光·黃汝亨·包涵所 등 여러 선생님들과 이러한 道를 중시한 이후로(戱曲을 좋아함을 말한 듯) 마침내 처음으로 두게 되었다. 맨처음에는 '可餐班'을 두었는데, 張彩·王可餐·何閏·張福壽 등이 유명하였고, 다음에는 '武陵班'을 두었는데, 何韻士·傅吉甫·夏淸之 등이 유명하였으며, 그 다음에는 '梯仙班'을 두어 高眉生·李岕生·馬藍生이 유명하였다. 또 그 다음에는 '吳郡班'을 두어 王畹生·夏汝開·楊嘯生이 유명하였고, 다음에는 '蘇小小班'을 두어 馬小卿·潘小妃가 유명하였으며, 다음에는 平子茂苑班을 두어 李含香·顧岕竹·應楚煙·楊騄駬가 유명하였다. 이러는 사이 家班의 主人이 戱曲의 이치를 터득함이 날로 정밀해지자 俳優들의 기예 또한 公演할수록 더욱 빼어났다. 내 과거 오십년 동안 어린 俳優는 어려서 왔다가 늙어버렸고, 늙어버리자 다시 어린애를 썼는데, 어린애가 다시 늙어버렸으니, 무릇 다섯 번을 바꾸었다. 可餐班이나 武陵班의 俳優들은 모두 조부·부친·나 三代의 귀중한 것들인데 다시는 볼 수 없고, 梯仙班이나 吳郡班의 俳優들 중에는 살아있는 자들이 있으나 모두 허리가 구부러진 노인이 되었으며, 蘇小小班의 俳優들은 또한 대부분 죽었고, 茂苑班의 俳優들은 내 동생이 먼저 죽어서 여러 俳優들이 다시 그 主人을 바꾸었다. 나는 지금 老衰한 늙은이가 되었지만, 보물을 잘 식별하는 파란 눈의 페르시아 商人처럼, 아직도 그것의 아름다움과 추함을 구별할 수 있다.[6]

6) 我家聲伎,前代無之, 自大父于萬曆年間與范長白·鄒愚公·黃貞父·包涵所諸先生講究此道, 遂破天荒爲之. 有可餐班, 以張彩·王可餐·何閏·張福壽名; 次則武陵班, 以何韻士·傅吉甫·夏淸之名; 再次則梯仙班, 以高眉生·李岕生·馬藍生名; 再次則吳郡班, 以王畹生·夏汝開·楊嘯生名; 再次則蘇小小班, 以馬小卿·潘小妃名; 再次則平子茂苑班, 以

위에 의하면 張岱의 집안에 家班을 두기 시작한 것은 그의 祖父 때부터의 일이다. 그의 祖父는 萬曆年間에 당시의 문인들이었던 范長白·鄒迪光·黃汝亨·包涵所 등과 어울려 戲曲公演을 감상하기 좋아 하였으며, 이리하여 자신의 집안에서는 처음으로 家班을 두었다. 그리고 張岱의 祖父인 張汝霖은 戲曲을 좋아하여 적지 않은 극작가와 사귀었으며, 고향이 같은 극작가로서 유명한 〈四聲猿〉을 썼던 徐渭와도 상당한 교분이 있었던 것으로 전해진다. 또한 張岱의 祖父와 친했던 范長白·鄒迪光·黃汝亨 등 萬曆時期의 文士들은 湯顯祖와 교유가 깊었으며, 湯顯祖의 ≪玉茗堂集≫ 詩文 중에서는 자주 그들의 이름이 언급되고, 또한 그들에게 보내는 편지가 보인다.[7] 이런 점에서 볼 때 張岱의 祖父가 家班을 두기 시작한 시기는 바로 明代 中期 以後 대부분의 士大夫들이 곤곡을 좋아하여 자신들의 집에 家班을 두었던 시기와 일치하고 있으며, 이것은 당시 문학적·사회적 풍조의 영향이라고 생각된다.

한편 張岱에 의하면 자신의 祖父로부터 자신의 동생에 이르기까지 모두 여섯 가지의 家班을 두었다. 그리고 이러한 家班은 집안에서 대대로 이어져 왔는데, 이러한 점은 明代 士大夫家班의 특징 중의 하나로서, 유명한 何良俊家班과 沈璟家班 및 祁彪佳家班·張岱家班은 대표적인 것들이다.[8] 그런데 이렇게 대대로 전해져 오는 士大夫家班의 특색은 전체적인 戲曲演唱과 表演藝術의 발전이라는 관점에서 볼 때 긍정적인 면을 지녔다. 곧 士大夫家班의 公演藝術의 수준은 자체적으로 볼 때 家班 主

李含香·顧岕竹·應楚煙·楊騄駬名. 主人解事日精一日, 而傒童技藝亦愈出愈奇. 余歷年半百, 小傒自小而老, 老而復小, 小而復老者, 凡五易之. 無論可餐武陵諸人, 如三代法物, 不可復見; 梯仙吳郡間有存者, 皆爲佝僂老人; 而蘇小小班亦强半化爲異物矣; 茂苑班則吾弟先去, 而諸人再易其主. 余則婆娑一老, 以碧眼波斯, 尙能別其妍醜. 注4冊, 90쪽

7) 曾永義 主編, ≪中國古典文學論文精選叢刊≫, 537쪽, 臺灣幼獅文化事業公司印行, 1981

8) 趙山林著, ≪中國戲曲觀衆學≫, 65쪽, 華東師範大學出版社, 1990

人의 藝術 수준에 의해 좌우되었는데, 家班이 한 집안에서 대대로 전해짐에 따라서 어려서부터 집안의 戲曲藝術을 접할 수밖에 없었던 家班主人의 感賞水準과 演出水準이 자연스럽게 끊임없이 높아졌고, 이에 따라 家班俳優들의 演技水準도 끊임없이 높아지는 결과를 가져왔던 것이다. 이러한 점은 張氏家班이 가장 전형적인 것으로, 明이 멸망하여 張岱의 家班이 모두 흩어지고 張岱 자신의 몸이 비록 老衰해졌지만, 張岱는 푸른 눈의 페르시아인이 보물이나 골동품을 많이 취급하여 그것의 眞僞를 잘 구별하는 識別力이 매우 강한 눈(波斯眼)을 가진 것처럼, 오히려 자신이 劇壇에서 戲曲公演의 수준을 평가할 수 있는 사람이라고 자부하였다.

한편 위의 인용문에서 張岱는 자기 집안의 여섯 가지 家班에 속했던 대표적인 俳優들의 이름을 몇 명씩 회고하여 적고 있는데, 이것은 일정한 의미를 지니는 것으로 생각된다. 곧, 당시 士大夫家班의 俳優들은 주로 蘇州에서 家班의 主人에게 값싸게 팔려온 이들로, 사실상 사회 경제적인 면에서 볼 때 賤民이나 진배없었다. 그들은 고된 훈련을 받으며 자신들의 主人을 위하여 수준높은 技藝로써 봉사하였지만, 대부분은 藝術性을 인정받지 못하고, 이름은 물론 姓도 제대로 남기지 못하는 비참한 생활을 영위하였던 것이다. 그런데 張岱는 여기에서 대부분 實名이라 여겨지는 이들 19명 俳優들의 이름을 적고 있고, 또한 可餐班과 武陵班의 俳優들에 대하여는 "三代法物"(祖父·父親·自身의 三代에 걸쳐 사용된 좋은 물건)같다고 말하는 등, 자신의 家班俳優에 대한 애정을 지닌 표현을 사용하였는데, 이것은 말년의 張岱가 回顧와 懺悔의 사고를 통하여 미천한 俳優들에 대해 동정과 애정을 지니고 있음을 보여 주는 일단이라고 여겨진다. 이러한 점은 특히 吳郡班의 俳優였던 夏汝開가 죽자 그가 친히 〈祭義伶文〉을 지어 그녀의 죽음을 서글퍼한 데서 잘 나타난다. 그는 〈祭義伶文〉에서 蘇州 出身으로 丑角의 연기를 잘하고 義氣를 중시하던 夏汝開를 생전에 자신이 도와주었던 것은 완전히 藝人에 대한 관심과 戲曲

藝術에 대한 존중에서 나온 것이지, 결코 다른 士大夫들처럼 俳優를 가지고 놀거나 무시하는 생각을 지니지 않았음을 보여준다. 더욱이 그는 일개 俳優인 夏汝開의 죽음을 당시 浙江地方의 '名公巨卿'(名望있는 선비와 大官)과 비교하면서, 민중의 입장에 서서 민중들 마음 중에는 戲曲俳優인 夏汝開의 지위가 '名公巨卿'보다 훨씬 높다고 지적하였는데, 이러한 점은 확실히 戲曲俳優에 대한 그의 시각을 잘 보여 주는 것이다.[9] 또한 그가 거명한 俳優들 중에는 수준높은 연기로 유명한 俳優들이 포함되어 있는데, 일례로 夏汝開의 技藝에 대해 張岱는 "네가 생전에 扮裝을 하고 舞臺에 올라가 익살을 피우면 보는 이들은 배꼽이 빠지도록 웃고, 듣는 이들은 입속에 있는 밥을 품어냈으며, 夏汝開의 演技가 神妙하다고 稱讚하지 않은 이가 없어서, 호화로운 잔치자리에서 네가 없으면 재미있다고 여기지 않았다."고[10] 칭찬하였고, 蘇小小班의 馬小卿에 대해서는 "해학적인 동작과 말 및 唱曲과 念白의 神妙함이 근육과 골수까지 들어온다"고[11] 馬小卿의 演技를 높이 평가하였다. 이런 점에서 볼 때 張氏家班의 俳優의 수준은 상당히 높았음을 알 수 있다.

明代 士大夫家班은 그 公演장소에 있어서 대부분 家班主人 사저의 대청을 위주로 한다. 그리고 公演장소가 대부분 家班主人의 집에 한정되기 때문에 자연스럽게 관중 또한 제한되어 家班의 식구나 손님 등 소수인 경우가 대부분이다. 그러나 몇몇 士大夫家班은 상호 간의 교류公演이나 사회에서의 공개 公演을 통하여 더욱 폭넓은 관중으로부터 평가를 받을 수 있었으며, 이것은 한 家班의 公演藝術의 수준을 제고시키는데 도움이 되었다. 張岱는 이러한 면에서 다양한 관중을 접하고자 하였으며, 자신의

---

9) 注2冊, 518쪽

10) 汝生前傅粉登場, 弩眼張舌, 喜笑打諢, 觀者絶倒, 聽者噴飯, 無不交口贊夏汝開妙者, 綺席華筵, 至不得不以爲樂. 注2冊, 516

11) "科諢曲白, 妙入筋髓"≪陶菴夢憶≫, [嚴助廟], 83쪽, 作家出版社, 1996

家班을 데리고 다른 곳에 가 公演하기를 좋아했다. 다음은 그가 어느 날 밤 金山寺에서 公演한 상황을 묘사한 金山夜戲이다.

> 崇禎2年(1629) 仲秋節 다음날 나는 鎭江을 경유하여 兗州로 향하였다. 해가 질 무렵 北固에 이르자 배를 강입구에 정박하였다. 달빛은 자루 속의 돈을 쏟아내듯 물속에 들어갔고, 강의 파도는 달빛을 삼켰다 토했다 했으며, 이슬을 먹은 공기는 달빛을 빨아들여 하얗게 하늘에 품어냈다. 나는 매우 놀라며 기뻐했다. 배를 옮겨 金山寺에 가니 이미 二更이 되었다. 龍王堂을 지나 正殿에 들어가니 모두 칠흑같고 조용했다. 숲 밑에서는 달빛이 새나왔는데, 드문드문한 모습이 마치 殘雪 같았다. 나는 어린 俳優들을 불러 演劇도구를 가져오도록 하고, 正殿에 등불을 성대히 켜고는 〈韓蘄王金山及長江大戰〉의 戱曲을 演唱하도록 하였다. 징과 북이 시끌벅적하자 절 안의 모든 사람들이 일어나 보았다. 老僧이 계셨는데, 손등으로 눈병에 걸린 눈을 비비고는 크게 입을 여니 하품과 재채기가 함께 나왔다. 그는 서서히 주시하더니 우리를 어떤 사람들이라고 생각하고는, 무슨 일로 어느 때 도착했는지는 모두 물으려고 하지 않았다. 演劇이 끝나 동이 트려고 하자 우리는 밧줄을 풀고 강을 건넜다. 산스님은 산기슭까지 와서는 눈으로 우리를 한참동안 보내주면서, 우리가 사람인지 괴물인지 귀신인지 알지 못하였다.[12]

張岱는 당시 魯王府의 長史였던 아버지를 찾아뵈러 兗州로 가는 도중에 우연히 이곳 金山寺를 지나게 되었다. 그는 仲秋節 다음날 鎭江의 아름다운 달빛에 매료된 나머지 鎭江의 서북쪽에 있는 金山寺로 향하였다. 그러나 벌써 밤이 깊어 二更이 되었는데, 張岱는 뜻밖에 어린 俳優들을

---

12) 崇禎二年中秋後一日, 余道鎭江往兗. 日晡, 至北固, 艤舟江口. 月光倒囊入水, 江濤呑吐, 露氣吸之, 噀天爲白. 余大驚喜. 移舟過金山寺, 已二鼓矣. 經龍王堂, 入大殿, 皆漆靜. 林下漏月光, 疏疏如殘雪. 余呼小傒携戱具, 盛張燈火大殿中, 唱韓蘄王金山及長江大戰諸劇. 鑼鼓喧闐, 一寺人皆起看. 有老僧以手背搬眼翳, 翕然張口, 呵欠與笑嚔俱至. 徐定睛, 視爲何許人, 以何事何時至, 皆不敢問. 劇完, 將曙, 解纜過江. 山僧至山脚, 目送久之, 不知是人是怪是鬼. 전게서, 29쪽

불러 등불을 성대히 밝히고 演劇을 公演하도록 하였다. 한밤중에 부처를 모시는 사원의 本堂인 正殿에서 그는 鎭江과 연관이 있는 〈韓蘄王金山及長江大戰〉을 자신의 家班俳優들로 하여금 演唱토록 하였던 것이다. 張岱는 여기에서 劇本의 이름을 똑똑히 밝히지 않았으나, 明代의 전기 중 韓世忠과 梁紅玉 夫婦의 일을 題材로 한 것으로는 〈雙烈記〉가[13] 있으며, 金山長江大戰이 그 중의 중요한 부분이다.[14] 그런데 公演한 작품은 전쟁을 다룬 武劇이라 징과 북의 시끄러운 타악기 소리가 조용하던 사찰 안에 퍼지자, 절 안의 모든 사람들이 觀衆이 되어 그들의 公演을 관람하였다. 특히 金山寺의 老僧은 졸리어 하품을 하면서도 동틀 무렵에야 끝난 그들의 公演을 끝까지 보고는 그들을 산기슭까지 전송해 주었다. 張岱는 여기에서 金山寺에서의 뜻밖의 公演이 매우 성공적이었다는 점을 은근히 자랑하는 듯하다.

한편 張岱가 金山寺에서 崇禎2年 公演한 〈韓蘄王金山及長江大戰〉은 戲曲 公演양식 중 중요한 지위를 차지하고 있는 折子戲의 본격적인 성행시기와 관련하여 하나의 證據로써 언급되기도 한다. 사실 중국 戲曲舞臺에 있어서 빼어난 성취를 이룬 절자희라는 公演樣式은 주로 士大夫 家庭戲班에서 이루어졌다. 明代 중기 이후 崑曲이 성행할 때 家班主人들의 붉은 융단 위에서 주로 公演된 崑曲은 折子戲였다. 明代 士大夫 家庭戲班이 公演한 崑曲은 주로 南戲와 傳奇로써 일반적으로 몇 십 齣씩 된다. 家庭戲班은 이러한 南戲나 傳奇의 全本을 公演한 경우는 매우 드물었으며 일반적으로 劇情이나 演唱 등의 방면에서 선명한 藝術특색을 지닌 몇 齣을 정선하여 公演하였다. 물론 이것은 여러 가지 원인과 연관이 되었다. 바로 財力이나 俳優의 人力·公演時間 및 家班主人들의 수준높은 감

13) ≪宋史≫ 本傳을 敷衍한 것으로 韓世忠과 梁紅玉 夫婦의 功烈을 그리고 있음. 莊一拂 編著, ≪古典戲曲存目彙考≫, 836쪽, 上海古籍出版社, 1982

14) 王安祈著, ≪明代戲曲五論≫, 4쪽, 臺灣大安出版社, 1990

상요구에 부응하기 위해서는 折子戱의 公演이 가장 적절하였다.[15] 그런데 折子戱이라는 公演樣式이 언제부터 본격적으로 성행되었는가에 대해서는 異見이 존재하는데,[16] 王安祈는 위 인용문의 〈韓蘄王金山及長江大戰〉 등을 언급하며, 이미 明末인 天啓·崇禎年間에 折子戱가 성행하였다는 증거로 삼았다.[17]

張岱는 明代의 士大夫 家班主人 중 자신의 俳優들을 가르치는 데에 있어서 엄격하기로 유명하였다. 뿐만 아니라 그는 자신의 俳優들이 公演한 演劇을 관람한 관중들이 보인 반응을 가장 신속하게 처리한 것으로도 매우 유명하다. 다음의 〈氷山記〉라는 小品文은 그의 이러한 점들을 보여주는 대표적인 것이다.

> 魏忠賢 宦官의 腐敗를 제재로 好事家들이 지은 傳奇는 십여 本이나[18] 대부분 사실에서 벗어나 내가 고치고는 여전히 〈氷山記〉라 불렀다. 城隍廟에서 舞臺에 올렸는데 관중이 수 만 명으로 舞臺에 즐비하여 대문 밖까지 빽빽하게 찼다. 한 사람이 등장하여 念白으로 "저는 楊漣입니다"라고 말하자, 관중들이[19] 계속 "楊漣! 楊漣!"이라고 소리쳤으며, 그 소리가 밖으로 퍼지는 것이 마치 밀물이 몰려드는 것 같았으며, 사람들이 모두 그 소리를 따랐다. ……또 顔佩韋가 校尉를 때려죽이는 장면에 이르자 고함치면서 발로 땅을 뛰고 찼는데, 그 힘찬 소리의 기세는 집을 무너뜨리는 듯하였다. ……그 해 가을 俳優들을 데리고 兗州에 가 아버님을 위하여 祝壽하였다. 하루는 守道 벼슬의[20] 劉半舫을 위해 잔치를

15) 注5冊, 206-207참조

16) 일례로 陸萼庭은 ≪崑劇演出史稿≫ 180쪽에서 淸初인 康熙에서 乾隆·嘉慶 年間에 본격적으로 유행하였다고 보았다. 上海文藝出版社, 1980

17) 注14책, 3쪽

18) 注8冊, 282쪽. 〈萬民安〉, 〈淸忠譜〉, 〈回天記〉 등 20여 種이 있다.

19) 원문에는 두 글자가 확인되지 않고 있는데, 문맥상 관중이나 관중의 반응을 나타내는 말일 듯함.

20) 明·淸代 地方의 民情을 視察하던 官吏

> 베풀었는데, 그는 "이 演劇이 이미 열 중에 여덟이나 아홉을 얻었지만, 애석하게도 內操와 菊宴 및 靈犀와 囊收를 핍박하는 몇 故事를 다루지 못하고 있다."라고 말했다. 나는 그 말을 듣고 그날 밤 잔치가 끝나자 曲을 지어 어린 俳優들에게 똑똑히 기억하도록 독촉하였다. 다음날 그의 官衙에 가서 公演을 할 때는 이미 일곱 齣을 더 집어넣어 劉半舫의 말대로 하였다. 그러자 劉半舫은 깜짝 놀래며 내가 지은 것을 알고는, 마침내 아버님을 찾아가 뵈고 나와도 교분을 맺었다.[21]

〈氷山記〉는 명말의 宦官인 魏忠賢 閹黨 故事를 제재로 한 것으로 본시 陳開泰가 지은 것인데, 역사적 사실에서 벗어난 것이 많으므로 張岱가 이를 底本으로 고쳐 여전히 〈氷山記〉라고 부른 것이 아닌가 여겨진다.[22] 張岱는 여기에서 魏忠賢 閹黨과 투쟁하는 東林黨人들의 鬪爭을 反映하는 時事劇이 明末 公演되던 상황을 기록하고 있다. 그는 蘇興과 兗州에서 이 작품을 公演했던 상황을 각기 보여주고 있는데, 소흥에서는 단지 한번 城隍廟에서 公演하였으나 수만 명의 관중이 밀집하여 대문 밖까지 가득하였다. 이러한 점은 張氏家班의 公演이 당시 수많은 관중으로부터 호응을 받았음을 말해주고 있으며, 또한 그의 家班의 公演이 일반적인 경우와는 달리 士大夫 私邸에서 벗어나 많은 관중을 상대로 하는 城隍廟에서 이루어지는 등, 群衆性과 廣場性을 위주로 하는 民間 職業戱班의 모습도 함께 지니고 있음을 보여준다. 이러하기 때문에 극의 公演 도중 한 俳優가 사악한 魏忠賢과 투쟁하다 죽음을 당한 楊漣으로 등장

21) 魏璫敗, 好事者作傳奇十數本, 多失實, 余爲刪改之, 仍名〈氷山〉. 城隍廟揚臺, 觀者數萬人, 臺址鱗比, 擠至大門外. 一人上, 白曰: "某楊漣." ㅁㅁ譁嚓曰: "楊漣! 楊漣!" 聲達外, 如潮湧, 人人皆如之. ……至顔佩韋擊殺緹騎, 嘄呼跳蹴, 洶洶崩屋. ……是秋, 携之至兗, 爲大人壽. 一日, 宴守道劉半舫, 半舫曰: 此劇已十得八九, 惜不及內操菊宴及逼靈犀與囊收數事耳." 余聞之, 是夜席散, 余填詞, 督小傒强記之. 次日, 至道署搬演, 已增入七齣, 如半舫言. 半舫大駭異, 知余所構, 遂詣大人, 與余定交. 注4冊, 150쪽

22) 莊一拂 編著, ≪古典戱曲存目彙考≫, 986쪽, 上海古籍出版社, 1982

하자 舞臺는 온통 고함소리로 가득하게 되었다. 특히 魏忠賢이 周順昌을 잡아오라고 파견한 校尉를 劇中 다섯 명의 蘇州 英雄市民의 대표라 할 수 있는 顔佩韋가 때려서 죽이는 장면은, 바로 극 중의 클라이맥스로 관중의 반응이 가장 강렬하였으며, 그들의 고함소리는 매우 세차서 집을 부술 정도였다고 묘사하고 있다. 이에 비한다면 兗州에서의 公演은 士大夫家班의 일반적인 모습이다. 張岱는 아버님의 祝壽를 위해 자신의 家班俳優들을 대동하고 아버님이 계셨던 兗州에 도착해서는 어느 날 그 곳의 관리인 劉半舫을 위하여 잔치를 베풀며 〈氷山記〉를 公演하였다. 그런데 劉半舫은 劇을 본 후 張岱의 〈氷山記〉가 마땅히 다루어야 할 몇 가지 故事를 빠뜨리고 있음을 지적하였다. 이 때 張岱의 철저함은 드러났다. 그는 잔치가 끝난 그날 저녁 일곱 齣을 새로 써넣었고, 俳優들로 하여금 철저히 기억하도록 독촉하였다. 그리하여 그 다음날 劉半舫의 官衙에서 公演하였을 때에는 완전히 劉半舫이 지적한대로 일곱 齣을 추가하여 公演함으로써 그를 깜짝 놀라게 만들었다. 여기에서 우리는 張岱가 하루 저녁에 일곱 齣을 새로 써넣은 것에서 알 수 있듯이, 戱曲 감상자로서 뿐만 아니라 戱曲 창작자로서도 빼어난 능력을 지니고 있고, 또 그가 관중의 반응을 얼마나 중시하고 있는가를 알 수 있다.

張氏家班의 公演은 이상과 같이 張岱가 각기 다른 다양한 장소(金山寺에서의 正殿·蘇州에서의 城隍廟·兗州에서의 官衙)를 선택하였듯이, 張岱의 아버지인 張耀芳은 더욱 특이하게 大形樓船을 만들어 水臺에서 演劇을 公演하였다. 다음의 樓船은 이러한 점을 잘 보여준다.

> 집안의 아버님은 樓臺를 만들면 배로 사용하고 배를 만들면 樓臺로 사용했다. 그러므로 마을 사람들은 船樓라고 말하기도 하고 樓船이라고 말하는 등, 뒤집어 말하기를 끊임없이 하였다. 이날은 落成式이 이루어지는데, 7월 15일로 祖父 이하 남녀노소가 다 모였다. 뗏목 여러 겹으로써 舞臺를 만들어 演劇을 公演하는데, 도시와 시골에서 보러 오는 사

> 람이 크고 작은 천여 척의 배로 모였다. 오후에는 태풍이 불어 큰 파도가 부딪쳤고 큰비가 쏟아지듯 하여 樓船이 위태로워 바람이 몇 차례 뒤집어버릴 듯 하였으나, 뗏목을 널빤지처럼 깔고 새끼밧줄 수천 가닥으로 실을 짜듯이 얽어매니 바람도 흔들지 못했다. 조금 지나 바람이 멎자 演劇을 끝내고 흩어졌다.[23]

張岱의 아버지 張耀芳은 여러 차례 과거에 떨어지자 俳優들을 가르치고 戲曲을 감상하는 것을 즐거운 일로 삼았으며,[24] 演劇을 公演하기 위하여 특별히 樓船을 제조하였다. 張岱의 기억에 의하면 그의 부친은 大形樓船을 만들어 7월 15일 落成式을 거행하였으며, 뗏목 여러 겹으로써 舞臺를 만들어 演劇을 公演하자, 도시와 농촌에서 천여 척의 배를 타고 관람하러 왔다. 여기에서 우리는 張岱의 부친이 만든 樓船이 태풍에도 견딜 수 있을 정도로 단단한 舞臺를 지녔고, 규모 또한 상당히 큰 것으로 상당히 호화스러운 것이었다고 추정할 수 있는데, 이것은 당시 부유한 강남의 많은 士大夫들이 호화스러운 樓船을 소유하고 있던 일반적인 사실의 일면을 보여준다. 또한 張氏家班 俳優들의 演劇을 관람하러 온 사람이 도시와 농촌에서 천여 척의 배를 타고 왔었다는 張岱의 말을 사실대로 믿는다면, 당시의 관중은 최소한 수천 명이 된다. 이러한 점은 일반적으로 士大夫 사저의 대청에서의 公演이든 아니면 선박 위에서의 公演이든 관중이 소수인 점을 상기한다면, 張氏家班의 公演이 다른 士大夫家班과는 달리[25] 종종 많은 민중들을 상대로 公演한 적지 않은 경우라고 하겠다.

---

23) 家大人造樓, 船之: 造船, 樓之. 故里中人謂船樓, 謂樓船, 顚倒之不置. 是日落成, 爲七月十午, 自大父以下, 男女老稚靡不集焉. 以木排數重搭臺演戲, 城中村落來觀者, 大小千餘艘. 午後颶風起, 巨浪磅礴, 大雨如注, 樓船孤危, 風逼之幾覆, 以木排爲戙索纜數千條, 網網如織, 風不能撼. 少頃風定, 完劇而散. 注4冊, 156쪽

24) 注8冊, 156쪽

25) 일례로 錢岱家班과 沈君張家班의 主人들은 일반적으로 자신들만 감상하지 親友나 賓客이 감상하지 못하도록 하며, 阮大鋮家班과 包涵所家班은 主人이 親友나 賓客과 함

이상에서 우리는 ≪陶庵夢憶≫ 중에 보인 張氏家班의 성격과 모습을 대략 다음과 같이 말할 수 있겠다. 張氏家班은 먼저 士大夫家班의 성격을 대변하여 祖父로부터 父親을 거쳐 자신에게 전해져 왔으며, 이러한 점은 士大夫家班의 公演藝術의 수준과 감상수준을 높이는데 일정한 기여를 하였다. 또한 張氏家班은 公演場所에 있어서도 상당히 다양하여 大形船舶과 寺刹의 正殿·城隍廟 및 官衙에서 公演하는 등 民間 職業戱班의 특색인 廣場性도 지니고 있으며, 觀衆에 있어서도 소수 士大夫의 娛樂만을 위한 다른 士大夫家班과는 달리 도시와 농촌의 많은 군중을 상대로 하는 등 民間 職業戱班의 群衆性도 아울러 지니고 있다. 이러한 점에서 볼 때 張氏家班은 비록 제한적인 몇 가지 경우에서지만 士大夫家班과 民間 職業戱班의 성격을 함께 지니는 것으로 이해할 수 있겠다.

3. 그 밖의 士大夫家班

張岱의 ≪陶庵夢憶≫ 중에는 자신의 張氏家班에 대한 기술 외에도 여러 士大夫家班에 대한 그의 회고를 담고 있으며, 이것들은 明代 士大夫家班의 성격과 모습을 이해하는 데 중요한 자료이다. 먼저 汪汝謙이 만든 樓船으로 매우 유명했던 不系園에서 이루어졌던 당시의 戱曲活動을 살펴보자.

> 甲戌年(1634)년 十月 나(張岱)는 朱楚生을 데리고 不系園에 머물며 丹楓을 구경하였다. 定香橋에 이르자 손님 중에 약속하지 않았는데 온 사람이 여덟 명이 있었다: 南京의 曾波臣, 東陽의 趙純卿, 金壇의 彭天錫, 諸暨의 陳章侯, 杭州의 楊與民·陸九·羅三, 그리고 女俳優 陳素芝

께 감상한다. 그러나 이 또 한 觀衆은 少數에 불과하다. 注5冊, 213쪽.

이다. 나는 남아서 술을 마셨다. 陳章侯는 흰 비단을 가지고서 趙純卿을 위하여 古佛을 그려주고, 曾波臣은 趙純卿을 위하여 肖像畵를 그리며, 楊與民은 三弦琴을 타고, 羅三은 曲을 노래하며, 陸九는 퉁소를 불었다. 楊與民은 또 한 치 정도의 자줏빛 향나무로 만든 직선자를 꺼내어 작은 오동나무에 의지하면서, 北調를 사용하여 ≪金瓶梅≫ 한 劇을 말하였는데, 사람들로 하여금 抱腹絶倒하게 만들었다. 그날 밤 彭天錫은 羅三·楊與民과 함께 崑腔劇을 公演했는데 절묘했으며, 또 朱楚生·陳素芝와 함께 調腔劇을[26] 公演했는데 역시 절묘했다.[27]

不系園은 본시 士大夫家班의 主人인 汪汝謙이 만든 樓船으로, 그 이름에서 알 수 있듯이 한 곳에 메여있지 않고 움직일 수 있는 庭園이란 뜻이며, 당시 江南에서 유명했던 樓船 중 대표적인 것이다. 汪汝謙家班의 女樂들은 이곳 不系園에서 종종 밤을 새워 새벽까지 演劇을 公演한 것으로 알려진다.[28] 張岱는 여기에서 1634년 문인인 자신이 여러 俳優 및 문인들과 어울리면서 보았던 戲曲活動을 기술하고 있다. 그는 여기에서 여러 명을 거명하고 있으나 우리의 주목을 끄는 사람은 朱楚生과 彭天錫 및 楊與民이다. 朱楚生은 明末 淸初의 調腔劇 女俳優로 주로 紹興에서 演唱하였으며, 音律에 정통한 姚益城의 지도를 받아 動作과 吐字發音이 매우 정확하고 치밀하여 崑曲의 老藝人보다도 뛰어난 것으로 張岱에 의해 높이 평가되었다.[29] 이들 중 戲曲史에서 가장 유명한 사람은 아무래

26) 戲曲劇種으로 明末 浙江의 紹興과 杭州 一帶에서 流行하였다. 타악기 반주를 사용하며 부분의 劇目에 따라서는 崑腔이나 四平腔을 사용하여 演唱한다. 上海藝術硏究所編, ≪中國戲曲曲藝詞典≫, 193쪽, 上海辭書出版社, 1985.

27) 甲戌十月, 携楚生住不系園看紅葉. 至定香橋, 客不期而至者八人: 南京曾波臣, 東陽趙純卿, 金壇彭天錫, 諸暨陳章侯, 杭州楊與民·陸九·羅三, 女伶陳素芝. 余留飲. 章侯携縑素爲純卿畵古佛, 波臣爲純卿寫照, 楊與民彈三弦子, 羅三唱曲, 陸九吹簫. 與民復出寸許紫檀界尺, 據小梧, 用北調說〈金瓶梅〉一劇, 使人絶倒. 是夜, 彭天錫與羅三·與民串本腔戲, 妙絶: 與楚生·素芝串調腔戲, 又復妙絶. 注4冊, 75쪽.

28) 注5冊, ≪崑劇發展史≫, 212쪽.

도 彭天錫이다. 그는 明代 末葉 文人신분의 비직업적 俳優인 소위 串客으로서 본래 부자집 자제였는데, 戲曲藝術을 매우 좋아하였으며, 한 齣의 劇을 배우기 위하여 數十金을 사용하는 것도 아끼지 않았다. 이리하여 그는 다른 俳優와는 달리 여러 腔調의 演劇을 公演할 수 있었으니, 張岱는 위의 인용문에서 彭天錫이 羅三·楊與民과 公演한 崑腔劇에서뿐만 아니라, 朱楚生·陳素芝와 함께 公演한 調腔劇에서도 絶妙한 技藝를 보여준 것을 지적하고 있다. 또한 張岱는 당시의 저명한 彈唱家 兼 串客인 楊與民이 公演한 〈金瓶梅〉劇의 높은 기예 수준을 찬탄하고 있는데, 楊與民이 北調의 음악을 사용한 것으로 보아 당시의 士大夫들이 南曲 뿐만 아니라 北曲도 종종 감상하였음을 알 수 있겠다.

≪陶庵夢憶≫ 중에는 당시 士大夫家班의 主人이 대형 樓船을 제조하여 그 위에서 演劇을 公演한 것을 기술한 것이 세 가지 보이는데, 張氏家班과 汪汝謙家班 외에 또 包涵所家班이 있다. 그러나 包涵所家班은 家班의 모습에 있어서 앞의 두 가지와 일정한 차이를 보이고 있는데, 다음을 살펴보자.

> 西湖의 배에 樓臺를 두게 된 것은 사실 副使인 包涵所가 시작했다. 크고 작은 세 척의 배를 두고서, 제일 큰 배에는 노래가 나오는 잔치자리를 설치하여 노래하는 가동을 놔두고, 중간 것에는 書畵를 실으며, 제일 작은 것에는 侍女들을 갖춘다. 包涵所 노인은 聲妓들을 侍妾이 아닌 것으로 간주하니, 晉代의 石崇과 宋代의 宋祁의 家法을 모방하여 모두 그들로 하여금 손님을 맞이하게 한다. 그는 항상 멋지게 단장하고 말을 타며, 몸을 굽히고 느릿느릿 버드나무를 지나는 것을 즐겁고 유쾌한 일로 여긴다. 聲妓들은 멋진 난간과 아름다운 무늬가 조각된 창문 아래에서 길게 뽑아 노래하며, 피리를 불고 箏을 타는데, 그 소리는 꾀꼬리가 내는 것 같다. 손님이 오면 歌童은 演劇을 公演하고, 그 춤과 음악은 모두 빼

29) 注4冊, ≪陶庵夢憶≫, 111쪽 [朱楚生] 참조.

어나지 않은 것이 없다. 또 흥이 나 한번 떠나면 반드시 10일은 머무르니, 演劇을 보는 자들은 따라다니며 어디서 멈추는지를 묻는다. (그의) 남쪽 정원은 雷峰塔[30] 아래에 있고, 북쪽 정원은 飛來峰[31] 아래에 있다. ……奢侈를 다하고 하고 싶은 바를 다하면서 西湖에서 늙은 지가 20년이 되었다.[32]

張岱에 의하면 明代의 많은 강남의 士大夫家班들이 배에 樓臺를 설치하여 演劇을 公演한 것은 包涵所가 처음 시작하였다. 包涵所는 그의 家樂을 湖水의 배로 옮겨 손님이 없으면 스스로 自娛하고, 손님이 오면 배 위에서 잔치를 베풀었으며, 흥이 날 때는 배를 멀리 운행하여 10일 동안 손님과 함께 유람하였는데, 이것은 演劇을 교제의 도구로 사용한 경우이다. 일반적으로 士大夫家班은 자신들의 향락 욕구를 충족시키기 위한 自娛의 기능뿐만 아니라, 交際를 위한 기능을 대부분 지니는데, 包涵所家班은 이러한 士大夫家班의 모습을 뚜렷히 보여주는 것이라고 하겠다. 그런데 包涵所家班은 張岱의 표현대로라면 극도로 사치스러운("窮奢極欲") 모습으로 20년 동안 西湖에서 유지되었는데, 이것은 또한 명말 士大夫家班의 병폐를 보여주는 것이라고 생각된다.

明代의 士大夫家班은 일반적으로 家班의 主人이 戲曲活動을 감상하기 좋아하여 설치한 것들이다. 그러나 이것에도 차이가 있는 것같다. 張岱는 그의 친척이며 또한 ≪遠山堂曲品≫과 ≪遠山堂劇品≫으로 유명한 祁彪佳의 兄인 祁豸佳가 戲曲活動 감상하기를 너무 좋아하여 마치 中毒되어

30) 西湖에 있는 南山의 남쪽에 있는 塔

31) 杭州市 靈隱山 東南에 있는 봉우리.

32) 西湖之船有樓, 實包副使涵所創爲之. 大小三號: 頭號置歌筵, 儲歌童; 次載書畫; 再次侍美人. 涵老以聲伎非侍妾比, 倣石季倫·宋子京家法, 都令見客. 常靚妝走馬, 媻姍勃窣, 穿柳過之, 以爲笑樂. 明檻綺疏, 曼謳其下, 擫籥彈箏, 聲如鶯試. 客至, 則歌童演劇, 隊舞鼓吹, 無不絶倫. 乘興一出, 住必浹旬, 觀者相逐, 問其所止. 南園在雷峰塔下, 北園在飛來峰下.……窮奢極欲, 老于西湖者二十年. 注4冊, ≪陶庵夢憶≫, 70쪽

있는 모습을 〈祁豸祥癖〉이란 小品文을 통해 다음과 같이 보여주고 있다.

사람이 癖이 없으면 그와 사귀어서는 안되니, 그것은 그가 깊은 情이 없기 때문이며, 사람이 흠이 없으면 그와 사귀어서는 안되니, 그것은 그가 진실한 기세가 없기 때문이다. 그런데 나의 친구 祁豸佳은 書畵癖이 있고, 蹴踘癖이 있고, 鼓鈸癖이[33] 있고, 鬼神 脚色이 등장하는 演劇을 좋아하는 癖이 있으며, 戱曲癖이 있다. 壬午年(1642년) 내가 南京에 갔을 때, 그가 나에게 阿寶란 俳優를 보여주자, 나는 "이것은 서쪽 나라의 迦陵鳥인데[34] 어디서 구했는가?"라고 말했다. 阿寶는 요염하기가 仙女 같았지만 천진난만하고 무뢰하였으며, 일부러 가시있는 대나무이듯 하여 남에게 접근하려 하지 않는다. 그녀는 마치 橄欖을 먹을 때, 처음 삼킬 때는 떫고 맛이 없지만, 조금 있으면 떫은맛이 단맛으로 변하여 운치가 있는 것과 같았고, 담배를 피울 때 처음에는 연기가 목구멍에 걸려 어쩔 수 없지만, 나중에는 부드럽게 술에 취하는 것과 같았다. 또 그녀는 처음에는 미운 듯 하다가 조금 지나면 곧 생각났다. 그녀의 主人인 祁豸佳은 音律에 精通하며, 못을 물고 철을 씹듯이 굳센 의지로써 한 글자를 백 번 연마하여 입에서 입으로 친히 俳優에게 전수하니, 그 家班의 阿寶 등의 俳優들은 모두 曲의 취지를 알 수 있었다. 乙酉年(1645) 南京이 淸軍에게 함락당하자 祁豸佳는 급히 고향으로 돌아가던 도중 土匪를 만나 칼끝이 목까지 다가와 목숨을 잃을 뻔 했으나, 이때 阿寶는 역시 보물이었다. 또 丙戌年(1646) 軍務를 감독하는 사람이 台州에 주둔하고 亂民이 노략질을 자행하여, 祁豸佳는 상자의 모든 물건을 뺏기었는데, 阿寶는 길을 따르며 曲을 노래함으로써 主人인 祁豸佳를 먹여살렸다. 그리고 집에 돌아와서는 꼭 15일 후 또 그녀를 데리고 멀리 떠나버렸다. 이렇듯이 祁豸佳는 처자식을 버리기를 신발을 벗는 것처럼 하고, 오직 예쁜 俳優애들을 목숨처럼 여기니, 그의 癖이 이와 같도다.[35]

33) 鼓鈸癖의 鈸은 이전에 銅鈸이라고도 불렀으며, 원형으로 된 銅으로 만든 打樂器이다. 중앙 부위가 솟아 있어 半球形이며, 두 개를 한짝으로 하여 부딪쳐 소리를 낸다. 곧 여기서 鼓鈸은 樂器를 연주하는 것을 뜻한다.

34) 불교에서 전설상으로 소리가 아름다운 새 이름.

35) 人無癖不可與交, 以其無深情也; 人無疵不可與交, 以其無眞氣也. 余友祁止祥有書畵

張岱는 여기에서 戲曲藝術에 병적으로 집착하듯 하는 祁豸佳의 모습을 명말 유명했던 祁豸佳家班의 主人인 그가 얼마나 俳優인 阿寶를 중요시 하는가를 통하여 생생하게 보여주고 있다. 먼저 張岱는 무엇인가에 집착하는 癖이 사람에게 없다면 그와 사귈 수 없다고 단언하고는, 祁豸佳가 癖을 가지고 있기 때문에 자신과 친우가 될 수 있다고 여겼다. 그런데 祁豸佳에게 어린 女俳優인 '阿寶'는 자신의 '梨園癖'을 더욱 강하게 지니도록 만들었다. 그리고 阿寶는 張岱가 보기에도 불교의 전설에나 나오는 迦陵鳥처럼 아무리 들어도 싫증이 나지 않는 아름다운 목소리를 선천적으로 지니고 있고, 橄欖이나 담배처럼 먹고 난 후에 餘韻이 남는 보물 같은 俳優였다. 이러한 阿寶는 또한 위의 인용문에 의한다면 祁豸佳에게 生命의 恩人이었다. 明末의 南明 王朝가 무너지자 祁豸佳는 고향으로 돌아가다가 土匪들을 만나 죽을 뻔 했으나 보물인 阿寶 덕분에 살았고, 그 다음 해에는 亂民들에게 모든 물건을 노략질당해 빈털털이 신세가 되었으나, 阿寶의 뛰어난 노래 솜씨 덕분에 끼니를 해결할 수 있었던 것이다. 그리하여 祁豸佳는 阿寶같은 俳優들을 가족보다 더 귀중하게 여겨 자신의 생명처럼 중요시한 반면, 자신의 처자식들에 대해서는 마치 자신의 신발을 벗어 던지듯이 내버리고 보살피지 않았다. 그런데 阿寶가 타고난 선천적인 재능은 자신의 主人인 祁豸佳 덕분에 더욱 정치하게 완성되었다. 이것은 祁豸佳가 音律에 精通한 사람인데다가, '咬釘嚼鐵'(못을 물고 철을 씹듯한 굳센 의지)의 각오로 한 글자를 백 번씩 연마하여 직접 俳

癖, 有蹴踘癖, 有鼓鐵癖, 有鬼戲癖, 有梨園癖. 壬午, 至南都, 止祥出阿寶示余, 余謂: "此西方迦陵鳥, 何處得來?" 阿寶妖冶如蕊女, 而嬌痴無賴, 故作澀勒, 不肯着人. 如食橄欖, 咽澀無味, 而韻在回甘; 如吃烟酒, 鯁餉無奈, 而軟同沾醉. 初如可厭, 而過即思之. 止祥精音律, 咬釘嚼鐵, 一字百磨, 口口親授, 阿寶輩皆能曲通主意. 乙酉, 南都失守, 止祥奔歸, 遇土賊, 刀劍加頸, 性命可傾, 阿寶是寶. 丙戌, 以監軍駐台州, 亂民鹵略, 止祥囊篋都盡, 阿寶沿道唱曲, 以膳主人. 及歸, 剛半月, 又挾之遠去. 止祥去妻子如脫屣耳, 獨以孌童崽子爲性命, 其癖如此. 注4冊, ≪陶庵夢憶≫, 92쪽

優에게 전수함으로써, 祁豸佳家班의 俳優들이 자신들이 演唱하는 曲의 趣旨를 제대로 이해할 수 있었기 때문이다. 이것은 일반적으로 士大夫家班의 演唱水準이 戱曲藝術에 대한 家班主人의 이해와 열정에 의하여 좌우되었는데, 家班主人인 祁豸佳가 이와 같이 열정적이고 치밀하게 俳優들을 가르쳤기 때문에, 祁豸佳家班의 演唱水準이 뛰어났던 사실을 잘 설명해 주고 있다.

명말의 士大夫家班은 모두 公演藝術을 감상하기 위한 조직이지만, 당시의 舞臺公演에서 빼어난 藝術性을 인정받고, 또한 家班의 聲價가 높기로 유명한 것으로는 阮大鋮家班을 빼놓을 수 없다. 阮大鋮은 유명한 〈燕子箋〉 등을 지은 戱曲 작가인 동시에 자신의 戱曲을 舞臺에 상연하여 많은 사람들의 갈채를 받기로 유명하였다. 비록 그의 작품은 내용이 보잘 것 없고 사상이 평범하며 格調가 높지 않다고 평가되지만, 曲辭가 아름답고 文彩가 絢爛하며 誤解의 수법이 잘 동원되어 있으며, 더구나 阮大鋮 자신이 舞臺藝術에 精通하였기 때문에 당시의 舞臺에서는 매우 유행이었다. 일례로 阮大鋮家班이 〈燕子箋〉을 처음 公演할 때 南京에서의 聲價는 매우 높아 全本을 公演하는 데 白銀 16兩을 받았다고 한다.[36] 특히 士大夫家班은 家班主人 자신의 경제력을 배경으로 풍부한 경험을 지닌 戱曲敎師를 초청하여 그들 家班의 藝術수준을 높이었으며, 阮大鋮家班은 이러한 家班의 대표적인 것으로, 그의 家班에는 敎師인 陳裕所와 曲師인 朱音仙이 있었으며, 한때는 彭天錫도 그의 집에 있으면서 說客이 되었다고 한다.[37] 그러면 ≪陶庵夢憶≫에 보인 〈阮圓海戱〉라는 小品文을 중심으로 阮大鋮家班에 대한 張岱의 평가를 살펴보자.

阮大鋮家班의 俳優들은 關目을 중시하고 情理를 중시하며 요점을

36) 注8冊, ≪中國戱曲觀衆學≫, 61쪽

37) 注5冊, ≪崑劇發展史≫, 222쪽

중요시한 점이 다른 家班의 조잡한 것과는 다르다. 그러나 그들이 쓰는 劇本은 또한 모두 主人인 阮大鋮이 스스로 지은 것이며, 한 마디 한 마디 모두 고심 끝에 나온 것으로, 다른 家班의 거친 것과는 또한 다르다. 그러므로 公演한 것들은 작품마다 뛰어나고 脚色마다 뛰어나고, 齣마다 뛰어나고 문장마다 뛰어나며, 글자마다 뛰어나다. 내가 그의 집에서 〈十錯認〉·〈摩尼珠〉·〈燕子箋〉 세 개의 劇을 보았는데, 公演에 앞서 뼈대를 잇고 장부를 맞추는 일, 揷科打諢(동작이나 대사로 하는 익살), 안색과 눈의 시선에 대해 主人인 阮大鋮이 俳優에게 자세히 설명하였다. 이리하여 俳優들은 문장의 의미와 情趣를 알고 그 主旨를 알기 때문에, 吟味하고 되새기면서 끊임없이 뜻을 깊이 새겨보았다. 특히 〈十錯認〉 중 龍燈과 紫姑, 〈摩尼珠〉 중 走解와 猴戱,[38] 〈燕子箋〉 중의 飛燕·舞象[39]·페르시아의 보물을 바치는 부분·紙札[40]과 옷차림 부분은 모두 실제에 맞게 형상화되어 그 빼어남이 더욱 뛰어났다. 그런데 阮大鋮은 큰 재주를 지니고 있으나 그의 심보가 더러운 점이 안타까우니, 그가 지은 여러 작품들은 미움받을 말을 지껄이는 것이 열에 일곱이고, 조롱을 면하기 위해 변명하는 것이 열에 셋이다. 또 그는 東林黨을 크게 비방하고 魏忠賢의 閹黨을 변론해 주고 도와 주어 士君子들에게 미움을 받고 있어서, 그의 작품은 저명하게 되지 못하였다. 그러나 阮大鋮은 演劇을 가지고 말한다면 또한 빼어나게 참신한 것으로 기존의 격식에 사로잡히지 않은 것이다.[41]

---

38) 孫悟空을 主脚으로 하는 戱曲劇目으로 〈鬧天宮〉 등이 있다.

39) 〈十錯認〉의 '龍燈'에 관한 것은 第8齣 [轟謎]에 보이고 '紫姑'에 관한 것은 지금의 판본에는 보이지 않으며, 〈摩尼珠〉의 '走解'에 관한 것은 第4齣 [競會]에 보이나 '猴戱'에 관한 것은 지금의 판본에는 보이지 않고 도리어 獅子舞가 보이며, 〈燕子箋〉의 '飛燕'에 관한 것은 第11齣 [寫箋]과 第12齣 [拾箋]에 보이나 '燕舞象'에 관한 것은 지금의 판본에는 보이지 않고 도리어 胡蝶舞가 보인다. 이러한 것들은 때에 따라서 취향을 달리한 것이라고 靑木은 기술하고 있다. 靑木正兒 著, 王吉盧譯, ≪中國近世戱曲史≫, 305쪽, 臺灣商務印書館, 1982

40) 옛날 장례나 제사 때 태우는 종이돈이나 종이인형 및 모형집 등을 가리킨다.

41) 阮圓海家優, 講關目, 講情理, 講筋節, 與他班孟浪不同. 然其所打院本, 又皆主人自制, 筆筆勾勒, 苦心盡出, 與他班鹵莽者又不同. 故所搬演, 本本出色, 脚脚出色, 齣齣出色, 句句出色, 字字出色. 余在其家看〈十錯認〉·〈摩尼珠〉·〈燕子箋〉三劇, 其串架斗笋, 揷科打諢, 意色眼目, 主人細細與之講明. 知其義味, 知其指歸, 故咬嚼吞吐, 尋味不盡. 至

戲曲史에 있어서 阮大鋮 劇作에 대한 평가는 확연히 다르다. 일반적으로 明代人들은 칭찬하는 태도를 지녔으나 淸代人들은 그렇지 않았다.[42] 이것은 그가 자신의 작품을 통하여 자신의 無罪를 표명하거나 혹은 권력자와 사귀려는 목적을 지녔기 때문이며, 일례로 그는 〈十錯認〉을 통하여 자신의 反逆罪를 씻고자 하였다. 張岱는 여기에서 阮大鋮을 평가하면서 인품과 戲曲藝術을 분리하여 평가하였다. 곧, 그는 阮大鋮의 인품에 대해서는 일반적인 평가처럼 부정적인 태도를 취하였다. 張岱에 의하면 阮大鋮은 심보가 나쁜 사람으로 작품을 통하여 '罵世'하거나 혹은 '解嘲'하고자 하였으며, 당시의 東林黨을 비난하고 사악한 魏忠賢의 閹黨을 비호하였다. 그러나 阮大鋮家班의 戲曲藝術에 대해서 그는 높은 평가를 하였다. 먼저 阮大鋮家班의 俳優들은 舞臺效果에 있어서 중요한 요소인 '關目'과 '情理'와 '筋節'을 중시하여 다른 家班의 조잡한 것과는 달랐으며, 또 그들이 사용하는 극본 또한 모두 主人인 阮大鋮이 직접 써낸 것으로, 거칠은 다른 家班 것과는 달리 고심한 흔적이 역력하였다. 바로 이와 같은 요인 때문에 阮大鋮家班의 작품은 公演 시 '本本出色, 脚脚出色, 齣齣出色, 句句出色, 字字出色'할 수 있었다며, 張岱는 그들의 藝術性을 극도로 칭찬하였다. 그리고 구체적으로 張岱는 자신이 阮大鋮의 집에서 〈燕子箋〉 등 세 편의 작품을 볼 때, 阮大鋮이 그의 俳優들에게 公演에 앞서 작품의 구조와 插科打諢 및 俳優의 안색과 시선까지 상세히 설명하여, 작품 公演시 俳優들의 演唱이 '咬嚼呑吐, 尋味不盡'하는 높은 수준에 이르렀다고 지적하였다. 특히 張岱는 阮大鋮家班이 舞臺美術方面에서 효과를 거두기 위해 많은 노력을 기울여, 극 중 '燕舞象'이나 '猴戲' 등 歌

于〈十錯認〉之龍燈·之紫姑, 〈摩尼珠〉之走解·之猴戲, 〈燕子箋〉之飛燕·之舞象·之波斯進寶·紙札裝束, 無不盡情刻畫, 故其出色也愈甚. 阮圓海大有才華, 恨居心勿靜, 其所編諸劇, 罵世十七, 解嘲十三, 多詆毁東林, 辯宥魏黨, 爲士君子所唾棄, 故其傳奇不之著焉. 如就戲論, 則亦鏃鏃能新, 不落窠臼者也. 注4冊, ≪陶庵夢憶≫, 157쪽

42) 注5冊, ≪崑劇發展史≫, 166쪽

舞와 雜技의 연기를 삽입하고, '紙札裝束' 등의 公演道具도 매우 중시하여 그들의 公演이 더욱 빼어났으며, 이러한 점에서 볼 때 그들의 戱曲藝術은 '鏃鏃能新, 不落窠臼'한 것이라고 높이 평가하였다.

明代의 士大夫家班은 전체적인 古典戱曲의 발전사에 있어서 중요한 公演様式인 折子戱를 형성시키는 데 절대적인 공헌을 한 점을 앞에서 지적하였다. 그런데 明代의 士大夫家班은 또한 戱曲 舞臺藝術 부문, 특히 景物 造型方面의 발달에 큰 공헌을 하였다. 戱曲의 舞臺藝術이 점점 발전해가면서 인물의 服裝과 舞臺背景 등이 다양해지고 色彩裝飾이 중요시 되었는데, 이러한 대담한 시도는 경제력 여력이 있는 士大夫家班에서 이루어졌던 것이다.[43] 그러면 이러한 점을 잘 보여주는 〈劉暉吉女戱〉라는 小品文을 살펴보자.

> 女戱는 요염함으로 용서받고, 부드럽고 느긋함으로써 용서받으며, 태도로써 용서받으니, 그러므로 女戱란 것은 용서받음으로써 완비된다. 그러나 劉暉吉은 이와 다르다. 劉暉吉의 기이한 情操와 幻想은 종래 戱曲界의 결함을 보충하고자 한다. 예를 들면, 〈唐明皇游月宮〉에서 道士인 葉法善이 舞臺에서 한동안 새까만 지면에 (道術을 사용하여) 손을 들고 칼이 떨어지자, 벼락 소리가 나더니 검은 막이 금방 거두어지고 달이 하나 떠올랐다. 달은 그림쇠처럼 둥글었고 주변은 羊角燈[44]에 다섯 색깔의 구름빛을 물들였으며, 달 가운데는 嫦娥가 앉아 있고, 仙人인 吳剛은[45] 계수나무를 베고 있으며, 흰 토끼가 仙藥을 찧고 있었다. 가벼운 비단으로 막을 치고, 안에서 몇 개의 촛불을 태웠는데, 불꽃은 검푸러서 막 해가 뜰 때의 색깔 같았으며, 천을 늘어뜨려 月宮으로 가는 銀橋를 만들어, 마침내 서서히 月宮으로 걸어 올라가니, 境界가 神奇로워 그것이 演劇

43) 注5冊, ≪崑劇發展史≫, 205쪽

44) 양의 뿔을 고아 투명하고 얇게 껍질을 만들어서 씌운 등.

45) 전설상의 仙人. 漢代 사람으로 仙을 俳優다가 과실을 범해 쫓겨나 月宮의 계수나무를 베었다고 전해짐.

인 것을 잊게 되었다. 그밖에 舞燈 같은 것은 열 몇명이 각기 손에 燈을 들고서 홀연히 없어지다 홀연히 나타나서, 怪異하고 幻想的인 모습이 各樣各色으로 보통사람은 생각해내기 힘들며, 만일 唐 玄宗이 본다면 또한 반드시 눈을 크게 뜨고 입을 딱 벌리며 啞然失色하여, 어느 舞臺에서 어떻게 이와 같이 怪異한 모습을 볼 수 있겠는가라고 말할 것이다. 그리하여 彭天錫이 나에게 "女戱가 劉暉吉에 이르러서는 어찌 俳優가 남자일 필요가 있겠으며, 어찌 나같은 사람이 필요하겠는가?"라고 말하였다. 彭天錫은 戱曲界의 南史와 董狐같은 사람으로, 훌륭하다고 남을 인정한 적이 거의 없는데, 유독 劉暉吉의 俳優들에게 진심으로 경탄하였으니, 그가 감상한 바는 반드시 대강대강 한 것이 아니리라.[46]

女戱는 보통 專業俳優인 女伶과 娼妓와 俳優를 겸한 소위 倡兼優 및 士大夫家班에 소속된 女樂으로 구분되는데,[47] 여기서의 女戱는 물론 女樂에 해당된다. 그런데 張岱에 의하면 당시의 일반적인 女戱는 많은 限界性을 가지고 있어서 관람자가 마음 속에 '恕' 字를 지녀야 비로소 즐길 수 있으나, 劉暉吉의 女戱는 달랐다. 그것은 劉暉吉이 '奇情幻想'의 방식으로 종래 戱曲界의 舞臺藝術에 있어서 보인 결함을 보충하고자 했기 때문이다. 張岱는 일례로 屠隆의 〈彩毫記〉 중 第15齣인 [游玩月宮]의 公演에서, 劉暉吉女戱가 羊角燈을 이용하여 특수 제작한 裝飾燈과 大型의 月宮裝置를 통하여 景物造型上에서 이룬 성취를 높이 평가하였다. 또한 張岱는 劉暉吉家班의 女戱들이 환상적인 舞臺效果를 거두기 위해 '舞燈'을

46) 女戱以妖冶恕, 以嘽緩恕, 以態度恕, 故女戱者全乎其爲恕也. 若劉暉吉則異是. 劉暉吉奇情幻想, 欲補從來梨園之缺陷. 如〈唐明皇游月宮〉, 葉法善作, 場上一時黑魆地暗, 手起劍落, 霹靂一聲, 黑幔忽收, 露出一月, 其圓如規, 四下以羊角染五色雲氣, 中坐嫦儀, 桂樹吳剛, 白兎搗藥. 輕紗幔之, 內燃'賽月明'數株, 光焰靑黎, 色如初曙, 撒布成梁, 遂躡月窟, 境界神奇, 忘其爲戱也. 其他如舞燈, 十數人手携一燈, 忽隱忽現, 怪幻百出, 匪夷所思, 令唐明皇見之, 亦必目睜口開, 謂氍毹場中那得如許光怪耶! 彭天錫向余道: "女戱至劉暉吉, 何必男子! 何必彭大!" 天錫曲中南·董, 絶少許可, 而獨心折暉吉家姬, 其所鑑賞, 定不草草. 注4冊, ≪陶庵夢憶≫, 110쪽

47) 注16冊, ≪崑劇演出史稿≫, 155쪽

사용하였는데, 그것은 '怪幻百出'한 것으로 일반적인 家班에서는 생각해내기 힘들었으며, 만일 극 중의 主人公인 唐玄宗이 보더라도 啞然失色하며, 다른 家班에서는 찾아보기 힘든 환상적인 舞臺장치라고 말했을 것이라고 여겼다. 이러하였기 때문에 당시의 曲壇에서 엄격한 평가로 유명했던 彭天錫마저 劉暉吉家班의 女戲에 대해서는, 女戲가 그들에 이르러서는 俳優로서 남자나 자신이 등장할 필요가 없이 최고의 경지에 이르렀다고 경탄하였다. 물론 이러한 찬사는 근대 燈彩戲의[48] 鼻祖로 말할 수 있는[49] 劉暉吉 家班의 멋진 裝飾燈 등 빼어난 舞臺미술에서 기인한 것이지만, 이러한 舞臺미술은 결국 戲曲의 핵심인 演唱을 위하여 봉사하는 것이므로, 彭天錫은 이러한 환상적인 舞臺미술과 함께 그들의 수준높은 演唱을 함께 감상하고 평가하였을 것이다.

한편 明代의 士大夫家班 중 수준이 높은 家班은 종종 자신의 독특한 藝術특색을 형성하여 다른 家班과 뚜렷이 구별되었다. 이런 점에서 朱雲崍家班은 대표적인 것이라고 볼 수 있다. 朱雲崍家班은 또한 明代 演劇公演에 있어서 [劉暉吉女戲]와 함께 俳優의 복장과 舞臺背景을 언급하고 있는데, 여기서는 張岱의 〈朱雲崍女戲〉라는 小品文을 통해 朱雲崍家班의 모습과 성격을 살펴보자.

> 朱雲崍가 女戲에게 가르치는 것은 演劇을 가르치는 것이 아니다. 演劇을 가르치기 전에 먼저 거문고를 가르치고, 먼저 琵琶를 가르치고, 먼저 胡琴·弦琴·퉁소·피리를 가르치고, 먼저 악기연주와 歌舞를 가르치니, 단지 演劇을 빌어서 이것들을 하는 것이지, 기실은 완전히 演劇을 하는 것이 아니다. ……絃樂器와 管樂器가 뒤섞인 연주 아래, 박달나무로 만든 拍板에 맞춘 맑고 아름다운 朱雲崍 여희의 노랫소리가 神妙한 경지에 이르러 몸 속에 들어오는데, 노래가 끝나 唱曲과 念白으로 끝을 맺

48) 裝飾燈 等 舞臺道具로써 주로 관객에 호소하는 戲曲극목의 公演.

49) 注16冊, ≪崑劇演出史稿≫, 162쪽

> 으니 도리어 쓸데없는 일을 한 것처럼 느껴졌다. 또한 朱雲崍 여희의 西施歌舞에는 춤을 추는 상대자가 다섯 명인데, 긴 소매와 느슨한 혁대로 몸에 휘감는 모습이 둥근 고리같고, 몸을 구부려 바닥에 닿으며 부축하고 도는 아름다운 모습은 연약하기가 가을날 바람에 흔들리는 香草인 白芷같았다. 또 女道士와 侍女들 20여 명이 부채 모양의 새깃으로 장식한 차양·玉으로 장식한 차양·金으로 연꽃 모양을 본따 만든 춧대·비단 부채와 燈籠을 들고 있는데, 불빛은 휘황찬란하고 수놓은 비단이 어지러이 쌓였으니, 보는 사람들은 大驚失色하였다. 또 듣자하니 朱雲崍 노인은 이기기를 좋아하여, 자기 俳優들의 연기가 뛰어난 부분을 보게 되면, 곧 눈을 크게 뜨고 관객의 動態를 살피었으며, 관객의 칭찬하는 말을 듣게 되면 곧바로 舞臺 뒤 분장실에 가 여러 俳優들에게 그것을 말하였으니, 금방 나갔다가 금방 들어와 매우 피곤하였다 한다. 또 듣건대, 朱雲崍 노인은 의심하고 시샘함이 많아 여러 俳優들의 密室을 겹겹이 封鎖하고, 밤에는 오히려 직접 하나하나 순찰하여 여러 俳優들이 그를 마음속으로 싫어 하였다고 한다. 그리고 그의 마부가 있었는데, 문득 따라가 서로 숨어버려 단지 密室에만 있어 찾을 길이 없으면, 반드시 화내며 큰 소리로 욕하였다. 정성스레 지킨다고 밤낮으로 고생하니, 이것은 사리에 어두운 영감네가 스스로 고생을 사서 하는 것으로, 老年에 好色하는 것의 警戒가 될 만하다.[50]

張岱는 여기에서 朱雲崍家班의 독특한 藝術特色과 俳優에 대한 教育方式 및 朱雲崍라는 家班主人의 인간적 면모를 보여주고 있다. 먼저 俳優를 가르치는 朱雲崍의 教育方式은 상당히 철저하다. 그는 演劇을 가

---

50) 朱雲崍教女戲, 非教戲也. 未教戲先教琴, 先教琵琶, 先教提琴·弦子·簫·管, 鼓吹歌舞, 借戲爲之, 其實不專爲戲也. ……絲竹錯雜, 檀板淸謳, 入妙腠理, 唱完以曲白終之, 反覺多事矣. 西施歌舞, 對舞者五人, 長袖緩帶, 繞身若環, 曾撓摩地, 扶旋猗那, 弱如秋藥. 女官內侍, 執扇葆璇蓋·金蓮寶炬·紈扇宮燈二十餘人, 光焰熒煌, 錦繡紛疊, 見者錯愕. 云老好勝, 遇得意處, 輒盱目視客, 得一贊語, 輒走戲房, 與諸姬道之, 俋出俋入, 頗劇勞頓. 且聞云老多疑忌, 諸姬曲房密戶, 重重封鎖, 夜猶躬自巡歷, 諸姬心憎之. 有當御者, 輒遁去, 互相藏閃, 只在曲房, 無可覓處, 必叱咤而罷. 殷殷防護, 日夜爲勞, 是無知老賤自討苦吃者也, 堪爲老年好色之戒. 注4冊, ≪陶庵夢憶≫, 45쪽

르치기 전에 거문고·비파 등의 樂器와 歌舞를 가르쳤다. 그는 자신의 家班俳優가 구체적 극본의 公演 연습과정에 들어가는 데 급급하지 않고, 演唱의 기본이 되는 樂器와 歌舞를 익히도록 시키었으며, 이러한 철저한 교육방식은 나중에 李漁 등에게 계승되었다.[51] 그리고 이러한 바탕을 근거로 朱雲崍家班은 자신들의 독특한 藝術특색을 형성하였으니, 그것은 바로 그들의 歌舞가 아름다운 점이다. 먼저 朱雲崍女戲들의 노래는 樂器와 拍板에 맞춘 淸唱이었는데, 그것이 神妙한 境地에 이르렀으며, 淸唱이 끝난 것을 曲白으로 마감지은 것이 도리어 쓸데없는 일을 한 것처럼 느끼게 만들었다. 뿐만 아니라 그들의 춤은 더욱 빼어났다. 그들은 〈浣紗記〉의 [採蓮]을 춤추었는데, 긴 소매와 느슨한 혁대로 몸을 감싸는 모습은 마치 둥근 고리 같이 아름다웠고, 다섯 명이 몸을 숙이며 둥글게 추는 모습은 마치 香草인 白芷가 바람에 흔들리는 듯하였다. 그리고 朱雲崍家班은 이러한 歌舞의 舞臺效果를 거두기 위해 노력하여, 玉으로 장식한 차양과 비단부채 및 금빛 촛대와 燈籠을 손에 든 20여 명의 女道士와 侍女들을 동원하여 관중들을 大驚失色하게 만들었다. 이러한 점에서 본다면 朱雲崍家班의 歌舞는 최고의 경지에 이른 것으로 생각된다. 또한 家班主人인 朱雲崍는 관중의 반응을 중시하여, 만약 자기 俳優들의 연기가 훌륭하다고 생각되면 곧 관객들의 표정을 눈을 크게 뜨고 살피었고, 관객들이 칭찬하는 말을 하면 곧바로 俳優들에게 알려 주었다. 그러나 家班主人으로서의 인간됨은 그리 좋지 못한 것 같다. 그는 의심과 시샘이 많아 자신의 俳優들을 겹겹이 密室에 封鎖하고는 밤에 일일이 순찰하여 俳優들의 원망을 샀다.

이상에서 우리는 ≪陶庵夢憶≫에 기술된 明代 士大夫家班 중 張氏家班 이외의 士大夫家班들의 성격과 면모 및 특성을 살펴보았다. 명말 강

51) 葉長海著, ≪中國戲劇學史稿≫, 258쪽, 上海文藝出版社, 1986.

남의 사치스러운 樓船을 지닌 包涵所家班은 당시 선박에서의 호화로운 公演을 보여주었고, 祁豸佳家班은 家班主人의 戲曲藝術에 대한 열정과 집착이 士大夫家班의 원동력이 되는 점을 보여주었다. 또한 阮大鋮家班은 家班主人의 戲曲작품 창작능력을 바탕삼아 당시 높은 聲價를 지녔던 家班으로, 舞臺公演에서 명말 士大夫家班의 높은 수준을 대표하는 것이었으며, 劉暉吉家班과 朱雲崍家班은 모두 舞臺公演에 있어서 服裝과 舞臺背景 등을 중요시하는 家班으로, 후세 戲曲公演의 造形美術의 발전에 큰 공헌을 세운 家班이었다. 특히 劉暉吉家班은 舞臺에서의 幻想性을 중시하고 멋진 裝飾燈을 사용하여 후세 燈彩戲의 鼻祖라 부를 수 있었으며, 朱雲崍家班은 演劇公演에 앞서 樂器와 歌舞教育을 우선시하는 철저한 教育方式과 歌舞를 特長으로 하는 독특한 藝術特色을 형성하였다.

4. ≪陶庵夢憶≫ 의 의의

張岱는 명말 公安派와 竟陵派의 주장을 흡수했던 小品文의 작가로서 주로 山水園林을 묘사였으나, 그는 ≪陶庵夢憶≫ 중에서 당시 士大夫들의 戲曲活動에 대한 기술을 보여주고 있다. 그는 전체 123편의 小品文 중 30여 편에서 당시 士大夫家班과 民間 職業戲班 및 俳優들의 公演狀況을 기록하여 당시 명말의 舞臺公演 상황을 이해하는 데 중요한 자료를 제공해 주었다.

명말의 士大夫家班은 당시의 시대상황을 바탕으로 형성되었다. 곧 明代 중기 이후에는 社會生産力이 비교적 현저하게 발전하여 農業과 手工業이 흥성하고 都市가 번성하였는데, 이러한 社會經濟的 繁榮은 士大夫들의 享樂慾求를 자극하였다. 이리하여 명말의 士大夫들은 대부분 崑劇을 애호했고 또 그들의 경제력을 바탕으로 家庭戲班을 조직하여 수시로

戲曲公演을 감상하였다.

≪陶庵夢憶≫에 가장 많이 언급된 士大夫家班은 자신의 張氏家班이다. 張氏家班은 자신의 祖父로부터 시작하여 계속 전해진 것으로, 士大夫家班의 世代繼承性을 대표하는 전형적인 家班이다. 그리고 이러한 점은 張氏家班의 公演水準과 감상수준을 높이는 일정한 긍정적인 역할을 하였다. 또한 張氏家班은 公演舞臺에 있어서도 상당히 다양하여 大形船舶과 寺刹 및 城隍廟와 官衙에서 公演하였으며, 이러한 점은 張氏家班이 民間職業戲班의 廣場性도 지니고 있었음을 말해준다. 또한 張氏家班은 관중에 있어서도 일반적으로 소수에 그쳤던 다른 士大夫家班과는 달리, 도시와 농촌의 많은 군중을 상대로 하는 등 民間 職業戲班의 群衆性도 아울러 지녔다. 이런 점에서 볼 때 張氏家班은 비록 ≪陶庵夢憶≫ 중에 보인 몇몇 小品文을 근거로 한 것이지만, 士大夫家班과 民間 職業戲班의 성격을 아울러 지니는 모습을 지니고 있다.

이 밖에 張岱는 ≪陶庵夢憶≫에서 명말의 유명했던 몇몇 士大夫家班의 性格과 特長 및 戲曲史上의 의미를 기술하고 있다. 먼저 包涵所家班은 명말 豪華樓船의 대표로 당시 사치스러웠던 家班主人들의 모습을 보여주었고, 祁豸佳家班은 戲曲藝術에 집착하는 士大夫의 전형적인 면모를 보여주었다. 또한 阮大鋮家班은 家班主人의 戲曲 창작능력을 배경으로 당시 최고의 聲價를 누렸던 家班의 하나로서, 士大夫家班의 높은 演唱水準과 感賞水準을 보여주는 대표적인 家班이었다. 그리고 劉暉吉家班과 朱雲崍家班은 모두 女戲로써 戲曲公演 시 필요한 俳優의 服裝道具와 造形美術을 중요시한 家班이며, 특히 劉暉吉家班은 멋진 羊角燈을 사용한 裝飾燈을 통하여 빼어난 幻想性을 창조하여 당시 曲壇의 俳優겸 엄격한 평론가였던 彭天錫의 찬사를 받았고, 朱雲崍家班은 演劇 公演에 앞서 樂器와 歌舞를 가르치는 俳優에 대한 철저한 교육과 歌舞를 特長으로 하는 藝術特色을 형성한 것으로 유명하였다.

김광영

서울대학교 중어중문학과(문학사)
서울대학교 중문중문학과(문학석사)
서울대학교 중어중문학과(문학박사)
중국산동대학교 방문교수(2005-2006)
한국중국희곡학회 부회장(현)
현) 광주대학교 중국학과 교수

저서

『중국고전곡론연구』
『원대공안잡극연구』

중국 고전희곡의 이해

초판 1쇄 발행 _ 2013년 9월 30일

저　자 · 김 광 영
발행인 · 정 현 걸
발　행 · 신 아 사
인　쇄 · 예지인쇄
주　소 · 서울특별시 은평구 통일로 59길(122–826)
전　화 · (02) 382-6411 팩 스 · (02) 382-6401
홈페이지 · www. shinasa. co. kr
E-mail · shinasa@daum. net
출판등록 · 1956년 1월 5일(제9-52호)

ISBN: 978-89-8396-833-3(93720)

정가 *15,000* **원**